U0558989

中华译学馆

莫言题

中华译学馆立馆宗旨

以中华为根，译与学并重

弘扬优秀文化，促进中外交流

拓展精神疆域，驱动思想创新

丁酉年冬月许钧撰 罗卫东书

中华译学馆·中华翻译家代表性译文库

许 钧 郭国良 / 总主编

傅东华 卷

杜兰兰 郭国良 / 编

ZHEJIANG UNIVERSITY PRESS
浙江大学出版社

总　序

　　考察中华文化发展与演变的历史，我们会清楚地看到翻译所起到的特殊作用。梁启超在谈及佛经翻译时曾有过一段很深刻的论述："凡一民族之文化，其容纳性愈富者，其增展力愈强，此定理也。我民族对于外来文化之容纳性，惟佛学输入时代最能发挥。故不惟思想界生莫大之变化，即文学界亦然。"①

　　今年是五四运动一百周年，以梁启超的这一观点去审视五四运动前后的翻译，我们会有更多的发现。五四运动前后，通过翻译这条开放之路，中国的有识之士得以了解域外的新思潮、新观念，使走出封闭的自我有了可能。在中国，无论是在五四运动这一思想运动中，还是自1978年改革开放以来，翻译活动都显示出了独特的活力。其最重要的意义之一，就在于通过敞开自身，以他者为明镜，进一步解放自己，认识自己，改造自己，丰富自己，恰如周桂笙所言，经由翻译，取人之长，补己之短，收"相互发明之效"②。如果打开视野，以历史发展的眼光，

---

① 梁启超．翻译文学与佛典//罗新璋．翻译论集．北京：商务印书馆，1984：63.
② 陈福康．中国译学理论史稿．上海：上海外语教育出版社，1992：162.

从精神深处去探寻五四运动前后的翻译,我们会看到,翻译不是盲目的,而是在自觉地、不断地拓展思想的疆界。根据目前所掌握的资料,我们发现,在 20 世纪初,中国对社会主义思潮有着持续不断的译介,而这种译介活动,对社会主义学说、马克思主义思想在中国的传播及其与中国实践的结合具有重要的意义。在我看来,从社会主义思想的翻译,到马克思主义的译介,再到结合中国的社会和革命实践之后中国共产党的诞生,这是一条思想疆域的拓展之路,更是一条马克思主义与中国革命相结合的创造之路。

开放的精神与创造的力量,构成了我们认识翻译、理解翻译的两个基点。在这个意义上,我们可以说,中国的翻译史,就是一部中外文化交流、互学互鉴的历史,也是一部中外思想不断拓展、不断创新、不断丰富的历史。而在这一历史进程中,一位位伟大的翻译家,不仅仅以他们精心阐释、用心传译的文本为国人打开异域的世界,引入新思想、新观念,更以他们的开放性与先锋性,在中外思想、文化、文学交流史上立下了一个个具有引领价值的精神坐标。

对于翻译之功,我们都知道季羡林先生有过精辟的论述。确实如他所言,中华文化之所以能永葆青春,“翻译之为用大矣哉”。中国历史上的每一次翻译高潮,都会生发社会、文化、思想之变。佛经翻译,深刻影响了国人的精神生活,丰富了中国的语言,也拓宽了中国的文学创作之路,在这方面,鸠摩罗什、玄奘功不可没。西学东渐,开辟了新的思想之路;五四运动前后的翻译,更是在思想、语言、文学、文化各个层面产生了革命性的影响。严复的翻译之于思想、林纾的翻译之于文学的作用无须赘言，而鲁迅作为新文化运动的旗手，其翻译动机、翻译立场、翻译选择和翻译方法，与其文学主张、文化革新思想别无二致，其翻译起着先锋性的作用，引导着广大民众掌握新语言、接受新思想、表达自己的精神诉求。这条道路，是通向民主的道路，也是人民大众借助掌握的新语言创造新文化、新思想的道路。

回望中国的翻译历史，陈望道的《共产党宣言》的翻译，傅雷的文学翻译，朱生豪的莎士比亚戏剧翻译……一位位伟大的翻译家创造了经典，更创造了永恒的精神价值。基于这样的认识，浙江大学中华译学馆为弘扬翻译精神，促进中外文明互学互鉴，郑重推出"中华译学馆·中华翻译家代表性译文库"。以我之见，向伟大的翻译家致敬的最好方式莫过于(重)读他们的经典译文，而弘扬翻译家精神的最好方式也莫过于对其进行研究，通过他们的代表性译文进入其精神世界。鉴于此，"中华译学馆·中华翻译家代表性译文库"有着明确的追求：展现中华翻译家的经典译文，塑造中华翻译家的精神形象，深化翻译之本质的认识。该文库为开放性文库，入选对象系为中外文化交流做出了杰出贡献的翻译家，每位翻译家独立成卷。每卷的内容主要分三大部分：一为学术性导言，梳理翻译家的翻译历程，聚焦其翻译思想、译事特点与翻译贡献，并扼要说明译文遴选的原则；二为代表性译文选编，篇幅较长的摘选其中的部分译文；三为翻译家的译事年表。

需要说明的是，为了更加真实地再现翻译家的翻译历程和语言的发展轨迹,我们选编代表性译文时会尽可能保持其历史风貌,原本译文中有些字词的书写、词语的搭配、语句的表达,也许与今日的要求不尽相同,但保留原貌更有助于读者了解彼时的文化,对于历史文献的存留也有特殊的意义。相信读者朋友能理解我们的用心,乐于读到兼具历史价值与新时代意义的翻译珍本。

许 钧

2019 年夏于浙江大学紫金港校区

目　录

导　言

　　"……她那一张脸蛋儿却实在迷人得很,下巴颏儿尖尖的,牙床骨儿方方的。她的眼珠子是一味的淡绿色,不杂一丝儿的茶褐,周围竖着一圈儿粗黑的睫毛,眼角微微有点翘,上面斜竖着两撇墨黑的娥眉,在她那木兰花一般白的皮肤上,画出两条异常惹眼的斜线。"看到这样一段极其流畅、自然的文字,不熟悉的读者准会以为这是出自某位中国现代小说家之手,寥寥数笔,一位俏丽佳人的形象便跃然纸上。其实这段文字的原作者是美国20世纪30年代的女作家玛格丽特·米切尔,这位佳人便是米切尔获普利策奖的小说《飘》中的女主人公郝思嘉(又译为斯嘉丽)。而最先将这部作品介绍给中国读者,并以平顺优美的语言使其深入人心、风靡全国的人则是我国著名翻译家傅东华先生。

　　傅东华(1893—1971),原姓黄,幼时被过继给舅舅后改姓傅,又名则黄。1893年4月21日出生,浙江金华曹宅镇大黄村人。少年时期,傅东华家境贫困,但他聪敏好学,凭借优秀的成绩考入当时最好的学校之一——上海南洋公学,在那里接受了良好的英文教育。毕业后他考入中华书局做编译员,为其后来的翻译生涯打下了坚实的基础。此后,傅东华先后担任过英文教员,《京报》、商务印书馆等报刊和出版社的编辑,以及多所大学的中文系、英文系教授等。他学养深厚、知识渊博,是新文学运动中重要文学社团"文学研究会"的主要成员,在中国古典诗词研究、文学理论研究、语言文字研究和辞书编纂等方面都颇有造诣,留下多部专著,堪称一代学者。与此同时,他还翻译了多篇西方文学批评文章,如英国剧作家、批评家萧伯纳的《文学的新精神》《理想主义之根源》等，以及大量文学批评著作，如亨特的《文学概论》、克罗齐的《美学原论》和洛里哀的《比较文学史》等。这些著作后来被用作大学教材，为当时的中国文学理论界提供了珍贵的可借鉴材料，推动了中国现代早期的文学批评理论发展。

然而对于广大的普通中国读者来说，最让他们从中受益的还要数傅东华所翻译的那一部部西方文学经典名著。在傅东华饱含细腻情感和灵动智慧的译笔下，既有荷马史诗中气势恢宏的古希腊战场，也有西班牙乡绅堂吉诃德令人啼笑皆非的游侠之旅；既有魔鬼撒旦率领众天使反抗上帝的悲壮之举，也有郝思嘉、珍妮和琥珀等美丽姑娘令人不胜唏嘘的爱情磨难。在 20 世纪三四十年代的中国读者看来，这些作品无异于为他们打开了一扇又一扇通往新奇世界的大门，使他们得以一睹西方国家的世相百态，领略大洋彼岸的历史人文。更重要的是，这些文学经典中传达出的誓死保卫民族的决心、视死如归的英雄气概、面对困难百折不挠的乐观精神，以及女性正在不断觉醒中的自我意识等与当时中国的进步潮流紧紧联系在一起，以最富感染力的方式向人们发出了时代的召唤，深深影响并感动了无数读者。本书精选了傅东华先生的美妙译文以飨读者，其目的一方面在于使当代读者能够继续品味这些文字的无穷魅力，另一方面也借 2021 年傅东华先生逝世 50 周年之际，纪念他为现代中外文明和文化传播事业所做出的不可磨灭的贡献。

一、傅东华的主要翻译活动

早在 20 世纪初期，傅东华就已经开始发表译作。1914 年，他以笔名"冻薆""冻华"在《中华小说界》上先后刊发数篇短篇小说译文。至 20 年代，他的译作数量明显增多，在体裁上也不再限于短篇小说，文学理论、诗歌等类型的译作大量涌现。他在 1925 年的《小说月报》第 16 卷第 1 号和第 2 号上分别发表了亚里士多德的《诗学》(上)和《诗学》(下)，并于 1926 年结集成册，由商务印书馆出版发行，其中正文 26 小节，并附有傅东华本人撰写的《读诗学旁札》。傅译《诗学》主要根据布彻的英译本译出,是我国最早的《诗学》译本。这一时期傅东华在文学理论方面的译著还包括勃利司·潘莱的《诗之研究》(1923)、琉威松的《近世文学批评》(1928)等。同时期,他的另一重要翻译成就是荷马的《奥德赛》。自 1926 年 1 月开始,傅译韵文体《奥德赛》分四次刊登在《小说月报》上,并于 1929 年由商务印书馆发行合订本。该译本主要根据威廉·考珀的无韵诗英译本和亚历山大·蒲伯的英译本译出。这一时期他在文学作品方面的译作还包括梅特林克的《青鸟》(1923)诗歌合集《参情梦及其他》(1928)、小说合集《两个青年的悲剧》(1929)等。

　　30 年代以后,傅东华笔耕不辍,成果累累,可谓进入了翻译生涯的高峰期。他先后完成了弥尔顿(又译为米尔顿、密尔顿等)的《失乐园》(1930)、杰克·伦敦的《生火》(1931)、霍桑的《返老还童》(1931)、但丁的《神曲》(1934)、德莱塞的《真妮姑娘》(1935,后改名为《珍妮姑娘》)、温莎的《虎魄》(1935,后改名为《琥珀》)、富尔曼诺夫的《夏伯阳》(1936)霍桑的《猩红文》(1937,即《红字》)、塞万提斯的《吉诃德先生传》(1939,后改名为《堂吉诃德》)等作品的翻译,其中《失乐园》和《吉诃德先生传》均属皇皇巨著。《失乐园》原著为无韵诗,而傅译《失乐园》使用了韵文体,使译文更加明白易懂,便于口诵。1958 年,人民文学出版社对傅译《失乐园》进行了修订再版,受到读者喜爱,然而傅译《失乐园》仅完成原著 12 卷之前 6 卷,实属遗憾。值得庆幸的是,另一鸿篇巨制——傅译《吉诃德先生传》自 1935 年 5 月 20 日由上海生活书店出版第一卷后,每月 20 日按时出版一卷,至 1936 年 4 月 20 日完成了全部 12 卷的出版,1939 年商务印书馆分上、下两卷出版了该译本。1959 年和 1962 年,人民文学出版社先后出版了傅译《堂吉诃德》第一部和第二部。傅译《堂吉诃德》虽是由英文转译,但其影响不容小觑。后来从西班牙语直接翻译《堂吉诃德》的翻译家董燕生就曾回忆自己在高中时代读傅译《堂吉诃德》的有趣经历。他认为,傅译《堂吉诃德》"应该说相当传神,常逗得我一边阅读一边情不自禁地笑起来,别人还以为我得了神经病"①。2015 年,北京时代华文书局在傅译《堂吉诃德》的基础上出版了《多雷插图本〈堂吉诃德〉》,更可见傅译本在《堂吉诃德》众多译本中的独特魅力。回到 20 世纪 30 年代,傅东华在翻译大量文学作品的同时也继续专注于西方文学理论著作的译介,《文学概论》《美学原论》和《比较文学史》三本影响较大的批评专著均由商务印书馆于这一时期出版。除此以外,他还翻译了卡尔佛登的论文集《文学之社会学的批评》(1930)、外国批评家论文合集《诗歌与批评》(1932)等。

自《吉诃德先生传》之后,傅东华一度感觉"颇倦于译事,以为这种工作究属太机械,于人于己都没有多大好处,不如趁我这无几的余年,多做一点不为他人作嫁的笔墨,或许可以比较心安理得"②。然而在朋友的"怂恿"下,1940 年 6 月的一天,他又重新投入到了翻译工作中。这一次,他要翻译的是当时已经在上海滩轰动一时的美国好莱坞电影《乱世佳人》的原著。傅东华将书名译为《飘》。在他看来,这次翻译工作和以往相比并没有什么不同,他更加不会预料到这部新的译作将会在中国的文学翻译史、出版史和阅读史上"飘"起怎样的浪花。1940 年 12 月和 1941 年 4 月,上海国华编译社分别出版了傅译《飘》的上、下两部。在此后的半个多世纪里,《飘》经过多家出版社的数次再版,历经沉浮,至今仍然能够激起人们巨大的阅读和讨论热情。这样一种热情固然可归因于原著持久不息的生命力,但在很大程度上也得益于傅东华那精妙的译文。除此以外,傅东华还继续翻译了其他文学作品。1946 年,傅译英国作家史普林所著《业障》由龙门出版公司出版,1992 年书名改为《浪荡逆子》,由上海书店出版。1948 年和 1949 年,傅译美国作家嘉理色的《慈母泪》和英国作家达尔的《天下太平》均由龙门联合书局出版。

50 年代后,傅东华逐渐减少了翻译活动,转而投身于写作,著述颇丰。1958 年,人民文学出版社出版了傅译本《伊利亚特》。著名学者陈中梅肯

① 赵一龙. "对话"塞万提斯 "咀嚼"堂吉诃德——《光明人物》版专访董燕生. 光明日报,2016-09-01(10).

② 傅东华. 译序//米切尔. 飘. 傅东华,译. 杭州:浙江文艺出版社,2008:译序 1.

定了傅译本的历史价值,认为"傅东华先生的散文体译本《伊利亚特》完成了前辈学人全译这部宏伟史诗的夙愿。尽管傅本转译自里尤的英译本,但译者的文笔功力仍然给读者留下了较为深刻的印象,在一定程度上反映了荷马史诗雄浑、苍劲的古典风范"①。可以说,《伊利亚特》在傅东华翻译生涯的结尾处又增添了浓墨重彩的一笔。

二、傅东华的主要翻译思想

在长期的、大量的翻译活动中,傅东华的译文逐渐形成了一种个性化的风格。这种风格以通达晓畅的白话为标志,同时又兼顾优美和谐,伴以些许古韵的雅致,从一个侧面反映出傅东华极为深厚的汉语语言文学素养。这种风格的形成还源于傅东华本人在翻译实践中所秉承的宗旨和原则,可谓其翻译思想的直观体现。关于傅东华的翻译思想,我们可以从他和梁实秋的一次论争说起。

1933 年,商务印书馆对傅译《失乐园》进行再版。同年 10 月,梁实秋在《图书评论》上发表了一篇长文《傅东华译的〈失乐园〉》,对傅译《失乐园》提出了一些不同的看法。梁实秋的批评分为两点:"诗体商榷"和"文字商榷"。在"诗体商榷"方面,梁实秋认为傅东华用韵体形式来翻译弥尔顿的无韵体诗,其结果是译文失去了原有的风味,变成了"中国话",虽然"很有趣,读起来很顺口,像弹词,像大鼓书,像莲花落,但不像米尔顿"。而在"文字商榷"上,梁实秋列出了傅译《失乐园》中的"九项错谬",并称"其实傅译中的错误大致是都不难避免的,只要稍微细心一点多参考几种注释便可"②。傅东华随即在 11 月 11 日出版的《文学》杂志上发表了《关于〈失乐园〉的翻译》一文予以回应。在他看来,一方面,"所谓译什么人要

---

① 陈中梅. 一部成功的劳作. 读书,1995(12):23.
② 梁实秋. 傅东华译的《失乐园》. 图书评论,1933,2(2):37. 转引自:张和龙. 理想主义与现实主义的角力——关于傅东华《失乐园》首译本的翻译论争. 东方翻译,2013(1):75.

像什么人的企图,岂非是痴人的妄想? 若不是妄想,那便是批评家用以抨击别人的一种便利的藉口"。他自称"本没有野心要'学像'米尔顿,因为我根本就不承认这种'学像'的可能性"。另一方面,他直言翻译《失乐园》的目的,就是要让"中国人读起来觉得'有趣',觉得'顺口',觉得如弹词,大鼓书,莲花落一般容易读"。对于那"九项错谬",傅东华认为自己不得不认错的只有一条。① 梁实秋随后在12月1日出版的《图书评论》第2卷第4期上刊登了自己写给该刊编辑刘英士的信,再次表明了自己的态度,称"米尔顿写《失乐园》用'无韵诗体'是有用意的,是有历史的背景的,而傅君译文偏偏押韵,和米尔顿的原意似乎不符",并对"九项错谬"中的其余八项进行了重申。②

在这场论争中,傅东华显示出了对文学翻译"信""达""雅"的独特见解。在"信"的标准上,傅东华显然倾向于不可译论,他认为译者和作者、译文和原文之间不可能达到完全"像"或者说"信"的境界。因此,有学者将傅东华看作一个文学翻译上的"现实主义者",并将他与梁实秋之间的论争比作"现实主义"与"理想主义"的角力。③ 与他对"信"的"不信"态度形成鲜明对比的是,傅东华非常看重"达",即以易于接受的方式将作者的意图、原文的精神传达给读者。为了达到这个目的,他主张在一定程度上可以舍"信"而求"达"。他将这种原则贯彻到了之后的翻译实践中。例如,他在翻译《飘》时就舍去了大段的景物和心理描写,但这并不妨碍他用自然流利的语言为读者呈现一个鲜活的郝思嘉。在《飘》的译序中,他这样写道:

① 傅东华. 关于《失乐园》的翻译. 文学,1933(1):686-687.转引自:张和龙. 理想主义与现实主义的角力——关于傅东华《失乐园》首译本的翻译论争. 东方翻译,2013(1):75.
② 梁实秋. 致刘英士. 图书评论,1933,2(4). 转引自:宫立. 梁实秋佚简三通释读. 新文学史料,2018(2):152.
③ 张和龙. 理想主义与现实主义的角力——关于傅东华《失乐园》首译本的翻译论争. 东方翻译,2013(1):74-78.

关于这书的译法，我得向读者诸君请求一点自由权。因为译这样的书，与译 classics 究竟两样，如果一定要字真句确地译，恐怕读起来反要沉闷。即如人名地名，我现在都把它们中国化了，无非要替读者省一点气力。对话方面也力求译得像中国话，有许多幽默的、尖刻的、下流的成语，都用我们自己的成语代替进去，以期阅读时可获如闻其声的效果。还有一些冗长的描写和心理的分析，觉得它跟情节的发展没有多大关系，并且要使读者厌倦的，那我就老实不客气地将它整段删节了。但是这样的地方并不多。总之，我的目的是在求忠实于全书的趣味精神，不在求忠实于一枝一节。①

傅东华在这段话中对"趣味精神"的追求和对"中国化""中国话"的强调，分别彰显出他对"信"的本质的理解和他对"达"的方法的探索。除此以外，我们还能感受到他对译文的美学效果的重视，这折射出他对翻译语言之"雅"的深刻认识。傅东华本人饱读诗书，对中国古典诗词颇有研究，著有《李白与杜甫》《李白诗》《杜甫诗》《白居易诗》《陶渊明诗》《孟浩然诗》《王维诗》《李清照》等，受中国传统文人美学的熏陶可谓久矣深矣。然而在翻译《飘》《珍妮姑娘》《琥珀》这样的流行小说时，傅东华却力求获得中国民间艺术形式如弹词、大鼓书、莲花落那样朗朗上口、通俗易懂的效果。这样做一方面是考虑到了普通读者的接受程度，"要替读者省一点气力"；另一方面也与小说本身的风格和主人公的气质更加贴合。他没有让从小就喜欢和黑人男孩一起玩的郝思嘉、贫民窟出身的珍妮和乡村里的"野丫头"琥珀出口即是"文雅"之语，而是用更加口语化的朴实语言来凸显她们各自的鲜明性格。在傅东华看来，"雅"并不意味着只存在唯一的标准，而是由译文所面向的读者群体来决定的，"俗"也是另一种"雅"。他和梁实秋关于《失乐园》的论争其实在很大程度上也是"俗"与"雅"之争。他用韵将"大雅"的《失乐园》进行"俗化"，固然损失了原作的庄严雄壮之风，然而必须承认的是，傅译《失乐园》因其明白简洁、朗朗上口而易于推广。从跨

---

① 傅东华. 译序 // 米切尔. 飘. 傅东华, 译. 杭州：浙江文艺出版社, 2008：译序 3.

文化传播和读者接受的角度来看,这在当时中国读者普遍对英诗和西方宗教题材感觉陌生的情况下确有其可取之处。同样,在当下中国文学"走出去"的过程中,也不乏翻译家采用比较灵活的翻译策略,在保持原作趣味精神的前提下,不拘泥于一枝一节的"信",而是凭借通达晓畅、符合译入语国家文化和习惯的语言使译文更易为外国读者所接受。这种做法也不失为对促进中外文学、文化交流的有效途径的探索之举。

三、傅译本《飘》在中国的传播与接受

傅东华译著等身,但是无论从受众者规模还是译作本身具有的影响力来看,《飘》毫无疑问都是其中之佼佼者。《飘》以美国南北战争为背景,以南方种植园中成长起来的郝思嘉的爱情故事为主线,描绘了一幅小人物在动荡不安的社会中命运跌宕起伏的画卷,再现了南北战争时期和战后重建时期南方社会的历史。然而《飘》在中国的传播和接受却经历了一个不同寻常的曲折过程。

1936 年,该小说在美国出版之后,很快在读者中引发了轰动效应,成为当年最热门的畅销书,并斩获 1937 年普利策文学奖。根据它改编的电影于 1940 年一举摘得第 12 届奥斯卡最佳影片、最佳导演、最佳编剧、最佳女主角、最佳女配角、彩色片最佳摄影、最佳艺术指导、最佳剪辑等 8 项大奖,成为美国电影史上的传奇之作。同一年,这部电影被引进中国,片名最初译为《随风而去》,后来改为《乱世佳人》,在上海上映 40 多天,一时间成为街头巷尾人们争相讨论的话题。然而在收获大批中国观众的喜爱的同时,该影片及其原著也招来不少非议。小说作者玛格丽特·米切尔是成长于美国南方亚特兰大的白人女性,她采用的是当时南方白人的视角,用大量笔墨描写了战争爆发之前迷人的南方景色、闲适安逸的田园生活,以及战争之后人们在重重困难之下为生活而做出的努力,以此缅怀那随风逝去的旧南方,寄希望于重建后的新南方。站在这样的一种立场上,作者在小说中表露出了比较明显的保守思想和历史局限性。例如她笔下

的黑人奴隶或是对白人奴隶主俯首帖耳、忠心耿耿,或是以愚笨顽劣的刻板形象出现,而白人奴隶主则被刻画为具有一副慈善心肠。因此,有批评者认为作者仅仅谴责了战争对家园造成的破坏,却没有看到南北战争的进步性和战争之前"和平"状态下黑人奴隶所受到的残酷迫害。

傅东华在《飘》的译序中也提及,"有人给它加上'和平主义'四字的考语",但他对此并不赞同,"极不愿意给这本书戴上这样一个帽子,更不愿意读这书的人先有这一句考语横梗在胸中"。[①] 傅东华认为,衡量艺术品的标准不是看其情节,而是看其是否具备复杂精微的结构和既"面熟"又陌生的人物。他将只从情节里断章取义就贸然给作品定性的做法称为"杀风景":

> 从前我们的诗人李义山指出"杀风景"的事情一共十二件,如"花间喝道"、"月下把火"之类(见《杂纂》)。我现在要给他补上一件,就是"给艺术品戴帽子"。譬如我们从前的老先生们不许年轻人看《红楼梦》、《水浒》(虽然他们自己都是看过的,并且也喜欢看的,不然的话,他们怎么知道应该不许人看呢),说它们是"诲淫诲盗之书",便是"给艺术品戴帽子"的一种方式。现在这种方式的帽子已经没有人戴了,但是红红绿绿的新式帽子仍旧是层出不穷。虽则凡是好的艺术品总一定是真金不怕火炼,决不是一顶帽子所掩没得了的;但是,譬如是一块纯净无瑕的白璧,凭空给它涂上了一笔颜色,那也不是大杀风景吗?[②]

作为一位文学批评家和文学研究者,傅东华肯定了《飘》的艺术价值,认为"它虽不能和古代名家的杰作等量齐观,却也断不是那种低级趣味的时髦小说可比——它的风行不是没有理由的,它确实还值得一译"[③]。事实证明,他的判断是正确的。傅译《飘》一经问世,马上受到读者的热烈欢

① 傅东华. 译序//米切尔. 飘. 傅东华,译. 杭州:浙江文艺出版社,2008:译序 3.
② 傅东华. 译序//米切尔. 飘. 傅东华,译. 杭州:浙江文艺出版社,2008:译序 2.
③ 傅东华. 译序//米切尔. 飘. 傅东华,译. 杭州:浙江文艺出版社,2008:译序 1.

迎,并且数次重印和再版。

然而在随后的近30年里,《飘》几乎销声匿迹。1979年9月,浙江人民出版社决定重新出版傅译版《飘》,一方面是为了缓解10年"文革"后出现的严重"书荒"问题,满足人民群众的阅读需求;另一方面乃是在于《飘》本身所具有的经久不衰的艺术感染力。据当时《飘》的责任编辑汪逸芳回忆,她在最初选择该书的时候,"一读起来就停不下来。因为那时一般文学读物只有《红楼梦》、'文革'时期的作品以及苏联的内部出版物,没见过这样以女性视角描写一场战争的小说,所以被深深吸引住了"[①]。1979年12月,《飘》上册出版,首印的60万册很快售罄。与此同时,质疑声也开始传来。1980年1月,《解放日报》先后刊登了李阳和林放的批评文章。前者认为《飘》攻击黑奴和北部废奴主义者,是在为南方的奴隶主辩解,为奴隶制度翻案;而后者写道:"总觉得这部小说把那些实行种族歧视的奴隶主当作英雄来描写,女主人翁则是一个'人妖'式的美人。从思想的角度来说,比起斯陀夫人的名著《汤姆叔叔的小屋》来是一个反动、一个倒退。希望我们的出版者,不要'飘'得太远呀!"[②]《飘》由此引发了一场社会和批评界的大讨论,各方意见纷至沓来。1980年6月13日,邓小平在会见美国费城坦普尔大学代表团时说:"你们有一本小说叫《飘》,是写南北战争的。小说写得不错,中国现在对这本书有争论,有人说这本书的观点是支持南方庄园主的。我们翻译出版了这本书。出版了也没有关系嘛,大家看一看,评论一下。"[③]这番话对《飘》的出版给予了积极的肯定。关于《飘》的激烈辩论逐渐平息了下去,越来越多的读者和批评者开始以更加辩证的、开放的眼光来看待《飘》,在认识和理解其历史局限性的同时仍然表达出对它的艺术价值的欣赏和喜爱。而这些珍贵的艺术价值,正是由傅东

---

① 阮玄墨. 专访编辑汪逸芳:1979年《飘》再版时所经历的"过山车". (2020-06-11)
[2021-01-16]. https://www.thepaper.cn/newsDetail_forward_7800500.

② 林放,李阳,翟仁明. 关于出版《飘》的讨论. 出版工作,1980(4):23-27.

③ 中共中央文献研究室. 邓小平思想年谱(1975—1997). 北京:中央文献出版社,
1998. 转引自:李景端. 翻译编辑谈翻译. 武汉:湖北教育出版社,2009:86.

华的生动译笔传递出来,给一代又一代中国读者带来了感动和启迪。

傅东华作为我国老一辈文学翻译家,为我们呈献了丰富的文学宝藏。遗憾的是,本书的容量有限,我们只能选取最能代表傅东华翻译思想、最能体现其翻译才华的作品来呈现给读者。在选本时,我们主要做了以下几种考虑:

(1)内容保持丰富性。虽然傅东华的翻译成就主要存在于对西方文学作品的翻译上,但是他在外国文学批评和文学理论著作的翻译上也做出了重要贡献。因此,本书虽然以文学作品的译本为主,但也加入了文学理论译著《文学概论》中的篇章,以使当代读者能够了解我国现代早期外国文学批评和文学理论的译介工作。

(2)形式力求多样化。本书在傅东华的众多译著中选取了最具代表性的7部,其中既有庄严的史诗如《伊利亚特》和《失乐园》,也有20世纪早期的畅销小说如《飘》和《琥珀》;既有欧洲浪漫主义的经典巨作《堂吉诃德》,也有美国现实主义的代表作品《珍妮姑娘》,还有文学理论作品《文学概论》,借以展示傅东华在翻译不同材料、面向不同受众时所采取的灵活应对方法。译本也参考了来自人民文学、上海译文、浙江文艺等国内多家出版社的经典版本,以保证权威性。

(3)尽量避免片段化,保持作品的相对完整性和可读性。傅东华所译作品数量众多,且大部分是长篇小说,甚至是像《堂吉诃德》这样的鸿篇巨制,因此本书必须进行节选。但是在编选的过程中,我们力求不破坏原作叙事的连贯性,在一定范围内保持故事情节的相对完整。比如在《伊利亚特》中,我们向读者展示了著名的"阿喀琉斯的愤怒"中的第一次愤怒,即阿喀琉斯与阿伽门农结怨、不愿再为希腊联军出战的情景;在《堂吉诃德》中,我们节选了前六章,描述了堂吉诃德第一次出征大败回乡的情景;在《失乐园》中,我们节选了整个第一卷;在《飘》中,我们则节选了前六章的大部分内容,呈现了郝思嘉对卫希礼由爱生恨、出于报复心理而嫁给韩察理的来龙去脉。这样,读者就不会因为情节的支离破碎而减少阅读的兴趣,从而能够更加领会到傅东华的译艺之精与译文之美。

除此以外,需要提请读者注意的是,傅东华译文多诞生于新中国成立之前,在语言文字的使用上和现有的规范、标准存在诸多不同之处,如将"身份"写作"身分",将"好像"写作"好象","的"与"地"混用于动词之前等;一些人名和地名等专有名词和现代通行的译法也有较大差异,如在《文学概论》一书中将"哥特"译作"歌德",将英国诗人柯勒律治译作"哥尔利治",将美国诗人朗费罗译作"郎匪罗"等;部分标点符号的用法也和现今不同,如在并列的名词之间使用逗号。考虑到这些用法和译法或是反映那一时代的语言文字用法,或是带有鲜明的译者个人风格,且并不会给生活在当今社会的读者带来大的阅读困难,我们本着忠实于原文的原则,将它们基本保留了下来,仅对部分繁体字和异体字、外文作品名的标注格式、当时的排印错误、注释错误等根据现有的规范做了修改。谨此说明。

最后,就让我们跟随傅东华先生的生花妙笔,踏上激动人心的阅读之旅吧!

上　编

伊利亚特①

[古希腊]荷 马

Ⅰ 内 哄

　　阿喀琉斯的忿怒是我的主题,只因这惹祸招灾的一怒,使宙斯遂意如心,却带给阿开亚人②那么许多的苦难,并且把许多豪杰的英灵送进哈得斯③,留下他们的尸体作为野狗和飞禽的肉食品。诗歌女神啊,让我们从人间王阿伽门农和珀琉斯之子伟大的阿喀琉斯的决裂开始吧。是哪一位神使得他们争吵的?④

　　是阿波罗,宙斯和勒托之子⑤,发动这场内哄的,当时是因那人间王对

---

① 选编自:荷马. 伊利亚特. 傅东华,译. 北京:人民文学出版社,1958.——编者(除此类注外,其余注为译者注。后同。)

② 荷马书中希腊人的别称。

③ 希腊神话中的冥王,也就是冥间之称。

④ 这一段是古代史诗作者开场时照例要有的对诗歌女神的呼告,就是向她祈求灵感的意思。这部史诗是讲希腊人和特洛亚人的战争的。特洛亚的王子帕里斯到希腊来作客,把阿伽门农王弟墨涅拉俄斯的妻子海伦拐走,希腊派使者交涉不成,就组织联军渡海去攻打。诗的开场已经是这场战争的第十年上。这里的人间王阿伽门农就是希腊联军的统帅,阿喀琉斯是参加联军的一个国王,也就是这部史诗的主要人物。宙斯是天上的主神。

⑤ 阿波罗,射神。勒托,宙斯的妃。

这位神的祭司克律塞斯无礼,神就惩罚他,对他的军队施放一种凶险的瘟疫,要歼灭他的部下。在这之前,克律塞斯曾经到阿开亚人的船舶里来赎取他的被俘的女儿。他是带着充裕的赎款而来的,并且手里拿一支金杖顶着射神阿波罗的花冠。他向阿开亚的全军求告,尤其是向它的两位司令员,阿特柔斯的两个儿子①。

"我的王爷们,和阿开亚的将士们,你们是希望扫荡了普里阿摩斯王的都城而平平安安回家的。但愿在俄林波斯②的神们成遂你们的心愿——可是有这样一个条件,就是要你们收下这笔赎款,释放我的女儿,以表示你们对宙斯之子射神阿波罗的尊敬。"

军士们欢呼起来。他们都愿意看见这祭司受到尊敬,这笔诱惑人的赎款收受下来。可是这样的办法全然不称阿伽门农王的心。他就对那人严厉地下了警告,无礼地斥退了他。

"老头儿,"他说道,"你别再在这些楼船边逗留,让我逮住你,也别去了又回来,否则你会发现神的金杖和花冠是极不中用的护身物。我决不会同意放你的女儿自由,正要她远远离开她本国,终老在阿耳戈斯③,在我的家里,替我织布,和我同床。现在你滚吧,不要惹我生气,如果你还要性命的话。"

那老头儿吓得簌簌抖,只得服从了。他一声不响,沿着那奔腾大海的岸边走去。但是,后来他看看四下无人,他就向美发的勒托之子阿波罗王热烈地祈祷起来:"请听我,银弓之神,克律塞和神圣喀拉的保护者,忒涅多斯至尊的主人④。斯明透斯⑤,念我曾经替你造神庙,博得了你的欢心,念我曾经把公牛或是山羊的肥腿焚烧给你,请你成遂我的这个心愿吧。

---

① 就是阿伽门农和墨涅拉俄斯。
② 本来是忒萨利亚地方一座山的名字,古代希腊人当它是众神居住的地方,后来就转成天上的意思。
③ 希腊的一个城,阿伽门农的故乡。
④ 这些都是特洛亚供奉阿波罗神的地方。克律塞在特洛亚附近,就是克律塞斯做祭司的所在。
⑤ 阿波罗的别称。

请用你的箭让达那俄斯人①来赔偿我的眼泪吧。"

福玻斯·阿波罗听见了他的祈祷，大为震怒，就背着弓和有盖的箭壶从俄林波斯的高处降落。当他出发的时候，这位怒神的箭在他肩上琅琅响起来；他的下降是同黑夜来临一般的。他到那些船舶的对面坐下来，就放了一箭，同时他那银弓当的发出一种可怕的响声。他先射骡子和敏捷的狗，然后就将他的锋利箭头瞄准着人，一箭又一箭的放。无日无夜，都有无数火堆在烧化死人。

一连是九天，那位神的箭像下雨似的落在营帐上。到了第十天，军士们由阿喀琉斯的命令被召来开会——这一策略是白臂女神赫拉②鼓励他采取的，因为她眼见着达那俄斯人被毁灭，很关心他们。等到人都到齐、会议开始的时候，那捷足的阿喀琉斯就站起来对他们发言：

"我主阿伽门农，像这样一面作战一面遭瘟疫，我恐怕我们的力量不久就要大大的削弱，以至于我们后死，任何人都不得不放弃战争，开船回国。可是我们何不去找一个预言者或是祭司来，就是解梦的人也可以——因为梦也是宙斯送下来的——向他问一问福玻斯·阿波罗为什么对我们这样动怒？莫不是我们背弃了什么誓愿，或是短少了什么祭礼，因而得罪了他了。如果是这样，他就可以得到绵羊或是大山羊的芬芳祭礼，免了我们这一场瘟疫。"

阿喀琉斯坐下去，忒斯托耳之子卡尔卡斯就站起来。作为一个占卜师，卡尔卡斯在军营里是无匹敌的。过去、现在和未来的事情都瞒不了他；也就因这由阿波罗恩赐给他的一点先见之明，才把阿开亚人的舰队引到伊利翁③来的。他是一个忠心耿耿的阿耳戈斯人，现在他就凭他的一片忠心站起来说话。

"阿喀琉斯，"他说道，"我的君主，你要我解说射王阿波罗的震怒，我

---

① 希腊人的又一别称。
② 赫拉是宙斯的姊妹，同时也是他的配偶。
③ 特洛亚的别称。

是愿意遵办的。可是请先听我一句话。你肯不肯起个誓,一定挺身出来用你所有的雄辩和力气保护我呢? 我所以向你提出这一个要求,是因为我心里十分明白,我将要被一个人当做仇人,而那个人的权力在我们当中是绝对的,那个人说的话就是对于一切阿开亚人的法律。一个平民是难以同他得罪了的一位君王去对敌的。即使那位君王暂时咽下了怒气,他也要怀恨在心,等到能算账的一天还是要算账的。所以,请考虑,你到底能不能保障我的安全。"

"你不要害怕,"捷足的阿喀琉斯道,"把你已经从天上得来的任何消息都告诉我们。因为我向宙斯之子阿波罗——就是你卡尔卡斯用他的名义透露预言的那位神——起誓,只要我还活着能够见天日,所有这儿这些楼船旁边的阿开亚人没有一个敢来伤害你,哪怕你刚才所说的就是指那顶着我们大君主称号的阿伽门农。"

那可尊贵的预言人终于鼓起勇气来开口了。"问题并不在背弃誓愿,"他说道,"也不在短少祭礼。神所以动怒,是由于阿伽门农侮辱了他的祭司,不肯收那赎款,释放他的女儿。这就是我们现在在这里受苦并且还要继续受苦的缘故。那位射王是不肯让我们解脱这种可憎的灾难的,除非我们不要赔偿也不取赎款,把那眼睛明亮的女子还给她的父亲,并且把神圣的供祭送到克律塞去。这样做了,我们也许可以引起他的怜悯。"

卡尔卡斯坐下了,那阿特柔斯的高贵儿子,至尊的阿伽门农,就气冲冲的直跳起来。他的心里沸腾着愤怒,他的眼睛像是射出火焰来。他先对卡尔卡斯肆口漫骂。

"恶的预言者,"他嚷道,"你从来没有说过一句有利于我的好话。你的预言一径都透露祸祟。你从来没有让好事的预言应验过,甚至从来没有预言过好事! 现在你算是个军中的占卜师,又在对军士们信口胡言了,说什么射神在处罚他们,为的是我拒绝克律塞伊斯①那个女子的赎款,虽则那赎款很是可观。我为什么要拒绝的呢? 因为我想要留住那个女子,

---

① 就是克律塞斯的女儿。

并且要带她回家。老实说,我对她是比对我的王后克吕泰涅斯特拉还要喜欢的。她的美并不差似我的王后,她的手头活儿也跟王后一般的聪明灵巧。不过,我也还是愿意放弃她,如果那是比较贤明的办法。我巴不得我的子民平安而健康,不愿意看见他们这样的枉死。可是你必须立刻让我得到另外一件战利品,否则我们当中就只我一个人空手无所得,那是极不公道的事情。你自己看得出来,分配给我的这件战利品就要离开我了呢。"

那敏捷而卓越的阿喀琉斯倏的站起来。"请问陛下,"他问道,"打算叫我们的英勇将士到哪里去找一件新的战利品来满足你这未见先例的贪欲呢?我还没有听见说过我们贮藏着什么公共财物。我们从那些被占领城市得来的掠获品都已经分配掉了,想要大家把那些东西重新集合起来是办不到的。不;现在就照神的要求送还那个女子吧,如果宙斯允许我们攻下特洛亚城的壁垒,我们将会给你三倍四倍的补偿。"

那阿伽门农王立刻回答道:"你是一个大大有能为的人,阿喀琉斯王子,可是你不要痴心妄想,以为能叫我中你的诡计。我是不会被你愚弄、受你哄骗的。你说'送还那个女子吧',我猜你是希望你自己的战利品可以稳稳当当保牢的。你想我会乖乖儿的坐着看人家抢劫我吗?不会的。如果将士们准备给我一件新的战利品,能够合我的胃口,补我的损失,我就再没有话说了。要不然的话,我就要自动去拿你的战利品,或者是埃阿斯的,或者就拿俄底修斯①的也说不定。我要光顾谁,谁都要动气。可是这些事情我们不妨等以后再来商议。目前,让我们放一条黑皮船到那可亲的海里,配置一批特选的船员,装上些牲口以备献祭,然后把那美貌女子克律塞伊斯也放上船。同时,让我们的参赞人员挑一位前去率领——埃阿斯,伊多墨纽斯②,卓越的俄底修斯,或者就是你,我们当中最最刚强的一位——到那儿去献祭,挽回阿波罗对我们的恩意。"

---

① 埃阿斯和俄底修斯也都是希腊联军的首领。
② 也是联军首领之一。

　　捷足的阿喀琉斯对他怒视了一眼。"你这无耻的阴谋家,"他嚷道,"一径都唯利是图!你怎么能指望你的部下替你尽忠竭力,奉命去进攻作战?至于我,并不是因为跟特洛亚的战士有什么争端才到这儿来参战的。他们对我从来不曾有过任何的侵害。他们从来没有偷盗过我的牛马,也从来没有劫掠过那由佛提亚肥沃泥土长出来养育她的居民的庄稼;因为我们之间是有那奔腾的大海和许多暗沉沉的山脉隔着的。实际上,我们所以来参加这次远征,为的是要博得你的欢心;是的,你这丧尽天良的鄙夫,为的是要替墨涅拉俄斯和你对特洛亚人图快意——这一事实你竟把它完全抹杀了。现在又来了这样一个恫吓,而且由你亲口说出来,竟要夺去我的战利品,我那辛苦得来而由弟兄们献上的一件战利品。每次阿开亚人攻下特洛亚人一个繁荣的城市,我所分到的东西都并不是跟你一样多的。战斗的重任全由我担当,等到分配掠获品时却是你占绝大的部分,听凭我精疲力竭的带着我自己一点点儿东西退出了战场。所以,现在我要回佛提亚去了。那是我的最好的办法——坐着我的翘嘴船扬帆回家。我看呆在这儿太没有意思了,徒然在替你积累资财,供你挥霍,反而受人家侮辱。"

　　"你尽管走你的吧,"那人间王阿伽门农反斥道,"如果你觉得非走不可。我不会为着我的缘故求你呆下去。我还有别的人在这里,都会对我敬重的,其中的第一位就是那主谋神宙斯。而且,这儿所有的国王里面,你对我最不忠心。在你看起来,人生除了作乱、暴动和战斗,就没有别的事情。就算你是一个伟大的军人吧,不也是神造成你的吗?现在带同你的船只和你的战士回家去治理密耳弥多涅斯人吧。我用不着你;你的忿怒我处之漠然。可是你要记着我的话。那福玻斯·阿波罗要从我手里夺去克律塞伊斯,我已准备差我自己的船员用我的船只把她送走了,也就照这个样子,我要到你的篷帐里光顾一次,去拿你那战利品,那美丽的布里塞伊斯,好让你,阿喀琉斯,知道知道我的权力大于你,也好借此教训教训别的人,不要跟我来强嘴,对他们的君主公然挑衅。"

　　这一番话刺进了阿喀琉斯的心肺。在他那个毛茸茸的胸膛里面,他的心两路分歧,又想拔出身边的利刃来,冲过人群去把阿伽门农王杀死,又想控制着自己,压下那忿怒中的杀机。他的长剑已经一半出了鞘,他正深深沉入这种内心的交战里,雅典娜①就从天上下来了,她是因白臂女神赫拉的要求才来的,因为赫拉对这两位王爷同样的喜爱,正在替他们着急。雅典娜站在阿喀琉斯的后边,将他那黄金的卷发拽了一下。除了阿喀琉斯之外没有一个人觉察她;其余的人是什么都看不见的。阿喀琉斯惊惶地旋转了身子,立刻认出了帕拉斯·雅典娜——她那眼睛的光辉是那么可怕——他就大着胆对她说话:"你为什么到这儿来,戴法宝②的宙斯之女? 是来看我主阿伽门农这种傲慢态度的吗? 我直率地告诉你——并不是虚声恫吓——他是快要拿性命来偿付他这暴行了。"

"我从天上来,"那闪眼女神雅典娜答道,"为的是想要使你觉悟。我是白臂女神赫拉差来的,因为她那么的喜爱你们两个人,那么的对你们关切。现在,放弃了这场斗争,让你的手离开你的剑吧。你不妨拿话去刺激他,把你心里的打算讲给他听。现在我给你一个预言——将来有一天,会有比你现在失去的东西价值三倍的礼品放到你的脚下来做他这一次暴行的代价。那么,你就住手吧,听我们的劝告吧。"

"女神,"捷足的阿喀琉斯答道,"既然是两位女神的命令,一个做凡人的必须听从,无论他心里怎样气忿。这是他的较好的办法。做凡人的肯听神的话,神也就肯听他的话。"

说着,他就服从雅典娜,把他的巨手放在那银剑柄上,将那长剑重新插进鞘,那位女神也就动身回俄林波斯,到那戴法宝的宙斯的宫殿里,和其他的神们重新在一起。

那阿喀琉斯的气并没有平。他重新用着恶言恶语对阿特柔斯之子③

---

① 也叫帕拉斯·雅典娜,她是宙斯之女,智慧和艺术的女神,而且刚强善战。在特洛亚战争里,她是始终帮希腊人一边的。
② 法宝(aegis)是一种徽章或佩物,据希腊的古代雕像或图画,宙斯所戴的法宝是毛茸茸的,周围有金流苏的。
③ 即阿伽门农。

谩骂起来。"你这醉徒,"他嚷道,"长着双狗的眼睛却只有雌鹿的胆量!你从来没有勇气把自己武装起来,同着士兵一起去作战,或是同着其他的首领一起去设伏——那是你宁死不干的。你宁可一径呆在营帐里,等着有谁违抗你时去抢他的战利品,牺牲你的部下来繁荣自己,因为你的部下太懦弱,不能抗拒你——懦弱倒是实在的;要不然的话,我的主啊,你这种盗匪行为就要把你的性命断送了。

"可是记着我的话,因为我正要发一个庄严的誓言。看这一根节杖①吧。自从它在山上打主干上砍下来,它就永远不能再出叶抽枝。钩刀已经削去它的皮和叶,从此它就不再萌芽了。可是那些以宙斯的名义保障我们法律的人们,我们国家的裁判官们,都把它拿在手里。现在我凭这根节杖来起誓(因为我不能挑选一个再好的证物),将来总要有一天,阿开亚人个个都要因失去我而觉得痛心,而你在绝望之中,对他们丝毫无能为力,只得眼看着他们成千成万的倒在那杀人不眨眼的赫克托耳②面前。那时候,你就要痛碎你的心,深悔当初不该侮辱远征军中那最好的人。"

那珀琉斯之子说完了,扔下那根点缀金钉的节杖,重新坐到他的座位上,听凭那一边的阿特柔斯之子对着他大发雷霆。可是这时涅斯托耳跳起来了,他是擅长辞令的,一位来自皮罗斯的声音清晰的演说家,他的演说从他舌上流出来时是比蜜糖还要甜的。他在神圣的皮罗斯已经见过两个世代的诞生、成长和死亡,现在他治理着第三代。当时他带着满怀的好意,从座位上站起来发言。"这实在是大可使阿开亚痛哭的!"他说道。"那普里阿摩斯③和普里阿摩斯的儿子们万一听到你们两位之间发生这样的破裂,不知他们要怎样的快乐,所有的特洛亚人将要怎样的欢呼,因为你们两位都是阿开亚人谋略上和战斗上的领导者。现在听我一句话,因为你们两位都比我年轻。而且,我在过去曾经跟一些比你们更好的人在一起,也从来不会不受他们尊重的。那一些人都是我从来没有见过也不

———————————

① 在会场上谁要发言,就拿着这根节杖,算是有了发言权。
② 特洛亚的王子。
③ 特洛亚的国王。

会再见到的头等优秀人物,其中有如帕里托俄斯和民众的牧者德律阿斯,开纽斯,厄克萨狄俄斯,神样的波吕斐摩斯和埃勾斯之子,英名赫赫的忒修斯。他们是大地所生育的人当中最最强壮的,曾经跟一些最最强壮的敌人对抗过的,那些敌人是一种野蛮的山居民族,竟被他们全部歼灭了。我曾经离开皮罗斯的家去加入这一些人。我曾经因他们的邀请不辞远道跑去会他们。我在他们的战役中尽过我一份的力。他们都是现世的人没有一个能够对敌的。可是他们对于我都言听计从。你们两位也必须这样;这样你们都不会吃亏。阿伽门农,不要倚仗你那王位的特权,不要抢夺人家的女子。那个女子是弟兄们献给他的,让他保留他的战利品吧。至于你,我的阿喀琉斯,也不要再跟王上作对了。一个执杖的君王凭他由宙斯承袭来的权力,原该不止享受我们人的平常权利。你因你母亲是个女神,也许你的力量是比他大些;可是阿伽门农统治的人比你多,所以他比你尊贵。我主阿特柔斯之子,平平你的气吧。我,涅斯托耳,恳求你宽容阿喀琉斯,他是我们军情紧急关头的强大堡垒。"

"我的可尊敬的老王爷,你的话是没有一个人能够非议的,"阿伽门农王答道。"可是这一个人想要夺取军中的权柄,想要用它来镇服我们大家,装作君主的身份,对我们发号施令,虽则我明知道有一个人要忍受不了。尽管那不死的神曾经把他造就成一个执枪的战士,那又有什么了不起呢?难道他凭这种资格就可以拿说话来侮辱人?"

这儿那高贵的阿喀琉斯打断了君王的话:"无论你说的什么,要是我对你样样屈服,我就算是个大傻瓜和大孱头了。你去命令别人吧,不要来命令我。我是再也不会服从你的了。现在还有一句话要你三思。为了这个女子的缘故,我不至于会同你或是别的任何人亲手战斗。她是你给了我的,现在随你把她拿回去。可是我那好黑皮船旁边的所有别的东西,不许你抢我一件。你如果要抢,你就试试看,好让大家看看将要发生什么事。你的鲜血立刻就要沿着我的枪涔涔流注。"

等到这一场舌战结束,两个人就都站起来,解散了阿开亚舰队旁边的集会。阿喀琉斯同着帕特洛克罗斯①和他的部下,动身向他那些整洁的船舶和篷帐那边去,这里阿特柔斯之子就放了一条快船在海上,挑选了二十名桨手做船员,把献神用的牛群装上船,这才带来那美貌的克律塞伊斯,将她也放在船上。足智多谋的俄底修斯跟去做领队,一等人手都齐全,他们就向海中的大道进发。

这时候,阿伽门农要他的军士们都沐浴洁身。等到他们都在咸水里头洗净身上的污垢,就在那荒凉大海的岸上把公牛和山羊的丰盛祭礼献给阿波罗;那鲜美的香气混合着袅袅的浓烟直升到天上。

当军士们在营帐里忙着这些任务的时候,阿伽门农并没有忘记他跟阿喀琉斯的一场争吵和他在会场上恫吓他的那句话。他就把他的两个传令官兼忠顺的侍从塔尔堤比俄斯和欧律巴忒斯叫了来,对他们说道:"去到珀琉斯之子阿喀琉斯的篷帐里,逮住了布里塞伊斯那个女子,把她带到这里来。要是他不肯放她走,我就亲自带兵去拿她,那对他反而不好。"

他把那两个人打发开,他们耳朵里边带着他那严厉的命令,就沿那荒凉大海的海岸去走他们不愿走的路,直至到达密耳弥多涅斯人的营帐和船舶,就看见那王子本人坐在他自己的黑皮船和篷帐旁边,阿喀琉斯看见了他们,心里当然不高兴。他们也停下步来,觉得胆怯和羞愧,不敢到那王子面前去说他们所要说的话。但是王子用不着他们开口,早已知道他们的来意,就对他们先开起口来。"传令官们,"他说道,"宙斯与人间的大使,我欢迎你们。走上前来吧。我的争吵不是同你们,是同那个差你们到这里来拿布里塞伊斯的阿伽门农。我的帕特洛克罗斯,你去把那女子带来交给这两位好吗?如果阿开亚人再需要我解救他们出灾难,我要这两个人在快乐的神们面前、人类面前、和这暴虐君王自己面前替我作见证。这个人是丧心病狂了。要是他有点儿远见的话,现在就该顾虑到,等到他们要在船边战斗的时候,他将怎样救他的军队。"帕特洛克罗斯听了他朋友的话,把那美貌的布里塞伊斯从篷帐里带出来,交付给那两个人,那两

① 阿喀琉斯的侍从。

个人就带着那个不幸的女子沿着那些船舶的行列回去了。

阿喀琉斯离开了他的部下,就哭起来了。他独自个儿跑到那灰色海的岸上去坐下,望过那一片茫茫的海面。然后,他伸出他的臂膀,对他的母亲倾吐了一番祷告。"母亲啊,既然你以一个女神的身份给了我生命,哪怕只是一霎的时光,那在俄林波斯的雷神宙斯也总该对我有几分照应。可是他对我毫不关心。他听凭我去受那阿特柔斯之子阿伽门农王的欺凌,竟夺去了我的战利品,把它占为己有了。"

阿喀琉斯一面祷告一面哭,他那母亲正同她的老父坐在海中的深处,听见了他的话就像一阵云雾似的从那灰色海水里急忙升上来,到她那正在哭泣的儿子身边去坐下,拿手抚摸着他,跟他说起话来。"我的孩子,"她问他道,"你为什么掉眼泪?什么事情使得你烦恼?你不要把愁情闷在心里,你得告诉给我听,好让我替你分忧。"

捷足的阿喀琉斯深深叹了一口气。"你是知道的,"他说道,"既然知道了,我为什么还要给你叙述事情的底细?我们曾经打到过埃厄提翁的神圣城市忒柏,我们扫荡了那个地方,并且带回我们所有的掠获品,军士们把它们很公平的分配开,挑选了美貌的克律塞伊斯作为献给阿特柔斯之子的特别礼品。随后,射神阿波罗的祭司克律塞斯就带着一笔充裕的赎款,并且手里拿一根金杖顶着射神阿波罗的花冠,来到阿开亚披甲战士的船舶,替他的女儿赎身。他向阿开亚的全军求告,但主要是向它的两个领导人,阿特柔斯的两个儿子。当时全军人欢呼起来,表示他们都愿意看见那祭司受到尊敬,那笔诱惑人的赎款收受下来。可是这样办法全然不称阿伽门农的心。他使得那个祭司吃了严厉的警告仓皇逃遁。因此那老头儿气忿忿的回到家,可是阿波罗很宠爱他,接受了他的祷告,就向阿耳戈斯的军队施放毒箭了。军士们又快又密的纷纷倒下去,因为那位神的箭对着我们那些散开的营帐是到处都像雨一般落下的。后来有个懂得射神意旨的预言家,给我们讲明了这桩事。我就立刻站起来,劝告他们去求神息怒。这一来,使得那阿伽门农勃然大怒。他就直跳起来对着我恫吓。现在他实践了他的恫吓了:一批眼睛明亮的阿开亚人正把那个女子装在一条船里,同着献神的祭品送到克律塞,刚才王的使者又把军队献给我的那个女子布里塞伊斯从我篷帐里带了走了。

"所以,现在,要是你有什么能力的话,保护你的儿子吧。你去到俄林波斯,如果你以前所作所言的事曾经温暖过宙斯的心,你就在恳求他的时候给他提醒一声。记的我在我父亲家里,常常听见你夸耀地告诉我们,说当初俄林波斯有几位神——赫拉,波塞冬和帕拉斯·雅典娜——阴谋将那行云之神宙斯用锁链拘禁,亏得你这一位神挽救了他这羞辱的命运。你曾经去替他保全威信。你曾经把那百臂的巨怪急忙唤召到天庭,那怪神间叫他布里阿瑞俄斯,人间叫他埃该翁,威力之大是连他的父亲都不如他的。他就到那克洛诺斯①之子的身边蹲下来,显得威风凛凛,以致那班受福神都不敢近身,只得让宙斯自由自在。

"现在你去坐在他身边,抱住了他的双膝,把这桩事给他提醒。你去说服他,如果你能够,要他去帮助特洛亚人,把阿开亚人打退到他们船边,背着海团团围住了杀戮他们。这就可以教训他们去感佩他们的君主。这就可以使得那至尊的阿特柔斯之子阿伽门农觉悟自己侮辱他们当中最高贵的人这桩事情是多么愚蠢。"

"我的儿,我的儿!"忒提斯②哭起来说道。"早知如此,我为什么要养我这苦命的孩子呢?至少是,他们应该让你无忧无虑的呆在船边,因为命运只肯给你那么短的寿数,那么少的时间。但是看来你似乎注定了不但要短命,并且还要苦命的。我让你出世的那个日辰确实是大不吉利。不过,我还是要上那雪罩的俄林波斯,把这一切亲自去告诉雷神宙斯,看我能不能将他感动。目前,你且在你那些华丽的船舶旁边呆着,保持着你对阿开亚人的仇恨,不要去加入战争。我得告诉你,昨天宙斯已经动身前往大洋流,到那可敬的埃提俄珀斯人③那里赴宴去了,所有的神都跟他去的。但是十二天之后他就要回到俄林波斯,到那时候你尽管可以放心,我一定

---

① 宙斯之父。
② 阿喀琉斯的神母的名字。
③ 相传是居住在俄刻阿诺斯河畔的黑人。

会跑进他的铜宫投到他的脚下去。我有把握他会听信我的话。"

忒提斯离开了,留下阿喀琉斯为着他那被迫交出去的好女子独自伤心。这时候,俄底修斯和他的部下已经带同那神圣的祭品到达克律塞。他们把船驶进海港的深水,就折叠起帆篷放进那黑皮船的船舱里,又放下那桅杆的前支柱,让那桅杆恰好落进它的夹板里,这才将船摇进了埠头,落了锚,系好缆,大家跳上岸。那些献射神的牲口也都卸下船,然后克律塞伊斯离了海船踏上岸。足智多谋的俄底修斯领那女子到祭坛,将她交还她的父。"克律塞斯,"他说道,"人间王阿伽门农命我把你的女儿送给你,并且代表阿开亚人来向福玻斯献祭,希望能平息射王的怒气,因为他已经给与他们的军队一个惨重的打击了。"说完他就把那女子交付给她的父亲,父亲兴高彩烈的欢迎他的闺女。

那些注定用来敬神的祭品,很快就在那建造精良的祭坛四周摆开来。人们都洗净他们的手,抓起了献祭的麦屑。于是克律塞斯擎起了他的臂膀,替他们大声祷告起来:"请听我,银弓之神,克律塞和神圣喀拉的保护者,忒涅多斯至尊的主人!我上次的请愿确实邀得了你的恩意;你已经显示你对我的关心,给予阿开亚的军队一个重大的打击了。现在请你成遂我第二个愿心,免了达那俄斯人这种可怕的惩罚吧。"那老人这样祷告,福玻斯·阿波罗都听见了。

等到他们请过了愿,撒过了麦屑,就先扳转那些牲口的脑袋,划开它们的喉咙,剥掉它们的皮。然后他们从大腿上割下几片肉,拿好几层脂油包裹起来,将生肉贴在上面。那老祭司就把这些肉片拿到柴火上焚烧起来,又将红酒去洒那火焰,那些年轻一辈的都手里拿着五股叉儿在他的周围侍立。等到腿肉焚化了,大家都已经尝过了内脏,他们就把其余的肉切成小块,用肉扦插了起来,烤得它们透熟,这才一齐拿出来。

这桩工作做完了,饭餐都预备好了,他们就兴兴头头的吃起那顿筵席来,人人均匀的吃到一份。及至大家都已经解渴充饥,侍者们就拿调钟满满盛着酒,先在各人杯子里注下几滴,然后给全席人逐一的斟。那一日的其余时间,那些阿开亚的年轻战士们都用来奏乐安神,将一种美妙的歌曲赞颂那位大射神,阿波罗听见了大觉称心。

等到了太阳落下,夜色来临,他们回到他们那条船的缆索旁边躺下来睡觉。但是一经曙光用玫瑰色的手点亮了东方,他们就利用射神送给他们的一阵清风向阿开亚人的大营帐开船了。他们竖起了桅杆,张起了白帆。那面帆吃饱了风,膨然的鼓起,便听得船头前黑浪嘶嘶作巨响,那条船就乘风破浪、勇往直前而去了。这样,他们回到了阿开亚人的大营帐,就把他们的黑皮船高高拖到大陆的沙丘上,用长长的支柱架起来。随后他们就分散到各人的篷帐里和船舶里去了。

在这一段时间里,那捷足者阿喀琉斯,珀琉斯之世子,一径都坐在他那些快船的旁边,保持着他的忿怒。他不但不去参加战斗,并且不去参加一切可以博取声名的集会。他一径都呆在那个地方,伤耗着自己的心,渴望着喧嚣和猛烈的战斗早日来到。

十一天过去了,到了第十二天的黎明,那些永生的神就由宙斯率领着,大队的回到俄林波斯。忒提斯记起了她儿子教给她的办法,一早就从海底钻上来,飞升进广阔的天空,到达了高高的天顶。她看见那无所不见的宙斯离开其余的神独自坐在俄林波斯群峰的绝顶。她就走到他身边,跪倒在地上,将她的左臂抱住了他的双膝,右臂擎起来摸他的下巴,向那克洛诺斯之贵子请愿了。"我父宙斯,如果我在神们当中曾经用言语或是行为给你效过力,那就请你成遂我一个愿心,对我的儿子显示你的恩意吧。他是已经被选定了要早死的,现在那人间王阿伽门农竟还侮辱他。他劫去了他的战利品,将她据为己有了。你要替我的儿子报仇,俄林波斯的裁制者,让那特洛亚人占去上风,直到阿开亚人给我儿子应有的尊敬和充分的赔偿为止。"

那行云之神没有回答她的话。他默默的坐了许多时,忒提斯却搂住他的双膝始终不肯放。后来她就向他再作一次的恳求:"请你真心真意的应允我,点点你的头,要不然的话,你就拒绝我,因为你这样做是不会有损失的,我呢,倒可以明白过来,原来没有哪一位神是像我这样不在你的眼里的。"

那行云之神觉得大大的不安。"这是一桩糟糕的事儿呢！为了这桩事,赫拉一定要来嘲骂我,那我就不免要跟她起冲突了。就是在目前,她也常常要在别的神面前骂我,责怪我在这场战争里不该帮特洛亚人。现在你离开我吧,免得她看见我们;这桩事情我要加以细细的考虑。可是,我让你可以放心,就给你先点个头吧——所有的不死之神都承认,这就是我的再可靠不过的保证。当我点头应允的时候,那是不能有欺骗、不能有翻悔、不能有差错的。"

宙斯说完话,就垂下了他那阴森森的眉毛。一片芬芳的发绺从那天王的圣首上向前披下,以致那巍峨的俄林波斯都震动起来。

事情定局了,两位神就分了手。忒提斯从光耀的俄林波斯盘旋而下,进入咸海的深处,宙斯也回到他自己的宫廷。在那里,全班的神从他们的椅子上站起身,对他们的父表示敬意。当他走近时,没有一个敢坐着不动身;大家都站起来表示欢迎。宙斯到他的宝座上坐下,赫拉朝他看了看,立刻知道他跟那海中老人的女儿银脚忒提斯使下什么阴谋诡计了。她当即转过身子朝向着宙斯。"刚才,"她问道,"是什么女神来跟你商量诡计来的,你这大骗子？你倒好,一等我背转身子,就鬼鬼祟祟的独断独行起来了。你从来没有自自愿愿的来跟我商量过一次。"

"赫拉,"那人与神之父回答道,"你不要想望知道我一切的决定。你会觉得这种事情是你不能过问的,虽则你做了我的配偶。只要是你应该听到的事情,没有哪个神或是人会在你之先知道。但是我如果愿意不跟神们商量而采取步骤,那你也不要来盘问我。"

"可怕的克洛诺斯之子,"那牛眼睛的天后说道,"你这是什么话啊？我并不是那种唠唠叨叨只管盘问你的人,我一径都让你安安逸逸去打你自己的主意。可是现在我心里猜疑,你是被那海中老人的女儿银脚忒提斯说服了。今天早晨她曾经跟你坐在一起,抱住过你的双膝。因此我想起,你已经有话儿给她保证,要袒护阿喀琉斯,让那阿开亚人在船边遭受屠杀。"

"夫人,"那行云之神回答道,"你太多心了,我也不能再瞒你。不过你是没有办法的,只有使我的心更加不向你,那对你自己反而不利。如果事情真的像你所说的那样,你可以把它看做我必行的旨意。你不要多话,坐在那儿安分些儿吧,要不然,俄林波斯所有的神都没有力量阻拦我,从我这双不可征服的手底下救出你。"

这几句话说得那牛眼睛的天后发起抖来,只得竭力镇定住自己,静静的坐在那里。以前宙斯对于其他所有的天神都曾有过这样的威吓,所以当时宫廷里肃静无声,过了许久才有那大技师赫淮斯托斯①开口说话,为的是他急于要给他的母亲白臂膀的赫拉帮一下忙。"这是不能忍受的!"他嚷道。"我们在过好时光了呢,眼看着你们两位为着人类这样闹意气,并且使得神们都争吵起来!在这样吵吵闹闹的空气里,怎么能够享受一顿好饭呢?我要劝劝我的母亲,她原十分明白什么是最好的办法,劝她跟我亲爱的父亲宙斯讲和吧,要不然,她也许再讨他一顿申斥,那我们的这顿饭就真的吃不成了。因为,这位俄林波斯的主人,这位闪电神,这位天神中的最最有力者,要是动起怒来把我们都轰出座位去,那可怎么办?不要这样吧,母亲,你必须卑躬屈节的去求他饶恕,好让这位俄林波斯的主人重新宽待我们。"

赫淮斯托斯说完话,就急忙拿着一只两耳的酒杯送到他母亲的手里去。"母亲,"他说道,"你且忍气吞声吧,不然的话,我这爱你的人就要看见你在我的面前挨打的。这对于我是一种伤心忤目的景象,可是我怎么能够帮助你呢?这位俄林波斯的主人是惹不得的,记得从前有一次,也是因我拼命要救你,他曾经抓住我的脚,把我摺出了天门。我飞了整整一日,直到日落方才半死不活的落在楞诺斯,被辛提厄斯人捡着了,得到他们的看顾。"

白臂膀的女神赫拉听了这番话微笑起来,从她儿子手里笑嘻嘻的接过那只杯子。于是赫淮斯托斯又去服侍其余的神,从左首开始,用他的调钟将那甜蜜的琼浆玉液给大家轮流的斟;那些快乐的神看见他在大厅上

---

① 天上的大匠神,宙斯和赫拉所生的儿子。

来去奔忙的情况,禁不住哄堂的大笑起来。

这样,那大宴会整天的进行着,一直吃到日落。大家都均匀地吃到一份儿,而且都吃得津津有味。同时还有音乐,由阿波罗弹奏一张美丽的竖琴,缪斯①们轮流唱出美妙的歌曲。但是等到那太阳的明灯沉落,大家就都回到自己房子里去睡觉了,那些房子就是那伟大的跛神赫淮斯托斯用巧妙的技术给他们建造起来的。那俄林波斯的主人,闪电之神宙斯,也退进了他惯常睡的那间上层屋,躺了下来过夜了,金座的赫拉睡在他身边。

II　两军的阵容

那一夜,其他的神和所有的战士们都一直睡到天明,只有宙斯睡得不安稳。他想不出法子来,怎样才能够袒护阿喀琉斯,让阿开亚人在船边遭受屠杀。后来他决定,最好的办法莫如送给阿伽门农王一个幻梦。于是他传唤一个梦来,给它训令:"你去,幻梦,去找那阿开亚人的船舶。到那阿特柔斯之子阿伽门农的篷帐里去见他,把我说的话照式照样的对他重述。叫他立刻把他那长头发的阿开亚人准备起来作战。他要占领特洛亚广阔都城的机会已经到来;因为我们住在俄林波斯的不死神对这一点已经没有分歧的意见。赫拉的请求已经说转了我们大家的心意,特洛亚人的命运已经注定了。"

梦听完了话,就奉使动身,不一会儿到了阿开亚人的船舶,找到阿伽门农王,见他正在他的篷帐里酣然熟睡。那从天下降的梦装做那王最最尊重的一位参赞员涅琉斯之子涅斯托耳的模样,到他床边弯下了身子,用他的尊号叫唤他。"睡觉吗?"它说道。"一位身当国家重任的君主,就是个一日万几的人,像这样的通宵睡觉是不应该的。你要留心听着我的话,要晓得我是宙斯差来见你的,他虽然远在天庭,却很关怀你,而且怜恤你。他愿意你立刻把你那些长头发的阿开亚人准备起来作战。你要占领特洛

_____

① 希腊神话中掌管文艺的九个女神。

亚广阔都城的机会已经到来；因为那些住在俄林波斯的不死神对这一点已经没有分歧的意见。赫拉的请求已经使得他们大家都回心转意，特洛亚人的灭亡是被宙斯注定的了。这一句话你得牢牢记在心，等你睡醒过来不要就把它忘记干净。"

说完这话梦就走开了，留下那王心上放着一幅未来的幻景。真愚蠢，他竟痴想当天就好占领普里阿摩斯的城。他全不知道宙斯的用意，也不知道宙斯在那就要到来的苦战里给两方面准备着的一切苦楚和呻吟。等到他从梦里醒过来，那梦的声音还在他耳朵里响，他就抬起身坐在床上，穿上他那柔软的短褂，那是件可爱的新制衣裳，又罩上了一件飘飘然的大氅。他又把一双结实的绳鞋系在他那好模样的脚上，将一柄银钉点缀的长剑挂上了他的肩膀，捡起那传统的永存王杖，拿稳在手中，就向他的那些披甲战士所在的船舶走去了。

等到至美的曙光上达天庭向宙斯和其他的神报告白昼的来到，阿伽门农就命令他那声音清亮的传令官们，把长头发的阿开亚人召集来开会。传令官们大声的传呼，军士们急忙的纷纷赶到。但是他在皮罗斯王涅斯托耳的船旁边先召开一个枢密会议，等到那些参赞人员都到齐，他就对他们宣布他一个诡计。

"朋友们，"他开言道，"昨天深夜的时候，我在睡眠中，有个从天上下来的梦来拜访我，它那模样儿，它那身材和态度，都是活像我的王爷涅斯托耳的。它站在我的旁边，叫着我的尊号对我说话。'你在睡觉吗？'它说道。'一位身当国家重任的君主，就是个一日万几的人，像这样的通宵睡觉是不应该的。你要留心听着我的话，要晓得我是宙斯差来见你的，他虽然远在天庭，却很关怀你，而且怜恤你。他愿意你立刻把你那些长头发的阿开亚人准备起来作战。你要占领特洛亚广阔都城的机会已经到来；因为那些住在俄林波斯的不死神对这一点已经没有分歧的意见。赫拉的请求已经使得他们大家都回心转意，特洛亚人的灭亡是被宙斯注定的了。你要记着我的话。'说完它就飞走了，我也就醒了。所以现在，我们必须采取步骤把我们的部队编成作战的序列。但是首先，我要用一番演说去试探他们,假意劝他们乘坐他们那些精良的船舶张帆回去,因为我这样做是合法的。那时候,你们必须按各自的职位发言,把他们留住。"

阿伽门农坐下了,多沙地皮罗斯之王涅斯托耳就站起来发言,以一个忠心耿耿的参赞员的身份对大家发表意见。"我的朋友们,"他说道,"阿耳戈斯人的将领们和参赞们,要是我们国内的别的任何人告诉我们这样一个梦,那么我们就要当它是假的,不过是置之一笑罢了。但是事实上,做这个梦的人是我们的总司令,所以我建议,我们立刻采取步骤让部队准备作战。"

涅斯托耳刚把话说完,就离开了坐席准备散会。其他执杖的王看着这老将官的榜样,也就都离座动身。他们跟那些来开会的队伍碰了头,因为那些队伍正一族又一族的从那广阔海滩上的船舶里和篷帐里出发,一大队一大队的开到会场来,好像是许多营营嗡嗡的蜂群,从一个石洞里不断的涌出,向左右成队散开,纷纷扑到那春天的花朵上去。宙斯的使者谣言,像野火似的在那些队伍中间散开,催促着他们前进,直到他们统统会合在一起为止。于是那个会场成了一片喧哗了。当他们坐到座位上去的时候,他们底下的大地都呻吟起来,而在这一切声音之上,是那九个传令官的叫喊声,他们直着喉咙叫大家不要吵闹,注意听着王爷们发言。好容易,大家都在那些长条凳上找到了座位,而且都安静下来停止闲谈了,阿伽门农王就站起身来,手里拿着一根杖,乃是赫淮斯托斯亲手制造的。当初赫淮斯托斯把这根杖给予克洛诺斯之贵子宙斯,宙斯又把它给予承宣使者和阿耳顾斯杀戮者赫尔墨斯①。赫尔墨斯把它赠给伟大的战车将士珀罗普斯,珀罗普斯传给民众的牧者阿特柔斯。阿特柔斯临死的时候把它留下给那富有牛羊的堤厄斯忒斯,堤厄斯忒斯又遗传给阿伽门农,让他拿在手里作为他统治许多岛屿和阿耳戈斯所有地面的标志。现在阿伽门农就挂着这一根杖在对阿耳戈斯的队伍演讲。

"我的英勇的朋友们和达那俄斯的战士们,我必须对你们宣布,那克

① 他是宙斯的儿子,诸神的承宣使者,以曾经杀死巨人阿耳顾斯出名。

洛诺斯的伟大儿子宙斯给了我一下惨重的打击了。那位残酷的神,当初曾经庄严地给我保证,不到我把伊利翁的堡寨打坍下来决不要我开船回家的,现在他已变了心,使我感到惨痛的失望,竟吩咐我带着我这已经丧失了一半的军队含羞忍辱退回阿耳戈斯去了。想那不可战胜的宙斯,他是曾经打下过许多城市的高垒,并且再要去打别处的,现在他那全能的意旨却似乎是决定要叫我们回去了。但这是多么的耻辱啊,让我们的后代人听起来觉得多么诧异啊,怎么以我们这样庞大而优越的一个军队,作战起来竟会这样的毫无效能,而况我们所对付的敌人力量比较薄弱,也竟落得这样一场没结果呢!我说力量比较薄弱,那是因为,假如我们和特洛亚人停战下来,各自去计点人数,敌方只算特洛亚本地的人,咱阿开亚人十个算一个,我们的每个十人小队叫一个特洛亚人来斟酒,那就要有许多小队派不到斟酒的人。我相信我们对于特洛亚的本城就占着这样的优势。不幸是,他们有无数从各城市来的装备良好的盟军,以致阻挠着我,使我企图攻下伊利翁巨堡的一切努力都归失败了。九个不幸的年头已经过去。我们的船舶木料腐烂了,索具也坏了。我们的妻子和小孩坐在家里等待着我们。而我们到这里来进行的这桩任务始终是毫无成就。所以,现在大家都看我的样儿吧。我的主意是,大家上了船,回到我们自己的本国去!那个街道广阔的特洛亚城永远不会落到我们手里了。"

阿伽门农的话一直打进群众中每一个人的心,就只除开那些曾经参加枢密会议的,当即整个会场都掀动起来,像那伊卡瑞俄斯海①里的水,忽然受到一片阴云底下的一阵东南风,激荡得巨浪轩然而起,又像一片稠密的麦田里刮来一阵狂暴的西风,翻腾得那些麦子都垂头倒穗。当时全场兵士发出一阵大轰吼,就向船舶那边直奔而去了。他们脚下扬起的灰尘高高飘浮在头顶。他们互相呼啸着,要去搬取那些船舶,把它们拖进那可亲的大海中。他们把下水的道路都清出来了。他们甚至已经着手拆除船身底下的支柱,而在他们这一阵准备动身的忙乱里,他们造成一片轰轰的

---

① 在小亚细亚和希腊之间,以有奔腾的波浪著名。

巨声,震动了高高的天顶。

亏得赫拉对雅典娜说的一句话,方才免得阿耳戈斯人这样违反天意地匆促回家。"戴法宝的宙斯的勤奋女儿,"她对她说道,"现在发生一种可悲的事态了。难道我们就让这一班人跑开去,张帆过海回阿耳戈斯,不带同海伦①一起走吗?为了她,她的这么许多同胞远远离开祖国死在特洛亚的地面上,难道就把她留在这儿,让普里阿摩斯和特洛亚人可以夸口吗?你亲自去走一遭吧;去到那些阿开亚的披甲战士里面,用出你的口才去阻止他们。你把他们逐个的说服。不要让他们把翘头船拖进海里去。"

那明眼的女神雅典娜欣然受命。她从俄林波斯的高处直扑下来,立即到达阿开亚人的船舶,看见那智慧如神的俄底修斯呆呆的站在那儿。他那一条良好的黑皮船,他连碰都没有去碰过一下;他觉得伤心极了。闪眼的雅典娜走到他身边,说道:"莱耳忒斯的贵子,机智敏捷的俄底修斯,你们大家都要像这样的离开这儿,仓皇上船回家去,而把那海伦,她的那么许多同胞为了她远离祖国而死在特洛亚地面上的那个海伦,留在这儿让普里阿摩斯和他的百姓可以夸口吗?来吧,不要再呆在这儿,到部队里去走动走动吧。用出你所有的口才去阻止他们。去把他们逐个的说服。不要让他们把他们的翘头船拖进海里去。"

俄底修斯听出是那女神的声音,就把他的大氅摞下来,由传令官欧律巴忒斯——他从伊塔刻带来的侍从——捡回去,立刻跑步前进。他一直跑去找阿伽门农王,向他借来阿特柔斯王室的那根传世的王杖,拿着跑进那些船舶和披甲战士的队伍中去。路上碰到任何一个王族中人或是高级将领,他就走到他面前,彬彬有礼的将他劝阻。"我对你,先生,"他说道,"是不应该跟对平常人一样用威吓的口气的。可是我要恳求你,自己先站定了不动身,好让你的部下都拿你做榜样。你并没有真正知道阿伽门农王心里打什么主意。这不过是他的兵士们的一种试探;他们马上就会感觉到他的威力。他在枢密会议上所说的话,我们不是都听见了吗?我怕

---

① 就是被帕里斯拐来的那个女人,参看第15页第4个注释。

他对兵士们难免动怒,要因这桩事惩罚他们。凡是君主都是神圣的,而且都有他们的自尊心,因为他们都得主谋神宙斯的支持和宠爱。"

对付一般的官兵,他另外有一个方式。他如果发见他们当中有哪个擅敢开口,就用那王杖打他,并且将他严厉地申斥。"你,"他说道,"静静地坐在那儿,等着你长官的命令吧,你的长官都比你们好,不像你们这种懦夫和弱者,无论作战、辩论都不中用的。我们这儿不能人人都做王;多头的统治是要不得的。让我们只有一个司令,只有一个君主,由那乖僻的克洛诺斯的儿子宙斯放下来统治我们。"

这样恢复了秩序,俄底修斯就把兵士们控制住了。现在他们蜂拥着从船舶里和篷帐里回到会场上,那声音之大就像怒海的波涛打在几里长的海滩上而激起一片奔腾澎湃声一般。

大家都坐了下来,那些长条凳上呈现着一片安静,不甘缄默的就只一个人。这人就是那不可制服的忒耳西忒斯,他如果想要惹恼那些王族的主子,从来不会找不到粗俗的话来讽刺,那一套话原是毫无意义、不堪入耳的,他却存心用它来博兵士们的开心。他是伊利翁远征军中顶顶丑的一个人。他的一只脚是瘸的,还长着两条向外弯的腿。他那两个拱着的肩膀几乎在胸前互相接触,从那上头长出一个蛋形的脑袋来,脑袋上头稀稀疏疏的竖着几根短发。军队里面最最厌恶这个人的是阿喀琉斯和俄底修斯,因为他们是他顶喜爱的箭靶子。可是这回他却跟那高贵的阿伽门农作对了;他趁兵士们对那君王忿忿不平的当口儿,提高了他那尖锐的嗓音,给了他一阵臭骂。

"我主,"他用他那喧呼呵叱的态度对那君王大嚷道,"你现在有什么烦恼?你还要什么东西?你的那些篷帐已经装满青铜了,而且我们每次打下一个城,老是尽先把好货挑选给你,你那篷帐里边也已经有不少头挑的女子了。也许你还短少黄金吧,盼望特洛亚的什么贵族带着它来赎取他那被我自己或是别的弟兄绑回来的儿子吧?或者是,再要一个女子来同你睡觉,来做你的私产,却不管你做将军的该不该因这样的勾当使部队遭到灾难。至于你们,我的朋友们,——实在都是可怜虫,只能算是阿开亚的弱女子,不能算是男人的,——咱们无论如何开船回去吧,把这家伙留在这儿垂涎他的战利品,也好明白明白他是怎样完全依靠士兵的。真奇怪,不多会儿前头他还侮辱过阿喀琉斯呢,那是一个比他好得多的人。他抢去了他的战利品,把她据为己有了。可是阿喀琉斯并没有因这桩事发脾气。他宁可息事宁人。要不然的话,我主,那种暴行就是你的最后一次了。"

忒耳西忒斯对总司令阿伽门农刚发泄完这一篇辱骂,回头看见伟大的俄底修斯正站在自己身边,狰狞可怕的睁着他的眼。俄底修斯将那人结结实实的叱责起来。"忒耳西忒斯,"他开言道,"这也许可算是雄辩,可是我们都听够的了。你这胡言乱语的蠢才,怎竟敢唐突君主?现在这些跟随阿特柔斯氏到伊利翁来的人里面,我看你是顶顶卑鄙的贱骨头,因而顶顶不配称道君王的名字,更不应该为着想回家而污蔑他们。这儿的人没有一个确实知道这场战争将要得到怎样的结局——我们也许能得胜回去,也许不能。你可只管坐在那儿谩骂我们的总司令阿伽门农,而且骂得这样的蛮横无理,竟拿我们这些英勇将领献给他的东西来作诬陷他的把柄。现在注意我的话——我不是虚声恫吓。要是我再看见你耍这套蠢把戏,我就马上逮住你,剥掉你身上穿的大衣、小褂什么的,剥得你精赤条条,这才当着大家的面来揍你,把你撵出了会场,独自到船边去洒眼泪;我要不这么做就让我脑袋搬场,忒勒马科斯不算是我的儿子!"

俄底修斯说完话,就拿手里的王杖打他的脊背和肩膀。忒耳西忒斯缩做一团哭起来。那杖上的金钉划出了一条血痕,在那人的脊背上高高肿起。他吓得坐了下去,痛得没奈何地向四周围看了看,擦去了一行眼泪。其余的人虽然心里不高兴,却都不去顾恤他,哄堂大笑起来了。"打得好!"有一个人朝他邻座的人看了看,代表着大家的感想嚷起来道。"俄底修斯干的许多事情都是值得钦佩的,像他想出来的种种好计策,他在战场领导的作战。可是他这一回堵住了这个牛皮大家的口,更其是大快人心。我想忒耳西忒斯再不会这么热心的赶到这儿来侮辱我们的君主们了吧。"

　　这是在会群众的意见。于是那攻城略地的俄底修斯手里拿着王杖站起来说话了。闪眼的雅典娜幻化做一个传令官的模样,站在他身边叫会众维持秩序,因此坐在最后排和坐在最前排的阿开亚人同样听得清他的言词,而且都懂得它的意旨。俄底修斯是关心着大众的利益的,当时他就怀着这一种精神向他们大声疾呼。"我主阿伽门农,"他开言道,"想当初阿开亚人从牧马地阿耳戈斯航行到这里来的时候,曾经对你有过诺言,不等你打下了伊利翁的堡寨,你是决不收兵回去的;现在他们背弃了诺言,似乎是决计要使得你——他们的王——为全世界人所鄙弃。你听他们彼此间痛哭流涕,都为的是要回家!他们竟像幼儿寡妇一般可怜了。我并不否认,我们在这儿的辛苦是足够使得一个人心灰意懒而去的。比如一条配备良好的海船,里面有一个水手,被冬天的飓风和海上的波涛所阻隔,不得回去见他的妻子,哪怕只是一个月的时间,也就要愁烦怨怒,而况是我们,已经呆在这儿九个年头了。那么,这些兵士们要在船舶的旁边唉声叹气,也是难怪的。但是,已然呆了这么许多年,还是空着手回去,这是多么大的耻辱啊!忍耐些吧,我的朋友们!再熬一个短时期吧,且等我们看看卡尔卡斯的那个预言到底应验不应验。我所说的那个预言是你们都知道的,事实上是你们亲眼看见的,不过自从那个时候起,你们的行列已因死亡而变稀疏了。事情是在奥利斯发生的(按说也算不得怎么长久),当时阿开亚人的舰队集合在那儿,装载着给普里阿摩斯和特洛亚人的无穷灾难。我们在群神的神圣祭坛上供献牺牲,那些祭坛环绕着一棵筱悬树下的一道泉水,那一条闪烁的清溪就是从那棵树的根脚涌出来的,正在献祭的时候,就有一桩重大事情发生了。有一条蛇,背上长着血红的鳞,样子很可恨,一定是宙斯自己把他从洞窟里赶了来的,突的从一个祭坛底下钻出来,一直向那棵树奔去。那棵树的最高枝上有一窝小麻雀,那些可怜的小动物蜷伏在树叶底下,一共是八只,连他们的母亲算在里边是九只。所有那些麻雀都可惨地吱吱叫着被那条蛇吃掉了,他们的母亲在旁边一匝一匝的飞着、哭着。后来那条蛇又去擒那个母亲;他把自己的身体盘绕着,趁那她叫着飞近来时就逮住了她的翅膀了。但是等到他把母子都吃完之后，那个原先叫他出来的神就叫他化身——他被乖僻的克洛诺斯的儿子化做了石块。我们都目瞪口呆的站在那里看这个奇迹。这个不祥的动物闯进我们的神圣仪式里来，到底是什么意思呢？卡尔卡斯当即把这个兆头解释出来了。'长头发的阿开亚人，'他说道，'你们为什么要目瞪口呆呢？这是预言的一景，那多谋的宙斯特地给我们演出来的。我们等它已经等得很久了，还得再等着它的应验；但是今天这桩事情是永远忘不了的。刚才是有八只小麻雀，连他们的母亲一共是九只，现在连母带子都被那条蛇吃掉了。那么九这个数目就是我们要在特洛亚作战的年数，到了第十年上，它的那些广阔的街道就要归我们所有了。'这就是卡尔卡斯的那个预言，而他所说的话都是要应验的。弟兄们，同胞们，我向你们号召，要大家坚持下去，直到我们占领普里阿摩斯的那个广阔的城市。"

他说完，阿开亚人欢声雷动起来，表示他们非常赞成那神样的俄底修斯的这番演说，那声音之大使得他们周围的船舶都发出轰然的反响来。但是那革瑞诺斯的战车将士涅斯托耳也有一番话要对他的同胞们说。"我老实说，"他叫喊道，"照你们的这一套话看起来，你们简直都是小孩子，对于战争毫不关心的。我们的盟约和我们的誓言成了什么了？照着你们这样的行径，就仿佛是我们那些经过深思熟虑的战争计划以及我们那些曾经醉酒批准和举右手保证了的效忠誓言全然都是废话了。现在我们正在使用语言为唯一武器，而它是不会发生任何效果的，无论我们呆在这儿谈得多么久。我主阿伽门农，照旧忠于你那坚定的决心，领导阿耳戈斯人行动起来吧。如果我们当中竟有一两个内奸，等不到验明宙斯告诉我们的话是真是假，就意图开船回家，那就随他们去腐烂吧。无论如何他们不会成功的。因为我深深相信，那天我们上了战船要来给特洛亚人赍送死亡和毁灭，那全能的克洛诺斯之子是对我们说过'准'字的。当时我们右首打来了一个闪电，这就是他表示一切都会顺利的意思。所以，不要匆匆忙忙的准备回家，必须等到你们人人都跟一个特洛亚人的妻子睡过觉，并且都从海伦作成你们的一番辛苦和呻吟里取得了赔偿。如果有谁急于要回去，不妨去坐上他那黑皮的好船，准保他的性命要比其余的人先断送。

"现在，我主，你要把你自己的计策定得十分健全，并且接受别人的忠告。我就有一个忠告在这里，想来你一定肯接受的。阿伽门农，把你的部下按照部落和氏族重新编制一下，以便各氏族和各部落的人可以相互支援。这样的安排如果得到部队的拥护，就会给你显出你的官兵里面谁是懦夫谁是勇士来。因为每一个人都要和他的兄弟们并肩作战，那你马上可以看出来，你之所以不能攻下特洛亚，到底是神有意作梗呢，还是由于你的战士们懦怯无能。"

阿伽门农王对涅斯托耳的这番演说大大恭维。"可敬的老王爷，"他说道，"你这一番辩论又是一次大胜利！啊，我父宙斯，雅典娜和阿波罗，给我十个这样的参赞，那普里阿摩斯王的城市就马上要动摇起来，陷落在阿开亚人的手里。可是那克洛诺斯之子宙斯有意要将我折磨，他就把我投入一场没结果的纷扰和口角。不想我同阿喀琉斯为了一个女子的缘故争吵起来，竟至于彼此相侮辱，原该怪我先动怒的不是啊。要是他同我再能够和好如初，特洛亚人要受的刑罚就没有一天能够宽缓了。

"可是，你们大家的第一桩事情就是先去吃饭，吃饱了饭好作战。磨快你们的枪，理好你们的盾，把你们的好马都喂饱，把你们的战车检查一番，准备去加入这一整天的恶战。不到黑夜来隔开两军的厮杀，是什么休息都不会有的。你们护身盾上的皮带将在你们的胸前被汗水浸透；你们的手将在你们的枪上感到疲劳；你们那些雪亮战车前面的马匹都将出汗。我要是查出了有谁人畏缩规避，在那些翘嘴船的旁边趑趄不前，那是没有法子能救他的；他就要拿去给狗和食肉鸟吃了。"

那些阿耳戈斯人用来欢迎阿伽门农这番演说的，是一阵的大喧呼，就像海上刮起南来的飓风，把波涛向着一块无论什么风来都难避免冲激的巉岩猛送，以致在那高高的堤岸上激起轰然的巨吼一般。他们当即散了会，在那些船舶当中分散开，到篷帐里去生火造饭，吃将起来，各人都向他所喜爱的一位永生神献了祭，一面就向神祷告，让他可以通过他这重生死关头。阿伽门农王也把一头五岁的肥牛献给那全能的克洛诺斯之子，并且把阿开亚联军的主要将领都请来会餐,第一位是涅斯托耳,其次是伊多墨纽斯王,然后是两位埃阿斯,堤丢斯之子狄俄墨得斯,第六位是智如宙斯的俄底修斯。至于他的兄弟,大声呐喊的墨涅拉俄斯,是无须他邀请的,他知道他哥哥的心事重,就自动的到来了。大家围绕着那牺牲站着,把献祭的麦屑抓在手中,听阿伽门农王祷告道:"最最光荣而强大的宙斯,黑云之神,高天之主,请允许我,等不到太阳落下,黑夜来临,我就打下了普里阿摩斯的宫殿,使它弥漫着黑烟,所有的门冒火焰,并且用我的铜矛戳穿赫克托耳的短靠在他胸前。在他的左右,让他的朋友们纷纷倒下地去咬尘土。"阿伽门农这样祷告,宙斯却不准备成遂他这个愿心。他接受了他的献祭,却拿加倍的苦难报答他。

等到他们请过了愿,撒过了麦屑,他们就扳转那牺口的脑袋,划开它的喉咙,剥掉它的皮。然后他们从大腿上割下几片肉,用好几层脂油包裹起来,将生肉贴在上面。这一些肉片,他们放在已经削去叶子的柴枝上焚化了,这才用肉叉叉着内脏,放到火上去烤炙。等到腿肉焚化了,大家都已经尝过内脏,他们就把其余的肉切成小块,用肉扦插了起来,烤得它们透熟,这才一齐拿出来。

这桩工作做完了,饭餐都预备好了,他们就兴兴头头的吃起那顿筵席来,人人均匀的吃到一份;及至大家都已经解渴充饥,那革瑞诺斯的战车将士涅斯托耳首先开口:"人间王阿伽门农陛下,我们这次会议不要延长下去了,神交给我们的任务不可耽误。来吧,让阿开亚披甲战士的传令官们去巡行船舶,把所有的部队都召集拢来。然后我们所有的司令一同去视察全军,以便激起军士的斗志。"

阿伽门农王接受了他的忠告,立刻对他那些声音清晰的传令官们下命令,去号召长头发的阿开亚人投入战斗。那些传令官大声传令,军士们很快就集合拢来。那些参加枢密会议的王家将领们来去奔忙的指挥着部队,同他们在一起的还有那闪眼的雅典娜,穿着她的灿烂的战袍,就是那件永远光辉的法宝,那上面有一百条金流苏,制作得非常美丽,每一条都值得一百头牛。这样光辉灿烂的装饰着,她在那些行列里飞行,催促军士们前进,并且给每个人灌进作战的意志,叫他们去加入那无情的斗争。过不了多时,军士们就都逐逐欲试起来,再也不想坐船回去了。

当军士们集合拢来的时候,他们那些灿烂铜矛的闪光透过了高空,直达到天顶。那种光辉就像远远看去的火焰,仿佛高山顶上一个大森林弥漫着烈火一般。

部队中的诸氏族蜂拥而出,像是不可计数的鸟群——鹅、鹳、鹤或是长颈的鸿鹄——集合在卡宇斯特里俄斯溪流边的亚细亚草原上,傲然的拍翅盘旋,结成一条前进的战线正向地面扑,一片唳声弥漫着整个草原。就像这样的,一个氏族接着一个氏族涌出他们的船舶和篷帐,进入斯卡曼德洛斯的平原,多得如同正当令的茂叶繁花,列队在那溪边的锦绣草场上,脚步和马蹄踩得那大地起了郁勃的反响。

这样,那些阿开亚的长头发兵士整队在平原上,都怀着杀戮之心面向着特洛亚人,纷纷纭纭没一刻安静,像是春天的牛棚正当牛奶桶都盛满的时候,周围飞绕着不可计数的苍蝇。

于是,譬如牧场上散乱而混合的羊群,牧羊人指挥如意的把它们重新区分,那些将领们也像这样把他们的部队编成战斗的序列,那阿伽门农王就在他们当中巡起阵来,他的脑袋和眼睛都好像雷神宙斯,他的腰部好像战神,他的胸膛好像波塞冬①。譬如一头雄牛站在一个牛群里,比那些吃草的母牛特别惹眼,那天宙斯叫阿特柔斯之子站在群众中,也像这样的使得他的同列诸王都相形减色。

现在告诉我,你们住在俄林波斯的缪斯们,因为你们是女神,眼见着一切事情的,我们是人类,不是你们告诉我们的事不得而知的——告诉我,那些达那俄斯人的将领和首脑是些什么人。至于出征伊利翁的一般官兵,哪怕我有十根舌头十张嘴,一口不嘎的嗓音和一颗铜铸的心,也叫不出他们的姓名,甚至算不清他们的数目,除非你俄林波斯的缪斯们,戴法宝的宙斯之女,肯给我提醒。那么请听,这儿就是那舰队的司令们,这

_____

① 海神。

儿就是那些船舶的总清账。

第一是玻俄提亚人,以珀涅勒俄斯和勒托斯,阿耳刻西拉俄斯,普洛托诺耳和克罗尼俄斯为司令。他们来自许里厄和石头磊块的奥利斯,斯科诺斯和斯科罗斯;来自丛山峻岭的厄忒俄诺斯;来自忒斯珀亚和格赖亚以及密卡勒索斯的广大草原。跟他们在一起的还有从哈耳马来的人。从厄勒西翁和厄律特赖来的人。还有厄勒翁和许勒,乃至珀忒翁,也都有派来的人。派人来的还有俄卡勒亚和墨得翁的要塞,科派和欧特瑞西斯,以及富于鸽子的提斯柏。又有从科洛涅亚来的,从多草的哈利阿耳托斯、普拉泰亚、格利萨斯和下忒柏斯的坚固城市来的,从波塞冬圣林所在的神圣的翁刻斯托斯来的,从葡萄密密垂挂的阿耳涅来的,从弥得亚和神圣的尼萨来的,及从极远边界上的安忒冬来的。所有这些人分乘五十艘舰艇,每艘船里有一百二十个青年的玻俄提亚人。

从阿斯普勒冬和弥倪埃的属地俄耳科墨诺斯来的人,由阿斯卡拉福斯和伊阿尔墨诺斯率领,他们是阿瑞斯[①]的两个儿子,阿斯堤俄刻在阿宙斯之子阿克托耳的宫中怀孕所生,因这温柔的处女曾经秘密上楼去给那威武的战神侍寝。这一批人带来一个分舰队,由三十艘楼船所组成。

斯刻狄俄斯和厄庇斯特洛福斯,瑙玻路斯之子豁达大度的伊菲图斯的两个儿子,率领着从福喀斯来的人,这一些人有的住在库帕里索斯和巉岩的皮托,有的住在神圣的克里萨和道利斯、帕诺剖斯,有的住在阿涅摩瑞亚和许安波利斯和刻菲索斯两条美好河流的沿岸,以及刻菲索斯的发源地利莱亚。这两个人带着四十条黑皮船同来,在他们的指挥下,那些福喀斯人集合起来安营扎寨,就在玻俄提亚人的左边。

率领着罗克洛伊人来的是捷足的俄伊琉斯之子小埃阿斯,他比不得忒拉蒙之子埃阿斯,实在比他差得远。他是一个矮个儿,穿着一件亚麻布的胸甲,可是他的枪法没有一个赫拉斯人[②]或是阿开亚人是他的匹敌。他

---

① 战神。
② 就是希腊人。

的部下来自库诺斯、俄浦斯和卡利阿洛斯,来自柏萨、斯卡尔斐和美丽的奥革埃;来自塔耳斐和特洛尼翁和玻阿格里俄斯河的两岸。由他率领来的有四十艘黑皮船,驾驶它们的罗克洛伊人都住在神圣的欧玻亚隔海峡的地面。

欧玻亚本地也派来了性如烈火的阿班忒斯人,这一些人有的住在卡尔喀斯、厄瑞特里亚和富有葡萄的希斯提埃亚,有的住在滨海的刻任托斯和狄乌斯的高堡寨,又有的以斯堤剌和卡律斯托斯为家。所有这些人都由厄勒斐诺耳率领,他是战神的族类,卡尔科冬所亲生,英勇的阿班忒斯人的首领。他的部下都捷足善走,头发成卷的拖在背后;他们手里拿着桦木杆的长枪,一心只想拿它戳穿敌人心口的胸甲。有四十艘黑皮船由厄勒斐诺耳率领而来。

其次是雅典人,来自那豁达大度的厄瑞克透斯的国境,那里面的那个光辉灿烂的卫城。这厄瑞克透斯是丰产的大地的儿子,由宙斯之女雅典娜养育成人,又经她立位在她自己的雅典神庙里,得雅典的青年人年年岁岁的以公牛和公羊按时献祭。这一些人是珀忒俄斯之子墨涅斯透斯所率领。这人调度步兵和战马的技术,除了那老年的涅斯托耳,没有一个人能和他匹敌。跟他渡海而来的有五十艘黑皮船。

从萨拉弥斯,埃阿斯①带来了十二艘舰艇,就停泊在雅典军所驻扎的地方。

阿耳戈斯和大城墙的提任斯的公民,赫耳弥俄涅和阿西涅那两个环抱着一个深海湾的城市的居民,以及从特洛曾、从厄俄奈和从遍地葡萄的厄庇道洛斯来的人,同着埃癸那和马塞斯两地的青年人,统由大声呐喊的狄俄墨得斯和远近驰名的卡帕纽斯的儿子斯忒涅罗斯率领。塔劳斯之子墨喀斯达斯王的世子欧律阿罗斯同着他们来做第三位司令。但是那个好战的狄俄墨得斯负责全军,由他带来的有八十艘黑皮的舰艇。

来自密刻奈的大堡垒、来自富饶的科任托斯和克勒俄奈好城市的诸

---

① 这是大埃阿斯,就是忒拉蒙之子埃阿斯,他是萨拉弥斯的王。

部队,其中的人有的住在俄耳涅埃和美好的阿赖堤瑞阿,有的住在早年阿
德瑞斯托斯统治过的西库翁,有的住在许珀瑞西厄和峻峭的戈诺萨,有的
住在帕勒涅和埃癸翁附近,以及全部的海岸线和赫利刻的广阔地面——
这些,乘坐着一百艘船,由阿特柔斯之子阿伽门农王统带,他的部下是最
最优秀的,人数也最多。他身披着闪耀的铜甲,傲然站在众人的当中,仗
着他王位之尊和手下兵多将广,做了将领中的最大将领。

有一些人来自深藏在山里的拉刻代蒙起伏不平地,有一些人来自法
里斯和斯巴达和富有鸽子的墨塞,有一些人来自布律塞埃和美丽的奥革
埃,有一些人来自阿密克莱和海滨的要塞赫罗斯,有些村民来自俄厄堤罗
斯和拉阿斯——所有这些人,都由大声呐喊的王弟墨涅拉俄斯率领,共有
六十艘舰艇,在另外一个地方扎营。那墨涅拉俄斯在他们当中高视阔步,
对他自己的勇武满怀信心,督促他们上前去杀敌;因为海伦作成他这一番
辛苦呻吟,他要报仇雪恨。没有人比他更热心。

另外一批人,来自皮罗斯和美好的阿瑞涅,来自阿尔斐俄斯河渡头所
在的特律翁,来自秀丽的埃皮,来自库帕里塞斯、安菲革涅亚、普式琉斯和
赫罗斯。又有的来自多里翁,当初特刺刻人塔密里斯从俄卡利亚所属欧
律托斯的宫里出来,缪斯们曾经和他在这里相会。原来那塔密里斯夸过
大口,说在歌唱比赛中,他连戴法宝的宙斯的女儿缪斯们也能胜过。这话
恼了缪斯们。她们把他的眼睛打瞎,剥夺了他的歌唱技能,使他忘记掉弹
琴的手法。所有这些人都由革瑞诺斯的战车将士涅斯托耳率领。他那分
舰队由九十艘楼船所组成。

还有阿卡狄亚人,来自那库勒涅山孤峰高耸和埃皮托斯陵墓所在的
地面,那里的人都训练过肉搏战;也有的来自斐纽斯,来自富有绵羊的俄
耳科墨诺斯,来自里柏和斯特刺提厄和多风的厄尼斯珀,来自忒革亚和曼
提涅亚的快乐城市,来自斯廷斐罗斯和帕刺西厄。这一些人由安开俄斯
之子阿伽珀诺尔王率颌,共有六十艘舰艇,都满载着有训练的阿卡狄亚的
战士。那些精良的舰艇是人间王阿伽门农自己给予阿伽珀诺尔以备渡那
浓酒色的大海之用的,因为阿卡狄亚人并不懂得航海术。

有一些人来自部普剌西翁以及介于许耳弥涅、边界上的密耳西诺斯、俄勒尼亚岩和阿勒西翁之间的厄利斯美好地境，他们隶属于四个司令，各有一个分舰队，每队是十艘快艇，满载着厄珀俄的士兵。他们里面的两团人，由克忒阿托斯之子安菲马科斯和欧律托斯之子塔尔庇俄斯率领，他们都是阿克托耳的族人；第三团由阿马任叩斯之子雄赳赳的狄俄瑞斯率领；第四团由波吕克塞诺斯王子率领，他是奥革阿斯之子阿伽斯忒涅斯王所生。

有一些人来自杜利喀恩和跟厄利斯隔海的神圣厄喀奈群岛，由费琉斯将门之子墨革斯率领，那费琉斯是个得宠于宙斯的战车将士，当初因父子不睦，忿然离去了家门，独自迁居到杜利喀恩来的。他那一队有四十艘黑皮的舰艇。

俄底修斯所率领的有高傲的刻法尔勒涅斯人，他们是伊塔卡和涅里同被风吹拂的山顶丛林里的自由民；有从克罗库勒亚和崎岖不平的埃癸利普斯来的人；又有从森林地带的匝铿托斯和萨摩斯和岛屿对面的大陆上来的人。这些就是那智敌宙斯的俄底修斯部下的兵力。有十二艘船头漆成猩红色的舰艇由他带了来。

安德赖蒙之子托阿斯率领埃托利亚人，他们来自普琉戎和俄勒诺斯，皮勒涅，滨海的卡尔喀斯，和巉岩的卡吕冬。因为伟大的俄厄纽斯的诸子已经不存在；俄厄纽斯本人是死的了；曾被授与统治埃托利亚全权的红头发的墨勒阿格洛斯也死的了。现在托阿斯所率领的有四十艘黑皮船。

声名赫赫的枪手伊多墨纽斯率领克瑞忒人。他们来自克诺索斯，来自大城墙的戈耳堤斯，来自吕克托斯，弥勒托斯，白垩土的吕卡斯托斯，淮斯托斯和律提翁，尽是优美的城市；还有一些部队来自百城之岛克瑞忒。所有这些人都由伟大的枪手伊多墨纽斯和那堪与毁灭人类的战神匹敌的墨里翁涅斯率领。有八十艘黑皮船由他们统带而来。

特勒波勒摩斯，赫剌克勒斯的高大而美貌的儿子，从洛得斯岛带来了九艘船的威武洛得斯人，他们的三个部族占据着那岛屿的三个部分，林杜斯、伊厄吕索斯和白垩土上的卡墨洛斯。这一些人就是那著名枪手特勒波勒摩斯部下的兵力。他是威武的赫剌克勒斯的儿子,他的生母阿斯堤俄刻亚是他父亲当初在厄费瑞和塞勒厄伊斯河一带攻下许多酋长的堡塞时掳回去的。特勒波勒摩斯在宫廷里长大成人之后,曾经杀死自己父亲的舅父利铿尼俄斯,那人本来也是战神的族类,那时已经年老了。他因这事受到威武的赫剌克勒斯的其他儿子和孙子们的恫吓,急忙造起了一些船舶,集合起大帮的从人,逃亡到海外去。他做了亡命之徒,吃尽了千辛万苦,才得到洛得斯岛,他的从人就按他们的部族分在三个地区住定了,这一来,博得那神与人之王克洛诺斯之子宙斯微笑称许,将无限量的财富充实他们的府库。

还有尼柔斯,带着三条整洁的船舶来自绪墨,他是阿格莱亚①和卡洛普斯王所生的儿子,他在出征伊利翁的阿开亚人当中是第一个美男子,只除外那毫无瑕疵的珀琉斯之子。但是他孱弱无能,他的部下人数也很少。

从尼绪洛斯、克剌帕托斯和卡索斯、欧律皮罗斯的城市科斯,以及卡吕德奈群岛来的人,由斐狄波斯和安提福斯率领,他们是赫剌克勒斯之子忒萨罗斯王的两个儿子。他们有一个三十艘楼船的分舰队。

现在我们讲到一批人,他们住的地方是珀拉斯戈斯人②所居的阿耳戈斯,阿罗斯,阿罗珀,特剌喀斯,佛提亚和出美人的赫拉斯,他们的名称是密耳弥多涅斯人,又叫赫拉斯人,又叫阿开亚人。他们乘坐着五十艘舰艇,是由阿喀琉斯率领而来的。但是现在,战争的喧嚣狂暴是跟他们漠不相关了。并没有人把他们编成战斗的序列,因为捷足的大阿喀琉斯正躺在他的船舶旁边,为着那个好女子布里塞伊斯伤心。原来他当日进攻吕耳涅索斯,打下忒柏的壁垒,杀死刚强的枪手密涅斯和厄庇斯特洛福斯,塞勒浦斯之子欧厄诺斯王的两个儿子,这个女子就是他用他额上的汗从吕耳涅索斯赢得来的。他躺在那儿伤心的就是为这个女子。不过他并不是注定了要这样闲荡着一径躺下去的。

---

① 这女子的名字有"漂亮"的意思。
② 居住在希腊的最早民族。

住在费拉刻和得墨忒耳的圣所遍地开花的皮剌索斯的人，住在绵羊产地伊同的人，住在滨海地安特戎和深草地普忒琉斯的人，是由好战的普洛忒西拉俄斯生前率领而来的。现在那幽冥的大地已经把他接纳到她怀里去了。他是阿开亚军中头一个跳上岸的人，但是他当即倒在一个达耳达尼亚①敌人的手下，留下他的妻子在费拉刻苦脸愁眉，和他的一所刚刚造了一半的房子。他的部下为他们的领袖而伤悼，但是他们不会没有领导人。指挥他们的是波达耳刻斯，战神的族类，费拉枯斯之子伊菲克罗斯所生，许多绵羊的主人。他是那豁达大度的普洛忒西拉俄斯的兄弟，那高贵而好战的普洛忒西拉俄斯比他年长也比他贤能。所以，他们的部队虽然在哀悼那英勇的阵亡人，却并不缺乏首领。有四十艘黑皮船由他率领。

住在玻柏湖边斐赖的人，住在玻柏、格拉费赖和美好的伊俄尔科斯的人，乘坐十一艘船艇，由阿德墨托斯的儿子欧墨罗斯率领，他是珀利阿斯最最美丽的女儿，王后般的阿尔刻斯提斯，给阿德墨托斯生养的。

从墨托涅、陶马喀厄、墨利玻亚和巉岩的俄利宗来的人，由伟大的射手菲罗克忒忒斯率领，乘坐七艘舰艇，每艘有桨手五十名，训练好了去加入弓箭的战阵。但是他们的司令因被一条毒水蛇咬啮中毒，阿开亚人的部队将他留在美好的楞诺斯岛上受苦呻吟。他躺在那岛上焦思渴望，但是那些船舶旁边的阿耳戈斯人是注定了不久之后就要重新想起这位君王来的。在这当儿，他的部下虽然失去他们的领袖，却并不是没有领导人。指挥他们的是俄伊琉斯的私生子墨冬，他是瑞涅给那攻城略地的俄伊琉斯生养的。

从特里喀、从重峦叠嶂的伊多墨和从俄厄卡利亚所属欧律托斯之城俄厄卡利亚来的人，由阿斯克勒庇俄斯的两个儿子——可钦佩的医师波达勒里俄斯和马卡翁——所率顿。他们带来了五十艘黑皮船。

从俄耳墨尼翁和许珀瑞亚的泉源、从阿斯忒里翁和提塔诺斯的白色

---

① 宙斯的一个儿子，达耳达诺斯是特洛亚人的祖先，因而特洛亚人也称达耳达尼亚人。

山顶来的人,由欧埃蒙的高贵儿子欧律皮罗斯率领,手下有四十艘黑皮船。

那些住在阿耳癸萨和古尔托涅、俄耳忒,赫罗涅和俄罗俄宋的白色城市的人,是无畏的波吕波忒斯做司令。他是永生的宙斯之子珀里托俄斯的一个儿子。他是那美名远扬的希波达墨亚为珀里托俄斯怀孕所生,其时珀里托俄斯正对那荒野里的出毛居民报仇雪恨,把他们逐出珀利翁,赶进埃提刻斯人的地境。波吕波忒斯并不是单独主政,是跟勒翁透斯分任指挥的。勒翁透斯是战神的族类,开纽斯之子高傲的科洛诺斯所生。他们的分舰队有黑皮船四十艘。

顾纽斯从库福斯带来二十二艘船。他率领着厄尼厄涅斯人和无畏的珀剌玻伊人,他们住家在寒冷的多多那一带,耕种那美好的提塔瑞西俄斯溪两岸的田,那条可爱的溪水流入珀涅俄斯河里,却不跟那河里的银波相混合,只浮在它们上面,如同油一般,因为它是那可怕的信誓之河斯堤克斯①的一部分。

屯特瑞冬之子普洛托俄斯率领着马格涅忒斯人,他们是住在珀涅俄斯河边和木叶摇动的珀利翁山边的。这些就是那勇往直前的普洛托俄斯所率领的人。在他指挥下的有黑皮船四十艘。

这一些,就是达那俄斯人的首领和司令。现在告诉我,缪斯,所有这些跟着阿特柔斯两个儿子渡海而来的人和马里面,谁人算第一,哪个最占先?

讲到马,最最好的是阿德墨托斯由他儿子欧墨罗斯驾驭的那两匹。它们快得像飞鸟,一样的毛色,一样的年龄,两个脊背不差分毫的一样平。两匹同样是牝马,银弓之神阿波罗在珀赖亚养育成,以备将大恐慌去送入战阵。

讲到人,最最好的要算忒拉蒙之子埃阿斯,却只有在阿喀琉斯怀怒在心的时候,因为他,那无与伦比的珀琉斯之子,是最最优秀的人,又驾驭着

---

① 下界的河,意云"恨河",希腊人凡有重大的誓言都指这河为证。

最最优秀的马。但是现在他正躺在他那翘嘴海船的旁边,切记着他跟总司令阿伽门农的一场争吵。这时候,在那海滩上,他的部下以射箭、掷饼、投枪作消遣;他的马匹安闲无事各自站在战车的旁边,嚼食泽地上的苜蓿和芜菁;它们的主人的战车都复盖着放在篷帐里边;那一些人见不着他们那好战的首领,只在营幕的周围无目的地踯躅徘徊,都不去参战。

但是其余的人已经前进了,那一片地面就如同大火燎原一般。大地在他们的底下呻吟起来,正如雷神宙斯在震怒时鞭打阿里墨伊群山之中人们说是堤福欧斯葬身的地面。当时大队急速行进过平原,大地在他们脚下也像这样的震颤。

这时候,行动迅疾的旋风脚伊里斯①被戴法宝的宙斯差到特洛亚军中去送这个凶恶的消息。那些特洛亚人老老少少的正都集合在普里阿摩斯的门前准备开大会。捷足的伊里斯就走到他们面前,装做普里阿摩斯的儿子波利忒斯的声音去同他们说话,原来波利忒斯正站在老埃绪厄忒斯的坟墓顶上给特洛亚的军队放哨,准备一见阿开亚人的船舶方面有要前来突击的形迹,就马上赶回去报告。那伊里斯就装着他的状貌,装得唯妙唯肖,去向普里阿摩斯说起话来。

"父王,"他说道,"生死攸关的大战临头了,我看你还是跟平时一样,喜欢无穷无尽的谈讲。我也曾经身历过许多战阵,可是从来没有见到过这样庞大可怕的大军。他们正从平原上滚滚而来,像是树林里的叶子,海滩上的沙粒,要到城墙底下来开仗了。赫克托耳,我尤其要劝你听我的忠告。普里阿摩斯有许多盟军在他的大城里。可是这些外国人的语言不同。让他们自己的将领各自负责任,集合他们的同国人,率领他们作战吧。"

赫克托耳听出了那个女神的声音,立刻解散了那个集会。他们急忙都去拿起武器来。于是城门大开,全军人马喊声震天的一齐涌出。

在城外,离开平原一段路的地方有一个高丘,周围都是平旷地,人们

---

① 神的使者。

叫它荆棘山,神们叫它轻佻的密里涅之墓。就在这地方,特洛亚人和他们的盟军当即布成了战阵。

普里阿摩斯之子,头盔明亮的伟大赫克托耳,率领着特洛亚人。他手下的部队最最优秀也最最众多,全体都是精锐的枪手。

达耳达尼亚人由安喀塞斯的可钦佩的儿子埃涅阿斯率领,他是阿佛洛狄忒①在伊得山的山坡上将安喀塞斯搂进怀中时怀孕所生。埃涅阿斯并非单独主军政,辅助他的有安忒诺尔的两个儿子,阿耳刻罗科斯和阿卡马斯,都是熟练一切战术的。

住在伊得山最低分支下的仄勒亚而饮埃塞波斯黑溪水的人——一个繁荣的特洛亚氏族——由吕卡翁的著名儿子潘达洛斯率领,他的箭术是阿波罗亲自传授的。

从阿德瑞斯忒亚和阿派索斯的地面,从庇堤厄亚和忒瑞亚峻峭山坡来的人,由阿德瑞斯托斯和穿亚麻布胸甲的安菲俄斯率领,他们是珀耳科忒人墨洛普斯的两个儿子。他们的父亲是个艺术超群的预言家,曾经竭力劝他的儿子不要投入战争去拼命。但是他们不听他的话,因为幽冥的死神引诱他们去应他们的命运了。

从珀耳科忒和普剌克提俄斯,从塞斯托斯、阿彼杜斯和神圣的阿里斯柏来的人,由许耳塔科斯的儿子阿西俄斯率领——那威风凛凛的阿西俄斯是他那些肥大光泽的马匹把他从阿里斯柏和塞勒厄伊斯河送来的。

希波托俄斯率领珀拉斯戈斯诸部落的枪手,他们都是土壤深厚的拉里萨的人。这一些人随从着希波托俄斯和皮莱俄斯,他们是阿瑞斯的族类,达塔摩斯之子珀拉斯戈斯王勒托斯所生。

阿卡马斯和高贵的珀洛俄斯率领特剌刻人,他们的地面是被那湍急的赫勒斯蓬托斯②环绕的;同时,刻阿斯之子特洛仄诺斯王的儿子欧斐摩斯率领好战的喀孔涅斯人。

---

① 美与爱之女神。
② 海峡名,在小亚细亚和巴尔干半岛之间。特洛亚在峡南,特剌克人的地面在峡北。

皮赖克墨斯率领带弯弓的派俄涅斯人。他们是从远地来的——来自阿弥冬和广阔的阿克西俄斯河沿岸,那一条河流是大地上最最美丽的。

胸口出毛的皮莱墨涅斯从出产野骡的厄涅提河地面率领来帕佛拉工人。他们有的住在库托洛斯,有的住在塞萨蒙一带,有的住在帕耳忒尼俄斯河沿岸的快乐农庄,有的住在克戎那和埃癸阿罗斯和巍峨的厄律提尼。

俄狄俄斯和厄庇斯特洛福斯从遥远的阿吕柏率领来阿利宗涅斯人,那里是银子的原产地。

密索伊人是克洛弥斯和恩诺摩斯做的司令。恩诺摩斯是个占卜人。但是他那一套未卜先知的本领,还是救他不出那死神的黑手。当捷足者阿喀琉斯在河床里给特洛亚人和他们的盟军造成浩劫的时候,他也做了他的牺牲。

福耳库斯和阿斯卡尼俄斯王子从遥远的阿斯卡尼厄率领来热心战斗的佛律癸亚人;还有迈俄尼亚人,由塔莱墨涅斯的两个儿子墨斯特勒斯和安提福斯率领,他们的母亲是古该厄湖。这两个人率领迈俄尼亚人,他们的故乡在特摩罗斯山下。

那斯忒斯率领言语粗鄙的卡瑞斯人,他们住的地方有弥勒托斯,树木繁茂的佛提瑞斯山,迈安德洛斯的诸溪水,密卡勒的峻峭峰巅。这一些人是由安菲马科斯和那斯忒斯带来的,他们是诺弥翁的两个贵子。那安菲马科斯可真蠢!他像个女孩子似的去参加战阵,满身装饰着黄金。那黄金挽救不了他那一个可怕的结局。他在那河床里遇到捷足者阿喀琉斯,就把性命送在他手里;那阿喀琉斯爱惜钱财,就把那黄金带了走了。

最后,萨耳珀冬和无敌的格劳科斯从遥远的吕喀亚和克珊图斯的涡转溪流率领来吕喀亚人。

Ⅲ　一次停战和一场决斗

等到所有的人都整好了队,各队都有它自己的司令在率领,特洛亚人就像鸟群似的喧呼闹嚷着向前进了。他们的喧嚷声弥漫天空,好像一群鹳鹤受到寒风骤雨的袭击,发出粗厉的唳声,动身飞过大洋流去给侏儒族赍送死亡和毁灭,从早晨的天空里大肆其恶毒的扑杀。那些阿开亚人却是静默无声在行进,鼓足了勇气,决心要彼此救助,团结成一体。

他们越过那平原迅速前进,脚步底下掀起了一阵灰尘,密如南风刮来包裹山巅的浓雾,那雾之浓使人看不见石子所能投到的距离外,以致牧人们抱怨咕哝,独那些做贼的觉得那环境比黑夜还要有利,心中欢喜。

两军快要接触了,只见那神样的帕里斯从特洛亚的队伍里跨步出来,声言他愿意单人决斗。他脊背上披着一张豹皮,肩膀上挎着一张弯弓和一口剑。他挥舞着一对铜头的枪,向阿耳戈斯人挑战,要跟他们的任何健将个对个见个输赢。

那久经战阵的墨涅拉俄斯看见他在队伍前头向着自己大踏步的走来,心里高兴得了不得,好像一只饿狮发见一头长角鹿或是一头野山羊的庞大尸体,就不管那刚勇的猎人和敏捷的猎犬怎样竭力的将它驱逐,只管在那里贪馋地吞噬一般。当时墨涅拉俄斯一眼看见帕里斯王子,心里也像这样的高兴,因为他想他对那人伸冤雪恨的机会已经到来了。他就立刻全身披挂着从他的战车上跳落地来。

但是帕里斯王子一经看见墨涅拉俄斯来接受他的挑战,心里就大大虚怯起来,急忙溜回自己队伍里去逃命,好像一个人在丛密的山谷里遇见一条蛇,就白着脸儿、抖着手脚缩回原路去。当时帕里斯王子一见那阿特柔斯的儿子,就吓得缩回那些威风凛凛的特洛亚人里面去,也是这般的情景。

赫克托耳看见他兄弟这般行径,立刻同他吵起来。"帕里斯,"他对他嚷道,"你这美少年,你这色迷迷的拐子,为什么要养出你这个人来呀? 为什么你在结婚的前头不就让人杀死呀? 的确,我是巴不能够这样的。能够这样就要好得多,省得你在这里丢我们大家的脸,受众人的轻蔑。那些长头发的阿开亚人知道我们把个王子来当做健将,却只是以貌取人,忘记了他的意志不坚强,丝毫没胆量,那才要把他们笑杀呢! 想当初,你挑选了一帮朋友做船员,驾驶你那久惯航行的船舶飘然到海外,跟那些外国人去结好联欢,真从那遥远的地方和猛将的门中拐带来一个美女,以致贻祸于你的父亲,贻祸于这个城市和全体人民,如今你又使我们的敌人称快,你自己却没有面目再见人——这一套事情,今天我朝你看看,真不相信就是你干的!你既然敢于叫那勇敢的人受你的损害,怎么现在又不敢同他对敌了呢?你偷来了那人的爱妻,可马上就要知道他的厉害了。等到他把你打倒地上去咬泥土,你的竖琴是救不得你的,阿佛洛狄忒赠给你的卷发和美容也救不得你的。可是特洛亚人也太软心了。要不然的话,你做出了这样的恶事,早该拿石头把你砸死。"

"赫克托耳,你这顿骂是应该的,"帕里斯王子答道;"你并没有多说一句话。这就显出你那不屈不挠的精神来了!你的这种始终不衰的精力,使我想起木匠手里拿的斧子来,它将一块木头不住的砍劈,使得木匠能够把那木料做成一条船。可是有一桩东西你决不能拿它来责怪我——就是我从金色的阿佛洛狄忒那里得来的那些可爱的赠品。这些珍贵的赠品,是由神们自动慷慨赏赐给人的,即使人不愿意选取,可也不可以轻视。不过,你如果一定要我去从事这场决斗,那就叫所有的部队都坐下来,让我去到两军之间同那可怕的墨涅拉俄斯相会,为着海伦和她的财物跟他斗一场。谁要斗赢了,就是个优胜的人,可以把那女子连同财物带回自己家里去,其余的人就缔约讲和,我们仍旧留在泥土深厚的特洛亚,敌人开船回到牧马地阿耳戈斯和出美人的阿开亚。"

这一番话说得赫克托耳很称心。他就走进两军之间的无人地里来,横着他的长枪挡退特洛亚人的阵线。他们都坐下去了,但是长头发的阿开亚人的弓箭手并不停息,矢石纷纷拿赫克托耳做标的。于是阿伽门农王不得不开口阻拦,"阿耳戈斯人,够了!"他喊叫道。"兵士们,停止射击吧。那头盔明亮的赫克托耳想要对大家说话呢。"

兵士们停止攻击,登时就寂静无声。于是赫克托耳在两军之间开口说话了。"特洛亚人,"他说道,"和阿开亚的战士们,请听我说帕里斯现在的提议,我们的这场纠纷原是因他而起的。他的提议是,所有的军士都把他们的武器放下来,让他同战士墨涅拉俄斯在两军之间为着海伦和她的财物作一次决斗。谁要斗赢了，就是个优胜的人，应该取得那个女子和所有的财物，一同带回家里去，我们其余的人就可以讲和了。"

赫克托耳说完这番话，全场里寂然无声。末了那大声呐喊的墨涅拉俄斯开口发言。"现在听我说，"他说道，"我是主要的被害人，我想阿耳戈斯人和特洛亚人现在可以好好分开了，因为帕里斯所造成的我和他这场仇恨，已经使得他们吃够苦头了。我们两个是势不两立的——命运早已选定了该死的是谁——那么你们其余的人就马上可以和解了。去取两头绵羊来，一头白公羊和一头黑母羊，预备给大地和太阳献祭；我们也要去取一头来献给宙斯。把普里阿摩斯王也叫了来吧，好由他亲口宣誓，因为他的那些儿子都傲慢、猖狂，我们不愿一个庄严的条约因背信而被扯毁。大凡青年人，总是反复无常的，唯有老年人来参预这种事情，方才会思前虑后，竭力顾全双方的利益。"

墨涅拉俄斯的这番宣告，特洛亚人和阿开亚人同样欢迎，把它认为对那惨痛的战争事业的一道赦免状。于是战车将士们退到了步兵的阵地，跳下他们的战车，丢开他们的装备，在地面上各别的委积成堆。赫克托耳差发两个使者飞速到城里，去取绵羊并请普里阿摩斯王；阿伽门农王也差塔尔堤比乌斯到楼船里去，叫他取回来一只羔羊。塔尔堤比乌斯就急忙去执行王命了。

这当儿，伊里斯装做海伦的小姑拉俄狄刻模样，去把这消息报告白臂膀的海伦——那拉俄狄刻是普里阿摩斯的女儿当中最最美丽的一个，嫁给安忒诺尔的儿子赫利卡翁公子的。那位女神看见海伦在她的宫里，正在织一匹紫色的双幅大绸，要把驯马的特洛亚人和披甲的阿开亚人因她而起的这场战争的许多战斗场面织一些到里面去。那捷足的伊里斯走到她跟前去说道："我的亲爱的嫂子，你来看，特洛亚和阿开亚的兵士们的行动多么奇怪啊。刚才他们还在互相恫吓着，要在平原上面来一场可怕的战斗；看他们的意思是要拼个你死我活的。现在可又没有战斗了，他们都静悄悄的坐在那儿，靠在他们的盾牌上，把他们的长枪倒插在身边的地里，同时帕里斯和那英勇的墨涅拉俄斯要为着你而用他们的大枪决斗了，谁要斗赢就可以拿你做他的妻子。"

那女神的这个消息使得海伦心里充满了怀旧之情,想起她的前夫和她的父母,以及她远离了的那个城。她拿一条白麻纱的面幕裹着头,脸上挂着眼泪走出她的卧室门,可不止她一个人,跟随她的有她的两个侍女,庇透斯的女儿埃特瑞和牛眼睛的宫女克吕墨涅。不一会儿她们就到了斯开安门的邻近。

在这城门口,普里阿摩斯正同城中的长老们坐着会议,与会的有潘托俄斯和堤摩忒斯,兰浦斯和克吕堤乌斯,战神的族类希刻塔恩,以及他的两位贤明的参赞,俄卡勒工和安忒诺耳。衰老的年龄已经结束了他们的战斗日子,但是他们都是卓越的健谈家,当时这班特洛亚的长老们坐在城楼上,就象蛞蝼儿停在林间的一株树上欣然鸣噪一般。他们看见海伦向城楼走来,就都把声音放得低些。"为了这样的一个女人,"他们彼此议论道,"谁还怪得特洛亚和阿开亚的战士吃这多年的苦呢?她简直是一个不死女神的肖象。可是,尽管她这样可爱,还是让她坐船回去吧,不要留在这儿贻害我们和我们身后的子孙。"

这当儿,普里阿摩斯已经把海伦叫到他身边去了。"好孩子,"他说道,"到这儿来坐在我前面,你就可以看见你的前夫和你的亲戚朋友了。我对你并没有恶感;我只怨天上的神。这一场可怕的阿开亚战争是他们带给我的。现在你可以把那边那个巨人的名字告诉我了。那个高个儿、好容貌的阿开亚人他是谁?原也有人比他高过一个头,可是我从来没有见过一个人长得这样好容貌,或是显得这样的威严。他是一丝一毫都像一位君王的。"

"我给你请安致敬了,我的亲爱的公公,"那美人儿海伦回答道。"我为着要跟你家公子到这里,以至于抛弃我初婚的洞房,以及我的亲族、我的爱女和跟我一块儿长大的那些好朋友,现在想起来,倒不如让我早些儿苦死的好了。可是命运并不替我这样的安排,以致我要无穷无尽的伤心下去。不过,你要知道的事情我得告诉给你听。你指出的那个人,就是我们国主阿特柔斯之子阿伽门农,他是一个贤明的君主,也是一个无敌的枪手。他还做过我这个无耻贱人的大伯子呢，现在想起来简直像一场大梦。"

那老王听了她的话，就对着阿伽门农凝眸注视，钦佩之中带着几分嫉妒的意思。"啊，幸运的阿特柔斯之子，"他嚷道，"神所祝福的幸运之骄子！原来你就是统治着这上千上万阿开亚人的人啊！从前我曾经到过佛律癸亚，那产葡萄和骏马的国土，见到阿特柔斯和密格冬王的部队扎营在珊伽洛斯河边，知道佛律癸亚人是多么多的。因当其时我是他们的盟军，又曾经在那些能跟男人一样战斗的阿马宗人①来进攻的时候同他们一起宿过营。可是就连他们也还没有现在这些眼光闪烁的阿开亚人这么多。"

老头儿第二个注意到俄底修斯，便说道："现在告诉我，亲爱的孩子，那个人是谁？他比阿伽门农王矮一个头，可是肩膀和胸膛比他阔些。瞧，他把他的铠甲摺在地上，像一头挂铃羊②似的去视察部队去了。他使我想起一头毛蓬蓬的公羊后边带着一大群白绵羊的景象。"

"那个，"宙斯的女儿海伦说道，"是莱耳忒斯的儿子，机智敏捷的俄底修斯。他生长在伊塔刻，本是一个地瘠民贫的地方，他却是个有谋有略的豪杰。"

海伦给俄底修斯的这番描写，聪明的安忒诺耳又做了一些补充。"夫人，"他说道，"你说的话我很赞同，因为俄底修斯曾经到过这里。他是为着你的事情和墨涅拉俄斯一同来办交涉的，当时就是我做的主人。我曾经在我自己家里款待过他们，不但知道他们的外貌，并且知道他们的内才。在跟特洛亚人谈判的会场中，要是大家都站着，那墨涅拉俄斯挺着他的阔肩膀，昂然的盖过众人，但是他们两个都坐下来时，那俄底修斯就显得比较威武。轮到他们向群众发表意见，墨涅拉俄斯的话说得流利而不拖沓，听起来很清楚，可算得一个要言不烦的人，虽则他的年纪比较轻。那机智敏捷的俄底修斯跟他两样，他站起来发言的时候，把头牢牢的低

---

① 希腊传说中的一个女战士的民族。
② 颈上挂着铃铛以领导羊群的羊。

着,从眉毛底下窥着人,而且并不摆动手里的手杖,只是硬僵僵的拿着它,仿佛从来没有使用过手杖似的。你会当他是个强脾气的人,简直像一个傻子。可是,当他那宏亮的声音从他的胸腔里轰响出来、他那言词像隆冬的雪片似地从他嘴唇里倾泄出来的时候,天底下的人就没有一个能够和他比赛的了。那个时候我们把他看了看,就再也不敢以貌取人了。"

埃阿斯是那老王所注意而问到的第三个人。"另外那个相貌美好、昂然直立的阿开亚人,"他问道,"比其余的人都高过一个头和一个肩膀的,他是谁?"

"那个,"那穿长袍的美人儿海伦说道,"就是巨大的埃阿斯,阿开亚人的一座实力的堡垒。还有,那边那个像个神一般站在克瑞式人当中被克瑞式的将领们围绕着的,就是伊多墨纽斯。他常常从克瑞式来拜访我们,我家夫主墨涅拉俄斯总在我们家里款待他的。现在我已经把我所认识和叫得出名字的阿开亚人全都找出来了,就只找不着两个将领,驯马的卡斯托耳和大拳术家波吕丢刻斯,我的两个同胞所生的兄弟。他们也许是没有从那可爱的拉刻代蒙来参加军队,又许是已经跟其余的人渡海而来,却因我的声名不好,怕受人家耻笑,不愿意来上战场。"

当她说这话的时候,她并不知道,在拉刻代蒙,他们所爱的国土,那丰饶的大地已经把他们接纳进它的怀里去了。①

这时候,传令官们从城里拿来订立和约所需的物件,两头绵羊和满满的一羊皮囊土产葡萄醇酒。传令官伊代俄斯拿着一只亮晶晶的调钟和几只黄金的杯子,走到那老王面前,敦促他行动。"起来吧,我主,"他说道,"特洛亚和阿开亚两军的司令们要你到平原上去主持停战呢。帕里斯和战士墨涅拉俄斯正要用他们的长枪为着海伦作决斗。谁斗赢的可以取得那个女人和所有的财物,其余的人就缔约讲和,我们仍旧留在泥土深厚的特洛亚,敌人开船回到牧马地阿耳戈斯和出美人的阿开亚。"

---

① 卡斯托耳和波吕丢刻斯并未参加特洛亚战争,这时已因抢婚与人争斗死于希腊本土。

那老人听了这话浑身震颤,但是他就叫手下人给他的战车驾马,他们立即从命照办了。于是普里阿摩斯跨上了车,将缰绳拉到手里,安忒诺耳也上了那辉煌的战车,在他旁边坐下,他们就赶着他们的快马,出了斯开亚门向那开旷的平原去了。

他们一经到达两军对阵的地方,就从车上跨落在那丰饶的地面,走到特洛亚人和阿开亚人之间的一个居中地点。阿伽门农王和足智多谋的俄底修斯立刻就站了起来;庄严的传令官们把献祭的牺牲放在一起,在调钟里调好酒,并且倒些儿水在那两位王爷的手上。于是阿伽门农抽出他那柄一径挂在大剑鞘旁边的小刀,从那些羔羊的头上割下一些毛。那毛由传令官们去散给特洛亚和阿开亚的将领。然后阿伽门农举起了他的双手,高声的祷告起来,让大家都听得见:"我父宙斯,你这从伊得山上统治一切的,最最光荣、最最伟大的;还有你,太阳,世界上的事情没有一桩逃得过你的耳目的;你河流,你大地;还有你地下的神祇,凡是犯伪誓罪的阴魂都要受你们惩罚的;我向你们呼吁,替我们的誓言作见证,好让它信守不渝。如果帕里斯杀了墨涅拉俄斯,就让他留住海伦和她的财物,我们把我们的海船开回去。但是,如果红头发的墨涅拉俄斯杀了帕里斯,那么特洛亚人必须把海伦和她所有的东西一齐交出,并且给阿耳戈斯人应得的赔偿,那数量之大必须使得将来世世代代都记得。又如果,帕里斯是死了,而普里阿摩斯和他的儿子们却拒绝付款,那么我就要呆在这儿,为着这项赔偿打到底。"

阿伽门农于是用那无情的铜刀划破那些羔羊的喉咙,把它们掼在地上喘气,那生命力就渐渐地低落下去而离开它们,因为那柄小刀已经奏效了。然后他们把调钟里的酒倒在杯里,一面将它泼在地,一面向那从时间开始以来就存在的神们请愿祈求。那些在旁边看着的特洛亚人和阿开亚人也都在那里祷告——两方面用的是同样的几句祷告词。"宙斯,最最光荣、最最伟大的,还有你们其他的不死神,无论哪一方面破坏这个条约,但愿他们的脑浆倾倒在地上,如同这酒泼在地上一般,而且不但他们自己要这样,连他们的子孙都要这样;但愿外国人占有他们的妻子。"这就是大家对于和平的希望,可是宙斯还没有意思要实现和平。

于是达耳达尼亚人之王普里阿摩斯发言了。"特洛亚人和阿开亚的战士们,"他说道,"听我一句话。我是要回到多风的伊利翁去了,因为我不忍心看着我自己的儿子同那可怕的墨涅拉俄斯决斗。我只能有一个想法,那就是,宙斯和其他的不死神必定早就知道这两个人里面哪一个要死。"

说完了这几句话,那可敬的老王就把羔羊放进车箱,自己也跨上了车,将缰绳拉到手里。安忒诺耳也上了那辉煌的战车,在他旁边坐着,他们就赶着车回伊利翁去了。

普里阿摩斯的儿子赫克托耳和可钦佩的俄底修斯就着手量起地来,又备好个金属的头盔来拈阄,看他们两个人的铜矛该哪个先投。那些在旁边看着的部队都举着手向神祷告——两方面用的是同样的几句祷告词。"我父宙斯,你这从伊得山上统治一切的,最最光荣、最最伟大的;那个给我们两个民族招来祸祟的人,让他死去落进哈得斯宫里去吧;让我们之间建立起和平来吧。"

他们做过了祷告,那伟大的头盔闪亮的赫克托耳就把眼睛朝开去摇起那个阄筒来。一个阄儿立刻就跳出。那是帕里斯的。

那些部队一排排的坐下来,各自靠近他们那些骄傲的马匹,把辉煌的武器堆叠在旁边;那美发的海伦之夫帕里斯王子穿上他的美丽的铠甲。他先在小腿上扎上一副灿烂的护胫,用银扣子在脚踝上扣紧。然后他在胸前穿上一件护胸甲。那是他兄弟吕卡翁的东西,他得把它调整一下才能够合身。在他的肩膀上,他挎上了一口银钉饰柄的铜剑,又挂上一面大大的厚盾。在他那个刚强的脑袋上,他戴上一顶制作精良的头盔。那头盔上有一个马鬃做的顶饰,颤巍巍在那里点头。最后,他拿起了一柄坚固的长枪,使惯的十分应手。

那好战的墨涅拉俄斯也照样的把自己武装起来;及至双方都在自己的阵线后面准备好,他们就大踏步的走到两军阵前,那神气非常可怕,以致那些驯马的特洛亚人和阿开亚的战士都看得发怔。他们两个到那划定了的地面上,相距不远的各自站定,就恶恨恨的挥舞起他们的武器来。帕里斯首先投掷他的长杆枪。那枪投在墨涅拉俄斯的圆盾上。但是那铜头没有戳穿;矛尖给那坚固的盾牌挡了回来了。于是阿特柔斯之子墨涅拉俄斯使起他的枪来,一面向宙斯祷告:"准许我,宙斯王,对帕里斯报仇吧,他是首先加害于我的人。用我的手把他打杀吧,好让我们的子子孙孙都知道害怕,再也不敢想去加害一个殷勤待客的主人。"

说着,他就拿稳了他的长杆枪将它投掷过去。那沉重的武器打中普里阿摩斯之子的盾牌。它穿过了那面亮晶晶的盾,又穿过那件灿烂的胸甲,一直戳穿帕里斯胁部的紧身衣。但是帕里斯将身一闪,被他躲过了性命。墨涅拉俄斯随即拔出他的银柄剑,向后面挥舞一下,劈在他敌人的盔顶。谁知那剑在头盔上碎成五六片,从他手里落到地上了。墨涅拉俄斯叫了一声苦,抬起头来望着那开阔的天空。"我父宙斯,"他嚷道,"还有哪一位神比你再要不肯顾怜人,我满望着对帕里斯的无耻行为报仇雪恨,可是我的剑在我手里粉碎了,我的枪又徒然地投掷,并没有碰着那个人!"

说着,他就往帕里斯身上猛扑,逮住他那马鬃的盔顶,将他扭一个转身,就向阿开亚人的阵线里直拽。帕里斯的娇嫩咽喉吃他那条紧紧系在下巴颏下的绣花盔带抽得转不过气来,还亏得宙斯的女儿阿佛洛狄忒眼明手快,一看见这种情形,就替帕里斯把那条虽是牛皮做成的盔带一下切断,要不然的话,那墨涅拉俄斯竟要将他拖进自己阵地里去大显威风了。这一来,那个头盔脱离了脑袋,空落落的留在高贵的墨涅拉俄斯的大手中。他就将它挥手一摺摺进阿开亚人的阵地,让他自己的随从捡去,再一次去猛扑他的敌人,满望能用他的铜矛结果他的性命。可是阿佛洛狄忒又显神通了。她用一阵浓雾罩住帕里斯,将他急急的摄走——这是那女神轻而易举的一桩事情——放落在他自己那间洒过香水的芬芳卧室里。然后她亲自去叫海伦。

她看见海伦在那高高的城楼上,被特洛亚的女人围绕在那儿。阿佛洛狄忒伸出她的手,在海伦的香喷喷的长袍上拉了拉,装做一个老婆子的模样同她说话,原来那老婆子是她顶喜欢的,一个织羊毛的女人,从前住在拉刻代蒙的时候常常替她做美丽的毛织物的。"来啊!"女神模仿这个老婆子的声音说道。"帕里斯要你回家去陪他呢。现在他在他的卧室里,容光焕发、服饰鲜明的坐在他那张嵌花的床上。你决然不会相信他刚刚从一场决斗回来。你要当他是准备去跳舞或刚刚跳完了舞坐在那儿休息呢。"

海伦觉得莫名其妙,眼看着那个女神。她看见她那美丽的脖颈,她那可爱的胸脯和闪耀的眼睛,心里有些儿害怕。但是她并不假装自己认不清。"神秘的女神,"她说道,"这样的装模作样为的是什么? 现在墨涅拉俄斯已经打倒帕里斯,愿意带回他那误入迷途的妻子,我猜你是阴谋把我带到更加遥远的城市,或是佛律癸亚,或是可爱的迈俄尼亚,去送给住在那些地方的你所宠爱的别的什么人。你可先到这儿来,试想哄我回到帕里斯那里去。不;你自己去陪他坐坐吧。你就忘记自己是一个女神吧。永远不再踏进俄林波斯去,专心一意的服侍帕里斯吧。你好好的疼爱疼爱他,将来有一天,你可以做他的妻子,不做妻子也可以做他的奴隶,我是不再去和他同床的了——我看这样决不是了局。我要这么做,特洛亚的女人没有一个不要咒骂我。就是现在我也已经够受了。"

女神阿佛洛狄忒暴怒地对她谩骂。"你这执拗的贱人!"她嚷道。"你不要惹我生气,要不然,我就要动怒起来将你抛弃,或者是,像我直到现在这样爱你一般的衷心恨你,就去激起特洛亚人和阿开亚人的深切仇恨来,使你得到一个悲惨的结局。"

那海伦虽是宙斯的女儿,可也不得不慑服。她把她那一件白色闪亮的长袍裹在身上,就悄悄的走开了。那些特洛亚女人没有一个看见她走开;她是有个女神给她引导的。

她们到了帕里斯的美丽的住宅,那些随从的侍女就各自去干她们的事,高贵的海伦走进她那宏敞的卧房。在那里,那位女神——爱好欢笑的阿佛洛狄忒——亲自去端了一张椅子,替她放在帕里斯面前。戴法宝的宙斯之女海伦坐在那张椅子上,却把她眼睛朝开,开始骂起她的爱人来:"你是从战场上回来了——我可巴不得你倒在那个曾经做过我的丈夫的大战士手下呢！你向来都在夸口,说你胜过那威武的墨涅拉俄斯,枪法比他好,膂力比他强。那么,为什么不马上再去向他挑战呢？或者是,还得我来警告你,要你三思而行,不要去跟那红头发的墨涅拉俄斯决斗呢？你还是不要卤莽吧,不然的话你会在他的枪下送命哩！"

帕里斯已经把答话预备好了。"亲爱的,"他说道,"不要打算用责骂来激我吧。刚才墨涅拉俄斯是因有雅典娜的帮助才打败我的。可是我也有我的神来帮助我,下次我就可以打胜了。来吧,咱们到床上去寻欢取乐去吧。我的情欲从来没有像这样的压倒过我,就是当初我在海船里面把你从可爱的拉刻代蒙带出来,到那克剌奈岛上互相搂抱着过那一夜,也没有像现在这样的爱你,这样的急于图欢。"

他说着,就引她一同向床那边走去。他的妻子跟着他,他俩就在那张精致的木头床上一起躺下了。

这时候,墨涅拉俄斯像一头野兽似的在那些队伍里来往梭巡,想要找出帕里斯王子。可是特洛亚人和他们的著名盟军当中没有一个人能够给他指出王子的所在。并不是曾经有人看见他,却存心替他隐匿;他们是厌恶他的,大家都厌恶他的,就像厌恶死一般。末了,阿伽门农王就向大家宣告:"特洛亚人,达耳达尼亚人和所有的盟军,大家听着。伟大的墨涅拉俄斯已经打胜了;这是无可争辩的。现在交出阿耳戈斯的海伦和她的财物,并且给我应得的赔偿,那数目之大必须使得将来世世代代都记得。"

阿特柔斯之子说完了话。阿开亚人全体欢呼起来。

IV　潘达洛斯破坏停战

这时候,神们都在那黄金铺地的宫廷里坐着了,正要同宙斯会议。天妃赫柏做他们的侍酒人,把琼浆玉液给他们一一的斟,神们一面下瞰特洛亚,一面举金瓯互祝健康。

那克洛诺斯之子存心要折磨赫拉,一开言就暗带讥嘲。"有两个女神,"他狡猾地评论道,"是帮墨涅拉俄斯一边的,那就是阿耳戈斯的赫拉和阿拉尔科墨奈①的雅典娜。可是我看见她们在这儿闲坐着，只取旁观的态度；至于那爱好欢笑的阿佛洛狄忒，一径都跟帕里斯在一起，掩护着他不让他遭殃。刚才她觉得他的性命快要完，就把他摄了走了。不过，胜利确乎已经归于阿瑞斯所宠爱的墨涅拉俄斯了，现在咱们所要考虑的，就是下一步应该怎样。咱们还是重新激起这场险恶的斗争，让他们轰轰烈烈的打下去，还是使得特洛亚人和阿开亚人做起朋友来？要是你们肯赞成的话，我的主张是让普里阿摩斯王的都城保全下去，墨涅拉俄斯把阿耳戈斯的海伦带回家。"

当时雅典娜和赫拉正坐在一起，商量对付特洛亚人的恶计，宙斯的这一番话引起她们满肚子的抗议。但是雅典娜没有开口，只在暗暗恼恨她的父宙斯。她虽然沸腾着忿怒，却一句话都不回。赫拉可沉不住气，马上发了。"可怕的克洛诺斯之子，你的提议骇人听闻呢！我当初用我的马匹四处奔波，号召这些氏族来磨难普里阿摩斯和他的儿子，不知吃过多少苦，淌过多少汗，你怎么竟想叫我所有的辛苦勤劳都落得一场空呢？你爱怎么干你干吧，可是不要妄想我们大家都会赞成你。"

行云之神宙斯听了这话大为忿怒。"太太，"他说道，"到底那普里阿摩斯和他的儿子们曾经怎样加害过你，以至于你这样咬牙切齿的定要扫荡特洛亚那个可爱的都城？难道非把那长城连同它的城门一齐轰下去，把普里阿摩斯和他的儿子们以及所有的百姓活活的吃掉，你那一肚子恶气就不能算出的吗？你要觉得对，你就这么干——我不愿意咱们这点儿意见分歧发展成为一个严重的破裂。可是我要有一个条件，你记着。等到我有意思要摧毁一个城市，而我所挑选的那个正是你的朋友居住的，那个时候你可不要来遏止我的怒气，要让我发泄发泄，为的是这一回，我已经自动对你让步了，虽然我并不愿意。因为我觉得，居住在太阳和星空底下的人类所有的城市里面，最最称我心意的就是那个住着普里阿摩斯和他那些拿着桦木杆好枪的百姓的神圣伊利翁。他们所有的宴会，从来没

---

① 古时玻俄提亚的一个城市，雅典娜神庙的所在地。

有一次不让我的祭坛占着一份美酒和油脂,作为我们应得的献礼。"

"我所最最爱好的三个城市是,"那牛眼睛的天后回答道,"阿耳戈斯、斯巴达和那街道广阔的密刻奈。如果你觉得它们讨厌,你尽管扫荡它们。我不会反对你把它们毁灭,也不会出头卫护它们。因为我即使反对你的计划,想要干涉你,也不会有所成就的——你比我力量大得多。可是,我的企图也不应该受阻挠,跟你不受我阻挠一样。因为我也是个神,而且我和你是同一父母所出的。在乖僻的克洛诺斯所有儿女中,我应该占先一着,一来因为我最先出世,二来因为我是你的配偶而你是一切神中的王。可是,这桩事情我们无论如何得互相让步,我也让让你,你也让让我,那么其余的不死之神都会听从我们了。现在我只要求你干一桩事情,就是叫雅典娜上前线去看看,想个法儿使得特洛亚人去侵犯得胜的阿开亚人,以便破坏这一次停战。"

那人与神之父毫不迟疑,立刻就对雅典娜宣明旨意。"你到前线去,"他说道,"去看看那些军队,并且想个法儿使得特洛亚人趁阿开亚人得胜的时候去攻击他们,从而破坏了停战。"

那雅典娜本来早已逐逐欲试的,现在得到这一个鼓励,就急忙飞下俄林波斯的峰顶,像宙斯放下来警告水手或是陆地上一支大军的一道流星,闪过天空迸出无数的火星。那帕拉斯·雅典娜就像这样落在大地上,跳进部队的当中。那些驯马的特洛亚人和阿开亚的战士们看见这景象都惊惶失色。每一个人都朝他身边的人看了看,急乎想要问:"这是战争和它的一切恐怖又要来的意思吗?还是宙斯,我们战斗的仲裁人,要在我们之间造成和平呢?"

阿开亚人和特洛亚人正在互相询问着这桩事情,雅典娜就化做一个人的模样,混进特洛亚人的队伍里,活像那刚强的枪手,安忒诺耳的儿子拉俄多科斯。她在到处寻找,想要找出那个壮健可钦佩的潘达洛斯,吕卡翁的儿子。后来居然找着了。那潘达洛斯王子正站在那里,在他由埃塞波斯河率领来的一队强有力的盾牌兵旁边。她走到他的跟前去,把找他的目的对他说明。"潘达洛斯,我的王子爷,你肯运用你的机智采纳我的一个献议吗？你如果肯去向墨涅拉俄斯放一箭，你就可以得到光荣，使得每一个特洛亚人都感激你，特别是帕里斯王子。他如果看见那伟大的阿特柔斯之子墨涅拉俄斯被你一箭射死，并被放上了一个火葬的柴堆，那他就第一个要带着一份厚礼到你跟前来酬谢你。来吧，趁墨涅拉俄斯正在得意的时候射他一箭，同时向你自己吕喀亚的神射王阿波罗祷告一番。你应许他，等你回到你那神圣的城市仄勒亚，就用头生的羔羊给他一次丰盛的献祭。"

雅典娜的雄辩说服了那个傻子，他立即将他那张光滑的弓去掉弓衣。那一张弓是用一头大角山羊的角做成的，那头山羊是他亲自当胸一箭射倒的。当初他伏在那里等候那山羊，趁它从一个岩隙出来的时候一箭射在它的胸口上，那山羊就滚回那个岩隙里去了。它头上的那对角，量起来有十六掌长，他交给一个制角的巧匠，那匠人把它们接合起来，磨擦得通体光滑，又在两头包上金。就是这张弓，潘达洛斯将它竖在地上弯过来，慢慢的揿下去，给它上好了弦，同时他那些英勇的随从在他前面举起了盾牌，掩护着他免受凶猛的阿开亚人的攻击，以待他把那好战的阿特柔斯之子墨涅拉俄斯射杀。然后他揭开他那箭壶的盖儿，抽出一支从来没有使用过的锋利无比的羽箭。他灵巧地将那支利箭搭上弓弦，向他自己吕喀亚的神射王阿波罗做了一番祷告，应许等他回到他的神圣城市仄勒亚，就用头生的羔羊给他一次丰盛的献祭。于是他一手拿弓，一手拿那牛肠的弦线，拉得弓弦贴近自己的胸口，箭上的铁镞碰上了弓边。这样的，他将那张大弓弯成了一个满月，便听得弓弦噹的一声响，那支利箭蹦进了空中，急急乎向敌人的阵地飞去了。

啊，墨涅拉俄斯，亏得那些永远不死的快乐的神没有忘记你，尤其是宙斯的战斗女儿雅典娜，当时她正站在你面前，把那利箭掸开去，使它刚好离开你的肉，就像一个母亲替她睡得正熟的孩子掸开一个苍蝇一般。她用她自己的手，引导那一支箭飞向金带钩儿扣上的地方和胸甲重叠的所在。因此那支利箭射中那条扣紧的带儿。它穿过了那条花花绿绿的带儿，又穿过了那件绣花的胸甲，连他用来挡箭的最后一层围腰也被射穿了。那条围腰比铠甲的其余部分都要坚固些,可是那箭头把它也戳穿了。结果是,那箭头造成了一个浅伤,立刻有黑沉沉的血从那创口里流出。那血像是卡里亚或是迈俄尼亚有些女人用来给象牙马勒染色的紫颜料,那种象牙马勒是一种可爱的装饰品,现成做好放着的,虽则每个御者都渴望着他的马上装着这东西,可是直要等到有朝一日被君主看中,方才买去装饰他的马,成为他的御者的一种荣誉徽章。墨涅拉俄斯啊,你的血就像这样的颜色,染了你那美好的大腿和小腿,一直流到你那好模样的脚踝上来了。

阿伽门农王看见那黑沉沉的血从创口里淌出来,不由得浑身震颤。事实上是连那久经战阵的墨涅拉俄斯自己也吓坏的了,不过他看了看那箭头的边缘和倒刺并没有深入肉中,就马上恢复平静。但是阿伽门农王深深的叹息一声,就一把抓住他的手,同时他所有的随从也都惊惶失色了。"我的亲爱的兄弟啊!"阿伽门农嚷道。"刚才我为停战而宣誓,叫你去替我们跟特洛亚人单身决斗,原来竟是要你去送死,现在他们对你放箭了,把他们的庄严誓约踩碎了。不过条约是用我们的右手批准的,用酒和羔羊的血庄严地缔结成的,因而不是这么轻易可以取消的。俄林波斯的神也许会从缓行刑,可是他到头来还是要把账算清,那些犯法的人都要付出一笔重大的代价,用他们的性命,用他们的女人,乃至于用他们的子孙。总有这一天——这是我在我的心的最最深处知道的——那神圣的伊利翁将要被毁灭,连同普里阿摩斯和他那些拿着桦木杆好枪的百姓都要被毁灭。克洛诺斯之子宙斯将要因他们的这种罪行而大大震怒,要从他所居住的天的高座上对他们摇动他那阴森的法宝。这些事情都是无论如何不能不实现的。可是,墨涅拉俄斯,如果你死了,如果你的末日真的到来了,那我将要多么悲伤的痛哭你啊。而且,等我回到那干旱的阿耳戈斯,我将显出一副多么可惨的形状啊!因为阿开亚人看见你死了,一定都是立刻想要回家的。那时候,我们势必至于把阿耳戈斯的海伦留在这儿,让普里阿摩斯和他的百姓们拿她来夸口,同时你,大功未成却把身体留在特洛亚地面上,白让大地烂掉了你的骨头。现在我就仿佛已经听见一些说大话的特洛亚人，一面踹着显赫的墨涅拉俄斯的坟墓一面说："但愿阿伽门农所发动的每次战争都像这样收场——千里远征一场没结果，只得坐着空船退了兵，连墨涅拉俄斯这样的头等人材也带不回去！'他们一定都要这么讲，那我就只有祈求大地把我吞下去了。"

但是那红头发的墨涅拉俄斯反倒安慰他。"不要灰心！"他说道。"不要说这种沮丧士气的话。那一支箭并没有射中要害呢。它正要往里深入，却被我带上的金属和底下的胸甲以及那条贴着青铜的围腰挡住了。"

"但愿你的话不错，我亲爱的墨涅拉俄斯！"阿伽门农王嚷道。"可是得有一个医生来看你的伤，涂些儿油膏给你止痛。"

说完，他就转身向着他那高贵的侍从塔尔堤比俄斯。"塔尔堤比俄斯，"他说道，"你赶快去把马卡翁找来——你是认识他的，就是那个大医师阿斯克勒庇俄斯的儿子——来看我们的王爷墨涅拉俄斯。不知哪一个特洛亚或是吕喀亚的弓箭能手射中了他一箭，那人自己因此出了名，却使我们不得安宁了。"

阿伽门农的侍从就奉命动身，穿过那些阿开亚披甲战士的队伍，去寻找那位马卡翁将爷。他看见他正跟他的部下站在一起，他的部下是一队强有力的盾牌兵，由他从牧马地特里刻率领来的。那侍从走到他跟前去讲明他的使命："赶快，我的马卡翁将爷！阿伽门农王叫你去看我们的大首领墨涅拉俄斯。不知哪一个特洛亚或是吕喀亚的弓箭能手射中了他一箭，那人自己因此出了名，却使我们不得安宁了。"

马卡翁被那传令官的消息所激动，就跟他一起动身，曲曲折折的穿过那阿开亚大军的密集队伍而去了。到了那红头发的墨涅拉俄斯受伤躺着的地点，只见所有的将领一个圈儿围着他，那可钦佩的马卡翁穿过那个圈儿走到他跟前，立刻从那扣紧的带儿里拔出那支箭，只是那锋利的倒刺都被拔断了。然后他解开那条闪亮的带子，掀开底下的胸甲和那铜匠所制的围腰。他找出了箭头入肉的地方，把血吸干净，很巧妙地涂上一种清凉舒适的油膏,那是那好心的刻戎①给他父亲调制的。

他们正在调理那个大声呐喊的墨涅拉俄斯,特洛亚人的阵线已经向前推动进攻了。于是阿开亚人也重新披挂起来,把他们的心思移转到战斗上。

这时候,阿伽门农的精神大为振奋。他就马上活跃起来了。他一点儿都不慌张,一点儿都不犹豫,只是急急乎想要战斗,想要博得荣誉。他决计不用他的马匹和他那嵌花的战车。因此那两匹马就气咻咻的由他的侍从牵开去。可是阿伽门农很审慎的训令那个人——他是普托勒迈俄斯的儿子欧律墨冬——叫他一径都带着两匹马跟在身边,以防他在部队里的长久巡行要感到疲倦。于是他就步行出发去巡军去了。

他在他的那些爱马的达那俄斯人当中,看见有人正在准备要行动,就停下来鼓励他们。“阿耳戈斯人,”他说道,“你们的精神很好,可不要懈怠下去。犯罪的人是得不到父宙斯的帮助的。那些人背弃了誓言,破坏了停战,将要把他们的光滑的肉去供老鹰吞噬,我们呢,等到我们攻下他们的城垣,就要在我们的船里带走他们所爱的小孩和妻子。”

但若是,他看见有人规避那场凶恶的战斗,他们就要遭他一阵呵斥和怒骂。“轻贱的鄙夫,”他嚷道,“只有在船头上才会勇敢的!阿耳戈斯人,难道你们是不知羞耻的吗?你们为什么要这样迷迷糊糊的站在那儿,仿佛一群小鹿冲过了平原,累乏得精神委靡站住了休息?你们现在就正像这个样子,不去战斗却站在这里出神。你们是在等待特洛亚人来威胁我们那些放在灰色海边的好船舶,希望到那时候宙斯会伸出他的手来保护你们吗?”

就像这样的,阿伽门农在那里巡行,拿他的意志去激励他的士兵。他在那些密匝匝的阵地里,巡行到克瑞忒人的部队,正由多能的伊多墨纽斯在那里检阅。伊多墨纽斯本人站在前列,勇敢得像只野猪;墨里俄涅斯在指挥后队。那人间王阿伽门农看见他们,心里高兴,急忙去恭维他们的领

---

① 克洛诺斯所生的一个半人半马的怪物,擅长医药,马卡翁的父亲就是他的学生。

导人。"伊多墨纽斯,"他说道,"在我这些爱马的达那俄斯人当中,没有一个能得到我对你这样的器重,不但是在战场上,就是出了战场也一样。譬如我们在一起进餐,把晶莹的陈酒在调钟里给我们头等将领掺和的时候,我也一样的器重你。等到其余的长头发阿开亚人都把杯里喝干了,只有你跟我一样,酒杯还是满满的,好让你随意的喝。现在你去投入战斗吧,要保持着你那一径享有的威名!"

"我主阿特柔斯之子,"克瑞忒王伊多墨纽斯说道,"你可以信赖我的忠心的支持和战事开头时候我给与你的庄严的保证。你去鼓动其余的长头发阿开亚人吧,好让我们一齐去加入战斗,因为特洛亚人已经毁弃他们的誓言了。在他们,是除了死亡和灾难之外没有别的指望的,因为他们背弃了诺言,破坏了停战。"

阿特柔斯之子听见这一番答话心里很高兴,就再向前去巡行,挨过人群见到那两位同名埃阿斯的将领。他俩正在穿铠甲,他们的后面集合着密匝匝的步兵,像是牧人从他守望处看见海面上由怒吼的西风推送前来的一阵云。那一阵云带着旋风过海来,远看就阴沉沉的,终于变得沥青一般黑。牧人看见这景象,吓得抖起来,急忙把他的羊群赶进一个洞里去。也就像这样,那两位埃阿斯后面的那些英勇青年人,合成密集的阵势向战场前进,黑魆魆像一阵云,里面森竖着矛和盾。阿伽门农王一看见他们,不胜欣喜,就对那两位埃阿斯行了个敬礼,称他们为阿耳戈斯披甲战士的领导人。"对于你们,"他说道,"我没有什么命令——你们是无须乎勉励的。只要你们在领导,就可以激动你的部下不遗余力地作战了。我要恳求我父宙斯、雅典娜和阿波罗,让我在所有的部队里都看见这种精神。那么普里阿摩斯王的都城一定禁不得阿开亚人的手去占领和扫荡,马上就要坍塌了。"

说了这些话,他离开了他们,继续向前进,就走到那从皮罗斯来的声音清晰的演说家涅斯托耳的地方,看见他正在准备部下去作战,由他们的军官在那里指挥他们——有刚强的珀拉工、阿拉斯托耳和克洛弥俄斯,海蒙王子和大首领比阿斯。涅斯托耳把他的战车将士连同他们的马匹和车辆放在前排,而在背后用密集的头等步兵做后卫。在这两者的中间,他放着他的较差的部队,那么即使是惯于逃阵的人也要被迫战斗的。他首先训令他的战车将士们,叫他们控制着他们的马匹,万不可陷入混战。"你们不要以为,"他说道,"一个战车将士凭他的勇气和技能,就可以擅自离开阵线,自管自去和特洛亚人作战。同时也不要让任何人落在后边,以致减低全体的力量。一个人在自己的战车里,看看已够得着敌人的战车,就得把他的长枪刺过去。这些就是最好的战术,这也就是我们的祖先所以能够攻陷坚城的军纪和精神。"

像这样,那位老人利用他好久以前作战所得的经验在鼓舞他的士兵。阿伽门农王在旁边看着,心里很高兴,就把自己的感想去和他说明。"我的可敬的老王爷,"他说道,"要是你的手脚康强配得上你这种可钦佩的精神,要是你的力气并没有耗损,那我不知该多么的快乐呢。可是没有一个人能够避免的高龄已经沉重地堆在你的身上了。我恨不得你把这年龄推给别人,重新去加入青年的队伍!"

"我主阿特柔斯之子,"那革瑞尼亚的骑士涅斯托耳说道,"我也巴不能够重新再做我杀死那伟大的厄柔塔利翁时的那样一个人。可是神们不肯把他们的恩惠一时都赐给我们。当时我是一个青年人,现在我背上了年纪了。但是尽管这样,我还是要跟我的战车将士们在一起,由我来指挥他们。他们的策略和命令都要由我来发布,这是年长者的特权,至于拿枪这桩事,那我只得让给比我年轻力壮的人去干了。"

阿伽门农对于涅斯托耳的态度感到满意,就又去继续巡行。其次看到的那个人就是珀忒俄斯的儿子,驯马的墨涅斯透斯。这一个人和他那些以呐喊出名的雅典部队都站在那儿闲着;紧靠着他们,还有那机智敏捷的俄底修斯,和他那些刻法尔勒尼亚人,他们本是一个坚强的部队,可是也逍遥自在的站在那儿。战斗的号召还没有达到他们的耳朵,因为特洛亚人和阿开亚人的部队都刚刚行动起来。他们站在那儿等着阿开亚人的其他部队先上前去和特洛亚人接仗。阿伽门农王看见了这种情形,就给他们一顿严厉的谴责。"你,墨涅斯透斯,"他说道,"是一位高贵父亲的儿子;还有你,俄底修斯,是个超等阴谋家,一径都只顾自己的利益的;你们为什么要这样的滞留在后边,只让别人前进呢?你们本来应该站到最前线去挡头阵的。我每次给大将领们开宴会,你们不都首先接到我的邀请吗?在那样的宴会上,你们都很高兴把那烤肉和美酒吃了个饱足。可是现在你们似乎只想袖手旁观了,眼看着十大队的阿开亚人前去打敌人,你们还是一动都不动。"

那足智多谋的俄底修斯对他怒视了一眼。"我主阿特柔斯之子,"他回答道,"这话说错了。你能断定我们在激战的时候也会滞留不进吗?如果你所忧虑的就是这一点,那你尽可以放心,且看忒勒马科斯的父亲跟那些驯马的特洛亚人的前队厮杀吧。目前你所说的是废话。"

阿伽门农王看见俄底修斯沉下脸来,就笑嘻嘻的向他道歉:"莱耳忒斯高贵的儿子,机智敏捷的俄底修斯;我不是要对你苛求责备,也不敢再来督促你。因为我知道你心里对我很好。事实上咱们是心心相印的。可是咱们不谈吧。刚才我有言语冒犯的地方,等我日后再向你谢罪。让神来把这点嫌隙抹掉吧。"

说完他就离开了他们,再去找别的人去。其次他找到了堤丢斯的儿子,英勇豪侠的狄俄墨得斯,他正站在他那制作精良的战车上,已经驾好了马匹。卡帕纽斯之子斯忒涅罗斯就站在他的身边。阿伽门农王向狄俄墨得斯看了看,就给了他一番严厉的指责。

"这是什么意思啊?"他问道。"怎么那无所畏惧的战车将士堤丢斯的儿子竟会这么畏畏缩缩的光看着战争的进展呢?堤丢斯的生性从来不知道退缩,老是一马当先抢在他的朋友们前头去跟人厮杀的。凡是见到过他上战场的人都这么说。大家都说他是超群绝伦的。不过我并不认识这个人,也从没有见过他的面,虽则他曾经到过一次密刻奈。他那次来并不是要跟我们打仗,却是以朋友的身份同着波吕涅刻斯王子来向我们求援的。那时他们正问神圣城墙的忒拜出兵远征。他们很迫切的恳求我们的人给以适当的援助,我们也应允了他们的一切要求了。可是宙斯显示我们一些不群的朕兆,使得我们变了心,他们就离开了密刻奈。他们走了一

段路,到了那阿索波斯低洼的草原和长芦苇的河岸,阿开亚人的司令们就
又差堤丢斯去跟敌军谈判了。他到了忒拜,看见那些卡德摩斯人正在厄
忒俄克勒斯王子的宫里大张筵宴。当时他是一个孤身客,来到一大群陌
生人当中,虽然英勇也该难免寒心的。但是并不——他还向他们挑战,同
他们作友好的竞技,因得雅典娜慷慨的帮助,各项比赛都由他毫不费力的
赢得。这恼怒了那些爱赛马的卡德摩斯人,他们等他回去的时候,就差四
十个人到他前头去设伏,由两个将官率领,一个是海蒙的儿子迈翁,是个
有身份的人,还有一个是个凶暴无情的莽汉,名叫波吕丰忒斯,他的父亲
也是久惯杀人的。但是堤丢斯对付了他们,给了他们一个难看的结局。
他把那一帮人全都杀死了,只剩一个放回家。那个人就是迈翁,他因得到
神们的警告才放他走的。

"那埃托利亚的堤丢斯,先生,就是这样一个人。你就是他的儿子。
可是你打起仗来一点儿不像他,虽则谈起天来也许他要不如你。"

那忠心耿耿的狄俄墨得斯对这一番演说并没有回答。他接受了他所
尊敬的那位元首的责备了。可是那显赫的卡帕纽斯之子却不甘缄默。
"我主,"他说道,"你是知道事实的,请不要歪曲事实。我以为我们要比我
们的父辈好得多。我们曾经打下过那七头门的忒柏斯。我们以较单薄的
兵力,竟攻下了我们父辈从来没有见到过的强固防御了,这是由于我们信
仰宙斯和神们给予我们的朕兆;我们的父辈却一意孤行,以致没个好收
梢。所以你决不可以拿我们和我们的父辈同日而语。"

"住口,朋友,看着我的榜样吧,"狄俄墨得斯对斯忒涅罗斯怒视了一
眼打断他的话。"我们的总司令阿伽门农正在督促他的部队去作战,我是
不去和他争辩的。如果阿开亚人打败了特洛亚人,占领了神圣的伊利翁,
那荣誉是由他得的;但是同时,如果阿开亚人给打败了,最最觉得难受的
也就是他。来吧,现在是你我应该想到战争上去的时候了。"

说完,他就全身披挂着跳下了他的战车。当即他行动起来,他胸前的
青铜铠甲就狞恶地发出了声响。无论怎样坚强的心都难免惊惶。

现在,一大队一大队的达那俄斯人冷酷无情地冲入战阵了,就像那巨

大的波涛,在一阵西来飓风的催逼下,一个盖一个的冲进那轰然回响的海滩上。远远在海面,那些波涛就已开始起浪头,然后轰然一声来冲上那片砂砾,或者是高高拱着来撞上一座岩石,而使水沫四面飞溅开。当时那些将领各自对他的部下大声发命令,部下的兵士却都悄然的向前行进。他们默不作声的听从长官的率领,跟在长官后面像是一队哑巴兵。他们每个人身上的金属铠甲都闪得雪亮晶莹。

那些特洛亚人可不是这样。他们好像是论千的羊,站在一个富农的院场上,在放它们那雪白的奶,听见它们的小羊在叫,也咩咩的叫个不停。就像这样的,那庞大的特洛亚军队里面发出一种嘈杂的声音,四面八方交织成一片,因为他们没有一种共同的言语,各管各的在叫呼嘶喊。

战神阿瑞斯鼓动了特洛亚军队;闪眼的雅典娜鼓动了阿开亚人。恐怖和惊惶都在眼前了。还有那斗争,战神的姊妹,也给他这流血的事业来帮一手。她一开了头,就不能罢休。开头的时候,她似乎是一件小小的东西,但是不久之后她就长得脚踏着地头顶着天了。现在她冲进了特洛亚人和阿开亚人里面去,拿相互的仇恨去灌饱他们。她所要听的是临死人的呻吟声。

两军终于接触了,盾牌、矛子和披甲战士们都冲突起来了。那些盾牌的肚脐互相碰撞,发出轰然的巨响。临死人的尖叫混合着毁灭他们的人的大言;地上流着血。譬如冬天两条泛滥的山涧,从高处的大源泉出来,滚到一个深潭里去汇合,远处有个牧人站在山上听见它的轰隆声。当那两军肉搏起来时的一片喧哗也就像这样。

安提罗科斯第一个杀死敌人,杀的是正在特洛亚阵前全身披挂作战的塔吕西俄斯之子厄刻波罗斯。他的第一下投枪,就击中那人戴羽头盔的梁上。枪头没入了他的额头,戳穿了他的额骨;黑暗落在他的眼睛上,他就像一座倒坍的塔,垮倒在乱阵中了。他刚刚落地,那卡尔科冬的儿子,凶猛的阿班忒斯人的首领厄勒斐诺耳王子,就抓住了他的脚,想要把他赶快拖开人圈去剥他的铠甲,可是他这企图没有成功,因为英勇的阿革诺尔看见了他了。阿革诺尔用他的铜枪击中厄勒斐诺耳的胁部,因为厄勒斐诺耳弯着身子在那儿,盾牌没有掩护到他的那一面。他就倒下了,他的尸体上面发生了特洛亚人和阿开亚人的一场凶恶的争夺战。他们像一群狼似的互相猛扑起来,人把人来高高的投掷。

现在是忒拉蒙之子埃阿斯打倒了安忒弥翁之子西摩伊西俄斯了。这个刚强小伙子是由西摩伊斯河得名的,因为他就生在那一条河的旁边,在他母亲刚刚由她的父母带到伊得山去看羊回来的时候。他的生命太短促,不能报答父母的恩情,因为他一碰到那伟大的埃阿斯的枪就送了命了。当时他刚刚杀出阵来,埃阿斯就击中了他的胸口,在那右乳的旁边。那支铜枪穿透了他的肩膀,他就倒在尘埃,好像溪边大草原上长着一根瘦削的白杨,枝叶蓬蓬像个盖,却被一个车轮匠人拿他的雪亮斧子砍倒了一般。那个匠人日后要拿它去做成一部美丽战车轮子的轮圈,可是暂时把它留在溪岸上让它晒干。也就像这样,埃阿斯王打倒了安忒弥翁之子西摩伊西俄斯。

现在普里阿摩斯的儿子安提福斯穿着亮晶晶的胸甲拿一个锋利的镖枪打人群中向埃阿斯掷过来了。他并没有打中他要打的那个人,但是他那一镖枪不算虚发,因为他打中了琉科斯的外阴部了,那人是俄底修斯的一个伙伴,当时正在拖西摩伊西俄斯的尸体。那个尸体当即从他手里落下去,他自己也倒在那尸体上头。俄底修斯看见琉科斯被杀,不由得勃然大怒。他披挂着那闪闪亮的一身铜,穿过前排队伍直入敌军的阵线,站住了,向周围看了一看就把他那明晃晃的镖枪掷出去。特洛亚人看见那镖枪飞来,都吓得往后面直跳。可是俄底修斯并没有掷空。他击中了得摩科翁了,他是普里阿摩斯的一个私生子,从阿彼多斯的养马场跟了他来的,谁知刚刚碰到俄底修斯因他的伙伴被杀怒掷这一枪,他就在枪下送死。那铜枪头打中得摩科翁的一边太阳穴,从那一边穿出去。黑夜来盖上他的眼睛,他就噗的一声倒下去,震得一身铠甲琅琅响起来。显赫的赫克托耳和特洛亚人的整个前线都往后倒退,这边的阿耳戈斯人却大声欢呼,拖去了那些尸体,更向前逼进一步。

其时阿波罗正在珀耳伽摩斯①观战，看见这情形勃然大怒，就向那特洛亚人大声疾呼："杀上前去啊，特洛亚的战车将士们！千万不要让阿耳戈斯人占去上风。他们并不是铁石做成的。锋利的铜矛打中他们的时候，他们的肉是抵挡不住的。而况，那美发的忒提斯的儿子阿喀琉斯没有来参加战争。他正在船边生着气呢。"那刚勇的神从那卫城上这样的鼓励他们，同时阿开亚人也有宙斯的女儿雅典娜在那里鼓励，原来这位威风凛凛的特里同②女神亲自在那阵地里巡行，见有落后的人就加以督促。

现在阿马任叩斯的儿子狄俄瑞斯给命运的罗网罩住了。他被一块棱角锋利的石头打中了右腿的脚踝边。那扔石头的人是特剌刻人的首领，丘布剌索斯的儿子珀洛俄斯，从埃诺斯来的。那块无情的石头打碎了两条筋和一些骨头，狄俄瑞斯就仰倒在尘埃，伸出手来气喘吁吁的向朋友们求救。谁知那先扔倒他的珀洛俄斯已经追到他面前，拿他的枪刺进他的肚脐里。于是他的肚肠滩满了一地，黑夜盖上他的眼睛了。

珀洛俄斯刚跳了开去，埃托利亚的托阿斯就一枪打中了他的胸膛，正在乳头的底下，矛头陷进肺里去。他又追上前去从胸膛里拔出那一支沉重的枪，抽出他的利剑来正对着肚皮劈进。这就结果了珀洛俄斯的性命，可是他得不到他的铠甲。因为珀洛俄斯的部下，那些头戴顶髻的特剌刻人，已经把他团团围起来。他们都手执长枪，拼命把托阿斯挡开去。那托阿斯虽然身体魁梧力气大，也被他们吓退了。

于是珀洛俄斯和狄俄瑞斯两个人，一边一个挺在尘埃里，一个是特剌刻人的头儿，一个是厄珀俄披甲战士的首领。可是死在战场的人并不止他们两个。那一场的肉搏确是非同小可的。一个刚上战场还没有被击中的人，如果雅典娜替他挡住了矢石，手引着他到那密集混战的所在去看看，他就马上可以看出这一种情势。这一天是多数特洛亚人和阿开亚人倒到尘埃里去并排儿挺尸的日子。

---

① 特洛亚的卫城。
② 湖名，相传为雅典娜诞生地。

VI 赫克托耳和安德洛玛刻

这么一来,特洛亚人和阿开亚人就可以由他们自己去进行那场恶战了,于是那战斗的高潮在那平原上面一会儿倒到这边,一会儿倒到那边,那无数铜头矛子一阵阵的飞过来,又一阵阵的飞过去,在那西摩伊斯河和克珊托斯诸河流之间。

忒拉蒙之子埃阿斯,阿开亚人的堡垒,首先冲破特洛亚人的一个团,打倒了特刺刻人最好的战士阿卡马斯,欧索洛斯的高大而漂亮的儿子,因而使得他的战友们重新生起希望来。当时埃阿斯投了一枪,打在这人的带羽头盔的梁上。那铜尖陷入了他的额头,穿过了额骨,黑夜就落在他眼睛上了。

其次,大声呐喊的狄俄墨得斯杀死那从阿里斯柏优美城市来的透特刺诺斯的儿子阿克绪罗斯。他是一个富人,在大路旁边自己的房子里过着优裕的生活,因他平时好客,来者不拒,所以很得人心。可是现在他的那些朋友一个也不来帮他抵挡敌人,免他这一场惨死。狄俄墨得斯把他和他那个兼充战车御者的侍从卡勒西俄斯一齐杀掉了,他们就一同去到下界。

欧律阿罗斯杀死了德瑞索斯和俄斐尔提俄斯,这才又去追赶埃塞波斯和珀达索斯,水仙阿巴耳巴瑞亚给那举世无双的部科利翁所生的两个儿子。部科利翁是那傲慢的拉俄墨冬幽期密会所生的头一个儿子。他有一天在牧羊,遇见那一位水中仙子,曾轻躺在她那爱的怀抱中。仙子怀了孕,给他生了这对孪生子。现在倒在墨喀斯忒斯之子欧律阿罗斯手下的就是这两个人,他在他们年富力强的时候断送了他们,又剥去他身上的铠甲。

阿斯提阿罗斯倒在那顽强的波吕波忒斯手下;珀耳科忒人庇狄忒斯死于俄底修斯的铜枪;高贵的阿瑞塔翁死在透刻洛斯之手。涅斯托耳的儿子安提罗科斯用一支闪亮的长枪杀死阿布勒洛斯;人间王阿伽门农杀死厄拉托斯,他是住在那优美的萨特尼俄伊斯河旁边的,在珀达索斯的山城里。高贵的勒托斯杀死正在奔逃的费拉科斯;欧律皮罗斯结果了墨兰提俄斯。

这时候,大声呐喊的墨涅拉俄斯正生擒了阿德瑞斯托斯。原来这个人的马奔过了平原,碰上了一株柽柳树,把车辕从它跟那弯曲车身交接的地方折断了,它们就管自加入了其余的兵马,向自己的城市方面一阵狂奔而去。它们的主人栽下了战车,笔直仆倒在轮子旁边的尘埃里,随即看见阿特柔斯之子墨涅拉俄斯手里拿着长杆枪站在他身边。他就一把抱住了墨涅拉俄斯的双膝,向他求告起来:"阿特柔斯之子,我的爷,你活捉了我吧,你可以得到一笔大大的赎款。我的父亲很有钱,他家里放着许多的财物,青铜、黄金、熟铁都有的。要是他听见了我在阿开亚人的船里做俘虏,那他付给你的赎款一定很可观。"

那人这样说,企图打动那个捕获他的人的心。墨涅拉俄斯也正要吩咐他的侍从把他带到阿开亚人的船里去,可是阿伽门农急忙赶上前来规劝他的兄弟了。"我的亲爱的墨涅拉俄斯,"他说道,"你为什么要这样舍不得人的性命呢? 当初那些特洛亚人呆在你家里的时候也曾这样好心对待你吗? 不;我们不让他们留一个活人,就连未出娘胎的孩子也要不让活。整个民族都必须扫灭干净,不让一个留下来思念他们,痛哭他们。"

这一番话很公正,使得墨涅拉俄斯变了心。他一手推开了阿德瑞斯托斯,阿伽门农王就向他的胁肋上一枪刺进,那人倒下了,阿伽门农一脚踩住了他的胸口,将他那支桦木杆的长枪从创口里拔出来。

于是涅斯托耳对阿耳戈斯人大声叫嚷:"朋友们,达那俄斯人。所有的弟兄们;现在且不要劫掠! 不要为了尽量抢取掠获品回船,以致逗留不进! 我们杀人要紧。过一会儿等你们有空,再可以去剥战场上的尸身。"

这几句话重新鼓起了每个人的精神和勇气,看那情势仿佛特洛亚人已经是失败而灰心,要被那胜利的阿开亚人打退到伊利翁去了。可是正在这紧要关头,普里阿摩斯的儿子赫勒诺斯,特洛亚最好的占卜师找着了埃涅阿斯和赫克托耳,向他们求告起来。"你们两位,"他说道,"是负责的最高司令。我们所以把这重任托付给你们,就是因为你们无论在会议场上和战斗场上都从来不叫我们失望的。现在就请你们证明一下我们的看法并不错。就在这里扎稳阵地吧。你们亲自到战场的各处去巡视一遭,把部队控制住了,不要等他们一直退到城门口去,乃至吓得投到他们的女人的怀中,使敌人称心快意。等到你们各部队都巡视过后,我们就要在这里站稳,无论怎样力乏也要跟那俄斯人战斗下去——因为我们已经非这样不可了。同时,赫克托耳,你回到城里去找我们的母亲。你叫她把年纪大些的妇女集合在卫城①上亮眼女神雅典娜的神庙里,并且把神龛的门开开来。再叫她在她宫里挑选一件袍子,要顶顶好看,顶顶宽大而且是她自己顶觉宝贵的,把它披在雅典娜女神的膝盖上。再叫她去向那女神许愿,只要她对这城市和特洛亚人的妻子和小孩大发慈悲,将那造成恐慌的野蛮枪手狄俄墨得斯从神圣的伊利翁赶走,那就一准拿十二只从来没有挨过牧杖的一岁小牝牛到她庙里去献祭。因为这一个人似乎已经成为我们顶顶可怕的劲敌了。就是对于阿喀琉斯,我们也从来没有吓得这个样儿的;虽然他是战士之王,并且据说是个女神的儿子。事实上,狄俄墨得斯简直发了杀人狂了,再也没有人制得住他了。"

　　赫克托耳听了他兄弟的忠告,马上就行动起来。他全身披挂着跳下了他的战车,手里摆动着一对锐利的矛子,向他部队里去到处巡行,勉励他们站稳勿退却,鼓动起他们的战斗精神。结果是,特洛亚人都转过身来面向着阿开亚人,阿开亚人就渐渐受挫,再也杀不到一个敌人了。于是特洛亚人声势大振,阿耳戈斯人以为一定有什么神降自星空来援助他们。其时赫克托耳正在对他的部队大声喊嚷:"英勇的特洛亚人,光荣的盟军;你们要有丈夫气,朋友们,仍旧那么勇敢的打下去,我要到伊利翁城里去叫我们的长老们和妻子们求神息怒,向神许愿了。"

　　说完,那头盔闪亮的赫克托耳就动身往城里去了。他一路走时,他那雕花盾牌的黑革边缘上下拍打着他的身体,下边拍着他的脚踝,上边拍着

---

① 雅典娜神庙所在的没有守卫的上层城。

他的脖颈。

这时候,希波罗科斯之子格劳科斯和堤丢斯之子狄俄墨得斯走向两军之间的空地来索战。等到他们走进了相当的距离,那大声呐喊的狄俄墨得斯就向对方先挑战。"你是谁?"他问道。"你通上名来,我的好先生,如果你确是一个凡人的话。因为我在这个光荣的战场上从来没有见过你。你竟敢来会会我的这支长杆枪,就可见得你的胆量比你的任何一个伙伴都要大得多——凡是在我暴怒时候来会我的人,他们的父亲都免不了要哭一场的。不过你如果是一个从天上下来的不死神,那我是不同神交手的。因为,连那刚强的德律阿斯之子吕枯耳戈斯,跟天神闹了一场,也不久就送了命。原来那凶暴的吕枯耳戈斯曾在神圣的倪萨山里追逐那疯狂的狄俄倪索斯①的保姆们,用他的赶牛杖打得她们手中的法器纷纷落地。狄俄倪索斯被那人的一阵痛斥吓得发抖,也逃到了咸海的深底去躲避,让那忒提斯搂进怀里。但那些不死神是舒服惯了的,对他这种行为非常愤怒,那克洛诺斯之子就把他的眼睛打瞎了。此后不久他就送了命,因为所有的不死神都痛恨他。所以,你不要以为我跟那受福的天神也会相打。不过,你如果也是我们凡间人,也是靠耕田来养活的,那么来吧,快些到我这里来受死。"

"我的英勇的王爷堤丢斯之子,"那高贵的希波罗科斯之子回答道,"我的世系和你有什么相干? 人类的世代相传是跟树上的叶子一般的。风刮起来了,一年来的树叶都散落在地上了,但是一等到大地回春,那些树木就都要长新的芽,出新的叶。同样的,一个世代繁荣了起来,另一个世代就快要终结。可是你如果愿意听听我的家世,我也可以给你讲一番——其实大多数人都已经知道了的。在阿耳戈斯牧马地的一隅,有个地方叫做厄费瑞,这里住着一个人叫西绪福斯,一个最最狡猾的无赖汉,埃俄罗斯是他父亲的名字。西绪福斯有个儿子叫格劳科斯,格劳科斯又是那天下无双的柏勒洛丰的父亲。柏勒洛丰不幸做了普洛托斯王的臣

① 酒神。

属,王的权力比他大得多,因想陷害他,把他驱逐出阿耳戈斯的国境。原来他是一个风度翩翩的美少年,被普洛托斯的王后安忒亚看中了,要他私下去满足她的情欲。柏勒洛丰是个有操守的人,自然不肯从命。于是安忒亚去向普洛托斯王进谗言。'普洛托斯,'她说道,'柏勒洛丰想要强奸我,你杀了他吧,要不就你自己死。'王闻言大怒。他没有把柏勒洛丰处死——因为那是他不敢干的——但是他用自己的阴险国书把他遣送到吕喀亚去。他交给他一个封缄的手折,里面写着一些用意恶毒的密计,叫他去送给他的岳父,就是吕喀亚的王,其实是要他自己去送死。柏勒洛丰一路上有神们护送得十分妥帖;到了吕喀亚和克珊托斯河,他是得那广土众民的王当做一位贵宾欢迎的。他的主人一连款待他九日,给他宰了九头牛。但是到了第十,玫瑰色的曙光刚刚透露,王就将他盘问起来,要看看他从他女婿普洛托斯那里带来的是什么国书。

"王看出了他的女婿那封恶毒书信的意思,他第一步就是命令柏勒洛丰去杀那神们混进人类中来的女怪喀迈剌。她是一个狮头、蛇尾、羊身的妖怪,口里喷出一蓬蓬可怕的烈火来。可是柏勒洛丰听从神们的指导,居然把她杀掉了。他的第二个使命是去跟那著名的索吕摩人战斗,据他说那场战斗是他生平最最险恶的一次。然后又在第三次任务里,他杀死了那些能跟男人一样作战的阿马宗人。可是王又想出新的计策来,在他冒险归来的途中布下一个诡巧的陷阱。他挑选了吕喀亚最精锐的兵,到那地方去设伏。谁知那一些人一个也回不得家,那天下无双的柏勒洛丰把他们全都杀了。到末了,王认识了他是神的真正的儿子。他就把他留在吕喀亚,将自己的女儿许给他,又分给他半个王国,同时吕喀亚人也送给他一份包括许多葡萄园和麦田的辉煌产业,以供他私人的费用。

"这位公主给那刚勇的柏勒洛丰养了三个儿女,伊珊德洛斯、希波罗科斯和拉俄达墨亚;拉俄达墨亚曾经和那主谋神宙斯睡过觉,因而做了那身穿铜甲的萨耳珀冬王子的母亲。可是后来柏勒洛丰惹起所有的神的仇恨，就独自飘泊在那阿勒伊翁①平原，随后那不知足的战神阿瑞斯趁他儿子伊珊德洛斯跟那著名的索吕摩人战斗的时候杀了他，金马缰的阿耳忒弥斯也在忿怒之中杀了拉俄达墨亚。就只剩下希波罗科斯，我就是他的儿子。他差我到特洛亚来，平时他常常对我说，'你要以耻居人后做你的格言，争取做最好的人。你的祖先都是厄费瑞和吕喀亚的头等人物。万不可辱没他们。'这就是我的世系；这就是我当之无愧的血统。"

格劳科斯的这个故事使得那大声呐喊的狄俄墨得斯心里很高兴。他把他的长枪插进那肥饶的土地里，就对那吕喀亚的王子彬彬有礼的说起话来。"那么，"他说道，"你家和我家是早就有了交谊的。我那高贵的祖父俄纽斯曾经有一次在他宫里招待那举世无双的柏勒洛丰，一连留他二十天之久，临别的时候宾主互有珍贵的赠品。俄纽斯赠给他的朋友一条染成鲜紫色的带子，柏勒洛丰赠给俄纽斯一只两耳的金杯，直到我动身到这里来的时候还在我家里。至于我的父亲堤丢斯，我不记得了，因为他加入了阿开亚人攻打忒拜遭遇悲惨结局的时候我还是一个婴孩。你总已经可以看出来，现在你在阿耳戈斯国内有我这个好朋友，将来我到吕喀亚去，也会有你这个好朋友。所以我们就是在混战的时候也不要彼此动枪；因为特洛亚人和他们的盟军多得很，我要有幸运，追得上他们，他们是尽够我杀的，阿开亚人也尽够你杀，只要你能杀的话。现在我们来交换我们的铠甲吧，好让人人都知道，我们祖先的交谊已经使得我们做了朋友了。"

于是再不说什么，他们都跳下战车，互相握了手，立过了信誓。可是格劳科斯一定是被那克洛诺斯之子宙斯夺去了神志了，因为他拿自己的一套黄金铠甲换了狄俄墨得斯的一套青铜甲，一百头牛的价值换得只值九头牛。

这时候，赫克托耳已经到达斯开亚门那棵橡树的地方了，他立刻就被特洛亚人的妻子们和女儿们包围起来，纷纷来问起她们的儿子和兄弟，她们的丈夫和朋友。赫克托耳劝告大家去向神求祷，把她们逐一的打发开

---

① 小亚细亚的一处荒瘠不毛之地。

了,可是也有不少的人听到了悲惨的消息。然后他就一直去到普里阿摩斯的王宫。这座庄严的宫殿前面是大理石的廊柱,廊柱后面的正屋有五十间磨光石头的房间,彼此相连的,是普里阿摩斯的儿子们和儿媳妇们的卧室。他的女儿们另住一处,在院子的那一边,有十二间给她们建造的毗连卧室,也是磨光石头的,盖得很精致。他的女婿们和他们的爱妻同睡在这里。

在宫里,赫克托耳遇见了他那慈爱的母亲,因为她正带着她最美丽的女儿拉俄狄刻走进宫来。"赫克托耳!"她一面叫一面伸出手去让他握着。"怎么你在这样激战的当中会到这里来,我的孩子?难道那些可怕的阿开亚人真的打乏了我们在攻城了吗?难道你因心神不安要到卫城里来向宙斯举手求祷吗?可是你等一会儿,我去拿点醇酒来,让你先向父宙斯和其他的神酹一杯,然后,你如果喜欢,你自己也喝一点。酒对于一个疲倦的人是一种大大的安慰;你为着你的亲人打得这么久,一定是累乏的了。"

"我的母后,"那头盔闪亮的伟大赫克托耳答道,"不要去替我拿酒,我喝了酒是要失去两腿的功用,变得软弱无能的。而且我没有洗过手,也不敢拿起泡的酒去献给宙斯。一个人在满身血污的时候,是不能去向黑云之神克洛诺斯之子祈祷的。现在非你去祈祷不可。你去把年纪大些的妇女集合起来,带着牺牲到那善战的雅典娜庙里去。再去取一件袍子来,须是你宫里顶顶好看、顶顶宽大、而且是你自己顶觉宝贵的,把它披在雅典娜女神的膝盖上。你去向她许愿,只要她肯对这城市和特洛亚人的妻子和小孩大发慈悲,将那造成恐慌的野蛮枪手堤丢斯之子从神圣的伊利翁赶走,那就一准拿十二头从来没有挨过牧杖的一岁小牝牛到她庙里去献祭。现在你就到雅典娜的庙里去吧,同时我要去找帕里斯,叫他不要再呆在家里,可还不知道他肯不肯听我的话。我实在恨不得地面裂开条缝来把他吞下去呢。想不到神们养育他成人,只是做了特洛亚人和我父王以及他的儿子们肉里的一根刺。我要能够看见他走进了哈得斯,那就算是除了祸根了。"

赫克托耳的母亲到宫里去嘱咐她的宫女们。宫女们就向城中各处去召集年老的妇女,她也走下她藏放锦绣袍的那间芬芳的贮藏库。那些锦绣袍是当初帕里斯王子带那高贵的海伦回家时从西顿装载来的那些妇女所做的。赫卡柏王后①从那藏衣室里捡出那件顶顶长、顶顶富丽的袍子来,用作给雅典娜的献礼。那件衣服本来藏在其他衣服的底下,现在就像一颗明星似的放出光辉了。王后拿着它立刻动身,一群老年妇女急匆匆的在她旁边跟随着。

她们到了那卫城里的雅典娜神庙,庙门就由那容颜美好的忒阿诺给她们开开,她是喀修斯的女儿,战车将士安忒诺尔的妻子,特洛亚人叫她做雅典娜的女祭司的。于是那些女人一齐大喊了一声,向雅典娜举着手,容颜美好的忒阿诺拿了那件锦绣袍,把它披在女神的膝盖上,对那全能宙斯之女祷告起来:"雅典娜奶奶,威武的女神,城市的保护者;请你折断狄俄墨得斯的枪,把他打垮在斯开亚门的门前。我们立刻就拿十二头从来没有挨过牧杖的一岁小牝牛到你神龛里献祭,如果你肯对这城市和特洛亚人的妻子和小孩垂怜。"那忒阿诺这样祷告,帕拉斯·雅典娜的答复却只是摇了摇头。

这边这些女人在向全能宙斯的女儿祷告,那边赫克托耳就到帕里斯住的那所富丽堂皇的房子里去了。那所房子是帕里斯找了特洛亚沃土上的头等工匠替他自己建造的。那些工匠给他建造得一应俱全,有卧室、大厅和院子,就在卫城里面跟普里阿摩斯和赫克托耳的房子贴近的地方。那高贵的赫克托耳王子径自进门去。他手里拿着一支二丈来长的长枪。那铜枪头在他面前闪闪的发光,还有一个金环装在枪柄的顶上。

他看见帕里斯在他卧室里,正在整理他那美丽的铠甲、盾牌和胸甲,并在检查他的弓,那阿耳戈斯的海伦也带着一班侍女坐在他旁边,在监督她们做活。赫克托耳一眼看见帕里斯,就给了他一顿严厉的谴责。"好先生,"他说道,"现在我们的人正在城的周围乃至于城墙脚下纷纷的倒地,你可还在这里闹脾气,那是可耻的。如今这个城市竟闹得喊杀连天,这祸

---

① 普里阿摩斯之后,赫克托耳之母。

是你招来的,你要看见别人规避着不上战场,就该你第一个去将他责备。现在赶快出去吧,不要等到全城葬在火焰里!"

"赫克托耳!"帕里斯说道,"你给我的责备完全对。我都承认了。可是你听我说吧。我得解释一下我并不是闹脾气。我对特洛亚人并没有什么怨恨,我不过是到我屋子里来坐着消我自己的烦闷。刚才我的妻子正在婉言规劝我,要我回到前线去。我觉得她是对的,无论是谁都决不能一径都得胜。那么请你稍等一会儿,让我武装起来去上阵;要不你先走,我就来。我马上可以赶上你的。"

那头盔闪亮的赫克托耳对这番话没有作答,随后海伦就用一套甜言蜜语来平他的气了。"哥哥,"她说道,"怪来怪去只该怪我这个无耻可憎的闯祸人。唉,我恨不得母亲生我那一天,就被一阵狂风刮进深山里,或是刮到怒海中,让那波涛把我淹没掉,省得闯出这样的祸祟。再不然,如果天神注定要有这场祸,我也恨不得自己嫁到一个不愿受人谴责和轻蔑的好丈夫。谁知我竟嫁着这样一个反复无常的禽兽,而且他本性难移,照我看来是终有一天要自作自受的。可是现在请进来,我的亲爱的哥哥,到这椅子上来坐坐吧。如今特洛亚人没有一个担着比你更重的责任,这都由我的无耻和帕里斯的邪恶所造成,我们是一对遭逢恶运的人,上天处罚我们去做未来人的歌曲里的人物的。"

"海伦,"那头盔闪亮的伟大的赫克托耳说道,"你这是一片好心,可是你不要留我坐了。我就只能拒绝你,因为我离开了那些特洛亚人,他们都在眼巴巴的望着我,我已经耽误了好久,急于要赶回去帮助他们了。你倒不如把这家伙催动身,叫他自己加紧些。那他可以在我出城之前赶得上我的,因为我还要到我自己家里去一趟,去看看我的奴仆们,我的妻子和我的小儿子。因为我还能够再回来看他们呢,或是注定了今天就要死在阿开亚人的手下,那是我说不定的。"

说完,那头盔闪亮的赫克托耳就告了别,一会儿之后到了他自己那所建筑精良的房子了。可是他在家里没有找到他那白臂膀的妻子安德洛玛刻。她是带着她的小孩和一个侍女上城墙去了,正站在那里伤心流泪。

赫克托耳看不见他的好妻子,就走到门门去问女仆。"女仆们,"他说道,"告诉我怎么回事。安德洛玛刻夫人上哪儿去了? 是去看我的姊妹们或是弟媳妇们的吗? 或者是,到雅典娜的神庙里去跟其他的特洛亚女人在一起祈祷呢?"

"赫克托耳,"他的一个忙碌的女仆回答道,"我来告诉你实情,她并不是去看你的姊妹们或是弟媳妇们。也并不是到雅典娜的神庙里去跟其他的特洛亚女人在一起祈祷。她是上了伊利翁的大城楼了。她曾听说咱们的人已经败下来,阿开亚人打了一个大胜仗。因此她就像发狂似的急忙赶到城墙上去了。那保姆也抱着孩子跟着她去的。"

赫克托耳听见了这话,就慌忙出了家门,打那铺砌得很好的街道上急步前进。他穿过了那广大的城,到了那通平原的斯开亚门,就看见他那富有食资的妻子安德洛玛刻跑着迎上前来了,安德洛玛刻是那豁达大度的埃厄提翁的女儿,埃厄提翁是喀利喀亚人的王,住在忒柏地方那座林木森森的普拉枯斯山脚下的。当时她来迎接她那身披铠甲的丈夫,跟着她的还有个侍女,怀里抱着个小孩,那就是他们养下不久的男孩子,赫克托耳的宠儿,可爱得像颗星似的,他父亲给他取名斯卡曼德里俄斯,可是其余的人都叫他"阿斯堤阿那克斯"[①],因为他的父亲是伊利翁唯一的屏障。

赫克托耳看了看他的儿子,不由得微笑起来,可是不说什么。安德洛玛刻挂着眼泪,走到他身边,和他握着手。"赫克托耳,"她说道,"你是着了魔了。你这样的勇敢是要送你的命的。你也不想想你的小儿子和你的不幸的妻子,你马上就要叫她做寡妇了呢。总有一天阿开亚人要集合大军来杀死你。我要是失去你,那就不如死的好。你要有一个不测,我还有什么生趣呢? 除了悲伤之外什么都没有了。可怜我现在是没有父亲、没有母亲的。我的父亲是在伟大的阿喀琉斯来攻我们那个可爱的城市——喀利喀亚人高城墙的忒柏城——那一次死在他手里的。可是我父埃厄提翁虽然死在他手里,那阿喀琉斯却很有侠气,并没有剥过他的尸体。他让

---

① 意即"一城之主",因为他的父亲是特洛亚城的保卫者。

他穿着那套灿烂的铠甲将他焚化了，还替他筑起一个坟墓；山中的仙女们——那些戴法宝的宙斯的女儿——又在他的坟墓的周围栽起一些榆树来。我本来有七个兄弟，谁知他们一天里边全都到哈得斯宫里去了。那伟大的捷足阿喀琉斯把他们在那些牛群和雪白的羊群当中一齐杀死了。至于我的母亲，那普拉枯斯山林底下的忒柏的王后，阿喀琉斯曾经把她同着他其余的掠获品带到这里来过，可是拿了一笔巨大的赎款放她回去了，后来她是在她父亲家里被女射神阿耳忒弥斯杀死的。

"所以，赫克托耳，你对于我不但是我亲爱的丈夫，同时也就是我的父母和兄弟。现在你要可怜我，在这儿城楼上呆着吧；不要让你的儿子做孤儿，让你的妻子做寡妇。你去叫特洛亚人集合在那野无花果树的地方，那里的城墙最容易攀登，那里的防御最容易攻破。已经有三次，他们的精锐由那两个埃阿斯和著名的伊多墨纽斯、两个阿特柔斯的儿子和那可怕的狄俄墨得斯率领前来攻打那一点，想要攻破它。一定是有哪一个知道预兆的人曾经把那地方的破绽告诉他们，或者是他们自己有来攻打那儿的道理。"

"所有这一切，亲爱的，"那头盔闪亮的伟大的赫克托耳说道，"原都是我所关心的。可是我如果也像一个懦夫那么藏躲起来，不肯去打仗，那我就永远没有面目再见特洛亚人和那些拖着长袍的特洛亚妇女了。而且这样的做法是我不情愿的，因为我一径都像一个好军人那么训练自己，要身先士卒去替我父亲和我自己赢得光荣。在我的心底里，我也知道那一天快要到来，神圣的伊利翁同着普里阿摩斯和他那些拿桦木杆好枪的百姓都将被毁灭。可是我想起了所有的特洛亚人乃至我母赫卡柏，乃至父王普里阿摩斯，乃至我那些将被敌人打倒在尘埃的英勇兄弟们所要吃到的苦楚，都还不会觉得太难受，至于想到你挂着眼泪，被一些阿开亚的披甲战士拖去做奴隶那种情形，我可真受不了了。我可以想见你在阿耳戈斯，替别人家的女人在布机上做苦活，或是无可奈何地在那陌生地方替人家汲井担水。人家看见你哭哭啼啼，就都要说道：'那边那个就是赫克托耳的老婆。她的男人在伊利翁被围攻的时候是那些驯马的特洛亚人当中的健将呢。'他们每次说到这种话,你就要觉得一阵痛心,伤悼着那个本来可以保护你自由的人。啊,但愿大地深深掩埋了我的尸体,不要让我听见你被他们拖走时的尖叫才好呢!"

那显赫的赫克托耳说完话,就伸出他的胳膊要去抱他的孩子。可是孩子被他父亲的形状所惊吓,哭了起来缩回那个系着腰带的保姆怀里去了。他惊吓的是那头盔上的铜和那狰狞地对他点头的鬃饰。他的父亲和母亲都不由得大笑起来。可是那高贵的赫克托耳赶快摘下了他的头盔,将那亮晶晶的东西放在地上。然后他跟他的儿子亲了嘴,把他抱在怀里抚弄着,一面向宙斯和其他的神祷告起来:"宙斯,和其他列位神,请保佑我的这个孩子能在特洛亚像我一样的杰出,像我一样的刚强和勇敢,好做伊利翁的强大君王。在他打仗回来的时候,要有许多人在说,'这一个人比他的父亲还强呢。'让他把他杀死了的敌人的血污铠甲带回家,好叫他母亲快活。"

赫克托耳把孩子交给他的妻子,她就把他搂进她那香喷喷的怀里去了,她从她的眼泪里面露出微笑来,她的丈夫看见了心里很感动。他拿手去抚摩她,说道:"亲爱的,我恳求你不要过分的难过。不等到了时候,是没有一个人能把我送下哈得斯去的。可是命运这一桩东西,凡是从娘胎里出来的人都不能逃避,无论是懦夫或是英雄。现在回家吧,去管你自己织布和纺纱的工作,叫女仆们也都去干她们的活儿。打仗是男人的事情,而且这一次仗是特洛亚人人都得打的,尤其是我自己。"

那显赫的赫克托耳一面说,一面捡起他那带着马鬃冠饰的头盔来,他的妻子也动身回家,一路洒着大颗的眼泪频频回顾。一会儿她到了家,在那杀人者赫克托耳的宫里遇见一群女仆,引得她们一齐哭起来。这样,那赫克托耳虽然还活着,他自己家里已经给他举哀了,因为她们以为他无论如何禁受不起阿开亚人的凶暴和忿怒,再也不能从战场上回家的。

那帕里斯也没有在他的大厦里多耽搁。他一经穿好了他那件带青铜片的灿烂铠甲,就尽速的穿城而过,好像一匹雄马,在马槽里养得肥肥胖胖了,一时拽断了羁勒,就得意洋洋的奔驰过田野,到那美好的溪流里去找他那去惯了的浴场。他昂着头,鬃毛披在他的肩膀上,自以为美丽非常,就四脚掠过地面去到那些雌马常来吃草的地方。当时那普里阿摩斯之子帕里斯从珀耳伽摩斯堡塞跑下来的神气也像这样,他那一身铠甲闪耀得像眩目的太阳,一路上得意洋洋。

不多会儿他就追上他那高贵的哥哥赫克托耳,其时赫克托耳正要离开他跟妻子谈话的那个地方。帕里斯王子不等他哥哥开口,先向他道歉。"我的亲爱的哥哥,"他说道,"我来慢了一步,让你等得不耐烦了吧。我没有能够如你的意及时赶上来。"

"兄弟,"那头盔闪亮的赫克托耳说道,"你的战斗功绩是没有一个有理性的人能够轻视的:你的勇气确实是不小。可是你的主意打不定,正该你去出力的时候你可不肯去打了。现在为你受苦的特洛亚人都在骂你,我听见了实在痛心。可是咱们走吧。我要有什么说错的话,等将来再给你赔罪,如果宙斯肯让我们把阿开亚人赶出我们的国土,能在王宫里面为庆祝我们的得救而举杯酬神。"

Ⅷ　特洛亚人打到壁垒

正当曙光把她的番红花色的大衣披上世界的时候,那喜欢响雷的宙斯就召集群神在俄林波斯诸峰的最高顶上开会了,会上由宙斯首先发言,大家都留神听着。"听着,"他说道,"你们这些神和女神,我要把我已经决定的意旨告诉你们。我已经决心要把这桩事情做一个迅速的结束,所以我要来约束你们,没有一个神或是女神能抗拒,非得大家都接受不可。我要是发觉哪一个神擅自去帮助特洛亚人或是达那俄斯人,他就要羞辱地受到鞭打,当即被赶回俄林波斯。或者是,我要逮住他,将他远远扔进塔耳塔洛斯①的幽冥界里去,那里是在世界底下张着嘴的最深的深坑,有铁的大门和铜的门槛,远在哈得斯底下,正如地面远在天底下一般。这样就

---

① 希腊神话中远在冥土哈得斯底下的一个地狱。

可以教训他,使他知道我在所有的不死神当中最最有威力。可是你们这些神也许要拿我来试试看才肯信服吧?你们可以从天上挂下一条金索,大家合力去拿住那一头。无论你们怎样的努力,也决不能把至高主谋神宙斯从天上拖落地去。可是我要一动手,把我那一头认真拉一拉,就可以把你们大家连同大地、海洋什么的一齐都拉了上去。然后我把那条索儿栓在俄林波斯的尖顶上,使得一切东西都悬宕在半空中。我的力气要比一切神和人胜过这么许多。"

宙斯说完话,大家都缄口无言。他那番话显出那么惊人的力量,说得大家都跟哑巴子一般了。过了好一会,那闪眼女神雅典娜才开起口来。"我们的父,克洛诺斯之子,至高无上的主人,"她说道,"我们都明知道你是不可战胜的。可是我们还是要替那些达那俄斯的枪手们伤心,因为他们将来就只有毁灭和悲惨的命运了。不过我们都听你的话,不会去帮阿耳戈斯人打,只是替他们做做参谋,免得他们因你的愤怒竟至于无人得救。"

行云之神宙斯对她微笑笑,回答道:"不要怕,特里同的女神,我的亲爱的孩子。我并不是认真的,也不是存心要折磨你。"

于是宙斯将他那两匹铜蹄金鬃的快马驾上了他的战车。他也穿起了金甲,拿起了他那灿烂的金鞭,登上战车轻轻的一鞭催动那马儿起步。那驯服的双马就向大地和星空的半中间飞去,将他送到了伽耳伽洛斯,那是伊得山上许多泉源所出的高峰,也是野兽的养育处,他在那里有一个神区和一座芬芳的庙宇。那人与神之父到了这里就扣住了马,将它们解下轭来,用一团浓雾把它们裹住。然后他到那高峰上去坐下来,自觉有无上光荣,不胜快乐,下瞰着那特洛亚人的都城和阿开亚人的船舶。

这时候,长头发的阿开亚人在他们的篷帐里吃了一顿匆促的早饭,就着手武装起来;同时在城里,特洛亚人也准备起来作战。他们的人数比较少,可是都急急乎要杀敌,因为他们是逼不得已要为自己的妻儿而战的。随即城门大开了,步兵和车马喧闹着全军倾出。

这样,那两个渐渐集中的军队又重新会合在一起,而发生了盾牌、矛子和披甲战士间的冲突了。盾牌的肚脐互相碰撞而发出了轰然的怒吼。临死人的尖叫混合着他们的毁灭者的大言,地上到处是血了。

在那一个日光渐渐加强的早晨,一阵阵飞去和飞来的投枪互中了标的,双方都不断的有人倒地。但是到了正午的时候,天父就拿出他的金天秤来,在两个秤盘上放着死刑的判决,一盘给驯马的特洛亚人,还有一盘给披甲的阿开亚人,这才拿住秤杆的中心将它高高的举起。那秤杆倾斜到阿开亚人的一边,给他们指出一天的恶运。他们那个秤盘一直低沉到那肥饶的大地,特洛亚人的那个高高翘到广阔的天空里。宙斯从伊得山上发出了雷声,又将一个闪电打进阿开亚人的部队里,打得那部队无限惊惶。恐怖摄去了每个人脸上的血色。

于是,伊多墨纽斯和阿伽门农都没有勇气守住阵地了。连那两个埃阿斯,虽然是阿瑞斯的亲信随从,也已经站不住脚。独有那阿开亚的监护人,革瑞诺斯的涅斯托耳,还没有退却,可也不是出于他本心,只是由于他的第三匹马①出了毛病。原来帕里斯王子,海伦的丈夫,已经一箭射中了那马的头顶,正在鬃毛前端要害的地方。箭头陷入那马的脑子里,痛得它直跳起来,带着那枝箭不住打转,把其他的马搞得大乱。涅斯托耳拿着刀奔上前去,正要砍断那匹骈马的缰绳,赫克托耳的马已经趁那一阵混乱奔驶前来了,马的后边坐着个威武的战车将士,就是赫克托耳本人。那老人的性命危在顷刻,亏得那老练的狄俄墨得斯眼睛快,看见了情势紧迫,就向俄底修斯大声叫起相救来。"俄底修斯,"他嚷道,"我那足智多谋的高贵王爷;你这样像个懦夫似的背着盾牌要到哪里去?你得当心些,不然就要有人趁你奔逃的时候一枪击中你的横膈膜。你看天份上,站住帮帮我的忙,去替那边那个老人打退那个蛮子吧。"

可是那坚忍而高贵的俄底修斯没有听见他,管自向阿开亚人的楼船方面匆匆走过去了。于是狄俄墨得斯不得不靠自己的力量,他可还是把

---

① 按希腊时代的战车照例驾双马,但也有在辕外再驾一匹的,就是第三匹马,也叫骈马。

战车赶到那受攻的地点,亲自站在涅斯托耳的战车面前,给那老王爷壮胆。"这些年轻的战士,"他说道,"是你老人家这样背着一把年纪的人吃当不起的了。现在你是无能为力了。你那侍从是不中用的,你的马又跑得太慢。来吧,请上我的战车来,你就可以看见特洛斯种的马是怎么样的,也好看看我这两匹马跑得多么快,而且无论奔逃追逐都决不会出岔儿。这是纯然良种的战马,不多几天前头我才从埃涅阿斯那里拿过来的。让我们的侍从去管你的马,你和我就赶着这两匹马去对付特洛亚人的战车,好叫赫克托耳知道知道,我的手里也有一枝琅琅响亮的长枪的。"

那革瑞诺斯的骑士涅斯托耳马上应允了。于是他们的两个英勇的侍从——斯忒涅罗斯和那温雅的欧律墨冬——就去负责涅斯托耳的马,涅斯托耳和狄俄墨得斯都上了狄俄墨得斯的战车。涅斯托耳将那光滑的缰绳拿在手里,拿鞭子催马动身。不一会,他们就已进入可向赫克托耳投枪的距离内,那堤丢斯之子趁他冲上来时向他飞去了一枪。他没有打中赫克托耳,却打中了他的侍从兼御者厄尼俄刻斯,傲慢的忒拜俄斯之子。那人手里正拿着缰绳,却被一枪打中了奶子。他就一个筋斗翻下了战车,吓得他的两匹马直蹦跳,便在他落地的地方断气了。

赫克托耳看见他的御者被打死,心痛得同绞一般,可是他虽然替他的战友伤心,也只得让他躺在那里,急忙去找接替人去了。他那快马失去驾驭人的时间并不长久。他马上就找到那勇敢的阿耳刻普托勒摩斯,伊菲托斯的儿子,叫他坐在双马的背后,把缰绳交了给他。

这时候,不可补救的灾难威胁着特洛亚人了,要不是那人与神之父十分机警而且迅速行动起来,他们就不免要同绵羊被赶进羊圈似的被驱逐进伊利翁去。其时宙斯发了一声骇人的雷鸣,打下一道眩目的闪电,让它落在狄俄墨得斯的马前。一阵可怕的硫磺烟气弥漫在空气里。那两匹马惊骇了,都缩退到战车底下去。那光滑的缰绳从涅斯托耳手里落下来,吓得他向狄俄墨得斯说道:"我的堤丢斯之子,我的王爷,掉转你的马头逃走吧。你还没有看见要得宙斯的帮助是无望的吗?这一刻儿克洛诺斯之子正纵容那边的赫克托耳所向无敌呢。改天我们也许会转运,如果他肯好心待我们。一个凡人无论怎样的勇敢,也不能违抗宙斯的意旨,他比我们力量大得多。"

"这一切,先生,都是千真万确的,"那大声呐喊的狄俄墨得斯说道。"可是那赫克托耳要去向特洛亚人夸口说:'堤丢斯的儿子一见到我就逃了。他一步不敢停留的一直逃到了船上。'这就叫我想起来也受不了。而且他一定会这样夸口的,那我就要恨不得大地开开口来把我吞下去了!"

"什么废话啊,我的亲爱的先生,怎会从刚强的堤丢斯之子口里说出来的!"革瑞诺斯的涅斯托耳回答道。"尽管赫克托耳去把你叫做懦夫,叫做孺子,叫个称心满意,也不会使特洛亚人和达耳达尼亚人相信的,至于那些傲慢枪手的妻子,她们的亲爱丈夫已经被你摔落在尘埃,自然也不会相信。"

他就不再说什么,急忙掉转了马头,夺路奔逃而去了。赫克托耳带同特洛亚人放出一片惊人的呐喊和一阵致命的矢石去追逐他们。那头盔闪亮的赫克托耳还向狄俄墨得斯高呼着夸耀胜利。"堤丢斯之子,"他嚷道,"达那俄斯的战车将士们一向都敬重你,让你坐首席,吃头切的肉,喝常满的杯。今天他们可不会这么好的看待你了。你原来是跟个女人一样的。去你的吧,可怜的洋娃娃。我哪怕懦怯,也不至于让你去爬我们的城墙,让你把我们的女人带到你们船里去。我要先送你到哈得斯去呢。"

那堤丢斯之子听见这番话,就很有意思要掉转马头去跟赫克托耳对面。他曾经三次几乎这么做,那主谋神宙斯三次从伊得山打下响雷,作为给予特洛亚人的朕兆,表示他们得他的帮助,胜利属于他们了。还有赫克托耳,也正在对他的部下大声喊嚷:"特洛亚人,吕喀亚人,以及你们这些喜欢肉搏战的达耳达尼亚人! 要做大丈夫,我的朋友们;不要辜负你们的勇气。我已经确信,宙斯是在我这一边的。他已经给我保证,要把胜利给予我,把灾殃给予达那俄斯人——他们确实是傻子,费了那么大的力气造起那种脆薄无用的壁垒来,一刻儿也挡不住我们的。至于他们掘起的壕沟,我们的马一跳就好跳过去。等到我打进楼船,你们就可以拿'火'来当口号了。我要看看那些船冒起烈焰,看看那些阿耳戈斯人在浓烟里东奔西窜,纷纷倒毙在船边。"

然后赫克托耳又向着他的马匹,逐一叫着它们的名字跟它们说起话来。"克珊托斯,还有你,波达耳戈斯;埃同和我的高贵的兰波斯;现在你们可以报答安德洛玛刻平日待你们的好处了,她是一个伟大国王的女儿,可是一径都忙忙碌碌的拿蜜甜的麦子喂你们,给你们调起酒来让你们随意的喝,连我这个被她认做亲爱丈夫的,她也没有服侍得像对你们那样的勤。现在加快步子去追赶前面的人吧,让我们去抢过涅斯托耳的盾牌来,那是连在天上都有名的,据说盾面、盾把什么的都是纯金打成;或者是,从那驯马的狄俄墨得斯身上去把赫淮斯托斯给他做的那件嵌花胸甲剥下来。我们要是能够把那两件东西拿到手,我就可以使得阿开亚人连夜去上他们的快船了。"

赫克托耳的狂妄口气恼怒了天后赫拉。她在宝座上不耐烦地扭转了身子,以致那崇高的俄林波斯震动起来,这才她向大神波塞冬说道:"地震之王,连你对于那些在受难的达那俄斯人也不动一点怜悯之心,我看见了实在难过。他们是在赫利刻和埃该给你献过那么许多好祭礼的呢。难道你始终都不想要他们胜利吗? 只要是,我们这些帮他们那边的神大家决心阻止那无所不见的宙斯出来干涉,挡回了特洛亚人,那他独自个儿坐在伊得山上也就无可奈何了!"

"赫拉,"那地震之神盛怒地答道,"你的话实在荒唐,虽然你的嘴一向狂妄,也不该说出这种话来的。我决然不会加入别人去同克洛诺斯之子宙斯战斗,他比我们大家都强得多呢!"

他们两个正在谈话的时候,那些船舶和那靠壁垒的壕沟之间的一带地面已经乱纷纷的挤满了战车和武装的人了,他们是被那个可以跟威武的战神匹敌的普里阿摩斯之子赫克托耳像圈绵羊一般圈了进去的,因为现在宙斯已经让他占了上风了。当时他尽可以去把那些整洁的船舶放起火来烧掉,还亏得天后赫拉提醒了阿伽门农,叫他及时行动,使得阿开亚人振作起精神来。阿伽门农一只大手抓着一件庞大的紫袍,沿着那些篷帐和船舶走去,爬上了俄底修斯那条船的黑皮的脊梁,因为那一条船放在那行列的中心,人从那里发出的声音可以两端都达到——一端是忒拉蒙之子埃阿斯的篷帐,还有一端是阿喀琉斯驻扎的地方,因为他们对于自己的勇气和力量具有足够的信心,所以把他们的船放在两翼的极端。从这一个地点,阿伽门农放出了他的声音,使它传达到阿开亚的全军。"惭愧啊,阿耳戈斯人,"他嚷道,"你们这些可鄙的动物,只有检阅的时候显得漂亮的!我们向来自命为天底下最最优秀的军队,这点信念成了什么了?当初你们在楞诺斯大吃直角牛的肉,大喝满大碗的酒,那时候夸的那种大口哪里去了呢?你们曾经说过,要打起来你们是一个抵得过一百个乃至两百个特洛亚人的,现在呢,我们全军的人都敌不过赫克托耳一个;而且他马上就要把那些船放起火来了。父宙斯啊,怎么一个大大的君王竟会受你这样的欺骗,以至于他所有的光荣都被剥夺得干干净净呢?我可自己信得过,在我坐着战船到这里来的不幸旅途中,我是从来都不忽略你的那些优美祭坛的。在每一个祭坛上,我都为着要打下特洛亚的城,向你焚烧过雄牛的脂肪和腿肉。啊,宙斯,至少应允我的这个祷告吧。如果别的事情办不到,你留我们一条活命吧,不要让特洛亚人这样来压倒我们。"

阿伽门农这样的祷告,天父被他的眼泪感动了。他就点了一点头,给他保证他的军队可得救,同时他又将一只老鹰——预言鸟中最好的一种——爪里抓着一头敏捷母鹿所生的小鹿放到空中。那只老鹰把那小鹿撂在宙斯那个辉煌祭坛的旁边,就是阿开亚人常常向那示兆之父献祭的所在;他们认明了那只鸟是从宙斯那里来的,就都加强了斗志,重新感觉到战斗的快乐,向特洛亚人扑上去了。

于是,达那俄斯的许多战车将士当中没有一个能夸口说他曾经同狄俄墨得斯向壕沟那边竞走,并且赶到他前头去打敌人。首先杀死一个特洛亚战士的当然就是狄俄墨得斯。他的那个牺牲者,佛剌德蒙的儿子阿革拉俄斯,已经掉转马头想要逃走了。他刚刚旋转身子,狄俄墨得斯就从他的背后打中他一枪,中在他两肩之间,打他的胸口穿出去。他就滚下了战车,他的铠甲在他身上琅琅响。

跟着狄俄墨得斯来的是两位阿特柔斯之子,阿伽门农和墨涅拉俄斯;

又跟着来的是两位不屈不挠的埃阿斯;又跟着来的是伊多墨纽斯和伊多墨纽斯那个能跟杀人的战神匹敌的侍从墨里俄涅斯;又跟着来的是欧埃蒙的高贵儿子欧律皮罗斯。第九个出马的是那弯弓而射的透刻洛斯,他是照例躲在忒拉蒙之子埃阿斯的盾牌背后的。埃阿斯会把盾牌慢慢的挪到一边。透刻洛斯会向人群中窥探出一个标的来向他放箭。等到那人中他的箭倒地了,他就会像小孩跑到母亲裙幅底下去藏躲一般,重新去找埃阿斯掩护,埃阿斯就会拿他那面闪亮的盾牌把他藏盖起来。

那些特洛亚人里面谁是第一个被那天下无双的透刻洛斯射倒的呢?俄耳西罗科斯;然后是俄耳墨诺斯和俄斐勒斯忒斯,代托耳和克洛弥俄斯和神样的吕科丰忒斯;还有波吕埃蒙之子阿摩帕翁,和墨兰尼波斯。这一些人一个紧接一个的都被他射倒在那丰饶的大地上。人间王阿伽门农看见透刻洛斯凭他的一张强弓在特洛亚人的阵地里造成这样的浩劫,觉得很高兴。他就走到他跟前去,说道:"忒拉蒙之子透刻洛斯,我的亲爱的王子,你就像现在这样一径射下去吧,你大可以救得达那俄斯人,而且替你的父亲忒拉蒙取得名誉,他是曾经把你带到他宫里去养大的,虽然你是一个私生子。现在他远远的离开你,你可以拿荣誉去报答他了;至于我怎样的补报你,也可以跟你谈一谈。如果戴法宝的宙斯和雅典娜让我攻下特洛亚的可爱城市,我就把除我自己之外的头等荣誉奖给你,那是一个三脚鼎,或是两匹马连同战车,或是一个女人去给你侍寝。"

"我的高贵王爷阿特柔斯之子,"那可敬的透刻洛斯说道,"一匹驯良的马何必再加鞭策呢?我是一径在尽我的力量的,不曾有过一刻儿休息。自从我们把敌人向城那边打回去的一刻儿起,我始终都拿着我的弓在找机会,检出人来射。我已经放出过八枝长倒刺的箭,每枝都在那边的一个战斗壮士的肉里找到了它的标的。可是这儿有一头疯狗,我还不能射中他。"

说着,他就向他急乎想要射倒的赫克托耳瞄准了,随即又一枝箭从他的弦上飞出去。他没有射中他,可是那箭中在普里阿摩斯的一个高贵儿子的胸口上,那人就是天下无双的戈耳古提翁,他的母亲,那可爱的卡斯提阿涅拉,模样儿像个女神,是从埃绪墨来嫁给普里阿摩斯王的。那戈耳古提翁受到他的头盔的重压,就把脑袋倒向一边了,好像园中一朵罂粟花,由于种子的重载和春雨的倾注而垂头那样。

透刻洛斯还不肯甘心,又一次对赫克托耳瞄准着,从他弦上放出一枝箭。这回还是没有射中他,因为阿波罗把那枝箭挡开了,可是他射中了阿耳刻普托勒摩斯,赫克托耳的勇敢的御者,其时他正向战阵跃马而来,就被射中奶旁的胸口。他垮然的倒下了战车,吓得他的两匹马直蹦跳,就在他落地的地方断气了。

赫克托耳看见他的御者被打死,心痛得同绞一般,可是他虽然替他的战友伤心,也只得让他躺在那里,就去叫他的兄弟刻布里俄涅斯来执辔,因为他刚好就在近旁。刻布里俄涅斯听见他叫他,就上车去了。赫克托耳狂叫一声,从他那辉煌战车里跳到地上,捡起一大块石头,一直向透刻洛斯扔去,决心想要扔杀他。透刻洛斯刚刚从他的箭壶里抽出了一枝利箭,将它搭上弦。他正拉着弓弦对赫克托耳瞄准着,那头盔闪亮的赫克托耳就拿那块锯齿形的石头打中他肩膀上最最薄弱的一点,锁骨连结颈脖和胸部的地方。弓弦切断了;他的手指和手腕都麻木了;他就跪倒在地上;弓从他的手里落下了。但是埃阿斯并不是没有照顾到他的兄弟。他就赶上前,两脚跨着透刻洛斯,拿他的盾牌掩护着他。随后就有他们的两个亲信人,厄喀俄斯的儿子墨喀斯透斯和高贵的阿拉斯托耳,把他从地上抬起来,由他一路大声呻吟着送到楼船里去。

这时俄林波斯的宙斯重新振起特洛亚人的精神,他们就把阿开亚人一直赶回他们自己的深壕沟边去。那赫克托耳所向无敌,意气昂扬,跑在前面作先锋。譬如一头猎狗紧紧追逐一头狮子或是一只野猪,一路咬着它的肚腹或是臀部,转弯抹角都不肯放松一步。那赫克托耳也像这样紧紧追在那些长头发的阿开亚人的脚后跟,一路杀戮最最落后的逃兵。他们在特洛亚人手下遭到惨重的损害,逃过木桩和壕沟,可是不到船舶旁边还是不敢停。到了船舶旁边停了步,互相喊起相救来,人人都举着手一叠连声的求神来帮助。可是那赫克托耳正带着他的长鬃马在横冲直撞,对他们眼透凶光,活像戈耳工或是凶恶战神的模样。

白臂女神赫拉看见他们这情景,好不伤心,就对雅典娜倾吐了她的悲愤。"戴法宝的宙斯之女,"她对她说道,"难道你我不做一次最后的努力,眼看着那些达那俄斯人死绝吗?看这样儿他们是非死绝不可了,而且死得很悲惨,要被单单一个人砍杀干净的。你看赫克托耳已然弄得他们怎么一个样儿了!现在他那疯狂的行径还是无法可阻止。"

"那种疯狂的行径,"亮眼的女神雅典娜说道,"我也巴不能够马上阻止它,而且我巴不能够看见阿耳戈斯人在他自己的国土上把他杀死。无奈我那天父是个老顽固,一径要阻挠我的计划,现在他正在发脾气呢。他从来都不想一想,他的儿子赫剌克勒斯被那欧律斯透斯派给他的种种任务弄得无可奈何的时候,我曾经救过他多次。赫剌克勒斯只消向天上哭诉一声,宙斯就要派我急忙去救他出难。欧律斯透斯曾经有一次差他到哈得斯宫,去从厄瑞玻斯①带那看守地狱门的狗,当时我要有先见之明,早知道今天的事,他就再也不能渡过斯堤克斯河的急湍回来了。现在宙斯却对我怀恨起来,倒让忒提斯遂了心愿,只因她去请求他给那攻城略地的阿喀琉斯帮忙的时候,曾经去亲过他的膝盖,并且拿她的手去摸过他的下巴颏儿。不过,总有一天他会重新把我叫做他的亮眼睛的宝贝儿的。目前,我一面到戴法宝的宙斯的宫里去武装起来,你一面准备好我们的马好吗?我倒要看看,等到我们出现在军中的时候,这个头盔闪亮的普里阿摩斯的儿子赫克托耳会有多么的高兴。现在应该轮到特洛亚人去死在阿开亚人的船边,把他们的脂肪和肉去让狗和食肉鸟吃个饱了。"

那白臂女神对她这番话没有异议。于是,那威武的克洛诺斯之女天后赫拉就去把黄金的鞍辔配上了她的马匹,同时戴法宝的宙斯之女雅典娜在她父的宫门口,脱下她亲手所制的那件柔软锦绣袍,换上了一件短靠,又为着这桩可痛心的战斗工作拿行云神宙斯的各种武器将自己装备起来。然后她踏上了那烈火的战车,将一支庞大的长枪绰在手里,那是那

_____

① 通到哈得斯去的一个幽冥的境界。

全能天父的女儿怒起之时用来冲锋陷阵的。她一经上了战车,赫拉就将马鞭打起步。

天门轰然一声自动的给她们开开了。原来管天门的就是时间,同时也是那广阔天空和俄林波斯的司阍,他们的职务就是关闭那进口,或是卷开那浓重的云。就通过了这重门,那两位女神赶着她们那几匹忍耐的骏马。

父宙斯从伊得山上看见了她们,他就勃然大怒,立刻叫金翅膀的伊里斯去给她们送信。"你去,伊里斯,越快越好!"他说道。"去叫她们回去。不要让她们来见我的面;她们要跟宙斯战斗将是一桩可怕的事情。你去传我的话去,我是不会虚声恫吓的,说我要割断她们那些马的脚筋,把她们一齐扔下战车去,并且打碎她们的战车。她们要是被我的雷打伤了,那是过了整整的十年也治不好的。这会叫那闪眼的女神知道知道,她要跟她的父亲战斗是怎么一回事情。至于那赫拉,我对她倒不怎么觉得恼怒。她一径都跟我作对,这是她生来的脾气。"

旋风脚的伊里斯带着她的使命,急忙离开伊得山的峰顶去到伟大的俄林波斯;在那里,那崎岖的俄林波斯的高处,就在大门口遇见了两位女神,她就拦住了她们,传达了宙斯的口信。"上哪儿去啊?这疯狂的冒险为着什么啊?克洛诺斯之子禁止你们去帮助阿耳戈斯人。听着他的恫吓吧——你们知道宙斯是说得出做得出的。他要割断你们赶的那些马的脚筋,把你们两个一齐扔下你们的战车去,并且要打碎战车。他要你们整整过了十年还得吃他给你们雷伤的苦。这样,闪眼的女神,会叫你知道知道,你要跟你父亲战斗是怎么一回事情。至于赫拉,她是跟他作对惯了的,并没有叫他怎样恼怒,他恼的是你太猖狂无礼——倘然你真的敢向他去挥舞你那杆大枪的话。"

传达了口信,那捷足的伊里斯就告别而去了,这里赫拉吓得转身向着雅典娜。"藏法宝的宙斯之女,"她说道,"我改变了主意了。咱们俩是不愿意为着人的缘故去跟宙斯作战的。让机会去决定谁死谁活吧。宙斯自己心里必定会在特洛亚人和达那俄斯人之间有一个抉择,照理也原该如此。"

说着她就掉转她们的战车。时间替她们把那长鬃马匹解下轭,在芬芳的马厩里拴好了,又把战车斜倚在靠门的磨光墙壁上,那两位女神就带着满腔的烦恼,重新加入其他的神到金椅子上坐下来。

这时候,父宙斯已经离开伊得山,赶着他的战车快马回到俄林波斯来了。他到达那神们之家的时候,也有来服侍他的。显赫的地震之神替他解下马,将他的战车放在它的阁架上,用一块布盖好了。那无所不见的宙斯也到他的金座上坐了下去,以致伟大的俄林波斯在他脚底下震动起来。

那时雅典娜和赫拉离开宙斯一段路坐在那儿,一句话不跟他说,也不去问他什么。可是他知道她们心里的事情,就说道:"雅典娜和赫拉,你们为什么这样垂头丧气? 不见得是在一场光荣的战斗里把你们所讨厌的特洛亚人杀多了累乏了吧? 我呢,现在是俄林波斯一切的神都不能使我改变我已决定的意旨了,我这双不可战胜的手力气大着呢。你们两个是等不到看见战场上的种种恐怖就要吓得手脚发抖的。要是你们刚才不改变主意,我来讲给你们听听要怎么样吧。我的霹雳早已毁掉了你们,即使你们还能回到俄林波斯来,也是坐别人的战车回来的。"

这一番恫吓引起雅典娜和赫拉的愤愤不平,因为她们还是坐在那里策划折磨特洛亚人的办法。但是雅典娜没有开口,只在暗暗恼恨她的父宙斯。她虽然沸腾着忿怒,却一句话都不回。赫拉可沉不住气,马上发话了。"可怕的克洛诺斯之子,这是不能容忍的呢! 我们也跟其余一切的神一样,知道你的力量不可轻视。可是我们不能不替达那俄斯的枪手们伤心,因为他们只有遭遇毁灭的悲惨命运了。不过我们会顺着你的意旨,不亲自去加入战斗,只是替那阿耳戈斯人做做参谋,免得他们因你的忿怒竟至于无人得救。"

对这几句话,那行云之神宙斯回答道:"赫拉,我的牛眼睛的天后,你到明天天亮还有机会看见全能的克洛诺斯之子给予阿耳戈斯军中的枪手更厉害的惩处呢。因为,我告诉你吧,那威武的赫克托耳是不会让他的敌人安逸的,直要等到那捷足的阿喀琉斯看见他们就在船后艄拼命抢夺帕特洛克罗斯的尸首而重新被激怒起来的时候。这是天上已经注定的了。至于你个人，你的烦恼我是处之漠然的。我随你去落进那无底的深渊，去给伊阿珀托斯和克洛诺斯①作伴——他们是已经陷入塔耳塔洛斯的深处，永远享受不到日神许珀里翁的光线或是流动空气的了。尽管你堕落得那么深，你的忿怒还是不能动我的心。你的无礼猖狂是无止境的。"

这一回，那白臂膀的女神一句话都不回答了。于是太阳的明灯落进了大洋，后边拖着黑夜来盖上丰饶的大地，特洛亚人并不愿意白昼的终结，但是阿开亚人巴望天黑来做他们的救星，现在好客易巴望到了，就像他们的祷告终于得到了允准。

显赫的赫克托耳把特洛亚人从船边撤退到那漩水河边的一片没有遗尸的空旷地面去集会，大家就都跳下了战车，等着王子对他们说话。王子手里拿着一支二丈来长的长枪，那铜枪头在他的前面闪闪发光，还有一个金环套在枪杆的顶上。他就倚着这支长枪对他的部下演说了。"特洛亚人，达耳达尼亚人，和联军们，听我讲，"他说道。"我本来是希望把那些船舶连同所有的阿开亚人都毁灭掉了才回到多风的伊利翁去的，可是天色黑得太快了。那些阿耳戈斯人和他们放在海滩上的舰队是完全靠天黑救了命的。现在我们也只能顺着天时，准备起来吃晚饭吧。解下你们的长鬃马，扔些料草给它们。然后赶快到城里去拿些牛和肥羊来，各人到家里去自取醇酒和面包来供应。再去捡一些柴来，我们可以多多点着火，一直点到了天明，把整个天都照亮，以防长头发的阿开亚人突的逃亡，连夜放船到海上。我们决然不让他们从从容容的上船。我们要让这班家伙带点东西回家去消化消化，趁他们跳上船去的时候在他们背后放一箭或是投一枪，算是给予他们和其他的人一个教训，须得把战争的苦楚仔细再想想，才来攻击我们这些驯马的特洛亚人。在特洛亚城里，让我们的神圣传令官去号召年轻小伙子乃至白发的老人，大家都到神给我们建造的一圈

———————
① 伊阿珀托斯是提坦之一，克洛诺斯是宙斯之父而被宙斯篡夺神位的，现在都在那个无底深渊里。

城墙上头来上夜,同时我们的女眷们也得家家户户都旺旺的点起火来,此外,岗哨必须经常的放着,免得敌人趁我们部队不在的时候偷偷爬进城。这些,英勇的特洛亚人,就是我的命令,必须逐一的执行。

"目前,我讲到这里为止——我想我们可以说是'一切安妥'的。到明天早晨,我再来宣布我给部队的其他部署。我希望,并且祈求宙斯和其他一切的神,我将能够赶走命运用他们的黑皮船装载到这里来的这些恶狗。现在天黑了,我们自己也得放哨了。等天蒙蒙亮,我们就武装起来,到那些楼船那边去给他们一个猛烈的攻击。那个时候我就可以看出来,到底是那威武的堤丢斯之子狄俄墨得斯把我从船边赶回城里去呢,还是我用我的锋利铜枪打倒他并且把他那血淋淋的铠甲带了走。他呢,到了早晨也就可以知道自己有没有能耐来抵挡我的枪了。八成儿是明天太阳上来的时候他就要躺在前线上流血,而且他的部下要有一半人陪死在他的周围。我但愿我这一天准保可以给阿耳戈斯人造成大灾殃,跟雅典娜或是阿波罗准保不会死而且永远享有青春和光荣一样。"

特洛亚人用一阵的欢呼来报答赫克托耳的这番演说。他们把淌汗的马解下轭,各自用皮带在战车上拴好了。然后他们急忙到城里去拿牛和肥羊,并且到他们家里自取醇酒和面包来供应。他们又采来了大量的木柴,随即一阵烤肉的香随风飘上了天顶。

这样,他们沿着那战场的走廊坐等天亮,心里想着明天的大事情,身边无数的火堆烧得旺旺。譬如有些个晚上,高空里平静无风,天上的星星围绕着一轮明月照得雪亮;其时无限的天幕一直张开到天顶,每个山头、海角和深谷都显了形,每一颗星都看得清,使得牧羊人心里欢欣。当时在伊利翁的前面,那些船舶和克珊托斯诸河流之间,那些特洛亚人烧起的火也有那些星星那么多,也像那些星星那么的光闪闪。那论千的火堆烧在平原上,每个火堆的光圈里都围坐着五十个人,同时那些马匹站在他们的战车旁边,在吃雪白的大麦和裸麦,等待曙光坐上她的黄金座。

Ⅸ 向阿喀琉斯求和

当特洛亚人像这样在守夜的时候,阿开亚人都在那紧跟着恐怖而来的恐慌的箝制下发抖。所有他们的将领都尝到了绝望的苦楚了。他们的心在簸荡,像是那鱼类行乐的大海上,来了玻瑞阿斯和仄费洛斯①,那从特剌刻刮来的两股风,轮流着激荡,以致那漆黑的波涛掀起了浪头,全部海滩都像堆满了海草的模样。

阿伽门农怀着忧伤迷惘的心情来来去去的走着,吩咐他那些口音清晰的传令官去叫着每个人的名字,要他们都来开会,可不许大声喊嚷;并且由他亲自来主持会场。到会的人都怀着沉痛的心情坐下了,阿伽门农站起来对他们演说,却先长长的叹息一声,簌簌的淌下眼泪,像是一个泉源发出来的水,阴惨惨的一行行流下一块岩石来一般。"我的朋友们,"他说道,"阿耳戈斯人的将领们和参赞们,伟大的克洛诺斯之子宙斯给了我一下惨重的打击了。这位残酷的神,当初曾经庄严地给我保证,要等我打下伊利翁的城墙才离开这里,现在他变了心了,使我感到惨痛的失望,竟叫我带着我这丧失了一半的军队含羞忍辱的退回阿耳戈斯去了。想那不可战胜的宙斯,曾经打下过许多城市的高垒,将来也还要去毁灭别的,他可偏偏要这样,分明是他已经决定的意旨了。所以现在,大家都听从我的领导吧。我的意思是,咱们上了船回国去吧!特洛亚和它那些广阔的街道是永远不能落到我们手里的了。"

阿伽门农的这番牢骚,阿开亚的将士们寂然无声的听着。经过好一会儿,大家都垂头丧气的坐在那里不开口,但是到末了,那大声呐喊的狄俄墨得斯站起来了。"我主阿特柔斯之子,"他开口说道,"我对于你,首先是你,和你这样的懦弱,大大的不以为然。我在公开辩论的场面上反对你(你陛下是知道我们有这特权的),你千万不要生气。前几天,你曾经在部

---

① 北风和西风。

队的面前责备过我。你说我是一个孺子，一个懦夫——这桩事情是每一个年轻和年老的阿耳戈斯人都听见了的。可是那位圣智的宙斯不是还留着一些恩惠没有给你吗？他给了你至尊的王杖和王杖带来的尊敬了，可是他没有给你胆量——胆量就是力量的秘诀。先生啊，难道你真的相信阿开亚人是像你所说的那种懦夫和变节者吗？如果你自己已经是决心要走，那为什么不走呢？路是没有拦阻的，你的船停在海边，当初你从密刻奈带来的整个大舰队都在那里。可是其余的长头发阿开亚人都准备要呆下去，直到我们扫荡了特洛亚城。而且，尽管他们也都像你一样上船逃回家去，我们两个，我和斯忒涅罗斯，还是要打到我们在伊利翁达到目的为止。天意是要我们呆在这里的。"

所有的阿开亚人听了驯马者狄俄墨得斯这番话都觉得高兴。大家都高声喝彩起来。随后那战车将士涅斯托耳站起来说话了。"堤丢斯之子，"他说道，"你在战斗的时候是个大战士，在辩论的时候是你这样年龄的人没有一个能跟你匹敌的。我们当中没有一个人会来驳斥你的演说或是否定它的一个字。可是你结束得太快了。事实是，你对这些阿耳戈斯的王爷们说的话虽然都有理，很不错，可是你到底年纪还轻——只配做我的小儿子呢。我的年纪比你大得多，所以应该我来说明你那演说的义蕴，把它详详细细的阐发一番。等我讲起来，我是想要得到每个人的支持的，连阿伽门农王也得支持我；因为那种只巴不得自己起内哄的人，实在是他的国家、氏族和家庭的仇敌，可是目前不必多说了。让我们顺着天时，准备起来吃晚饭吧。同时，我们必须到壁垒外边去沿壕沟放步哨。那是我要交给年轻人去担当的一桩任务。这以后，就要轮到你，阿特柔斯之子，作为我们的大君主来领导我们了。你得开一个宴会，请高级的将领们都来参加。这是你应当做的一桩正事，而且是无伤于你的。那些阿开亚的船舶每天都从特刺刻飘海来送酒给你。你的篷帐里满是酒了；你是这个大民族的君王，就应当你来请客。等到你把我们都邀到篷帐里了，你看谁能给你最好的忠告，就必须听他的话。天知道的，我们阿开亚人的确需要最最好、最最贤明的忠告，因为敌营里的那么些火已经逼近船舶来了。不会有人把它当做娱目的景象。这次远征的成败就决定在今天晚上了。"

涅斯托耳的这番忠告，大家听了都首肯，并且立刻照办了。武装的哨兵跑着步开了出去，指挥他们的有涅斯托耳的儿子特剌绪墨得斯王子，战神的族类阿斯卡拉福斯和伊阿尔墨诺斯，还有墨里俄涅斯、阿法柔斯和得皮洛斯，还有克瑞翁的儿子，高贵的吕科墨得斯。一共是七个守卫队首领，各人率领一百个人，都是手拿长枪的。他们到壁垒和壕沟的中间找定了岗位，就在那里一队队生起火来，各人准备自己的晚饭。

这时候，阿特柔斯之子引领全体的高级司令到他篷帐里，摆出一席盛筵来请他们吃。他们就把各自面前的美酒嘉肴吃起来，及至大家都已经充饥解渴，那位涅斯托耳老人家就站起来发表他的意见了。他是替大家的利益着想的；他的智慧取胜当场已经不止这一次。"阿特柔斯之子人间王阿伽门农陛下，"他说道，"我的演说要从你身上开头，也在你身上结束。你是一个大民族的君王，为了你的贤明统治，宙斯才把王杖交付给你，把法律信托给你。所以，你最重要的一桩事情就是同时要给人忠告也要听人忠告；不但如此，并且要实行别人为着你的利益而觉得不能不向你提出来的建议。总之，无论别人出于怎样的动机，名誉总是你得的。现在我要对你说出我所认为最好的办法来了，因为我相信比我再好的办法是没有人提得出来的。我早就有这个决心，始终都没有改变；老实对你陛下说，自从你到阿喀琉斯篷帐里去拿布里塞伊斯那个女人以致激起他的暴怒那一刻儿起，我一径都没有改变过我这个主意。你这种行为是我们大家都反对的；我个人还曾经尽我的力量谏劝过你。可是你那傲慢的脾气制服了你，竟把一个头等杰出的、连神都器重的人侮辱了，为了你自己的利益去没收他的战利品。因此我想出一个主意来。哪怕现在已经是太晚，我们也得要想个法儿，去向他提出讲和的条款和道歉的言词，好平平他心头的气。"

"我的可敬的老王爷，"人间王阿伽门农回答道，"你陈述我的愚昧的这番话是完全对的。我的确是愚昧，这是我自己也不否认的。像阿喀琉斯那样一个人，既然得到宙斯那么的心爱和敬重，以至于为了他的缘故几乎毁了阿开亚人,确是抵得过一个军队的。当初我原不该凭那不祥的冲动,做出那种愚蠢的行为,现在我痛悔前非,甘愿拿出一笔大大的赔罪金来跟他和解。我在你们大家面前,可以把我要送的丰盛礼品列举一下,那就是:——七个不曾被火熏黑的三脚鼎;十个塔兰同①的黄金;二十口闪亮黄铜的大锅;十二匹强壮的、赛跑得过奖的马。单是这一些马替我赢来的奖品,就可以使得一个人不至于贫困,也不会短少珍贵的黄金。此外,我还要给他七个精工技艺的女子,她们是勒斯玻斯人,就是他攻下了勒斯玻斯城那一次我为了她们的绝色挑选来当作我一份战利品的。这一些,我一概都送给他,再加上我从他那里拿来的那个女子,布里修斯的女儿。而且,我可以给他起誓,我从来都没有跟她同床共枕,发生过男女关系。这一切的礼物,都立刻可以送到他手里。等将来,如果神们允许我们去攻下普里阿摩斯那个大城,那就让他跟我们一同去分战利品,由他拿船去装黄金和青铜,装了个心满意足,并且由他自己去挑选二十个除了海伦之外最最美丽的特洛亚女人。再等我们回到了阿耳戈斯,阿开亚人的最最富裕的国土,我还要招他做女婿,同我自己那个娇生惯养的亲生儿子俄瑞斯忒斯一样看待他。我有三个女儿在我的宫里,克律索忒弥斯,拉俄狄刻和伊菲阿那萨。三个人当中,随他自己喜欢,挑一个带回珀琉斯家去,用不着行什么聘礼。我还要送给他一份妆奁,大到陪嫁女儿的人从来不曾给过的。不但如此,我还要给他七个好城市:卡耳达密勒,厄诺珀和多草的希瑞;神圣的斐赖和深草牧场的安忒亚;美丽的埃珀亚和盛产葡萄的珀达索斯。这些城市都是近海的,在皮罗斯多沙地的极远部分。那里的居民富有牛羊。他们将会当他一位神一般的尊敬他,向他纳贡,服他的统治,在他的爱护下渐渐繁荣起来。这一切,只要他肯回心转意,我都可以给他办到的。让他对我输心吧。我们所以觉得那哈得斯比任何神都讨厌,就为的是他太强硬,太不肯通融。他是得顺从我的,因为无论讲年龄,讲地位,他都比我差得多。"

---

① 古希腊的重量单位,约等于二六公斤。

"阿特柔斯之子人间王阿伽门农陛下，"那革瑞诺斯的战车将士涅斯托耳回答道，"你给阿喀琉斯王子的这份礼，是没有人能说它不慷慨的。那么很好，我们赶快派代表到那珀琉斯之子的篷帐里去吧。我已经准备好了代表的人选了，他们决不可以拒绝这一项任务。第一位是年高德劭的福尼克斯——他可以先去——随后去的是伟大的埃阿斯和高贵的俄底修斯。传令官里面，俄狄俄斯和欧律巴忒斯可以跟他们同去。可是先叫人拿水来给我们洗手，并且叫大家静下来，好让我们向克洛诺斯之子宙斯祷告，祈求他给予恩惠。"

涅斯托耳的种种安排，人人都觉得满意。传令官们急忙给他们浇水洗手，同时他们的侍从们拿调钟来装满酒，先在各人杯子里倒一点点儿，这才给大家斟满。等到大家都酹过了神，喝畅了酒，那些代表们就从阿特柔斯之子阿伽门农的篷帐里出发了，可是都经过那革瑞诺斯的战车将士涅斯托耳细细叮咛，那位老人一面谆谆的嘱咐，要他们尽心竭力去劝解那天下无双的阿喀琉斯，一面逐一窥看他们的脸色，大部分时间是注视俄底修斯。

埃阿斯和俄底修斯沿那奔腾大海的海岸走，向那环绕世界的大海神屡次祈求，让他们前去打动阿喀琉斯那种高傲心肠的任务不至于太棘手。他们到达密耳弥多涅斯人的篷帐和船舶，看见那位王子正在用音乐消磨时间。他在歌唱天下的名人，自己用一张和谐的竖琴伴奏，那是一件用银子作横梁的装饰美丽的乐器，他毁灭了埃厄提翁的城市的时候从掠获品里挑出来的。陪伴他的只有帕特洛克罗斯一个人，和他面对面坐着，静静的等着他停止歌唱。那两位代表走近他，高贵的俄底修斯作前导，到那王子面前站住了。阿喀琉斯吃了一惊，手里拿着那张竖琴跳起来，从他坐的椅子走上前几步。帕特洛克罗斯看见他们俩，也站起来了；捷足者阿喀琉斯打了个招呼说道："欢迎两位亲爱的朋友，你们来得正是时候，我虽然心里忿怒，可是我爱你们两个人，再没有别的阿开亚人比得上你们。"

说着，高贵的阿喀琉斯领他们进他的篷帐，请他们在铺着紫色椅垫的椅子上坐下来。随即他掉转头向站在旁边的帕特洛克罗斯说道："我的帕特洛克罗斯爷,拿个大些儿的调钟出来,酒里少搀点儿水,每人给一个酒杯。我的最亲爱的朋友光降到我篷帐里了呢。"

帕特洛克罗斯执行了他的战友的命令。他拿了一块大案板来放在火光中,在那上面放着一头绵羊和一头肥胖山羊的背部,以及一头肥大野猪的肋条。奥托麦冬托住它们,让阿喀琉斯拗断它们的关节,并且把关节肉切碎了,插上烤肉的扦子。同时,墨诺提俄斯的高贵儿子帕特洛克罗斯把火扇旺了。及等木柴都烧透,火焰不见了,他就拨开了炭火,在肉上撒过圣盐,把肉扦子放上铁架去烤着。烤熟了,他就将肉叠在平底大盘上,又去拿些面包来,用美丽的筐子盛着放上桌;阿喀琉斯就将肉分成几份儿。然后他到一张靠墙的椅子上去坐下来,和俄底修斯王面对面,又叫他的朋友帕特洛克罗斯拿牺牲献神。帕特洛克罗斯把祭肉扔上了火,大家就都吃起自己面前的嘉肴来。及至他们都已经解渴充饥,埃阿斯向福尼克斯点头示意。可是俄底修斯会意了,他就斟满了酒向阿喀琉斯举杯说道:

"祝你的健康,阿喀琉斯! 我们吃到这样美味的食品,就不能够怨我们的军粮不好了,在我主阿伽门农的篷帐里是这样,到你这里来又是这样。可是在这一刻儿,饮食的快乐远远离开我们的思想。殿下啊,我们遭大难了呢,事态的严重足以使我们丧胆。除非你奋发出战,那么我们那些华贵船舶的或存或亡就只能付之不可知之天。那些蛮横的特洛亚人和他们的著名盟军已经逼近船舶和壁垒来宿营了。他们的营帐都把火点得雪亮。他们都满怀信心,以为他们现在向我们的黑皮船猛扑来时是没有东西阻挡得了的。那克洛诺斯之子宙斯曾经在他们的右首发了闪电鼓励过他们了。那赫克托耳已经发了杀人狂,可以横冲直撞所向无敌了。他在他那狂劲里,就一味信任宙斯,无论是人是神他都不怕了。他只在祈祷美好的黎明早些到来,因为他心里痒巴巴的只想劈掉我们那些船舶后艄的尖峰,并且放起火来把我们熏到船外去屠杀。我实在非常害怕,神们也许要让他去实行他这种恫吓,我们也许竟要死在这个远远离开阿耳戈斯牧马地的地方。所以,请你奋发起来吧,如果你肯在这最后的关头去把那些精疲力竭的部队从特洛亚人的狂暴威胁下救出来的话。如果你不肯，那你是要后悔的，因为等到损害造成之后就没有法子补救了。不要等到那一步田地，就请你行动起来，去救达那俄斯人出浩劫。

"我的好朋友，当初你的父亲珀琉斯送你从佛提亚来援助阿伽门农的时候，不是曾经训诲过你吗？他说：'我的儿，雅典娜和赫拉如果有心要你好，就会使你强壮的。你自己必须要做的事情就是控制住你那骄傲的气性；因为和善的心地要比骄傲好得多。争吵是可以致命的。你得立刻跟人家和解；能这样，无论年轻年老的阿耳戈斯人都会更加看重你。'这是他老人家的训诫，你已经忘记掉了。可是你要肯让人，现在也还来得及。丢开这种恶毒的仇恨吧。阿伽门农已经准备好，一等你回心转意，他就拿丰盛的礼品来向你赔罪。你如果愿意听听，我可以把他在篷帐里决定了的礼品列举出来。七个不曾被火熏黑的三脚鼎；十个塔兰同的黄金；二十口闪亮黄铜的大锅；十二匹强壮的、赛跑得过奖的马。他说单是这一些马替他赢来的奖品，就可以使得一个人不至于贫困，也不会短少珍贵的黄金。此外，他还要给你七个精工技艺的女子，她们是勒斯玻斯人，就是你攻下了勒斯玻斯城那一次他为了她们的绝色挑选去做他一份战利品的。这一些，他一概都送给你，再加上他从你那里拿去的那个女子，布里修斯的女儿。而且他可以给你殿下起誓，他从来都没有跟她同床共枕，发生过男女关系。这一切的礼物，都立刻可以送到你手里。等将来，如果神们允许我们去攻下普里阿摩斯那个大城，那你一定要跟我们一同去分战利品，由你拿船去装黄金和青铜，装了个心满意足，并且由你自己去挑选二十个除了海伦之外最最美丽的特洛亚女人。再等我们回到了阿耳戈斯，阿开亚人最最富裕的国土，他还要招你做女婿，同他自己那个娇生惯养的亲生儿子俄瑞斯忒斯一样看待你。他有三个女儿在他的宫里，克律索忒弥斯，拉俄狄刻和伊菲阿那萨。三个人当中，随你自己喜欢，挑一个带回珀琉斯家去，用不着行什么聘礼。他还要送给你一份妆奁，大到陪嫁女儿的人从来不曾给过的。不但如此，他还要给你七个好城市：卡耳达密勒，厄诺珀和多草的希瑞；神圣的斐赖和深草牧场的安忒亚；美丽的埃珀亚和盛产葡萄的珀达索斯。这些城市都是近海的,在皮罗斯多沙地的极远部分。那里的居民富有牛羊。他们将会当你一位神一般的尊敬你,向你纳贡,服你的统治,在你的爱护下渐渐繁荣起来。这一切,只要你肯回心转意,他都可以给你办到的。若是你对阿特柔斯之子连同他的一切礼品都觉得憎恨,以至于压倒你对其他一切的关心,那也得请你对那些在营帐里恹恹待毙的其余阿开亚人有些儿怜悯。他们将会当你一位神似的敬重你。你在他们眼里一定会满身都披着光荣,因为现在正是你打得着赫克托耳本人的时候。他幻想着我们这些船里载来的达那俄斯人并没有他的敌手,也许竟会趁他那股盲昧的狂劲冒险到你的近边来的。"

　　"莱耳忒斯的世子,机智敏捷的俄底修斯,"那捷足者阿喀琉斯回答道,"我不如直捷痛快的把我心里的感情和我所要做的事都对你们说出来,省得你们坐在那里轮流着来劝说我。我对于那个口是心非的人是厌恶得同地狱门一般的,所以我先把我的决心告诉你们。你们要明白,无论我主阿伽门农或是其余的达那俄斯人都不能使我回心了,因为照这样儿看起来,一个人是即使天天去跟敌人拼命也得不到人家感谢的。他在家里坐着也好,尽他的力量去打也好,派到他的祸福并没有两样。懦夫和勇士同样会受人尊敬,无所事事的人和勤忙苦作的人也同样要见到死亡来临。我经常在战场上冒着生命的危险,吃尽种种的苦头,也并不比其余的人多沾着什么好处。我好比一只鸟儿,无论怎样的辛苦,一颗一粒都要捡来给她那些羽毛没有丰满的小鸟的。我曾经熬过许多不眠的夜晚,打过许多流血的白天,所打的就是也跟我们一样为着自己的女眷而来打的人。我除开从陆地上占领过特洛亚肥沃地面的十一个城市之外,还曾经从海上占领到十二个城。我从每个城市得到一票很可观的掠获品,每次我都全部带回去给那坐在船边不动的阿特柔斯之子阿伽门农的;我交给了他之后,他也拿出一些来散给大家,一点儿一点儿的,绝大部分都他放着了。他因看重那些王子王爷们的身分而分给他们的那些东西,都还平平安安的在他们手里,遭到他抢劫的只有我一个人。好像他并不是拿她去做妻子,其实不然。他是拿她做妻子的,而且是他自己挑选的。好吧,让他去跟她睡觉吧,让他去称心如意吧。

"讲到妻子的话,请问阿耳戈斯人为着什么要到特洛亚来打仗的? 若不是为着那美发的海伦,阿特柔斯之子为什么要劳师动众到这里来呢? 难道天底下就只他们阿特柔斯一家人是爱妻子的? 凡是有教养、有理性的人,个个都是爱好而且宝贵他自己的女人的,就像我一心爱那个女子一样,虽然她不过是我枪下的一个俘虏。现在他已经把她从我怀里抢走了,我已经受了他的欺骗了,请他不要再来对我施诡计了吧。我已经把他看得穿透了。他是不会成功的。

"不会的了,俄底修斯,他如果要保得那些船舶不烧掉,必须仰仗你和其他的王爷。反正他没有我也已经造成了好些奇迹。他已经筑起了一道壁垒,我知道的,并且沿那壁垒掘起了一条壕沟,一条出色的阔壕沟,连木桩子都全的。可是虽然有这些东西,他还是要抵挡不住那个残暴的赫克托耳呢! 至于我当初率领阿开亚人出战的时候,那赫克托耳是无论如何不肯放他的部队远离城墙的。他从来不曾从斯开亚门和那株橡树上前过一步,就在那个地方他有一天单独同我斗过了一场,幸而留得性命回家去。可是事情已经改样了,现在我不高兴去同我那赫克托耳王子厮杀了。所以明天我就要向宙斯和其他所有的神献祭,然后装好我的船舶放下水。你们如果高兴看一看的话,明天早晨第一桩看见的东西就是我的那些船舶布开在那鱼儿戏水的赫勒斯蓬托斯中央,我的部下在里面努力摇桨。要是伟大的海神肯助我一阵好风,三天之后我就可以立脚在佛提亚的肥厚泥土上。那里有我一家富裕的人家,我倒了霉才丢开它到这里来的,现在我可以使得它更加富裕,因为我带回家去的一份战利品里有黄金、红铜、系带的女人和青灰色的铁——色色俱全的,就只缺少那件荣誉的奖品,因为那个出尔反尔的人,那位阿特柔斯之子阿伽门农王陛下,已然把它给了我了却又因要侮辱我而重新收了回去了。

"把我说的这些话全都告诉他,而且要在大庭广众之中对他讲,好让大家都防备着他,因为像他这样一个怙恶不悛的阴谋家是难免要去欺骗别个达那俄斯王子的。至于他对我,哪怕他怎样厚颜,也不敢对我正视了。我呢，也不会再帮他献一个计策或是出一份气力。他已经失信于我、欺诈了我了，我决不会再落进他的圈套。关于他这个人的话就只如此。让他安安静静的走向灭亡去吧。圣智的宙斯已经搅昏了他的脑子了。

"讲到他的礼品，我也并不喜欢，跟不喜欢他本人一样。哪怕他把他所有的财物或是向别处筹集来的财物——所有俄耳科墨诺斯或是埃及所属的忒柏斯（那里是家家户户都充满着财富的，而且它那一百个城门是每一个都出得出二百名车马齐全的战士的）的赋税——再加十倍、二十倍来给我；哪怕他的礼品多得像沙粒，像尘颗，他也不能叫我回心转意了。他首先得用我所曾经忍受的那种惨酷的羞辱来赔偿我。

"再说，我也不要阿特柔斯之子阿伽门农的女儿做妻子。尽管她可爱得像那黄金色的阿佛洛狄忒，能干得像那闪眼的雅典娜，我也不要娶她的。他尽可以另外挑个阿开亚人做女婿——一个比我高贵的，和他门当户对的。至于我，只要神允许我平安回到家，珀琉斯就会替我找到一个妻子，并不需要别人的帮忙。从赫拉斯到佛提亚，到处有的是阿开亚女子，那些守要塞的贵族的女儿。只要我选中一个，就可以做我自己的妻子。我在家里的时候，往往没有多大的野心，只想讨个门户相当的合适的女子，靠我老父珀琉斯挣起来的家私享受一辈子。因为照我看起来，哪怕是那富丽的伊利翁在阿开亚人到来之前的和平日子里所有的那么神话一般的财富，哪怕是那巉岩的皮托地方射王阿波罗的大理石庙门后面堆藏的宝物，都比不得人的生命。成群的牛和壮健的羊可以劫掠得来，三脚鼎和栗色马可以拿钱买到。至于一个人的生命，一经他那口气离开他，你就不能再抢回来或是再买回来了。我的神母银脚忒提斯说我一生的命运是有两条路可走的。如果我在这里呆下去，参加特洛亚的围攻，那我虽然可以赢得不朽的声名，可是没有我回家的份儿了。如果我回到自己本国去，那我将得不到好声名，可是我可以多活几年，不至于短命而死。

"还有一点。我要奉劝你们大家都不如开船回去，因为你们在伊利翁的峻峭街道上永远不能达到你们的目的。无所不见的宙斯已经在那城市上面伸出一只爱抚的手来,那里的人都振作起精神了。现在,你们回去向阿开亚的头领们在公开的会议上报告吧,你们这几位高级将领是有这种权利的——他们向我提出的条款已经遭到断然的拒绝,他们必须另想再好的方法去救那些船舶和船舶旁边的所有部队了。可是福尼克斯可以留在这里跟我们同宿。明天早晨他就可以同我一起上船回家了——这是说他如果是愿意的话。我并没有强迫的意思。"

阿喀琉斯说完了。大家都被他这一个直捷了当的拒绝愣住了,接着来了一个长长的静默,是老战车将士福尼克斯第一个打破的。其时他替那些阿开亚的船舶感着莫大的恐惧,以至于迸出眼泪来。"我的高贵的王子爷阿喀琉斯,"他说道,"你如果真的想要开船回家去,并且气忿到了听凭那些华贵船舶去烧掉也不肯救它,那你叫我独个人怎么办呢,我的亲爱的孩子?你丢下了我,叫我怎么能在这里再呆下去呢?当初那老战车将士珀琉斯送你从佛提亚来帮阿伽门农的时候,不是要我做你的监护人的吗?你还是一个小伙子呢,在人家可以大献身手的战场上和辩论会上都是没有经验的。他所以要我和你一同来,就是来教你这些事情,叫你做一个演说家和行动者;因此,亲爱的孩子,我决不能够放你走了独自个留在这儿,哪怕是神亲自来减掉我的年龄,让我重新去做我初次离开那产美人的赫拉斯时候那么一个刚勇的小伙子。我是从赫拉斯逃出来的,为的是跟俄耳墨诺斯之子我的父亲阿明托耳争吵,至于我们父子成仇的原由是这样的:他爱上了一个美丽的妓女,把他的妻子就是我的母亲撂开不理了,我的母亲一径逼着我,要我抢在老头儿前头去跟那个女人睡一个晚上,好使她的心不再向着老头儿。我答应了,而且照这样做了。我的父亲立刻就知道,他就向复仇女神发了严重的咒诅,要他自己永远抱不着我的儿子;后来神们——冥界的宙斯和威严的珀耳塞福涅①——竟让他这咒诅应验了。我因此非常忿怒,第一个念头就是要杀死我的父亲。可是有一

---

① 冥土的王后。

位不死神阻止了我。他使我想到了舆论,想到要招人咒骂,想到要被国人加上弑亲犯的恶名称。可是我的父亲既然怀恨我,我在他家里是再也呆不下去了。当然,那些包围着我的朋友们和亲属们都尽他们的力量劝我呆在家里的。肥胖的羊和蹒跚的曲角牛无穷无尽的杀来吃;一头又一头的好肥猪摊在火上浔了毛;老头儿的醇酒一坛又一坛的拿出来喝掉。一连的九个晚上,他们都在我身边歇宿,大家轮流着看牢我,通宵生着两处火,一处是在院墙的廊下,还有一处是在前院里,就是卧房门口的外边。可是到了第十天晚上,刚刚碰到个漆黑的天,我就打开我那卧室的坚固的门逃了出来了。我觉得那院墙并不难爬,而且那些上夜的人和女仆们没有一个看见我。于是我就急急的逃了,一直逃过赫拉斯的广阔的草原,到了佛提亚出产绵羊的肥厚土,就一径去找国王珀琉斯。他见了我非常称心,爱得我像父亲爱那继承大财产的独养儿子。他叫我去治理一个人口繁密的地境,使我成了个富人,我就在佛提亚的边境上住下来做多罗珀人的王了。

"自从那个时候起,最最可崇拜的阿喀琉斯啊,我就全心全意用来作成你这样一个人了。你总还记得,除了我一个人之外,你无论出外去或是在家里都不肯跟任何人一起吃饭的;总还记得,我一径都抱你在膝盖上疼着你,从我吃的肉上切下小片来喂你,拿我的酒杯凑上你嘴唇。你那笨拙的小嘴里常常要滴下酒来,弄脏我的短褂的前襟。是的,我一生的大部分都化在你的身上,为你辛勤劳苦的。我感觉到上天既然不让我得子,我就不如把你当我的儿子,最最可崇拜的阿喀琉斯啊,无非要你将来免得我孤孤凄凄的死。

"克服你的傲慢吧,阿喀琉斯。你是不应该这样执拗的。就是在天上的神,比你优越、威风、有能耐得多,也都可以使他们回心转意。等到那作恶犯罪的人跪下来祈求的时候,就连神也可以用牺牲和哀告、醇酒和献祭等等转移他们的心意的。你不知道所有的'祈求'都是全能宙斯的女儿吗?她们是一种枯槁憔悴的人,举步蹒跚、垂头丧气的;她们的事业就是一径跟在'罪恶'的后面跑。不过罪恶是强壮的,步子快得把她们一齐都撇在后边。她老要跑在她们的前头，漫游世界而造成人类的愁苦。因此她们只得追赶上前去设法救治。当这些宙斯的女儿走近一个人去的时候，如果那人谦谦虚虚的接待她们，他就会得到她们大大的祝福，他自己的请愿也可以得到允准。但是那人如果硬着心肠把她们摒斥，她们就要去祈求克洛诺斯之子宙斯，让他被罪恶追到，在堕落中受到惩罚。阿喀琉斯啊，这种道理是适用于你的。你对于宙斯的女儿们必须给以应有的敬意，让她们平了你的气，她们对于凡是有勇气的人都是这样的。如果我主阿伽门农没有想要送你这份慷慨的厚礼，并且许你日后还可以得到更多的东西，却要把仇恨记在心里，那我无论如何不会来劝你消除怒气，劝你去帮阿耳戈斯人，不管他们怎样迫切的需要你。可是事实上，他不但现在就要给你这么多，还保证你将来的种种好处，而且他挑选出来替他说情的使者，是全军中最最出色的人，也是你自己在阿耳戈斯人里最最好的朋友。他们的这番恳求，他们到这里来走这一趟，你决不可以看得一钱都不值，虽则你到现在为止的这番怨恨是没有人怪得你的。

　　"我们都听见过古时英雄豪杰的许多先例，他们也有时候要闹意气，可是都能用卑词厚礼挽回过来，都肯听别人的劝解。我回想到许多年前，就记起了这样一个例子。现在在座的都是朋友，我不妨跟你们讲一讲这段故事。枯瑞忒斯人在卡吕冬城跟好战的埃托利亚人打仗。双方的损失都惨重。埃托利亚人是在防守他们那个可爱的卡吕冬城，枯瑞忒斯人竭力要把它攻下。这场大祸是由金座女神阿耳忒弥斯先惹出来的，为的是俄纽斯王没在他国境内的圣山上向她献过收获祭，那位女神动怒了，就放了个妖怪到卡吕冬来作祟。原来所有其他的神都享受到丰盛的牺牲，独有全能宙斯的这个女儿得不到国王的任何祭礼。也许是他把她忘记了，也许是他算错了，总之是犯了致命的错误。因为那弓之女神在盛怒之下，就放下了一头神兽，一只长着雪白獠牙的贪馋的野猪，到他国境里来蹂躏他的田地。那头野猪把满枝花朵的高大果树连根拔起，竟至于狼藉满地。但是俄纽斯的儿子墨勒阿格洛斯终于把他杀掉了。为了这桩事，他得向许多城市去募集猎人和猎犬，因为那兽力气大，不是少数人对付得了的,而且结果还是送了好些人的命。那兽被杀死之后,阿耳忒弥斯还不肯甘心,又在它的尸体上头挑起一场大决斗,使得枯瑞忒斯人和傲慢的埃托利亚人为了它的脑袋和毛皮拼命肉搏起来。

"在这一场战斗里,只要有那刚勇的墨勒阿格洛斯在参加,对枯瑞忒斯人一径都不利,哪怕他们人数多,始终都不能稳扎下来围攻那城市。但是很多通达事理的人也有时候要闹意气,后来墨勒阿格洛斯也就犯了这种毛病了。他因对他自己的母亲阿尔泰亚生了气,就回到家里去陪伴他的妻子闲着不干了。他的妻子就是那美貌的克勒俄帕特拉,细脚踝的马耳珀萨的女儿,马耳珀萨是欧厄诺斯之女。克勒俄帕特拉的父亲伊达斯在日,是天底下最最刚强的一个人,确实曾经为着这个好脚踝的女子马耳珀萨拿着弓去跟福玻斯·阿波罗会过面的。后来克勒俄帕特拉的父母在他们自己家里给她取了个绰号,叫阿尔库俄涅①,一来是纪念她母亲过的鱼狗②的生活,二来是像她被射神阿波罗带走时的那种凄惨的呼声。

"好吧,墨勒阿格洛斯陪着克勒俄帕特拉躺在床上了,一心只在记那铭心刻骨的仇恨。他那仇恨是因他母亲的咒诅而起的。原来他杀死了她的兄弟,她在哀痛之中就求神来杀自己的儿子,以至于跪在地上,痛哭流涕,拿拳头捶着地面,向哈得斯和威严的珀耳塞福涅呼吁起来。那在黑暗里行走的铁石心肠的复仇女神就从厄瑞玻斯里听见她了。

"不久之后,枯瑞忒斯人就来攻打城门。城里的人听得见他们捶击城墙的声音了。这时候,埃托利亚的长老们都想把墨勒阿格洛斯请出来替大家保城。他们派一些高级祭司的代表去见他,许给他一份丰盛的酬谢。他们对他说他可由自己选择五十垧地做他的私产,一半葡萄园一半农田,从那美丽的卡吕冬平原最肥饶的部分划给他。那老战车将士俄纽斯也加入他们去求告。他站在墨勒阿格洛斯那间高大卧房的门槛上,摇着那结

---

① 义为翠鸟。
② 翠鸟的一种。

实的木头门,向他的儿子哀求苦告。墨勒阿格洛斯的姊妹们和他的母后也都来向他迫切央求(虽则他们只使得他更执拗),还有他的战友们和最亲爱最忠心的朋友们也都来了。但是他拒绝他们大家的祈求,直到真正最后的一刻,因为那时枯瑞忒斯人已经爬上了城墙,大城里已经起火,矢石已经落到他自己的卧房上来了。就在这当口,他那美貌的妻子挂着眼泪走到他面前。她把城陷之后居民都要遭殃、男子都要被屠杀、全城要烧成灰土以及敌人要带走孩子和女人的惨状说给他听。这一番惊心动魄的叙述打动了他的心,他就出来穿上他那闪亮的铠甲了。这样,他是凭他自己良心的指使把埃托利亚人救出浩劫的。而唯其如此,他们许给他的那一份辉煌的厚礼就一样也没有给他。他救了他们,却是落得个一无所得。

"我的朋友啊,请你不要像他这么想,也不要学他的榜样。等到那船舶着起火来,要救它们就难了。你不要这样;趁那礼品还可以到手的时候出来吧,阿开亚人会把你当一位神看待的,等到他们不再来求你,你可出去拼性命了,那你即使能转败为胜,他们也不会那么的感激你。"

福尼克斯说完了,捷足者阿喀琉斯又说起话来,"福尼克斯我的爷,"他说道,"我的亲爱的好朋友;我用不着阿开亚人对我的好感。我只要得到宙斯的赞许就够了;我只要还有一口气,还能运用我的手和脚,他是赞许我留在这些翘嘴船边不动的。还有一层我愿意你知道,你为要博得我主阿伽门农的欢心,就在我面前这么痛哭流涕的企图打动我,这是我反对的。你得当心着不要把你的心去交给那个人,否则我就要对你变爱为恨。你的正当办法就是去跟那个和我作对的人作对去。我已经是下了决心了,让这几位回去告诉他去吧——我宁可把我的王国分给你一半,也不肯回心转意的。暂时,你且在这里呆着吧,有一张舒适的床可以让你睡,等到天亮咱们再来决定回家不回家。"

阿喀琉斯说完话,就向帕特洛克罗斯耸耸眉毛,示意叫他替福尼克斯摊床,好使其余的人看看时候不早想赶快回去。这个动议是由忒拉蒙的高贵儿子埃阿斯提出的。他向着莱耳忒斯的儿子说道:"我的机智敏捷的俄底修斯爷,咱们走吧,看这样儿咱们的使命是注定要失败的了,至少是这一回。咱们带回去的消息虽然不好,可也得马上去报告,因为无疑的,那些达那俄斯人都还坐着在那里等待咱们。可是对于阿喀琉斯所表现的仇恨和傲慢,我不能不发生一点感想。我还感到几分残忍在里边。他对他的那些把他当做军中偶像的同伴们竟是一点儿都不顾念。这就未免不近人情了!即使是谋杀案件,一个被害了兄弟或是儿子的人收受人家的血钱,也是很平常的事。那个凶手如果给苦主赔过了钱,那个苦主的自尊心和受伤的感情因得赔款而平复,那么他就无须逃出国去了。可是你,阿喀琉斯,——天才知道为什么——竟为着一个女子——单单一个女子——而萌起了这样不可消释的仇恨。而况我们在这里,正要送给你七个绝色的女子,还外加许多别的东西。现在请你多忍耐一会。不要忘记你地主之谊。我们是你帐下的客人;我们是由达那俄斯的整个军队选派来的;我们的最大愿心就是仍旧做你在所有阿开亚人当中最亲密、最要好的朋友。"

"忒拉蒙之子埃阿斯殿下,"捷足者阿喀琉斯回答道,"你的话很中肯。可是我想起了那桩事情,想起了那阿特柔斯之子在大庭广众之中把我当做一个不名誉的无赖来看待,就不由得热血沸腾了。现在请吧,去把我的决心报告他。我不等到那贤明的普里阿摩斯的王子赫克托耳一直打到密耳弥多涅斯人的篷帐和船舶来杀人放火,是不会再想到流血和战斗的。我有一个信念,无论赫克托耳的攻击怎样凶猛,我在我自己的篷帐和黑皮船旁边是挡得住他的。"

阿喀琉斯说完话,他的客人拿起一只两耳杯来醮过酒,就沿那船舶的行列回去了,俄底修斯在前面带头。帕特洛克罗斯吩咐他的部下和女仆们赶快给福尼克斯铺起一张舒适的床来。那些女人执行了他的命令,把羊毛、毯子和一条精致的麻纱被单铺好床,那位老人就躺下来等待着那有福的曙光。阿喀琉斯自己睡在他那精良的木头篷帐的一只角落里,有个女人陪伴他,她是他从勒斯玻斯带来的,福耳巴斯的女儿,美貌的狄俄墨得。帕特洛克罗斯睡在他对面的一只角落。他也有一个伴儿,穿着系带长袍的伊菲斯,是高贵的阿喀琉斯攻下厄倪欧斯的城市斯库洛斯的高堡垒时给了他的。

那几位使者回到阿伽门农的篷帐,刚刚踏进门,那些阿开亚的王爷们就都跳了起来,拿着金杯四面八方来向他们祝贺,大家抢先向他们提出问题。内中以阿伽门农王的心情最为迫切。"显赫的俄底修斯,阿开亚武士之花,"他说道,"请立刻告诉我吧。他肯来救这些快要被烧的船舶吗,或者是,他那高傲的气性仍旧平不下去呢?"

那坚定卓越的俄底修斯就作了他的报告:"阿特柔斯之子人间王阿伽门农陛下,那人并没有一点怜恤我们的意思。事实上是他的恨毒反而加深了。他拒绝你的请求和你的礼品。他说你可以靠你朋友的帮助,自己想法去救那些船和人。同时,他还恫吓说,一到天亮就要把他自己的翘头船拖下海去。他又劝告我们其余的人都开船回家。他说道:'你们在伊利翁的峻峭街道上永远不能达到你们的目的。无所不见的宙斯已经在那城市上面伸出一只爱抚的手来,那里的人都振作起精神了。'这就是他说的话。跟我同去的使者埃阿斯和两个传令官(他们都是可靠的人)都在这里可以替我这话做见证。可是福尼克斯老人家在那里睡了。是阿喀琉斯留住他睡的,以便明天早晨就和他一同上船回家,如果他自己愿意的话,他说他不会强迫他的。"

俄底修斯说完了,大家没有一句话。他这一个消息和他那种直率的说法听得那些阿开亚的爷们都目瞪口呆了,接着是一个长时的、阴郁的静默,过了好久才得大声呐喊的狄俄墨得斯毅然发言打破它。"阿特柔斯之子人间王阿伽门农陛下,"他说道,"你想要向阿喀琉斯去求和,并且向他提出这样优越的条款,这是你大错特错的。他在平时就已经是那么的傲慢,你这么一来使得他越加自大起来了。好吧,我们随便他去吧,开船走也好,呆下去也好。等到他自己的良心来跟他说话,他的意气来鼓舞他,他还是要出来打的。现在,我希望大家都听我的话。你们都已经享受过了酒饭——那是一个人要维持他的力气和勇气所必需的,暂时大家都去睡去吧。但是一等到曙光透露,你,先生,就必须行动起来。把你的步兵和马匹展开在船舶前面,用你的号令激发起士气来,并且以身作则亲自上前线作战。"

大声呐喊的狄俄墨得斯的这番忠告,所有的王爷们大家都表示赞成。他们酹酒献过神,就回到各自的篷帐,躺下来享受睡眠的幸福了。

二

堂吉诃德①

[西班牙]塞万提斯

作者原序

　　高雅的读者,你可以真相信我,无须我起誓,我是巴不得我这部书——我的脑筋的孩子——能够尽可设想的那么美丽、泼辣而且巧妙的。可是无论什么东西生出来的孩子总都要像它自己,这是天道自然,颠扑不破的;所以像我这样硗薄未垦的心田,除能产出一篇贫弱、枯干、怪诞,而充满着种种幻想的故事外,还有什么呢? 你大概要当它是牢狱里产生出来的吧,因为那里是一切烦恼的窟宅,一切哀鸣所由出。至于起居闲适,处境佳胜,上有明朗的天空,旁有悦目的田野,潺潺的溪流,而又得心神安泰,那么,即使是最少生育的才情也会变多产,而且产生出来的东西能使全世界人都觉得惊喜。世间往往有父亲生下个丑陋孩子而没有一点儿好处的,但为溺爱之故,使父亲眼上蒙了一层障翳,看不见孩子的短处,反而当它是巧慧聪明,要向朋友们去津津乐道。可是我,虽然对于《堂吉诃德》像是个父亲,实在不过是个继父,我不愿意随波逐流,也跟他们一样几乎痛哭流涕地向你亲爱的读者哀求,要你饶恕或是包涵你在我这孩子身上

---

① 选编自:塞万提斯. 多雷插图本《堂吉诃德》. 傅东华,译. 北京:北京时代华文书局,2015.——编者

发现的毛病。你并不是我这孩子的亲戚朋友；你有自己的灵魂在你身上，你的意志是跟天底下无论怎么勇敢的人可以一样自由的，而且又在你自己家里做主人，就像帝王对于他的赋税可由自己做主一样。常言道："穿自己的大衣，帝王值得个屁。"这话你是知道的。因这种种，你就什么顾虑什么情面都可以没有，对于我这作品爱怎么说就怎么说，说坏了不用怕责怪，说好了也不用望报酬。

　　本来，我是很想将它赤裸裸捧给你的，不用序文做装饰，也不用如今习惯上放在一本书开头的那一大堆老套的题诗、题词和颂词。因为实不相瞒，我写这本书的时候原也多少有点费力，可是怎么也及不得写你现在读的这篇序文那么费力。我常常将笔拿到手里，可是常常重新把它放下去，不知道说些什么才好。有一次，也在这么为难之中，我面前铺着纸，耳后搁着笔，肘膀支在桌上，腮巴托在手中，正在凝神思虑的时候，出乎意料的，我的一个朋友进来了。他是一位和乐的绅士，识见高明得很的，当时看见我那么沉思，就问我为着什么。我不愿意隐瞒他，回答他说我在思虑给《堂吉诃德》做的一篇序文，又告诉他，我觉得这篇序文为难得很，已经打算不去做它了，就连那位高贵骑士的行迹也不想发表了。"因为，"我说，"我是早被人家遗忘了的，默默无闻过了这么多年了，现在背着这般年纪，重新来抛头露面，叫那向来站在立法者地位的'习俗'看见这么一部像灯芯草一般枯燥的野史，创意既没有，文笔又平庸，思想也拙劣，一点显不出学问和博识，书缘没有引文，书末又无注释，那么，要是他们说长论短起来，你想我受得了吗？你看别的书，无论怎样荒唐鄙俗，总都满载着亚里士多德、柏拉图以及其他所有哲学家的格言名句，读者们看看自然惊服，总以为作者是非常渊博而雄辩的。确实，当这班作家们引用起《圣经》来的时候，你会把他们当作一些个圣多马①和教堂里的博士哩！讲到他们所奉行的文章义法，却也实在高明，比如在这一行里，他们描写一个狂乱的恋人，在下一行里就给你一点儿虔诚的说教，听起来读起来都会觉得愉快

────────────

① 圣多马（Santo Tomás），耶稣的十二门徒之一。

而完美。这一切的东西,我这本书大概是不会有的,因为我没有什么可以援引在书缘,也没有什么可以在书末做注释;我又不晓得我这本书里的话到底依据哪一些作家,因而不能照大家通行的办法,将他们的大名按 ABC 的次序列在编首,此如,起头是亚里士多德,结末是色诺芬①,或是左易罗②,或是宙克息斯③——虽然一个是谩骂家,一个是画家,却也不妨放在一起。至于弁首的题诗,我书里也不见得会有,至少公爵、侯爵、伯爵、僧正、贵妇,乃至著名诗人们的手笔是不会有的;不过我倘使向二三好友去要的话,我知道他们是肯给我的,而且他们做出来的东西,怕我们西班牙享有较大声誉的名手也未必能比得上④。"我继续道:"总之,我亲爱的朋友,这位堂吉诃德先生是准定要让他埋在拉·曼却的文献里,一直埋到天上差下人来供给他所需要的装饰为止了;因为我才疏学浅,觉得自己对他是无能为力的;又因我生性怠惰,不肯去寻找作家来帮助我说我自己也能说的话。为此,就造成了你方才看见我那样的疑难沉思,现在对你说明了,你该知道不是无缘无故吧。"

我的朋友听了这番话,拿手掌拍拍额头,不由得哈哈大笑起来,说道:"啊,兄弟,我现在才知道,自从跟你认识以来,我一径是错看你的;我老当你是个精明细到的人物,如今才知道你跟这种人简直有天壤之隔。因为像这样无关重要,这样容易解决的事情,怎么对于像你这么老练的一副才情,就是再大些的难关也打得穿,蹈得碎的,竟会弄得昏迷颠倒呢?依我看来,这并不是由于没有能耐,而是由于太懒惰,没有想透的缘故。你要知道我的话真确不真确吗?那么请留心听我说来。你刚才说你要替你那部著名的《堂吉诃德》——那全部骑士制度的光明和镜子——做一个介绍,觉得有种种困难,种种缺憾,现在只消一眨眼的工夫,你就会看见我什么都替你解除,什么都替你弥补好了。"

---

① 色诺芬(Xenofonte),公元前五世纪希腊历史学家。
② 左易罗(Zoilo),公元前四世纪希腊修辞学家,曾对荷马加以酷评。
③ 宙克息斯(Zeuxis),公元前五世纪末希腊画家。
④ 暗讥当时西班牙著名戏剧家洛贝·台·维加(Lope de Vega,1562—1635)。

我听见他这么说,就说道:"讲下去吧,你打算怎样填补我这恐惧所造成的空虚,怎样廓清我这惶惑所造成的混乱呢?"他回答道:"你的第一重困难,就是卷首没有那些必须出于伟人、名流之手的题诗、题词和颂词,那是容易解决的,只消你自己动手做些出来,给它受个洗礼,爱给它们什么名字就什么名字,比如,就冒充做印度的约翰长老①或是特拉比桑大②的皇帝所作。据我所知,他们两位也都是著名的诗人,但即使他们并不是著名的诗人,即使有些腐儒学究们因此而毁谤你,说你冒充,你也可以置之不理:因为他们即使揭发了你作伪的罪状,却不能砍掉你写它的手。

"讲到散见在你书里的那些名句名言,要在书缘空白上标明出处,那也只消用一个办法,就是将你平时记熟的或是至少不用费力去查的那些拉丁典故成语,看机会放些进去就行了。例如,讲到自由和奴隶你就写上:

Non bene pro toto libertas Venditur auro. ③

然后在书缘上注明出于荷拉斯或无论什么人都可以。如果你论的是死之威力,那你马上就有

Pallida Mors aequo pulsat pede pauperum tabernas Regumque turres. ④

如果论友谊,或是照上帝所命令的,论爱我们的仇敌,那么你尽管用不着怎样的好奇心,把上帝自己的话直抄下来就得:Ego autem dico vobis, diligite inimicos vestros.⑤如果讲到恶念,就把那篇书再抄一下:De corde exeunt cogitationes malae.⑥要讲朋友的无恒,那么伽冬⑦会把

---

① 印度的约翰长老(Preste Juan de las Indias),中世纪传说中的基督教长老及国王,生于东印度,以豪富威力著称。
② 特拉比桑大(Trapisonda),十三世纪中亚细亚帝国。
③ 见《伊索寓言·狗和狼的寓言》:意即"为金钱而出卖自由,并非幸福"。
④ 见荷拉斯《短歌》:意即"苍白的死以平等的脚去蹴贫民的茅屋和王侯的宫殿"。
⑤ 见《新约·马太福音》。意即"只要我告诉你们,要爱你们的仇敌"。
⑥ 见《新约·马太福音》。意即"从心里发出来的有恶念"。
⑦ 伽冬(Catón),事迹不可考,所著《伽冬格言集》(*Disticha Catonis*),著名于中世纪。

他的骈偶句供你采用：

　　Donec eris felix, multos numerabis amicos,

　　Tempora si fuerint nubila. Solus eris.①

　　你靠着这些个，以及诸如此类的拉丁名句，包管人家就会把你当作一个大学者看待，这个衔头，在如今是于名于利都大有裨益的。再讲到书末附注释一层，你也有个妥当的办法，你如果要在书里提到巨人，你就写上歌利亚。因为只消这么一来，你就可以毫不费力地找到一大堆的注释。你可以注道：'巨人哥利亚，或歌利亚脱，非利士人，为牧人大卫于忒勒宾托山谷中以投石器发巨石击死，《列王纪》所载如此，见某章。'②

　　"然后，为要显出你自己是一个大文学家并且精通地志起见，你可以在你这部传里用入塔霍河的名字，那就又有一段注释可作了。你就说：'塔霍河以西班牙某王得名，发源于某处，初拂名城里斯本城墙而过，终入于海，相传河砂系金质'云云。倘使你有机会讲到强盗，我会告诉你卡古③的故事，因为我是记得烂熟的。倘使你写妓女，那么有蒙多内杜的主教④在这里，他会供给你一个拉弥亚，一个莱伊达，和一个弗罗拉，这一番注释就稳可以使你成名了。倘使你要讲残忍的妇人，那么奥维德会叫你认识美狄亚。倘使你的题目是妖婆和巫女，那么荷马有一个卡利普索，维吉尔也有一个刻尔刻。倘使你要给我们一段勇将的历史，那么恺撒就会将他自己的《纪注》⑤供你参考，而普卢塔克也会给你千把个亚历山大王。倘使你要讲恋爱，却只能懂得二分土斯加纳语，那么就去请教雷

---

① 此句其实是奥维德(Ovid)所作：意即"你一天有幸福，一天会有很多的朋友，但当天气阴霾的时候，你就要孤独了"。
② 关于巨人哥利亚，应见《旧约·撒母耳记上》；忒勒宾托(Terebinto)也与《圣经》不符。
③ 卡古(Caco)，希腊神话中的大盗。
④ 蒙多内杜的主教(Obispo de Mondoñedo)，指西班牙编年史家及哲学家盖瓦拉(Antonio de Guevara，1490？—1545)。
⑤ 罗马大将恺撒(Julio César)所著《纪注》(Comentario)，实系一部自传。

翁·希伯来奥①，他会充分给你的。又倘使你不高兴跑到外国去，那么你自己国内就有封舍卡②在论神的恋爱，凡是你同天下绝顶聪明人对那丰富的题目能够意想得到的，在那里面已都具备了。总之，你只消设法在你书里把这些名字提一提，或是把这些故事暗示一下，所有引证注释的事儿尽管交给我好了，因为我准保可以把你的书缘空白填得满满，还有五六页的注释可以附在书末。

"现在我们讲到别人的书上都有而你书上独无的那种作家名单。这件事儿很容易办，因为你只消去找一本书来，里边要像你所说，从 A 到 Z 的名字都全备的，那你就整个儿地搬到你自己书上来好了。假使说，你对于这些个名字本来没有多大用处，叫人家容易看破你那单子是假的，那也没有什么要紧，因为也许还是有些大傻瓜会相信你这本简单诚实的传记里有机会用得着那些作家的。无论如何，那么长的一张作家名单，骤然看起来总会使你的书装上一点权威的神气。那么，谁肯自我麻烦来查考你到底有没有依据他们呢？这是于他们自己没有一点儿好处的。

"不过话又说回来啦，要是我的意思不至于大错的话，那你这本书实在并不需要你刚才说的那些个装饰，因为这不过是对于骑士文学的一种讽刺；像你这样的书，是亚里士多德做梦也不会想到，圣巴锡耳③永远不会提到，西塞罗从来不曾听到的。而且，你这部书里所讲的，原是一派荒唐，用不着求其真实，乃至于天文学的窥算，几何学的测量，论理学的推理，什么都于它无涉，它又无所用其说教，并不要把神的事情混入人间，以致基督教的信徒们吓得退避三舍。它的所有事只是模仿自然，自然便是它唯

---

① 雷翁·希伯来奥(León Hebreo)，即古代犹太的新柏拉图主义者犹大·亚巴尔班纳(Judas Abarbanel)，曾以意大利土斯加纳语著有《恋爱论》(*Diologhi di Amore*)一书。

② 封舍卡(Cristóbal de Fonseca)，西班牙巴塞罗那人，1594 年出版了一部神秘的论著《神的恋爱》(*Del Amor de Dios*)。

③ 圣巴锡耳(San Basilio，329—379)，是该撒里亚(Caesarea) 的大主教。

一的范本；模仿得愈加妙肖，你这部书也必愈见完美。而且你做这部书的目的，既然不过是要摧毁骑士文学在世俗间的信用和权威，那你就用不着去乞灵于哲学家的格言，《圣经》里的义理，诗人们的讽喻，辩士们的词锋，乃至圣徒们的玄秘；你只消运用简明、朴素、雅驯恰当的字面，力求文章能悦耳和谐，能表达出你的主旨，意思能明白易晓，不至流于芜杂或晦涩，这才又要力求读的人可以破闷为笑，可以提高兴味，蠢笨的不至生厌，明断的会叹服你的才情，严肃的不敢藐视，聪明的也不禁击节。总之，你要牢牢抱住你的宗旨，去把那骑士文学的万恶地盘完全捣毁；这事如果得到成功，你的功绩也就非同小可了。"

　　我屏息静听这位朋友的话，心里受到非常强烈的感动，我就不再置辩，立即接受了他的意见，将它采入了这篇序文。亲爱的读者，你自己看吧，你总会从这里面看出我这位朋友的识见来的。在我那样万分为难的时候，碰到了这么一位顾问，自然是我的好运气，同时你能以这么诚朴，这么毫不铺张的状态来接受这位大名鼎鼎的堂吉诃德·台·拉·曼却的传记，也该认为满意了吧。在岗坡·台·蒙底尔①地方居民的心目中，这位先生分明是个最最专一的爱人和顶顶英勇的骑士，许多年来那一带地方所未曾见过的。我现在把这么著名这么可敬的一位骑士介绍给你，对于你未必能算多尽了一分力；可是，我把他的侍从②——有名的桑乔·潘萨——叫你认识，你得承认我于你不无微功。因为在他身上，我想我已经把一切骑士书里所描写的侍从风度都荟萃无遗了。好吧，愿上帝给你健康，请你不要忘记我。再见。

第一章　叙述著名绅士
堂吉诃德·台·拉·曼却的品性和平居

　　拉·曼却地方有一个乡村，名字我故意不提它，不久之前那里住着一

①　岗坡·台·蒙底尔(Campo de Montiel)，指堂吉诃德的故乡。
②　中古骑士制度，凡骑士皆有侍从，为骑士荷盾持甲。

位古派的绅士,平居备有长柄矛一支,旧盾一面,瘦马一匹,出猎用的猎狗一条。吃的肉汤里边牛肉略多于羊肉①,剩下的碎肉大多数晚上用来冷食,星期六蛋皮肉卷子,星期五扁豆,星期日外加一只小鸽子,这就耗了他四分之三的进账了。余下来的他用来置办节日穿的一件玄色细布的外套,一条天鹅绒裤子,外加一双也是天鹅绒的便鞋;平常日子穿的是自己家里织的布,自觉质地再好也没有,颇有些得意。他的家庭包括一个四十来岁的女管家、一个不到二十岁的外甥女和一个驾得马也拿得柴耙子的小伙子,帮他做田工,跑市集。我们这位绅士的年纪是快到五十,生得一副好体格,身段却是细细的,面孔也瘦削。早上起得很早,又喜欢打猎。关于他的姓,也有说叫吉哈大,也有说叫圭撒大(因为这一点,各家所记载的意见颇不一致);不过猜想起来,要以吉桑诺为最近似②,但这跟我们的故事没有多大关系,只要我们叙述时一丝儿不离开真实就够了。

那么大家听吧:上面说的这位绅士一年里头原是闲空的日子居多,他一得了空,就把讲骑士的书拿来做消遣,总读得津津有味,不忍释手,不但把出外打猎的事情差不多全然丢开,甚至连家务也置之脑后。到后来读入了迷,竟至变卖了许多亩熟田去买那一类的书,往往尽其所有都花在那上面。但其中他特别喜爱的就只有一个人的著作,那人就是有名的费利西亚诺·台·西尔伐③。那么流畅的散文,那么错综的风格,在他看起来简直同珍珠一般,特别是里面常常看见的那种有关恋爱的言辞和辩难,例如,"你对我的理加以无理待遇的那个理,竟使我的理薄弱了,因而我之抗议你的美是有理的"。或如"那个用星辰神圣地守卫你的神圣的崇高之天,使得你值得有因你的伟大而值得的那点价值"。诸如此类的奇文,使得这位可怜的绅士丧失了理性,定要去理解其中的意义,因而弄得神思恍惚。其实即使亚里士多德特为这事复活转来也是无能为力的。他读到堂

---

① 因为牛肉比羊肉便宜。

② 吉哈大(Quijada)、圭撒大(Quesada)、吉桑诺(Quejana)是不同的拼音,最后一种有长瘦脸之意,所以说最近似。

③ 费利西亚诺·台·西尔伐(Feliciano de Silva),塞万提斯同时代骑士小说作家。

贝利阿尼斯①,给予别人和自己受到的可怕创伤,心里总觉有点不能释然;因为在他设想起来,那人即使叫最高明的外科医生治好了,他脸上和身上总还是要布满瘢痕的。至于那位作家在结束时预告还有一段无穷无尽的冒险在后面,那倒是他所赞许的。他常常想要拿起笔来,照那作家所预告的那样,自己来替那部书做一个结束。要不是他的心思不断给别的重大事情占了去,那他是一准会做的,并且做得成功的。

他常常同他村上的神父(一位学者,并且在西固恩查②得过学位的)辩论,究竟帕尔美林·台·英格兰和阿马狄斯·台·高卢两个骑士哪一个较好。可是同村的理发师兼外科医生尼古拉师傅却说哪一个也比不上太阳骑士,又说倘使有谁能够跟他比的话,那就该算阿马狄斯·台·高卢的兄弟堂加拉奥耳③,因为他的性情是无事不相宜的,一点儿没有婆娘气,也不像他兄弟那么动不动就淌眼泪。讲到勇敢,他也无论如何不会差似他的兄弟。

总之,我们这位绅士是完全给这一类的书迷住了,晚上从天黑读到天明,白天从天明读到天黑。像这样,睡得少,读得多,脑汁渐渐地枯竭下去,终于失掉了他的理性。而且他对于书里看到的全套幻境,都坚信它是真实的,以至觉得世界上没有一部历史比这些书更可靠。他惯常要说,熙德·路威·狄亚兹④原是个很好的骑士,可是跟火剑骑士却不能比,他只消一个回击,就把两个凶猛可怕的巨人劈开了。他比较喜欢柏那多·台尔·卡比阿⑤,因为他在伦西瓦利斯地方杀死了着魔的罗尔丹⑥,用的是赫克里斯对付大地之子安泰的战略,将他从地上提了起来,用两条臂膊夹

---

① 堂贝利阿尼斯(Don Belianís),当时骑士小说中的英雄人物之一。

② 西固恩查(Sigüenza),西班牙城市,那里得的大学学位常被人耻笑。

③ 帕尔美林·台·英格兰(Palmerín de Ingalaterra)、阿马狄斯·台·高卢(Amadís de Gaula)及堂加拉奥耳(Don Galaor),均骑士小说中的人物。

④ 熙德·路威·狄亚兹(Cid Ruy Díaz),十一世纪西班牙实有的民族英雄。

⑤ 柏那多·台尔·卡比阿(Bernardo del Carpio),九世纪中西班牙的半神话英雄。

⑥ 罗尔丹(Roldán),即罗兰(Roland),骑士小说中的著名英雄。

死的。对于巨人魔刚德①，他就说得很好很好，因为他虽然属于那个一向傲慢蛮横的巨人族，却能够温文尔雅，不同流俗。但他最最着迷的一个，还是莱那尔陀·台·蒙塔尔凡②，特别当他见他从堡寨里出马逢人便劫的时候，以及从海外抢回穆罕默德圣像的时候。据历史上说，那圣像是纯金的哩。至于加拉隆③那个内奸，他就恨之不尽，为要将他用脚踢一个痛快，就连家里的女管家和外甥女也肯让她们有个机会。

他既然这样完全失掉了理性，就发生了哪个疯子头脑里都不会有过的一种奇想，想起为增进自己的声名和谋求公众的福利，他都应该去做游侠骑士，带同他的马匹和武器，去漫游世界，探奇冒险，将书中所见游侠骑士做过的事情一一实行起来。一切的苦难都要去解救，一切的危险都要去亲历，以为这样的豪举一旦奏了功，他的荣誉声名就可以永垂不朽。照这位可怜绅士自己设想，他这么孔武有力，至少是已经封了特拉比桑大的皇帝了。像这样，他被这种种适意的幻想包围起来，觉得那其中实有无穷的乐趣在对他招引，就把他的计划赶快实行起来了。

他的第一桩事，就是把一套发霉生锈的甲胄拿来洗擦，那是他的高高祖留下来的，在一只角落里丢了许多年了，他用尽力气，将它洗涤磨擦得锃亮，可是他发现了一个大缺点，因为那头盔并不完全，光只有一个兜子，或是一个铁帽子。不过他手段很巧妙，马上就把这缺点弥补起来了；他拿一片厚纸板做成一副面甲模样，将它配上那个铁帽子，看起来就同一顶头盔一般无二了。他要试试它牢固不牢固，经不经得起刺击，就抽出他的剑来，给它戳了两下，谁知竟把一星期来辛苦的成绩立刻毁坏了。他看看这么容易坏，觉得有点不大满意，又怕将来要遭遇同样的危险，就重新再做起一副来，里边用小铁条衬着，自己觉得一定会牢固，就不再试验，认为这是一顶绝好的头盔。

---

① 魔刚德（Morgante），意大利作家普尔西（Pulci, 1432—1484）所著骑士小说《魔刚德》（*Morgante Maggiore*）中的人物。

② 莱那尔陀·台·蒙塔尔凡（Reinaldos de Montalbán），骑士小说中的英雄之一。

③ 加拉隆（Galalón），查理曼史诗系中的三大内奸之一。

　　第二桩事就是去探望他的骏马；那马虽然骨瘦如柴，像是里尔①的棱角，毛病又比冈尼拉②那匹 tantum pellis et ossa fuit③ 的马还要多些，他却以为亚历山大的波塞法罗④和熙德的巴比加⑤都还不如它。他花了四天工夫去考虑，不知该给它一个什么名字才好，因为他心里想，像这样一匹良马，又属于这样有名的一位骑士，是不应该没有一个出色名字的，他竭力要找出一个名字来，一方面可以表出它还未属于一个游侠骑士时候的身份，一方面又可表出现在的身份：因为倘使它的主人地位改变了，它的名字也就应该改变，必须堂皇而雄壮，合于它的新境地和新生活，这在他想起来是有充分理由的。于是，许多名字想出了又丢掉了，择定了又废弃了，最后才决定取名为洛西南特⑥。这个名字，他想既堂皇而又响亮，同时又可以表出它从前不过是匹凡马，如今却可以超轶世间一切良马了。

　　马名既定，颇觉踌躇满志，他就决计替他自己也取个名字。为了考虑这件事，他又费了八天的工夫，后来才决定自名为堂吉诃德⑦。根据这一点，上文已经说过，这部真实传记的作者就断定他的名字是吉哈大，不是像别人说的主撒大了。但他想起了那位勇武的阿马狄斯不能光以阿马狄斯一个名字为满足，所以把他的国度和本乡的名字加在上面，要使它也出名，自称为阿马狄斯·台·高卢。他就也仿照这一位好骑士的办法，自称为堂吉诃德·台·拉·曼却。这样，在他想来，就可以把他的世系和乡贯历历叙出，而且以乡贯作为姓氏，总算给它相当体面了。

　　甲胄已经擦亮，兜子已经修改为全盔，他的马和他自己都已取了新名字，他这才觉得什么都不缺少，就只消选择一位美人去和她恋爱了。因为一位游侠骑士要是没有一个情妇，那是等于一株树没有树叶和果实，一个

----

①　里尔（Real），西班牙古代银币。

②　冈尼拉（Gonela），十五世纪后半叶佛罗伦萨宫廷中的一个滑稽家。

③　见普鲁托斯《奥鲁拉里亚》：意即"只有皮包骨头的"。

④　波塞法罗（Bucéfalo），亚历山大的爱马名。

⑤　巴比加（Babieca），熙德·路威·狄亚兹的爱马名。

⑥　原意为：从前的劳役马。

⑦　"堂"（Don），是西班牙贵族的尊称；女的就称为"堂娜"（Doña）。

躯体没有灵魂一般的。"倘使说吧,"他道,"为了要惩罚我的罪孽,或由于我的运气好,偶然碰到了什么巨人——那是游侠骑士寻常有的事——将他打倒了,或是将他劈为两半,或是收伏了他,逼他投降于我,那时不是总得有一个美人才好把他送去做礼物吗? 那么,他到了美人面前,就可以对她跪着,用卑下谦恭的语气对她说道:'啊,夫人,我就是巨人卡剌鸠里安卜罗,马林得兰尼亚岛上的主人,如今跟赞美不尽的堂吉诃德·台·拉·曼却单人决斗,被他打败,他命令我自己投到夫人尊前,听凭夫人怎样发落吧。'"啊! 当我们这位好绅士做完这番演说时,他心里是多么快乐啊! 后来他果真寻到一个人,把情妇的称呼加了上去,那时他的快乐更不待说了! 这事的经过据说是这样的:在他的居处附近,住着一个颇有几分姿色的乡下女子,他从前是跟她有过爱情的,不过据人猜想,她实在从来不知道有这回事,也并不高兴知道有这回事。那女子的名字本来叫做亚尔东莎·罗伦佐,现在他既然将她认为意中人,就也要替她另起一个名字,以为一方面要跟她自己的本名不很相远,一方面又要近似一位贵妇人或是公主的名字,后来就决定取名为达辛尼亚·台尔·托波索,因为她是生在托波索地方的;在他想来,这个名字既和谐,又不俗,又富有意义,跟他替自己起的以及替他一切东西起的名字都配合得上。

第二章　叙述英明的堂吉诃德第一次由他本村出马

这一切准备齐全之后,他就不再耽搁他那计划的实行,一想到世界将因他的延误而受到种种损害,更觉得一刻不容再缓。因为有那么多苦难他要去解救,那么许多冤屈他要去申雪,还有许多非法行为等他去惩办,许多弊病等他去改良,许多债务等他去清理。于是,他不让一个人知道他的计划,也不让任何人看见他的行止,有一天天还未亮(是七月里最热的一天),就自顶至踵地披挂起来,跨上了洛西南特,戴上了那顶不大周全的头盔,套上了盾牌,提起了长矛,打后院一个便门走出了旷野,想着他这荣誉事业的开头这般顺利,心中不禁狂喜。但是他刚刚走进田野里,就突然想起一件事来,几乎使他放弃了这新事业。因为那时他才记起,他是没有封过骑士的,因而按照骑士的法律,他是跟任何骑士都不能够也不应该武装相见的。而且即使他已经受过了封,也只能照新骑士的规矩,穿白色的铠甲,盾牌上面不能用图案,必须等到立过武功后才能用。想到了这些,他的决心不免有点动摇。可是他的狂热既然胜过任何理性,他就决计仿照书上读到的那许多人的办法,路上碰到第一个人就要他封自己做骑士。至于白色的铠甲,他决计一有机会就把自己身上这件擦一擦,要擦得比银鼠还要白些。这样使心境平静下去之后,他就继续前去,听凭他的马走哪一条路,他相信冒险的真正精神就在这里。

我们这位新冒险家一路行走,一路自言自语道:"我想这是毫无疑义的,将来我这番著名功业的信史一旦发现,那位执笔修史的哲人叙述到我这清早第一次出马时,措辞总不外这样:'当红色的阿波罗①刚把他的美发金丝布开在这宽阔而空旷的大地之面,当彩色的鸟儿刚从它们的分叉舌上啭出甜蜜流畅的歌声,去欢迎那刚撇开嫉妒丈夫的软榻而从拉·曼却地平线的大门和阳台向人间现示色相的玫瑰色的奥洛拉②,其时著名的堂吉诃德·台·拉·曼却就已丢开了温柔的软褥,跨上了他的名马洛西南特,起步漫行古旧而著名的蒙底尔郊野了。'"一点不错,那时他正走过这个地方。于是他一边走一边继续说道:"啊,幸运的时间,幸运的年代,我这番值得铭之于金,刻之于石,图之于画,而使子子孙孙永做纪念的丰功伟绩,刚巧是在你们的时代出现! 啊,你这明哲的魔法家③! 不论你是谁,要是注定了你来传述这段非常的史事,我要拜托你千万不要忘记我的好洛西南特,就是我那共患难的伙伴。"说到这里,他又突然的,仿佛一个人真正动了情一般,继续大声地说道:"啊,达辛尼亚公主,我这被俘虏的心的主宰啊! 你这样拒绝我,禁止我瞻仰你的芳容,迫我屈服于你这残酷的命令,真是大大的苦了我了。我现在恳求你,小姐,要记得我这被你奴役

---

① 阿波罗(Apolo),希腊神话中的太阳神。
② 奥洛拉(Aurora),希腊神话中的黎明女神。
③ 骑士文学的后期,相传作者都是魔法家。

了的心,它是因为爱你才忍受着这许多苦恼的哩!"

像这样的异想奇文,他层出不穷地来了一套又一套,都仿照着他书里见到的那个格调,就连词句也力求近似。他一路上走得那么安闲,太阳却上来得那么迅速,又加以那么酷热,尽可以把他的脑子都熔化了,倘使他是有脑子的话。后来一天快要走到头,他还是没有碰到什么值得一书的事故,这使他很灰心,因为他巴不得马上就碰到什么人,让他可以试一试他的膂力。

有的作家说他的第一次冒险是拉派司峡口的冒险,也有的说是风车的冒险。但据我关于这事的查考,证之以拉·曼却地方的年志,知道事情是这样的:那天他整整走了一天,及到傍晚时分,他的马和他自己都已经疲倦非凡,并且饿得要死;他就四面看看,想要找出一座堡垒,或是牧人的茅屋,预备到那里去歇息歇息,并解救腹中之急,这才看见离开那条路不远的所在有一家客店,这在他,仿佛就是一颗明星,就算不能将他导进救苦救难的宫廷,也总可以引到那宫廷的廊下的。他于是加紧趱行,赶在日落西山的时候到了那里。碰巧那客店门口站着两个年轻女子,就是大家说的那种陪人玩笑的姑娘,到塞维尔去路过这里,带同几个脚夫投到这家客店里来宿夜。当时我们这位冒险家所思,所见,或所设想的不拘什么,总都好像非照书里读到过的那么办不可,所以他一看见那家客店,就立刻将它幻想做一座城堡,仿佛四面都有角楼,上有银光灿烂的尖塔,外有吊桥和深沟围绕,乃至寻常所说的这种城堡的一切设备,无不应有尽有。他走到离那城堡不远的地方,就勒住了马缰,止住洛西南特的脚步,盼望有个矮人会从城垛上探身出来,吹起号角报告一个游侠骑士的到达。可是那人却迟迟不来,而洛西南特又急于要进马房,他就只得向客店门口走去;看见了那两个正在散步的妓女,就当是谁家的美貌姑娘,或是名门淑媛,在城堡门前散心。

刚巧那时有一个牧猪奴在残麦田里收猪(这我用不着道歉,它们原是这么叫法的),为要使它们聚拢来而吹起他的号角。于是堂吉诃德的想象里面就立即呈现出他所愿望的东西来,以为有个矮人在那里替他的到达放信号了。因此他心里怀着异常的满足,径向那家客店走去。那两个女子看见他这样穿着铠甲,拿着长矛和盾牌,吓得回头就往店里跑。堂吉诃德看见她们跑,知道她们受了惊吓,就掀开他那厚纸板的面甲,露出他那憔悴蒙尘的面容,用温文的礼貌和庄重的声音向她们招呼道:"不要逃,小姐们,不用怕我会有什么无礼,因为我遵守骑士的规矩,不论对谁都不容我加以伤害,何况你们是处女,一看就知道你们出身高贵。"那两个妓女瞠视着他,竭力想要找出他那被可怜的面甲几乎遮没了的脸,但一听到他称她们为处女,觉得这个称呼和她们的行业太不相干了,就禁不住大笑起来,而且笑得那么厉害,以致堂吉诃德不免有点冒火,就说道:"凡做美女的都宜庄重,如今为这一点小事笑得这个模样,实属不成体统。可是我说这句话,并非要刻薄二位,叫二位怀恨在心,因为我除为二位效劳之外,实无其他用意。"这一番话,她们一句也不懂,加之我们这位骑士的那副奇形怪状,就使她们愈加笑得厉害,因而也使他愈加冒火。当时要不是客店老板刚巧走出来,事情怕是要愈闹愈糟的。那老板由于身体肥胖,所以心平气和,他看见他这么全身披挂的一副怪形状,又加上那些马辔头、长矛、盾牌、胸甲,那么不伦不类地配在一起,也禁不住要加入这几个娘儿们里边去笑了。但是他看着这副全武行的装束,生怕要闯出祸来,决计用客礼相待,因而对他招呼道:"骑士先生,倘若你老人家是找宿头来的,那么敝店里哪样都有,就只缺少床,因为这是敝店不备的。"堂吉诃德觉得那城堡的长官(因为他既当客店是城堡,就当老板是长官了)很是谦和,就回答道:"我是什么都可以的,加斯脱拉诺先生①,因为'武装就是我的服饰,战斗就是我的休息'。"那老板想他叫他加斯脱拉诺,是因为当自己是个诚实的加斯蒂利亚人之故,其实他是住在圣卢卡海边的一个安达鲁西亚人,是和卡古一般凶狠的大贼,其恶作剧也不亚于一个大学生或是一个小厮。因而他回答道:"这么说来,那么'你老人家的床就是硬石头,你老人家的睡觉

---

① 加斯脱拉诺(Castellano),有堡主和加斯蒂利亚人两个意义。

就是一径不睡觉'①了。要是这么的话,那你就放心下马来吧,因为要在寒舍里找不睡觉的机会,那是一年到头都尽有的,一个晚上更不用说了。"说着,他就上前去带住堂吉诃德的鞍镫,堂吉诃德费了很大的劲儿才下得鞍来,为的是他已经禁食了整整一天,到现在还没有开戒哩。他当即嘱托店主人把他这匹名马加以照料,说像这样的马是天下无双的。老板将马看了看,觉得它并不如堂吉诃德说得那么好,就连一半那么好也没有。他把马在马房安顿好,就回来看看客人要什么不要;一看,那两个娘儿们正在替他卸铠甲,因为她们现在已经跟他和解了。她们先解下了护胸甲和护背甲,可是到了颈甲,她们就不知道怎么解法了。还有那假造的面甲,她们也没有办法,因为他当初拿绿带子将它扎成那个样儿,现在简直已没法可解,非把带子割断不可了,可是他死也不让割,因而就把那头盔在头上戴过一宵,那副古怪可笑的形状,真是再也意想不到的。

那些女子替他卸铠甲的时候,他心想她们定是第一流的人品,定是城堡里的名门淑媛,因而用极其文雅的辞藻对她们唱道:

> 天下骑士莫如我,
> 谁得美人服侍过,
> 能像我堂吉诃德,
> 出得乡来逢绝色!
> 美人亲来服侍咱,
> 公主来为我执马。②

"啊,洛西南特!美人们,洛西南特盖即吾马之名也,至堂吉诃德·台·拉·曼却,则系鄙人本人名号,想鄙人何德何能,本不敢以贱名称道于世,唯是此情此景,有不得不采撷郎世乐脱爵士古乘中语而用之者,故以鄙名先为美人言之耳;虽然,鄙人为美人服劳之日当亦不远矣,其时美人有所命舍,鄙人自当竭其绵薄,并乐为美人一献身手也。"那两个姑娘不

---

① 这是西班牙南部民间歌谣里的话。
② 这是仿当时西班牙歌颂英国圆桌骑士郎世乐脱(Lancelot)的歌谣所作。

曾听惯这套文绉绉的语言,只好一言不答,单问他想不想吃些什么。堂吉诃德回答道:"但凡有可进口者,都可谓时哉时哉哟!"那天刚刚碰到星期五,客店里除一包干鱼之外什么都没有。那一种鱼,加斯蒂利亚地方叫做阿巴德霍,安达鲁西亚地方叫做巴卡拉阿,也有些地方叫做库拉地罗,又有些地方叫做脱鲁圭拉①。当时他们就问他要不要吃脱鲁圭拉,因为他们没有别种鱼可供他吃。堂吉诃德回答道:"要是小鲢鱼能够多来些,也就抵得过一尾大鳟鱼了。因为在我,给我八个里尔,跟给我一枚八个里尔的大银元是没有分别的。而且,小鳗鱼也许倒更好,就像小牛肉比牛肉好,羔羊肉比羊肉好一般。不过无论什么,总来得愈快愈妙,因为铠甲沉重,穿起来辛苦不过,肚子不装饱是支持不了的。"于是,为求凉快起见,他们替他把桌子放在店门口,老板就拿了些卤少些的,烹调也差些的巴卡拉阿给他,配上一块同他的铠甲一般发霉也一般黑的面包。但看他的吃相,就非叫你大笑不可了,因为他既要扶住他的头盔,又要掀着他的面甲,就不能用自己的手送东西到嘴里去,非得别人替他送进去不可,这项任务,是上面所说的那两个女子之一担任的。可是要给他喝,那就简直没有办法,还亏得老板替他拔出一根芦管来,一头插进他嘴里,从那一头把酒慢慢灌进去。这种种的不方便,他都甘愿耐心耐气地忍受着,总之不肯把头盔上的带子割断。

在这当儿,客店里来了一个阉猪人,他一到,就把他的芦笛吹了四五声,这一来,堂吉诃德的种种幻想就都完全证实,以为他那时确是在一个著名的城堡里,飨宴时奏着音乐,小鳟鱼就是大鳟鱼,粗面包就是头等白面包,妓女就是名媛,老板就是堡主,因此,他对于此番的决心和出马,颇觉得踌躇满志。可是他想起了自己还不曾封过骑士,想起了没有得到骑士的爵位是不能去合法从事冒险的,因而心里总不能释然。

---

① 即小鳟鱼。

第三章　叙述堂吉诃德受封骑士的妙法

　　心里既不能释然,他就突然停止了他那简陋的晚餐,把客店老板叫来,拉他同到马房里,闭上门,双膝跪在他面前,说道:"我是再也不起来的了,勇敢的骑士,除非我要向你请求的一宗恩典得蒙你的惠允;这将有益于你的荣誉,也有益于人类的福利。"那店主看见他的客人跪在自己脚下,又听到这番言语,真觉得莫名其妙,只对他愣着眼睛,不知怎么办怎么说才好。他想要扶他起来,可是不行,终于只得对他先说了可以依允,堂吉诃德这才回答道:"我知道,先生,你老人家肯答应,那么听我说吧,我要向你请求而你也已经慨然惠允的这宗恩典,就是明天请你封我做骑士。今天晚上,我要在贵堡的教堂里守一夜铠甲①,到了明天,我已经说过,我就得如愿以偿,好叫我有正当的资格可以去周游四方,去冒险解救人家的苦难,因为这是骑士道和当游侠骑士的人应有的责任,这种人的心肠也同我一样,是专爱干这一套的。"

　　那店主,我们已经说过,原是个狡猾的家伙,他本来有些疑心这客人是个疯子,现在听了这番言语,就完全相信了。他打算拿他开一晚的玩笑,便决计随顺着他。因而对他说,他这种心愿和请求实在对得很,而且这样的事业,对于他那样的骑士,相貌既非凡,举动又豪爽,正可谓当行出色;又说自己年轻日子也曾干过这种荣誉的事业,到过许多地方去冒险,就连玛拉加城外,里阿郎岛上,塞维尔境内,塞哥维亚的水上市场,瓦棱西亚的橄榄园,格拉那达的通衢,圣卢卡的沿岸,哥尔多华的喷泉,托勒多的下等酒馆,以及别的许多地方,无不有过自己的足迹,在那里曾现过许多回身手,干过好些个歹事,引诱过寡妇,糟蹋过姑娘,欺骗过年轻小伙子。总之,他是在西班牙大多数衙门法院都闻名了。又说自己末了退隐到这城堡里来,靠自己的家私和别人的财产过日子,凡有骑士到此,不问品性

――――――――――――

①　守铠甲是受封骑士仪式中的一个节目,在受封的前夜举行。

等级,一律都加以款待,无非因自己爱重他们,而且盼望他们报答自己的好意,可以把他们的收入和自己共享。他又告诉他,说他城堡里没有礼拜堂可供守铠甲之用,因为它已经拆掉翻造了,但是如果守甲这一步非要不可的话,那也随便什么地方都可以,晚上就在堡里的一个院子里举行吧;等到天明,如果天意顺当的话,就好举行必须的仪式,将他封做骑士,而且准保他办得十分周到,务必叫天底下人没有一个比得上他。随后他又问他身边带钱没有,堂吉诃德回答说他连一个子儿都没有带,因为他在游侠骑士的历史里从来没有看到他们带过钱。店主说他弄错了,因为故事书里没有提到它,那是由于做书的人认为像钱和换洗衣服那么不得不带的东西是无须乎特别提它的,不能因此就推定他们没有带,其实凡有行迹载在信史的游侠骑士,没有一个不携带钱袋以备不虞,同时还带着换洗衣服,和一小盒的油膏,以备受伤时涂擦之用;因为他们在荒郊旷野里跟人打仗,不一定都有人在近旁医治他们,除非他们有未卜先知的魔法家做朋友,会立刻从云端里带了什么姑娘或矮人前来救助,还带来一瓶仙水,只消尝了一滴就会立刻创合痕消,和不曾受伤无异。但这样的便利一天不能有,从前的骑士就一天不能不叫侍从替他们带钱,以及其他必要的东西,像治伤用的亚麻布和膏药之类。如果那个骑士没有雇侍从(不过这是极难得的事),他就把这一切东西都带在马后,装在一只很小的行囊里,小到几乎看不见,叫人仿佛以为是很贵重的东西:除非是这样,带行囊的办法在骑士道里是不大许可的。这时候,那店主本来可以把堂吉诃德当作自己的教子(因为这是不久就要成为事实的),对他下命令,不过他仍旧用教导的口气对他说,从今以后出门再不要不带钱,再不能没有刚才说的种种准备,因为他会在万不及预料的时候知道它们的用处的。堂吉诃德答应他愿意一一遵教;于是马上就有命令发下来,叫在毗连客店的一个大场子上举行守甲。堂吉诃德将铠甲上的一切东西都捡在一起,放在靠墙的一个水槽上,这才挎起了盾牌,提起了长矛,一等夜色来临,就用一种庄严的步伐,在那水槽前面一来一往地开步走着。

店主把这客人发疯的事情跟全店里的人都讲了,说他如何如何地在那里守甲,如何如何地盼望封骑士。大家觉得这样的疯法好生奇怪,都跑出来远远地看他,见他时而安闲地继续踱步,时而倚在长矛上,默默凝视着他的铠甲,眼睛许久不移动。这时候天色已经很黑,但是月亮照得通明,几乎可与它的光所由借来之处相比,因而我们这位新骑士的一举一动,大家都看得清清楚楚。

这个当儿,刚巧有一个住店的脚夫想要打水给他的骡子喝,这就不得不走过来先把堂吉诃德的铠甲从水槽上挪开。堂吉诃德见他走近来,就大声对他吆喝道:"嘿,莽撞的骑士,不管你是谁,要是走近天下最最勇敢的一位佩剑者的甲胄,你就得留神,别碰着它,除非你情愿拿性命来替你的莽撞行为抵罪。"那脚夫听见这番话,懒得理他(不过实在还是理一理的好,也免得皮肉受苦),就抓着皮带,将那副甲胄远远扔出一段路外去。堂吉诃德看见这种情形,举目望着天,像是向他的情人达辛尼亚昭告一般地说道:"帮助我吧,亲爱的人,帮助我申雪这个受你奴役的胸怀第一次受到的侮辱。我既蒙宠爱,既蒙保护,在这第一个危险关头你别叫我有差错。"说完了这几句,以及诸如此类的话,他就卸下了盾牌,双手提起他的长矛,向那脚夫头上狠狠地刺了一下,就叫他直挺挺倒在地上,形状非常惨。倘使再来第二下的话,那就连医生也无须请的了。随后,他捡起了他的铠甲,就又跟起先一样庄严地一来一往开步走着。

过不多时,另外一个脚夫因为不晓得这件事(原来第一个脚夫还昏倒在地上),又走出来给骡子取水,到水槽边,正要动手挪开甲胄,堂吉诃德就一言不发,也不祈求谁的保护,卸下盾牌,提起长矛,对那人头上刺了三四下。店中人听见声音一齐跑出来,店主也在里面,而堂吉诃德看见这光景,就套上了盾牌,将手放在剑把上,说道:"啊,美丽的王后,你是我这虚弱的心的力量和勇气。如今是你把眼睛朝向你这被俘的骑士的时候了,现在正有一场非常的冒险在等着他呢。"经这一说,他自以为已经恢复不少的勇气,即使全世界所有的脚夫一齐来攻他,他也不会退却寸步了。那两个受伤者的伙伴(因为他们已经看出他们受了伤)开始向堂吉诃德扔来一阵石头,堂吉诃德用他的盾牌竭力障护着自己,又怕人家要当他弃甲而走,始终不敢离开那水槽。店主向大家叫喊,叫他们不要动手,因为他已经对他们说过这个人是疯的,即使他把他们都杀了,也要原谅他是疯子而恕罪的。堂吉诃德也在喊,比他喊得更响;骂他们懦夫,奸细,骂堡主是卑怯微贱的骑士,因为他不应该这样对待游侠骑士,又说他要是得过骑士的名位的话,就要好好地惩罚他了。"至于你们这些卑鄙龌龊的匪徒,我简直看你们一个钱不值。走近来,来吧,尽力干吧。你们马上就会知道你们这样的愚蠢无礼会得到什么报应。"这一番话,他说得非常精神,非常果决,使得那些攻击他的人心里都有点惴惴然,又经店主一番劝告,大家就都住手不再扔石头了。他也让他们把伤者抬开去,自己重新守起甲来,同先前一般平静而严肃。

店主见他这个客人这样恶作剧,也觉得不大合胃口,就决计立刻给予他那个倒霉的骑士名位,使他终止守甲,省得再闹出其他祸祟来。他就走到堂吉诃德面前,说那些下等人冒犯了他,请他饶恕,他自己是一点都不知情的,现在那班人都已经重重地受到惩罚了。他又对他重复说,这城堡里是没有教堂的,好在往后的事也用不着教堂了,因为照骑士的典礼看来,封骑士的仪式中重要的就是打脖子和打肩膀,这是在田中央也可以举行的;又说守甲的典礼他已经完全尽了职,这是本来只消两个小时就够的,现在他已经做到四个小时以上了。这一番话,堂吉诃德句句都信以为真,说他一切从命,只希望堡主尽快把事情办完,因为倘如他再受到别人的攻击,那时他已经封过骑士,就决计要把全堡人杀得一个不留,除非堡主替他们讲情,他看他的面子才可以饶恕。那堡主听了这番警告,恐怕他真的闹出事来,马上拿了一本本子(那是他平日替住店的脚夫们记马料账的),带同上面说过的那两个娘儿们,叫一个孩子拿着一个蜡烛头在前引导,走到堂吉诃德跟前,命他跪下来,于是翻开了账簿,仿佛诚心祷告一般地念了起来,念到半中间,他就举起手,在他脖子上狠命捶了一下,然后又拿起堂吉诃德自己的剑,在他肩膀上着着实实地一拍,齿缝里仍旧不住地念念有词,像在祷告似的。随后他命令一个娘儿们替他挂剑,这项差使她干得十分敏捷,也十分慎重,原来当仪式进行之中,她们随时都得费不小的劲儿才忍得住笑,只因我们这位新骑士的武功她们已经领教过,总算竭力忍住了的。挂剑的时候,那好娘儿对他说道:"上帝封你做一个幸运的骑士,且叫你马到成功。"堂吉诃德问了她的芳名,以便日后时时可以纪念,如果将来他那英勇的臂膊赢得荣誉来,他也愿意和她共同享受。她很谦恭地回答他,说她名叫托罗莎,是托勒多一个补鞋匠的女儿,在桑乔·比安那耶①的小店里居住,又说她无论在什么地方,都愿意替他效劳,当他做自己的主子。堂吉诃德又对她说,愿意她从今以后名字上加一个尊称,叫堂娜托罗莎,她也就依允了。还有一个女人替他上了马刺,他就用同样的一套话和她对谈,也问到她的名字。她对他说她叫摩莉涅拉,是安德墓拉一个诚实磨坊主人的女儿。堂吉诃德也恳求她名字上加个尊号,叫堂娜摩莉涅拉,又对她说了许多愿意效劳和表示感谢的话。

于是,这一套前所未见的仪式就算匆匆举行完毕。堂吉诃德急于要上马前去找冒险,当即配好洛西南特的络头,和店主拥抱了一下,就跨上了马。临动身时,还说了许多怪话,说蒙他封了骑士,心中铭感,无言可表。店主巴不得他快些出门,所以回答他的话也跟他一样客气,只不过没有那么啰唆,也不问他要宿钱,就祝他前途安吉。

第四章　叙述我们这位骑士从客店出马以后的遭遇

这时候已经快到天亮,堂吉诃德从客店里出马。想起骑士已经到手,觉得如意称心,高兴得手舞足蹈,几乎将马肚带也踩断了。但是他记起了店主的劝告,要干这件事须得有种种必要的设备,尤其是钱和换洗衣裳,于是决计回家办去,并且要去找个侍从来。这侍从的人选,他打算去找邻近的一个乡下佬,他知道那人家道贫穷,孩子又多,叫他当骑士的侍从是很相宜的。想罢,他就将洛西南特转向自己本村的方向。那马仿佛了解

①　桑乔·比安那耶(Sancho Bienaya),托勒多的一个广场。

主人之意，一时兴高采烈，像是蹄不着地似的跑将起来。但是跑不多远，就见靠近右手有一片丛林，仿佛听见里面有一种虚弱的声音，像是有人在哭。他一听见，就自言自语道："感谢上天垂恩，给我这么早一个机会，可以尽我的职责，如我的心愿。你听那边的哭声，一定是什么受难人正在等我的保护和救助。"说着，他就勒转辔头，叫洛西南特寻那声音而去。进林不到几步，就看见一棵橡树上拴着一匹雌马，另一棵橡树上绑着一个孩子，腰以上赤裸着，年纪约莫十五岁，哭声就是他口里出来的。原来这哭也并非无因，一个狠心的乡下佬正拿一根皮鞭重重地抽他，抽一下，骂一声，教训一句。"因为，"他说道，"口要慢，眼要快。"那孩子回答道："我下次不敢这样了，亲爱的先生！看上帝面上可怜可怜我，我再也不敢了，我答应你，从今以后留心看羊就是了。"

堂吉诃德看见这个情形，就怒气冲冲地说道："无礼的骑士，你不应该这样对待一个不能自卫的人啊。你且骑上你的马，拿起你的矛（原来他也有一支矛倚在那拴马的橡树上），我要叫你知道知道你刚才这种行为是怯懦的。"那乡下佬看见这么一个人向他走来，全身披挂，拿着一根长矛对着他的脸挥舞，自知是没命的了，只得好言回答道："骑士先生，我如今在责打的这个孩子是我的佣人，我雇他在邻近地方看守一群羊，他太不当心，叫我每天丢失一只羊。我因他不当心，或是弄诡巧，责打他几下，他还说我有贪心，想借故扣他的工钱，可是天晓得，凭良心说，他这话是假的。"堂吉诃德道："你敢当我的面撒谎吗，卑贱的匪徒？我们头顶上的太阳知道，我实在恨不得用这长矛一下子刺穿你。赶快给他钱，不用多说话；要不然，管我们的上帝知道，我马上就结果你，送了你的命。赶快把他解下来！"那乡下佬垂头丧气，不发一言，解下了那个孩子。堂吉诃德就问他，他东家欠他多少钱，他回说九个月的工钱，每个月七个里尔，堂吉诃德替他一算，已经有六十三个里尔，就吩咐那乡下佬立刻付给他，要不就得拿性命来作抵。那人战战兢兢地回答说，他死到临头，怎敢欺骗，况且又起过誓（不过他实在并没有起过），他实在并没有欠他这么多，因为这笔账里面，得要扣去两双鞋子的钱，还有他害病时两次放血的费用一个里尔。堂吉诃德说道:"不错不错,可是鞋子钱和放血钱是跟你无故给他的皮鞭子两相抵消了;他磨陷了你买给他的鞋子上的皮,你可也磨陷了他身上的皮;他害病的时候你叫理发师兼医生替他放血,他好的时候你自己放他的血。所以在这两笔账上,他并没有欠你什么。"那乡下佬道:"不过,骑士先生,无奈我身边没有带钱呀。这样吧,叫安德列斯跟我一同回家去,我如数付给他,分文不少就是了。"那孩子听见这话,就说道:"我跟他回去! 那还行! 不,先生,这我绝不干;因为旁边要是没有人,他就把我打成个圣巴多罗缪①了。""那他不会的,"堂吉诃德道,"我既然有命令给他,他就不敢不慑服了;何况他曾经凭他的骑士职位对我起过誓,所以我要放他走,钱是包管少不了的。"那孩子又道:"好先生,你老人家说话当心呀,我的东家并不是骑士,也没有得过什么职位;他是琴塔那一带地方的财主,名叫约翰·郝屠多。""那不相干,"堂吉诃德回答道,"郝屠多一族人里也许会出骑士的,何况人人都是他自己那事业的儿子②。""那是不错的,"那孩子道,"不过我的东家是什么事业的儿子呀,他连我淌汗的工钱还不肯给呢!"那乡下佬就道:"我并不是不肯给呀,安德列斯,我的朋友;你就跟我回去吧,好孩子,我已经指着世界上所有的骑士职位起过誓了,一个子儿不会少你的,并且还要外加香味③呢。"堂吉诃德道:"讲到外加香味,那得谢谢你,其实只要你还他的工钱,他也就会满足了。不过你起过的誓,你不能反悔,要不然我就凭着同是这个誓来起誓,非回来找着你责罚你不可;因为你是逃不了的,就算你比一只壁虎还藏躲得紧。你倘如要知道这对你下命令的到底是谁,好叫你自己格外当心,不至失约,那你听着,我就是英豪盖世的堂吉诃德·台·拉·曼却,向来路见不平拔刀相助的。再见吧,你栗栗危惧刚才对你说过的惩罚,千万不可忘记你的诺言和誓言。"说着,他就用马刺将洛西南特一夹,转眼之间已在许多路外了。

那乡下佬一双眼睛直愣愣地送着他走,直等他走出树林,看不见影

---

① 圣巴多罗缪(San Bartolomé),耶稣的十二门徒之一,据传说,系被人打死殉道。

② 意思是他的家私是他自己挣起来的。

③ "还东西要外加香味",是西班牙俗语。

子,就回转头来对他的佣人安德列斯说道:"到这儿来吧,孩子,我已经决计照那打抱不平的人的吩咐,要把欠你的钱还给你了。"安德列斯道:"我敢起誓,你还是依从那位好先生的吩咐好,我但愿他活到一千岁,他真是勇敢,又这么公平,你要是不给我钱,他是要回来照话行事的。"那乡下佬道:"这个我也可以起誓的,不过我还是要表示我实在爱你,所以已经决计加利奉还了。"说着,他就抓住他的膀子,把他重新绑在树上,拿皮鞭子连连打他,直打得他几乎断了气,这才说道:"现在,安德列斯兄弟,叫那人来替你申冤吧;你会知道这冤他是申不了的了,虽然我还没有送掉你的命;因为你刚才说怕我打,我可偏要留你一条活命来打你。"但是过了一会儿,他就把他解下来,放他自去找寻他的裁判人,叫他来执行已经宣判的刑罚。安德列斯抱着一肚子气愤走开,口里起着誓,说他定要找到那位英豪盖世的堂吉诃德·台·拉·曼却,把刚才的事情告诉他,叫他来同他加十倍算账。不过他到底哭着走了,留着他主人在背后哧哧地笑。

就像这样,这位英豪盖世的堂吉诃德就算申了这一次冤了;他自觉马到成功,心里十二分的快乐,想起自己的游侠事业如此开场,真是荣幸之至,于是踌躇满志,向自己的村庄一边行走,一边低声自语道:"啊,达辛尼亚·台尔·托波索,你这绝色的美人呀,你该承认自己是天底下最最幸运的一个女人了,因为你的命实在太好,竟有这么英勇闻名的一位骑士堂吉诃德·台·拉·曼却来为你趋旨承欢,真是难得难得! 天下人都知道的,他是昨天才受的骑士封位,今天就申雪了一桩旷古未闻的奇冤大屈了!原来他今天看见一个残酷的人无端鞭打一个懦弱的孩子,竟把那敌人手里的鞭子夺下来了!"

这几句话刚说完,他走到了一个十字路口,当即想起来,游侠骑士每逢交叉路口,总都要站住想一想往哪条路去的,他就也照古代排场,将马控住了,及至经过一番熟虑,这才放松了马缰,让他自己的意旨听凭他的马去指导。那马一念之间,就向它自己的马房方向直奔而去。走了约莫五六里路,堂吉诃德就遇见了一群人,据后来查知,他们是托勒多的一伙商人,到木尔西亚贩丝去的。他们一共六个人,都撑着伞,还有四个骑马的仆从,三个步行的骡夫。堂吉诃德远远望见了他们,就想一定又是什么事故来了,当即想起书上读过的故事,就竭力模仿那里面的行径,幻想这种境地是专为他立功而设的。于是他装起一副豪侠的姿势,英勇的神情,在鞍镫上坐稳身子,执住长矛,用盾牌护住胸膛,到大路中心去站着,专等那些游侠骑士到来,因为他早已断定他们是游侠骑士了。及至他们到了可以谈话的远近,堂吉诃德就提高了嗓子,装出一种傲慢的神气,大声喊道:"全世界人都站住,要是全世界人不肯承认全世界上没有一个姑娘能比拉·曼却的皇后绝世佳人达辛尼亚·台尔·托波索更美丽的话。"那伙商人听见他这几句话,又看见说话的人那么奇形怪状,果然都站住了。不多会儿,他们就都看出那说话的人是个疯子,可是他们很想问一问他要他们承认的那件事到底是什么意思。其中有一个人生来有些滑稽,却又是很谨慎的,就对他说道:"骑士先生,我们并不认识你老人家刚才提起的这位佳人到底是谁。你让我们见见她吧,如果她真是像你说的那么一个美人,我们就心悦诚服毫不犹豫地承认你吩咐我们的那句话。"堂吉诃德回答道:"要是让你们看见了,那么叫你们承认这么明显的一件事情还有什么稀罕呢?现在就是要你们不看见她也得相信、承认、肯定、发誓,并且支持我的那句话;要不然我就跟你们见个高低,不管你们是怎么的骄傲,怎么的吓人;你们照着骑士的法律,一个个地来也好,照着你们这种人的坏习惯,大家一伙儿上来也好,我总在这里恭候,我相信自己是理直气壮的。"那商人回答道:"骑士先生,我用现在这几位王子的名义,向你老人家请求,求你别叫我们承认一桩从来没有看见过也没有听见过的事,免得我们良心受累,更对不起阿卡利亚和厄斯特莱玛杜拉①的帝后王妻,所以要你老人家让我们瞻仰瞻仰这位美人的玉照,就算小到一颗麦子一般也不妨,我们是可以即小见大的,倘蒙惠允的话,我们就可以满意放心,而你老人家也可以称心如意了。老实说吧,我明知道我们大家都是会跟你老人家同意的,那么即使那美人的玉照上画着一只眼睛斜瞄,还有一只眼睛淌

---

① 这是西班牙人口最少也最偏僻的两个地方。

红水,淌黄水,那也不要紧,我们要称你老人家的心,随你老人家爱说她怎么样,我们一概承认就是了。"堂吉诃德听了这番话,气得直冒火,说道:"淌什么! 你们这班下流坯! 她什么也不淌,却是棉花裹的龙涎香,麝猫香;她也不伛偻,也不驼背,是跟瓜达拉麻①的纺针般笔挺的:可是你们对我情人这样的绝代美人竟敢加以这样可怕的褒渎,总得要有个报应。"

说着,他平端着长矛,怀着满肚子的气愤,直向那发言的商人奔去,还亏得正在这当口,天幸洛西南特一脚滑倒在地上,否则那鲁莽的商人就吃了苦了。洛西南特既倒地,他的主人也就在田里滚了好些时,想要爬也爬不起来,因为他被那些长矛、盾牌、马刺、头盔牵累着,外加那身古董铠甲的重量,竟是身不由己了。可是他在这么挣扎着要爬而爬不起来的时候,口中还是不住地喊道:"不要跑,你们这些婊子养的;站住了,你们这些奴才;我摔倒了是我的马不好,不能怪我自己的。"那一伙人里有个赶骡子的,脾气不大好,听见那位可怜的落地先生这般臭骂,熬不住也回骂了几声,并且跑到他面前,夺了他的长矛,将它折成好几段,随手拿起一段来把堂吉诃德狠狠地揍了一顿,纵然他身披甲胄,也被打得像脱了皮的麦子了。那骡夫的东家们在旁叫喊,叫他不要打得太厉害,将就些走吧,可是那骡夫已经打上了气来,非到余气全消是不肯住手的;他就又抓起其他几段断矛,逐一在那可怜的落地骑士身上完成其劈裂。那骑士虽然吃那断矛暴雨一般落在他身上,口却始终不曾闭,不住地咒天骂地,咒骂杀人的凶手,因为在他看起来,那一伙人简直就是凶手了。久而久之,那人觉得疲倦了,这才搭伙扬长而去,一路上尽有那挨揍的可怜骑士做谈资了。那骑士看看只剩他一个,就又尝试着要爬起来;可是身体完整健康的时候尚且爬不起,这时受了重伤,几乎已被砸得粉碎,又怎么爬得起来呢? 不过他仍旧以为自己是幸运的,心想这样的灾难到底只有游侠骑士才能有,何况过失又全在他的马身上呢。只是要想爬起来,已属不可能的事,因为他已经遍体鳞伤了。

---

① 瓜达拉麻(Guadarrama),马德里郊外一小镇,位在一座山下,那山岩壁陡峭,称为"纺针"。

第五章　续叙我们这位骑士的灾难

但到他明白了自己实在动弹不得的时候,他就想起他的老法门来了,那就是把他平时书里读到过的故事想一些起来做参考。于是他在一阵狂热中,立刻记起伐尔多味诺斯①和孟都亚侯爵②被卡洛托③打伤了丢在山上的故事来。这是孩子们都晓得的一个故事,青年人无不皆知,就是老年人也都称许而置信,可是其实比穆罕默德的神异事迹真确不到哪里去的。如今在堂吉诃德看起来,拿这例子来比拟他当时身历的灾难,简直是天造地设,因此他就装出身上非常痛楚的样子,在地上滚将起来,又用一种虚弱的声音,说着那树林里的负伤骑士据说曾经说过的几句话道:

> 你在哪里呀,心爱的卿卿,
>
> 知否你情郎痛苦得彻心?
>
> 天啊! 我今落难你不知情,
>
> 莫非你假心肠没一点儿恩!

就像这样子,他一边打滚,一边背书,一直背道:

> 孟都亚的高贵侯爷,
>
> 我的伯伯,我的老爷!

那两句诗为止。也真叫运气好,他刚刚背到这两句诗的时候,碰巧有个乡下人打这里走过。这人是他的本村人又是近邻,赶着一车麦子到磨坊里去;他一看见有人躺在地上,就走近前去,问他是什么人,为什么这般痛哭。堂吉诃德心想一定是他的伯伯孟都亚侯爵来了,就不回答他的话,还

---

① 伐尔多味诺斯(Valdovinos),骑士传说中罗兰的兄弟。

② 孟都亚侯爵(Marqués de Mantua),中古法国传奇中的丹麦王子。

③ 卡洛托(Carloto),查理曼之子。

是继续背书,说出自己如何如何落难遭殃,以及那皇帝的儿子如何如何跟自己的老婆恋爱,都和书里写的一模一样。那农夫听了这样一套疯疯癫癫的话,直吓得目瞪口呆,随即掀开他那打得粉碎的面甲,揩抹他那满是灰尘的脸;及至揩抹干净,当即认出了他,就说道:"啊! 吉桑诺先生(因为他在神志还清的时候,就是没有从一个清明的绅士变作一个游侠骑士的时候,本来是这么叫的),你老人家为什么这般模样?"但无奈他不论问什么,他总是依据着他的书来回答。

那好人看见这般光景,就设法卸下他的扩背甲和护胸甲,要看看他受伤没有,但是没有看见血,也没有看见一点伤痕。他就竭力将他从地上搀扶起来,又好容易把他扶上自己的驴子,为的是驴子比较容易骑。然后,他又将他所有的武器收拾起来,连那长矛的碎段也不丢掉,一起都捆在洛西南特身上,于是一手牵住马辔头,一手拉住驴头勒,径直向自己的村庄进发;一路上想起了堂吉诃德的那些荒唐话,心中还是十分惊异。堂吉诃德也同样的若有所思,但因吃过那样的毒打,受过那样的重伤,在驴背上简直有些支持不住,不时要发出几声响彻云霄的呻吟来,以致那农夫不得不再三问他有什么痛苦。可是他又忽然记起一些跟他目前处境有点相像的故事来了,真是谁都意想不到的! 因为在那一刻儿,他已经忘记了那个伐尔多味诺斯,而以为自己就是摩尔人阿宾达莱兹[1],仿佛正被安德基拉的总督洛德里果·台·那伐埃斯拘囚起来送到自己城堡寨里去的情景。所以当那农夫再问他怎么样的时候,他就用囚人阿宾达莱兹回答洛德里果·台·那伐埃斯的话来回答他,完全把蒙德梅耶[2]所作《狄安娜》中的故事如法炮制,使得那农夫听了那一大堆废话之后,唯有一迭连声地叫倒霉而已。他从那番话里,就看出了他的邻人已经发了疯,因而要赶快回到村中,省得再听见堂吉诃德这些无理的唠叨而心里烦恼,堂吉诃德却正继续

---

[1] 阿宾达莱兹(Abindarráez),是十六世纪一篇传奇《阿本雪拉海与美丽的哈里法》(*Abencerraje y la hermosa Jarifa*)中的主人公。

[2] 蒙德梅耶(Jorge de Montemayor,1520? —1561),西班牙诗人,著有传奇《狄安娜》(*Diana*),其中第四章即阿宾达莱兹与哈里法的故事。

对他说道:"你老人家得明白,洛德里果·台·那伐埃斯先生,你刚才提起的这位美人哈里法,现在已经成为美貌的达辛尼亚·台尔·托波索了;我为了她,已经做下了,而且现在正在做,将来还要做,一番骑士道中空前绝后的著名功业。"那农夫回答道:"你听我说吧,先生,我是一个犯罪的人,并不是什么洛德里果·台·那伐埃斯先生,也不是什么孟都亚侯爵,不过是你的邻居彼得罗·阿隆索,就是你老人家自己,也不是什么伐尔多味诺斯,什么阿宾达莱兹,而是高贵的绅士吉桑诺先生。"堂吉诃德答道:"我是知道自己的,知道我不但做得到刚才提起的那几个人,还做得到法兰西的十二武士①,甚至于古时的九杰②,因为我的功业将要比他们单独做成或合力做成的都大得多呢。"

他们谈着诸如此类的话,及至走到村庄,已经红日西沉,那个农夫却不马上进村,故意挨到天色再黑些,好叫人家不至看见这位挨了打的可怜绅士这般难看地骑在驴子上。后来他看看时候可以了,这才走进村去,到了堂吉诃德家门口,一听,里面正被一片吵闹声弄得天翻地覆。原来村里的神父和理发师(堂吉诃德的两个好朋友)刚巧都在那里,那女管家正对着他们大声说道:"你老人家看怎么样,彼罗·贝莱斯学士先生(这就是那神父的名字),我们东家会有什么祸祟吗?他跟他的马、盾牌、长矛、铠甲,都六天没有见面了。作孽呀!我看一定是的,万万错不了,一定是那些作孽的骑士书,他日也念,夜也念,叫他脑子给念邪了。我现在想起来,最近我原是常常听见他自言自语,说要去做什么游侠骑士,去周游世界找冒险等等。这些书呀,咱们拉·曼却地方最最有才情的一个人也给它毁了,怎么不天诛地灭呀!"说到这里,那外甥女也插进来说道:"你老人家真不知道,尼古拉师傅(这就是那理发师的名字),我的舅舅念那些作孽的冒险书,常常是接连两天两晚不停的;常常等念完了,就丢开书,抽出他的剑来,一送一迎地对着墙壁打,等到实在累乏了,就说他已经杀死了四个塔

① 十二武士,指扈从查理曼大帝的十二个爵士。
② 九杰,指古代亚历山大等九个传说中的英雄。

那么高的巨人,又指着他身上累得淌下来的汗,说是打仗打伤了的血。他这才马上喝下一大壶凉水,就又平复如常,告诉我们说那水是最珍贵的流质,一个大魔法家并且是他的朋友厄斯基夫①贤人送给他的。不过怪来怪去,都怪我的不是,我不该不早把我舅舅的疯狂行为通知你们二位,不等弄到这般地步,就叫你们二位把那些作孽的书一把火烧干净;这套书他多着呢,想来是应该把它们当作邪说一般丢到火里去的。""我的意见也是这样,"那神父道,"我主张明天就开一个会议,来取缔这一套书,立刻烧掉,不让人家再有机会去读,免得也跟我那好朋友一样受害无穷。"

这一席话,那个农夫和堂吉诃德在外边都听见了,那乡下人更加相信他的邻人有些不妥当,就大声喊起来:"列位给伐尔多味诺斯先生和孟都亚侯爵开门呀,他受了重伤来了;给摩尔人阿宾达莱兹先生开门呀,他被英勇的安德基拉的总督洛德里果·台·那伐埃斯囚了来了。"里边的人听见声音,大家一齐跑出来,朋友认识了朋友,管家认识了东家,外甥女认识了舅舅,都等不得他下驴子来,就一拥而前,和他拥抱,因为他也实在下不得驴子了。当时他喊道:"你们大家都不要动手,我是因为马失脚受重伤了。抬我到床上去吧,要是办得到的话,去把贤明的乌尔刚大②请了来替我治伤。"女管家接口道:"你们看呀,我一猜就着,我家主人瘸的是哪一条腿,看看错不错啊。上楼去吧,看老天爷面上,就是乌尔刚大不来,我们自己也要想法治好你的。作孽呀! 我说过了,真是千作孽,万作孽! 这些骑士书把你老人家弄成这个样儿了。"说着大家马上把他弄到他自己屋子里,找找他身上的伤,却一点儿也没有。他这才告诉大家,说他不过是因为他的马洛西南特摔了一大跤摔坏了的,那时他正跟天底下最最大最最厉害的十个巨人战斗呢。"嘿嘿!"那神父就道,"怎么! 这玩意儿里面也有巨人了呢。老实说吧,明天等不到天晚,我就要把那些家伙烧个干净了。"随后他们问了堂吉诃德许许多多话,他却一句也不回答,只说要吃点东

---

① 厄斯基夫(Esquife),原意是"轻舟",外甥女误把《阿马狄斯·台·高卢》中的巫师阿尔基夫(Alquife)弄错了。

② 乌尔刚大(Urganda),阿尔基夫的妻子,是个女巫。

西，并且叫他们让他睡一觉，这是他当时顶顶需要的。大家依了他的话，那神父就细细问那乡下人，他当时找到堂吉诃德是怎么一个情况，那乡下人就把始末情形叙述了一遍，说他如何如何地只管说疯话，初看见他的时候也说，一路回家的时候也说。这就使得那位学士先生对于第二天要做的事情不再犹豫了。到了第二天，他就去邀了他的朋友理发师尼古拉师傅，一同到堂吉诃德家里。

第六章　叙述神父和理发师在我们这位
英明绅士的藏书室里施行有趣而壮烈的大检查

那时堂吉诃德还没有睡醒，神父向他的外甥女去要那些造恶书本所在房间的钥匙，她就很乐意地把它交给他。于是大家一同走进那个房间，女管家也跟了进去。一看，里边有一百本以上的对开大本，都装订得很好，还有许许多多的小本子。女管家一看见它们，就急忙跑出房子，登时取了一盆圣水和一把洒帚进来，说道："学士先生，拿这个洒洒房间吧，免得这些书里的妖怪知道咱们现在要把他们赶出人世，出来跟咱们作祟，对咱们报仇。"神父觉得那女管家有些愚蠢，只微笑一笑，就吩咐理发师将那些书本逐一取下来，让他来查看一下里面到底讲些什么，因为他的意思认为内中也许有一部分是不应该拿火来处罚的。那外甥女说道："不，这里边没有一本有可保全的理由，因为它们都是造恶的，最好将它们全都从窗口扔到院子里，堆成一堆，一把火焚化干净，要不就搬到后园子里去焚化，省得烟火冲人。"女管家也这么说，原来她们两个都是急于要把这些清白无辜的东西处死的。可是神父不同意这种办法，认为至少也得把书名先看一看。

尼古拉师傅第一部送到他手里来的是《阿马狄斯·台·高卢》①，一共

---

① 《阿马狄斯·台·高卢》，是欧洲著名的骑士传奇，十四世纪时流行于西班牙和葡萄牙，作者已不可考。

有四卷;神父看了道:"这部书里似乎含着些神秘,因为我听见说,这是西班牙印行的第一部骑士书,其余的书都是拿它做蓝本,从它出来的;所以我想,我们应该认它为罪魁祸首,毫不容情地将它付之于火。"但是理发师说道:"不然,先生,因为据我所闻,这一部书实是骑士书中的最佳本;所以应该原谅它的艺术不同凡响,予以保全才是。"神父道:"这也说得是,那么就看在这一点的份上,容它暂时苟全性命吧。咱们且看它下面的一个。""这是,"理发师道,"阿马狄斯·台·高卢的合法儿子《厄斯普蓝田历险记》①。""那么可见,"神父道,"有其父必有其子的话是不足信了。拿了它去,管家奶奶,开了那边的窗,扔它到院子里去,替咱们的火堆行个奠基礼。"女管家满心欢喜,照他的话将那老实的厄斯普蓝田飞送到院子里去,叫它在那里耐心等着火来烧。于是神父道:"再来。"理发师道:"下一个是《阿马狄斯·台·希腊》②,哈哈,我看这边这一批都属阿马狄斯一个血统的了。""那么,"神父道,"一齐都到院子里去吧,因为像那女王品底基尼斯脱拉,像那牧人达里奈尔③跟他的牧歌,以至做书人那种纠缠不清的鬼议论,要是不把它付之一炬,那我宁可烧杀自己的亲爸爸,倘使我看见他装扮做一个游侠骑士的话。"理发师道:"我也是这个意思。"外甥女道:"我也是。"女管家道:"既然如此,就把它们通通送到院子里去吧。"他们就将书交给她去送,但是本数实在多,不过她为了省些上下楼梯的辛苦,就一齐都从最捷的捷径——就是打窗口里——扔了出去。

"那一本是什么?"神父问道。"那是,"理发师回答道,"《堂奥力番

① 《厄斯普蓝田历险记》(*Las Sergas de Esplandián*),西班牙作家蒙塔尔伏(Ordóñez de Montalvo)所作,1510年出版,厄斯普蓝田在书中是阿马狄斯·台·高卢的儿子。
② 《阿马狄斯·台·希腊》(*Amadís de Grecia*),相传作者为希尔瓦(Feliciano de Silva),1542年出版。
③ 品底基尼斯脱拉(Pintiquinestra)和达里奈尔(Darinel),都是《阿马狄斯·台·希腊》中的人物。

德·台·劳拉》①。""那本书的作者,"神父道,"就是做过《百花园》的。我真不晓得这两部书哪一部比较信实,或是哪一部较不荒唐。我只得说,为了它的夸大和荒谬,它得到院子里去。"理发师道:"下面这一本是《夫罗立斯马德·台·赫揆尼亚》②。""什么! 夫罗立斯马德先生也在这里吗?"神父道,"老实说吧,它也得马上到院子里去的,不管它出身怎样稀奇,经历怎样诡幻。因为不说别的,就是以文章而论,那么样的粗疏枯燥,就已罪不容诛了。送它到院子里去吧,还有这一本,管家奶奶。""遵命,遵命。"女管家回答了一声,就满心欢喜地如命而行了。"这一部,"理发师道,"是《柏拉底尔骑士》③。""哦,"神父道,"那是一部古书了,我觉得它是没有一点地方值得赦免的;叫它不必多言,跟它们去做伴去吧。"这也就马上照办了。随后他们翻开一本书,书名是《十字架的骑士》④。神父道:"书名取得这样正经,好叫人家看起来可以原恕作者的愚昧,可是常言道,'魔鬼是躲在十字架背后的'。那么让它也到火里去吧。"理发师又取下一本书,说道:"这是《骑士鉴》⑤。""啊!"神父道,"它老人家我是很熟悉的。这里边有莱那尔陀·台·蒙塔尔凡先生,跟他的朋友和伙伴,都是比卡古更要厉害的大贼;还有那十二英雄和忠实的史家戊尔品⑥也在里边。可是我只打算把它们永远放逐,因为它们包含着一些为著名的马退奥·波雅陀⑦所发明

---

① 《堂奥力番德·台·劳拉》(*Don Olivante de Laura*),托凯玛达(Antonio de Torquemada)所作,1564 年出版。《百花园》(*Jardín de Flores*)亦其所作,1570 年出版。

② 《夫罗立斯马德·台·赫揆尼亚》(*Felixmarte de Hircania*),奥尔台加(Melchor Ortega)所作,1556 年出版。

③ 《柏拉底尔骑士》(*El Caballero Platir*),作者不可考,1533 年出版。

④ 《十字架的骑士》(*El Caballero de la Cruz*),第一部是萨拉查(Alonso de Salazar)所作,1521 年出版。第二部鲁亭(Pedro de Luján)所作,1563 年出版。

⑤ 《骑士鉴》(*Espejo de Caballerías*),原分三部分,分别于 1533、1536、1550 年出版。塞万提斯所指,可能是累诺莎(Pedro de Reinosa)所作,1586 年出版。

⑥ 戊尔品(Turpín),相传卒于 800 年左右,曾任大主教,著有《戊尔品编年史》。塞万提斯故意在这里和传奇中的戊尔品混为一谈,予以讥讽。

⑦ 马退奥·波雅陀(Mateo Boyardo,约 1434—1494),意大利宫廷诗人,曾著《恋爱的奥兰陀》(*Orlando Innamorato*);就是阿里奥斯托的《疯狂的奥兰陀》的蓝本。

的东西,后来基督教诗人鲁陀维果·阿里奥斯托①曾经根据他来编造他自己的一片荒唐言,但我即使在我们西班牙见到他,他如果不说他本国的语言而说别国的语言,我就看他不起,但是他如果用他自己的国语,我就将他顶在头上了。"理发师道:"我是看见他用意大利语的,可是我不懂。"神父答道:"你懂不懂没有什么了不起的关系,我们总要怪那好上尉②的不是,他不该将他带到西班牙来,叫他来做加斯蒂利亚人;因为他的原来价值被他剥夺了不少。其实凡是从事于翻译诗歌的人,总都要有这样的不幸,因为他们无论用怎么大的功夫和技巧,也绝不能保持原作的情调的。我现在直截了当地宣判,如今这一部书,和以后碰到的其他所有关于法兰西事情的书,都要把它们丢开,藏放到干燥的地窖里去,等到我们考虑更加成熟之后再决定如何处置;不过有两部是例外,其一是《柏那多·台尔·卡比阿》③,又其一是《伦西瓦列斯》④;它们要是落到我手里来,我就要把它们交给管家奶奶,由她送到火里去,绝不宽贷。"理发师对于这一番话完全赞成,认为用意甚好,而且这样的处置也极允当,因为他知道那神父是个极好的基督教徒,生平笃守信实,无论如何不会说假话的。

他又翻开一本书,一看是《帕尔美林·台·俄里瓦》⑤,其次的一部叫做《帕尔美林·台·英格兰》⑥,刚巧被那学士先生一眼瞥见,就道:"把这《俄里瓦》去撕得粉碎烧掉了,连灰也不让留,至于《帕尔美林·台·英格兰》,那可以当作一个孤本保存着;并且要做好一只匣子来装它,像从前亚

---

① 鲁陀维果·阿里奥斯托(Ludovico Ariosto,1474—1533),意大利著名诗人,著有《疯狂的奥兰陀》(*Orlando Furioso*)等。

② 指希梅内斯·台·乌莱阿上尉(Capitán Jerónimo Jiménez de Urrea),他曾将《疯狂的奥兰陀》译成西班牙文,1549年出版;译文甚拙劣。

③ 《柏那多·台尔·卡比阿》(*Bernardo del Carpio*),奥古斯丁·阿隆索(Agustín Alonso de Salamanca)所作,1585年出版。

④ 《伦西瓦列斯》(*Roncesvalles*),法兰西斯古·加里杜(Francisco Garrido de Villena)所作,1583年出版。

⑤ 《帕尔美林·台·俄里瓦》(*Palmerín de Oliva*),相传是一男子所作,1511年出版。

⑥ 《帕尔美林·台·英格兰》(*Palmerín de Ingalaterra*),法兰西斯古·台·莫拉依斯·加勃拉尔用葡萄牙文所作,1544年出版;1547—1548年译成西班牙文。

历山大在大流士战利品里发现的那只珍藏诗人荷马作品的匣子一样。你得知道,伙计,如今这部书,有两点地方可以重视:其一,它本身确是一部佳作;又其一,据传说它是葡萄牙一位贤君所作。其中描写米拉瓜达堡的种种冒险,都十分精彩,而且见功夫,对话很文雅,而且明白,所有的人物都很有斟酌,有分寸。所以,尼古拉师傅,你请再酌量一下,就让这一部书和《阿马狄斯·台·高卢》免受火劫吧;至于其他一切,也不必再加推问,将它们一律处死就是了。"理发师回答道:"不然呀,伙计,因为我这里的这一本是著名的《堂贝利阿尼斯》①呢。"神父回答道:"这一本书,和它的第二、三、四部,都得要少许大黄来泻一泻它们过多的胆汁;还有关于名誉堡的一切,以及许多更荒谬的东西,咱们也得把它们去掉。那么,咱们且办它一个流刑,看它有否改过自新的表示,再来取决它有罪无罪。暂时,伙计,让它在你家里收容一下吧,可是别让人去读它。"理发师道:"遵命,遵命。"此后,他懒得把那些骑士书一本一本地翻,就吩咐管家奶奶,叫把大本子的一概都丢到院子里去。那管家奶奶并不是一个蠢人或是聋子,与其叫她编造最美最大的织物,总觉得不如烧书有趣,因此就每次七八本七八本地从窗口扔了出去。

由于手里拿得太多了,有一本落在理发师的脚下,理发师想要看看它是什么,一看原来是《著名骑士白色泰伦梯传》②。神父就大声嚷道:"我的天!《白色泰伦梯》也在这里吗? 拿来给我,伙计。因为我在它身上可以发现一个娱乐的宝库,消遣的窖藏。这里边有堂吉利赖生·台·蒙塔尔凡,一个英勇的骑士,和他的兄弟托马斯·台·蒙塔尔凡,还有骑士封舍卡,还有英勇的泰伦梯跟阿浪诺的战斗,还有少女普拉扎尔德米维达的巧思妙想,以及寡妇黎坡萨达的恋爱和机谋,还有王后跟她的内侍喜坡利多

---

① 《堂贝利阿尼斯》(*Don Belianís de Grecia*),赫罗尼莫·费南台斯(Jerónimo Fernández)所作,1547 年出版。

② 《著名骑士白色泰伦梯传》(*Libre del Valerós e Strenu Cavaller Tirant lo Blanch*),玛托莱尔(Joanot Martorell)所作,原系加泰罗尼亚文,1490 年出版;1511 年译成西班牙文出版。

的恋爱。老实说吧,伙计,这部书在它这一类里是要算世界上最好的了;里边描写的骑士都会吃东西,会睡觉,会死在床上,会在未死以前做遗嘱;有许多事情都是其他同类的书所没有的。不过,我告诉你,就因那作书的人将这许多愚蠢的事情写得这么活灵活现,他是值得送到奴隶船里去过一辈子的。你带它到家里去,自己读读看,就会晓得我的话不错了。""好的,好的,"理发师道,"不过还有这些小本子怎么处置呢?"神父道:"这些大概不是骑士书,不过是诗歌集子罢了。"他随手翻开一本,一看是蒙德梅耶的《狄安娜》,想其余那些也一定是同类,就道:"这些是不应该跟其余那些一同焚化的,因为它们不能像骑士书那么作恶;它们都是天才和幻想的作品,对人没有什么害处。"外甥女道:"啊,先生,请吩咐跟其余的书一齐烧吧;因为倘使我家舅舅的这种骑士病可以治好,将来他读了这些书,恐怕又要想去做牧人,漫游到树林里田野里去唱歌吹笛子;弄得不好,怕还要做起诗人来;据说那是一种治不好的传染病呢。"神父道:"姑娘的话也不错,现在替我们的朋友去了这重魔障也是要紧的。我们如今第一本找到的既是蒙德梅耶的《狄安娜》,我的意见是不烧它,只去掉里边关于贤人费利西亚和魔泉的全部,以及大多数较长的诗,至于散文部分,我们看上帝面上就留下来,算是尊重第一部散文著作的荣誉。"理发师道:"这以下一部是《续狄安娜》,是个萨拉曼加人①作的;还有一部也叫《续狄安那》,作者是吉尔·波罗②。"神父道:"那个萨拉曼加人也叫跟那些定了罪的一道去充数,到院子里去吧;不过吉尔·波罗的那部可以保全下来,就当它是阿波罗亲自写的一样。再来,伙计,我们得赶紧些,天色快要晚了。"

理发师又翻了翻另一部道:"这是《爱运十书》,一个撒地尼亚诗人安东尼奥·台·洛弗拉梭作的③。"神父回答道:"我凭我神圣的职位说话,到

---

① 指 1564 年出版的续集,作者是阿隆索·贝累斯(Alonso Pérez de Salamanca)。

② 指吉尔·波罗(Gaspar Gil Polo)于 1564 年出版的《恋爱的狄安娜》(*Diana Enamorada*)。

③ 安东尼奥·台·洛弗拉梭(Antonio de Lofraso)所作《爱运十书》(*Los Diez Libros de Fortuna de Amor*),出版于 1573 年,是一部内容空洞的牧歌诗。

底阿波罗是阿波罗,缪斯是缪斯,诗人是诗人,像这部书这样的风趣而奇妙,是从来不会有人写过的;这是世界上同类书中最最好也最最奇特的一部;谁要不曾读过它,就可算一辈子不会读过好书。拿来给我,伙计,我觉得是哪怕送我一件佛罗伦萨锦缎的法衣也没有这么可贵的。"说着,他满心欢喜地将它放在一边,理发师就继续翻检,说道:"这里这几部是《依比里亚的牧人》①,《喜奈累斯的妖女》②,以及《疗妒术》③。"神父道:"不必再麻烦,交给管家奶奶手里去好了,也不要问我为什么,因为要照这样下去,是一辈子也完不了的。""下面这一部是《费里达的牧人》④。""他并不是牧人,"神父道,"却是一个聪明的廷臣;我们可以保全他,当作一件宝贝收藏起来。"理发师道:"这里这厚厚的一册,名叫《杂诗萃珍》⑤。"神父道:"要是里面的诗再少些的话,倒是更加可贵些;这本书必须加一番刈除,将那些良中之莠清出去。现在且保存着它,一来因为作者是我的朋友,二来姑念他还写过一些更加激昂慷慨的著作。"理发师道:"这本是洛贝斯·马尔多拿多的《歌集》⑥。"神父答道:"这本书的作者也是我的好友;他自己作诗自己唱,能够引起听众的赞赏,而且他唱的声音非常美妙,听众都要着迷。他做的牧歌不免稍稍多产一点,可是真正好的东西绝不会嫌它太多;现在把它放在最好的一堆里去吧。下一本是什么?""是米盖尔·塞万提斯的

---

① 《依比里亚的牧人》(*El Pastor de Iberia*),柏那陀·台·拉·维加(Bernardo de la Vega)所作,1591 年出版,是一本田园小说。

② 《喜奈累斯的妖女》(*Ninfas de Henares*),贡莎莱斯(Bernardo González de Bobadilla)所作,1587 年出版。

③ 《疗妒术》(*Desengaños de Celos*),洛贝斯(Bartolomé López de Enciso)所作,1586 年出版,也是一本田园小说。

④ 《费里达的牧人》(*El Pastor de Fílida*),蒙塔尔伏(Luis Gálvez de Montalvo)所作,1582 年出版。

⑤ 《杂诗萃珍》(*Tesoro de Varias Poesías*),彼得罗·台·巴迪拉(Pedro de Padilla)所作诗集,1580 年出版。

⑥ 洛贝斯·马尔多拿多(López Maldonado)所著《歌集》(*Cancionero*),出版于 1586 年。

《伽拉提亚》①。"理发师道:"那个塞万提斯也是我许多年来的一个好友,我知道他生平所熟悉的是灾难多于诗歌。他的书颇有些儿创意,但是他这部书并没有做完,我们只得等他自己预约的第二部出来再说。也许经过一番修正之后,人家就肯完全原恕它了。暂时,伙计,且叫它在你家里韬晦一下吧。"理发师回答道:"遵命,遵命。这里一起是三本:阿隆索·台·埃西拉的《阿鲁加那》②,哥尔多华县长胡安·鲁福的《奥斯脱里亚达》③,以及瓦棱西亚诗人克里斯多弗·台·佛露斯的《蒙塞累脱》④。"神父道:"这三部书是加斯蒂利亚文中用英雄诗体写的最大杰作,大可以跟意大利最著名的诗人去比赛的,让它们当作西班牙所能夸耀的第一流佳作保存着吧。"这时候,神父看了这许多的书,觉得疲倦起来了,他就不管内容怎样,要把其余的一概拿去烧掉。但是理发师又翻到了一本书,叫做《安琪莉卡的眼泪》⑤。神父听见这个名字,就道:"连我自己也要淌眼泪呢,要是我吩咐这本书拿去烧掉的话。因为它的作者是最最有名的一个诗人,不仅仅在西班牙,连全世界都闻名的,他还译过奥维德的一些寓言,译得大为成功呢。"

---

① 《伽拉提亚》(*La Galatea*),本书作者初期(1583 年)所作的一部诗与散文混合的田园故事书。
② 阿隆索·台·埃西拉(Alonso de Ercilla)的《阿鲁加那》(*La Araucana*),1569—1590 年出版。
③ 《奥斯脱里亚达》(*La Austríada*),是胡安·鲁福(Juan Rufo)的遗著,1627 年才出版,作者所见,当系原稿。
④ 克里斯多弗·台·佛露斯(Cristóbal de Virués)的《蒙塞累脱》(*El Monserrate*),1588 年出版。
⑤ 《安琪莉卡的眼泪》(*Las Lágrimas de Angélica*),巴拉奥那·台·沙多(Barahona de Soto)所作,1586 年出版。

三

失乐园[①]

[英]弥尔顿

卷　一

提　纲

　　此第一卷，欲将全书题旨，略略点明：首言人违帝命，因失乐园；次叙堕落主因，乃由撒但。复言撒但叛帝，阴结天使，助己作乱，遂触帝怒，并逐出天，堕诸地狱。此事叙讫，突入中心，言撒但与徒，在地狱中，不胜悲苦。唯此地狱，非在"中土"，乃在冥区，名之"洪荒"，方为至当。（缘当其时，天地未分，纵已判分，未应蒙祸。）撒但于此，与其徒众，并卧炎湖，经受雷击，仓黄惊怖。历许久时，方如晕苏。乃见身畔，卧一天使，以品位言，居己之次，遂命醒觉，相对吁嗟。复命余众，亦皆觉醒。众徒既起，纷纷纭纭，排列成阵；其间首领，后在迦南，与其邻境，并成偶像，奉祀为神；兹据所称，历举其名。继叙撒但，对众演说，借慰众心，言彼天庭，可望复得。末复告众，昔有预言，更闻传说，云有新世新物，不久将出。乃命诸灵，齐来会集，共证斯言，并商策略。彼时诸灵，兴采蓬勃，众手齐举，有所建设。刹那之间，判地摩宁，巍然崛起；诸魔巨头，于兹会议。

---

① 选编自：弥尔顿. 失乐园. 傅东华，译. 北京：人民文学出版社，1958.——编者

在天的缪司①，敢烦歌咏，

咏人间第一遭儿违帝命，②

都只为偷尝禁果招灾眚，

伊甸园中住不成，

致落得人间有死难逃遁，

受尽了诸般不幸，

直待个伟人③入世援拯，

方始得重登福境。

在天的缪司，您在那神秘的何烈山巅，西乃山顶，④

尝感发当初那牧人⑤，

使教导那天宠之民⑥，

俾知天与地如何自洪荒分判而成：⑦

或若那郇山⑧上，您更喜登临，

下有西罗亚⑨傍庙长流溪水清，

我便向那里呼告您尊神，

愿尊神助成我这艰难歌咏，

原来我这歌辞意趣不平平，

---

① 缪司（Muse），为希腊诗之女神。希腊诗人荷马两大史诗之首皆向缪司呼告以求灵感，后之作史诗者多仿其例。

② 《旧约·创世记》，上帝始造一男一女，曰亚当、夏娃，居之伊甸园中。有果树食之别善恶，帝禁勿食。二人违命窃食之，遂被逐出伊甸园。自是人类始有死，且多不幸事。

③ 伟人谓耶稣，耶稣死于十字架上为人间第一人赎罪。

④ 《圣经》中，何烈（Oreb 或 Horeb）与西乃（Sinai）乃一山之异名，摩西于此屡受上帝之灵感，见《旧约·出埃及记》第三章第一节及第一九章第二○节。

⑤ 牧人即谓摩西，尝率以色列人脱埃及之羁扼，见《出埃及记》。

⑥ 天宠之民，谓以色列人。

⑦ 《创世记》首句云："起初上帝创造天地。"洪荒，谓天地未分前之状态。

⑧ 郇山（Sion Hill），在耶路撒冷，有圣庙建于其上。

⑨ 西罗亚（Siloah），溪名，流经耶路撒冷神庙之侧，耶路撒冷之预言诗人以赛亚（Isaiah）尝提及之，见《以赛亚书》第八章第六节。

思飞越那爱奥尼山①高峻，

去追迹一段由情，

向未经铺叙成文，讴吟成韵。②

猗欤圣灵③，您在诸殿④里，喜的是正直纯洁之心，

愿您教训，为的您一切知情；

您自始⑤便在当场作见证，

您曾把巨翅儿振，

如鸠样，复翼那洪荒旷境，使它怀孕：

我心中蒙昧，愿得您独照光明，

我意趣平平，愿得您提携挈引，

俾我这诗意旨臻高境，

庶可以发扬那无疆的造化功程，

使人间得把天心悟领。

请先言，——为的天上事瞒不了您的眼，

地狱深渊，您也诸事都明见，——请先言：

想吾始祖⑥处境本安恬，

深得上天宠眷，

却缘何忽对造物主中途叛变？

他二人主宰人间，无稍缺欠，

却只因一事受拘牵，⑦

---

① 爱奥尼山（Aonian Mount）即赫利孔山（Mount Helicon），为希腊缪司之圣山。此处意谓其诗旨趣，欲高过荷马及其他希腊诗人。
② 言其诗题材未经有作为散文或诗者。
③ 圣灵，即上帝三位一体之一。
④ 《新约·哥林多前书》第三章第一六节云："岂不知你们是上帝的殿，上帝的灵住在你们里头么？"
⑤ 谓自天地开辟之始。
⑥ 谓亚当、夏娃。
⑦ 谓仅辨善恶之树禁止不得食。

怎便违犯上帝的心愿?

且说这不祥的叛变,

是谁人首先鼓煽?

却原来是那凶恶的蝮蛇施狡计,①

致使我人间之母受他欺,

溯根苗,都由仇恨起;

他彼时正为骄横,遭天斥逐,

率领着众天使恣行无礼,

心欲得同僚戴己,

自谓与至尊②抗衡相匹,

遂敢觊觎神器,

作乱弄兵,横行无忌,

却无如终不利。

那万能之帝,乃使炎炎烈火焚烧,③

将他掷自苍冥里,

沉沦燃炽堪惊悸,

直落入深渊无底,

在火里,这胆敢向神挑战的,

被金刚锁链牢羁系。

　　计约人寰九日夜时间,

那魔和众伴有力难施展,

　只辗转在那烈火的深渊,

---

① 《创世记》第三章第一节云:"耶和华上帝所造的惟有蛇比田野的一切活物更狡猾。蛇对女人夏娃说:'上帝岂是真说不许你们吃园中所有树上果子吗?……因为上帝知道,你们吃的日子眼睛就明亮了;你们便如上帝能知道善恶。'于是女人……就摘下果子来吃了……"
② 至尊,谓上帝。
③ 上帝以雷火焚之,故云。

纵然他是超凡质，也须瞑眩。

这刑罚，却使他蕴怒有加无减；

他一来痛惜欢娱失坠难回挽，

二则恨这无穷痛楚有如煎：

偶举悲眸观四面，

但觉得凄楚忧愁满眼，

不期忿恨凶横气更添。

迨更极目光四眄，

则见那悲凄境地荒茫无际限。

四周遭，是个怕人的牢监，

宛似在洪炉里烈火炎炎；

那火却无光焰，

只可辨黑茫茫一片，

徒教险象分明显；

这是个悲愁境界，惨影沉绵，

安逸与和平并难得见；

希望无处不周遍，

却只难期到此间；

但有的痛楚相连，无期得免，

那火有如洪水横流泛，

无尽的硫磺焚烧不稍间。

这便是那无疆主宰为叛徒安设的地点，

便是为他们在幽冥中制定的牢监，

也便是专为他们划定的界限，

其距天光帝座，视天极距中心三倍远，①

---

① 天极谓天之顶，中心谓地。作者按照二世纪时托勒密（Ptolemy）之天文学，以为天居上，地居中，地狱居下，而地狱之距天堂，较地距天堂远三倍。

其间凡事悬殊不似天。

彼时和他同堕的众伴，

也都因那烈火的狂潮瞑眩，

他未几便已察见；

其中便有个滚到身边，

那魔也多能勇健，

比自己只差一间，

论罪恶也在伯仲之间；

日后那魔之名别西卜①，

将在巴勒斯坦②地方重出现。

彼时那祸首凶元，

（因是撒但③之名天上传，）

便开始扬声破岑寂，

对他同伴出狂言：——

　　"呀，却不道就是您！

这是何等的沉沦！

想您当日在那快乐光明境，

光辉周体轶群伦，

怎而今便变得这般形景！

您和我同心同德结同盟，

共向那光荣路趁，

愿同患难共冀大功成，

如今竟也和您遭同命；

---

① 别西卜（Beëlzebub）。《新约·马太福音》第一〇章第二五节："人既骂家主是别西卜，何况他的家人呢？"注："别西卜是鬼王的名。"
② 巴勒斯坦（Palestine），即《圣经》中之犹大国境，号为圣地。
③ 言因其（蛇）为祸首凶元，故在天有撒但（Satan）之号。撒但是希伯来语，义为仇敌。

且看您和我自何等高天下陨，

陨落得何等渊深；

今而后，方知他①挟持雷霆，

确比你我都强甚；

又谁曾料那刀兵这般凶狠？

只是我不因怕那刀兵，

也不因怕那多能的胜利者，逞怒忿，更施刑，

便尔从兹悔恨；

且我外表光辉虽减褪，

却移不得我初衷坚定，

也改不得我那傲慢之心；

为的我有功勋被贬损，

纵然他威能绝顶，

也要与一较输赢，

因号召无数精灵，

咸举刀兵，齐来力并，

原来都不喜他管领天庭，

却愿奉我为首领，

遂于天上郊原列战阵，

向他那至上威权挑衅，

使得他那宝座也遭撼震。

如今虽失利，有甚要紧？

尚未至全盘输尽；

我尚有不挠意志，深切仇心，

忿恨永难消，勇气终难冷：

---

① 此及以后之"他"均指上帝。魔鬼虽失败于帝，却不愿称上帝或耶和华名号，盖藐视之也。

这四端，岂不是至难克胜？

他纵然震怒展威能，

终不能强夺我这光荣品性。

至若卑躬屈膝，向彼求恩，

竟对他权力如神畏敬，

那才真甘鄙贱，自沉沦；

原来他经我此次刀兵，

已深虑国本动摇，不无懔懔；

你我若竟此输心，

将落个羞辱污名洗不净；

一来为，你我生来都有命，①

既具这神力神能，②

复禀这清真质素③，断难克胜；

二来为，你我以此番失败为惩，

他日谋计加精，刀兵重整，大可望功成，

决要和我们那不解的大仇再一并，

非力服便教智胜，——

他如今新得利，正大欢欣，

独窃据那天庭之政。"

　　那背信的天魔语若斯，

实则心中痛欲死；

他口里狂言大肆，

却觉异常失望，楚若酷刑施；

无何，他那狂妄的同俦答言如此：——

---

① 希腊悲剧家以为虽神亦受命运支配，弥尔顿似亦袭用此种观念。

② 魔鬼在此竟以神自居。

③ 清真质素（empyreal substance），谓一种清纯之火，居于空气上层者。

"啊啊大王,您是那得座精灵①的首领,

尝统率诸撒拉弗作战阵,

出此无畏的骇人行径,

使上天无极的君王也大震,

把他的至上威权量秤,

将必因为您欲显本领,

抑系命运机缘造就成!

这不祥事,我已见分明,深悔恨,

只因这可悲的败绩,

遂教你我丧失了天庭,

又致这多能之众也复遭殃堕陨,

想我辈神灵天质,

算沦亡,至此已是止境:

因我辈虽则光辉已灭尽,

虽则欢娱已湮灭在无穷苦境,

却仍有心意精神难可胜,

元气也便须恢复无稍损。

只是我对我们的征服者,

如今不由得要信彼全能,

因若不然时,他怎能胜我等?

若还他保全你我的气力精神,

只为的要你我能将苦忍,

借可以泄他的仇忿,

或又为要把我们当作战利品,

---

① 罗马教皇格列高里第一(Gregory I)言天上精灵分九等,一曰天使(angels),二曰
天使长(archangels),三曰德性(virtues),四曰权能(powers),五曰王国
(princedoms),六曰治权(dominations),七曰宝座(thrones),八曰撒拉弗
(seraphine),九曰基路伯(cherubine)。弥尔顿诗中所谓"得座精灵"即本于此。

随他役使作奴身，

或劳作在这地狱火中心，

或奔走在那幽暗洪荒境，——

若还恁地时，你我便待怎生？

因若这未损元神，无穷性命，

只留着受无穷的苦刑，

你我又何乐于完整？"

于是那恶魔魁首急急将言应：——

"您这沉沦的基路伯，

无论是行事熬刑，唯馁弱至堪怜悯：

只是这一点，您应深信——

行善事，决非是吾曹本分，

长作恶，乃你我唯一的欢欣，

因如此，方算是和他抗命。

他若还凭他的睿圣，

意欲从吾曹邪慝偏教善事成，

你我须便劳心，从中作梗，

必使善事中仍觅得为恶的途径；

只要我不自认无能，

这办法，当能常使他烦恼焦心，

并使他思虑纷歧失准。

只是你看！那忿怒的胜利者，已把他的复仇使者召返天门：

那迫击我们的硫磺霆子，

如今已失劲，业使天崖火浪平；

那雷霆，挟赤电奔驰怒震，

今亦殆已把箭竿用尽，

听洪荒旷莽，已不闻霹雳之声。

这机会，殆由我们的仇敌藐视我们所造成，

因他已平怒忿，

你我不可错过良机不自警。

您不见那可怕的郊原旷野，

荒凉寂寞绝人行，

不见光明，但见有惨焰幽青微映？

你我须急跳出这火涛，向那荒原进；

到那里且图安息，若还有安息能寻；

然后把我们那受创的残军重整，

再商忖，今后应如何方能最痛敌人心，

应如何方可弥补自家的亏损，

并拟如何挽救这灾情；

倘希望未尽，思如何谋取援军，

倘希望已泯，思如何解危释困。”

那撒但，和他身畔的同僚这般议论；

其时他昂头出浪顶，

双眸灼灼闪光明，

身伏在火浪之心，

庞然直挺，平浮数十寻，

恰便是神话书中所道称，

和那布赖亚里阿①一样容形，

或似那堤丰，昔日曾营巢塔苏斯之境，②

这都是提坦的族类，地生的巨人，③

———————

① 布赖亚里阿（Briareos），本为一种千手之巨怪，尝助朱比特（Jupiter）与提坦族交锋。此处则似认为巨人之一。

② 堤丰（Typhon），为提坦族之一，尝与朱比特战斗。塔苏斯（Tarsus）为西里西亚（Cilicia）之故城。据希腊诗人品达（Pindar）说，堤丰尝营巢于此。

③ 提坦（Titans）为希腊神话中最初之神，大地之母所生，躯体伟大，故恒称为巨人之族。

尝与天上的岳夫①斗胜；

或又似利佛但②居在苍溟，

乃上帝创造的最大生灵。

据海上人云；那海怪偶在挪威海上寝，

常有小舟舟长入夜迷途径，

错认做孤屿竖在海中心，

便在它身旁稳风处维舟下碇，

将锚插入鳞中进，

眼巴巴直盼到天明。

彼时那巨魔被系在炎湖，庞然直挺，

也正似这般形景。

他本来永不得昂头再起身，

只因那主宰群伦的天帝宽大为心，

任他且把奸谋逞，

庶几他为祸他人，

终落得罪孽层层，刑罚更难逃遁，

并使他心下自分明，

知自己一切奸谋邪行，

只落得为他所引诱之人，

博得无穷慈惠和怜悯，

却为自己停冤佇恨到终身。

那魔于是耸伟躯，摆脱炎湖，

搅得身边火焰都斜注，

---

① 岳夫(Jove)，古罗马至尊之神，即希腊之宙斯(Zeus)。
② 利佛但(Leviathan)，为一种海中之巨兽，《圣经》中屡见之，或作鲸鱼，或作鳄鱼。
   此处称为最大之兽，似谓鲸鱼，但言有鳞，则又非鲸鱼，盖鲸无鳞。

转身时,暂屯出一片空虚处。①

然后张巨翼凌空高举,

致使尘氛载重不胜苦,②

直至脚登陆地方停驻;

那陆地,也经被火成焦土,

与湖中流火无殊,

故其色,有若地底狂风自贝洛勒斯将山拔去,③

或像那爆裂的埃特那④周缘废墟,

原来那山中有燃料藏贮,

受风吹火着,勃然腾举,

助风势,落得烟臭中只剩下一片焦土。⑤

他那不幸的双脚,便在这其间践履。

无何,他的至亲伴侣,也随他飞举,

咸以得脱冥流自矜诩,

俨然以神明自居,

谓是气力复元功乃举,

却不道全出帝心容许。⑥

　于是那堕落的大天使⑦,乃对他同僚发语:

"这岂便是我们失去天庭换来的境土?

----

① 言魔由地狱火中腾起时,火焰受震荡,均倾斜而不上炎;又方其转身时,火焰如水之成一漩涡。

② 谓尘浊之空气负载其重大之身躯。

③ 言其所履之陆地亦经火燃,故其颜色如贝洛勒斯(Pelorus)有山初被狂风拔去之地面。贝洛勒斯在西西里东北尖嘴上。

④ 埃特那(Aetna),火山名,在今西西里之东北。

⑤ 言埃特那山中本蓄燃料,因地底之风鼓荡而火上腾,遂致风势愈大,将山拔去,只剩一番焦土也。此焦土亦以喻魔所履之地。

⑥ 言彼等自夸得脱地狱乃由气力复元之故,不知非上帝宽容则不得脱。

⑦ 谓撒但。

那天上光明烂如许，

怎换得这样幽冥凄楚？

也罢，且由他去，

为的如今他是天庭主，

欲有所为，无不由他部署：

故不若离他远处；

纵然他理性与你我无殊，

力量却超俦伍。

长别了，幸福的乐土，欢娱所永居！

福哉，恐怖！福哉，冥府！

还有你，深沉的地狱，

且欢迎你的新主，——

我如今带得个心来，

不因地点与时间改吾平素。

良以心是自家的宅宇，

它可以化地狱作天堂，

也可以化天堂作地狱。

我但得保吾旧故，

纵易地，又何殊？

且若只除那挟持雷霆的愧不如，

我又何尝改变过些许？①

你我如今在此居，

至少得逍遥自主；

那万能者造地狱，谅无可羡妒，②

将不致把我们斥逐驱除：

---

① 言我犹是我，所异者，只经输与彼挟持雷霆者（上帝）。我既无所改变，则虽自天堂堕至地狱，而此心如故。

② 言上帝造地狱，谅无可羡妒之物，故可任吾等居之。

故你我于兹掌主权，庶几能巩固；

若依我取去，以为纵在地狱，

这主权也值得我们霸据；

盖与其服役在天庭，

不若掌权在地府。

只如今我们那些忠义友人，沉沦伴侣，

都尚在那迷惘的湖中不胜惊怖，

何不也招来一同居此无欢的宅宇？

宁不可部伍重兴，兵戈再举，

冀那已失的天庭重新恢复？

即不成，也不过是这般沉沦之苦。"

　　那撒但这般议论，

别西卜便将言应：——

"您是那光明部队的首领，

除却那全能之神，有谁能制胜！

他们一经听得您这声音，

觉是忧危恐惧中得希望的最鲜明保证；——

原来您这声音，他们危急之中常得听，

每当那战局吃紧，

这便是要他们进攻的准确号令，——

立刻会胆气重张，精神再振，

纵如今身在那炎湖俯伏爬行，

也犹你我当初骇惧沉迷情景；

却也怪不得他们惊震，

为的都从那险危的高处下陨！"

　　他此言犹未竟，

那恶魔魁首，便已举步向湖滨；

他将他那沉沉的巨盾推到背心，

那盾圆形重笨,乃是天中所炼成。

当日那多斯加艺士居于阿诺境,①

常自斐所勒②山巅窥远镜,

观察那黑点依稀的月轮,③

冀察见山河新境;

那撒但肩头的巨盾,

便也似这镜里团圞影。

他又挂长矛一柄,

即使那大船主伐作桅樯的挪威山上最高松本,

比起它时,也只抵得一枝光景。

他彼时拄矛而行,

为的是那方土地热如焚,

故步履不若在天时稳。

他却能强熬忍,

终得达那炎炎烈海滨,

便扬声呼唤他部下军兵。

那时诸天使尽已丧神魂,

堆积得密密层层,

好似那伏龙卜洛沙④溪里秋叶落纷纷,

上有伊特鲁立亚⑤的丛林掩荫;

---

① 多斯加(Tuscany)艺士,谓伽利略(Galileo),十七世纪时意大利之天文家。弥尔顿尝游意大利,访伽利略于佛罗棱萨。多斯加为意大利西部之一州。阿诺即阿诺谷(Valdagno),即佛罗棱萨所在之谷。

② 斐所勒(Fiesole)山在佛罗棱萨上首。

③ 月中有黑影,俗信为山河陆地。

④ 伏龙卜洛沙(Vallombrosa),义为"荫谷",距佛罗棱萨约十八英里,弥尔顿于一六三八年秋曾游于此。

⑤ 伊特鲁立亚(Etruria),古国名,即今意大利多斯加及犹木布里亚(Umbria)一部之地。

或又似海上飘浮的菅草纷纭，

值那武装的俄里翁①使起狂风紧，

激动了红海之滨，登时巨浪兴，

那时标赛立斯②食言怀毒狠，

正率领孟斐斯③的骑乘，

追逐那歌珊④寄寓民，

因悉被狂涛卷没无遗剩，

反使那逃民⑤登彼岸，

眼看着他们的飘浮尸体破车轮。

彼时那堕落沉沦的诸天使层层相枕，

也正似这般情景，

一个个身在那火浪浮沉，

骤遭此骇人变故，不胜心惊。

那撒但高呼作大声，

使地狱隆隆都震，

呼道："你等众王侯，诸战士，尽皆是天国之英！

那天国本属你等，

倘还因这番挫折，便惊惶至此形景，

从今后应难再进！

岂你等因战伐辛勤，

---

① 俄里翁（Orion），星宿名，俗传此星见则暴风将作。谓之"武装"者，以其状若人立佩刀攊带。

② 标赛立斯（Busiris），埃及王名。以色列人寄居埃及，本埃及王所许，其后食言，百方虐待，上帝乃命摩西率众逃出，事泄，王自领兵追之，值暴风作，车骑悉被淹没。事见《旧约·出埃及记》第一四章。惟埃及王但称法老（Pharaoh）而无名，弥尔顿始以标赛立斯之名实之，盖希腊神话中标赛立斯以喜虐杀客民著名。

③ 孟斐斯（Memphis）为埃及古都。

④ 歌珊（Goshen），埃及地名，即以色列人寄居之处。见《创世记》第四六章。

⑤ 逃民，谓以色列人。

故觅此暂休劳顿，

竟将此认做天庭,欲图安寝？

抑作这颓唐形景，

便算屈服吾曹的敌人，

誓不敢和他再抗命？

殊不知他如今，

正遥望着你等撒拉弗和基路伯，

辗转在狂潮里滚，

干戈旗帜散落乱纷纷，

行见他那天兵疾迅，

见有此隙可乘，

便要降落自天门，

将我等重行蹂躏，

或又使连环雷震，

将我等打入幽冥最下层。

故你等须速醒,须速兴，

否则沉沦无止境！"

　那众天使闻言,一个个惭愧不胜，

便急忙都将羽翼振，

譬如人当值更偷寝，

适被上司撞见急抬身，

兀是惺忪未清醒。

那诸魔,也非不知所处是危境，

非不觉痛苦交侵，

故即纷然起应将军命。

那时情景,就譬如昔时埃及国灾祸来临，

那暗兰之子①，手挥神杖海之滨，

唤起漆黑如云的蝗阵，

趁东风飞翔无定准，

使得那尼罗流域，法老②国境，

霎时间暗若夜冥冥；

那时众恶魔群起纷纭，

也得无类此灾蝗阵，

尽飞翔在那地狱顶，

上下四周俱有火烧焚，

直迨他们的大苏丹③举起长矛作号令，

为他们指点途径，

这才舒卷得翅儿平稳，

飞集那硫磺地境，

顿然使那平原压塞得不留分寸，

便是那北方蛮国④号雄兵，

当驱策那冰天的子弟南侵，

势如洪水奔流进，

直下那直布罗陀的海峡，

弥漫在利比亚的沙漠无垠，

却也未见有这样层层的密阵，

---

① 暗兰(Amram)之子，谓摩西。埃及王虐待以色列人，上帝命摩西数示灾异，此为第八次。"耶和华对摩西说：'你向埃及地伸杖，使蝗虫到埃及地上来。'……摩西就向埃及地伸杖，那一昼一夜，耶和华使东风刮在埃及地上。到早晨，东风把蝗虫刮了来，蝗虫上来，落在埃及的四境，甚是利害。……因为这蝗虫遮满地面，甚至地都黑暗了。"（《出埃及记》第一〇章。）

② 法老，埃及国王之称。

③ 苏丹(Sultan)，回教皇帝之称。此指撒但，盖寓专制及敌教之义。

④ 北方蛮国，谓第五世纪时侵灭罗马之汪达尔(Vandals)蛮族，经过多恼、来因诸河流域，渡直布罗陀海峡而至非洲。

经过多恼来因两河境。

彼时诸魔中各队先锋,各班首领,

忙都拥向他们的大司令,——

一个个状貌如神,殊比凡人胜,

尽都是尊严的君后,得座的精灵;①

却只因作乱谋奸背帝心,

天籍上业已不留名姓,

生命书②中已削名。

便是那夏娃的子孙③,也未把新名相赠,

直至因帝心容忍,

任他们且在凡尘混,

借可以试探世人心,④

把诳言诈伪,诱得世人大半乖违造物神,

竟对他的光荣大不敬,

亵渎做野兽之形,⑤

并用辉煌仪注,将魔鬼礼拜作神明,——

直到这时辰,那诸恶魔方在人间得名姓,⑥

都成了各般偶像,享受异端的礼敬。

　　缪司,请言这将来诸偶像之名:

当他们听得那大帝⑦一声号令,

---

① 所谓君后、精灵,均天使之称号,见前文注释。

② 《生命书》(*Book of Life*),即《新约·启示录》第三章第五节之《生命册》,内载帝所眷宠者之名。

③ 夏娃的子孙,谓人类。

④ 言任诸魔降世,诱惑世人,借可试探人心坚否。

⑤ 《诗篇》第一〇六篇第一九节云:"他们(以色列民)在何烈造了牛犊,叩拜铸成的像。"又第二〇节云:"如此将他们荣耀的主换为吃草之牛的像。"

⑥ 迦南、埃及、希腊等处皆崇拜堕落之天使而为之造名。迦南所造诸天使名有别西卜,摩洛(Moloch),巴力(Baalim),亚斯他录(Ashtoreth)等。

⑦ 大帝谓撒但。

都自那烈火之床梦醒，

一个个按序分伦，

撇下了那鱼龙混杂群，

追随到那首领所在的不毛之境，

那时谁为先导，谁是殿军，

愿得您详言名姓。

    原来这其间的诸首领，

后来都脱离地狱，作祟凡尘；

他们的座位，竟敢与帝座齐伦并等，

他们的庙祀，竟敢与神庙比宇连楹，

备受那四国万邦的礼敬，

也不怕耶和华隆隆雷震，

自那二基路伯搭座的郇山顶；①

甚至把他们的神龛秽物，

直放入上帝的庙寝，

把亵渎事污秽了礼筵洁圣，

又把他们的黑暗，去对抗上帝的光明。

就中第一个，摩洛②为名，

乃是个可怖魔君，

身染着人类牺牲的血腥，

与夫父母哭儿的泪沈；

每当那鼓鼗③声震，

---

① 昔摩西遵帝命，铸金为基路伯二，对立郇山上帝座的两端，高展其翼以复帝座。（见《出埃及记》二、五、三、七各章，又见《列王纪上》第六章第二三—二八节。）

② 摩洛为异教之火神。据犹太传说，摩洛祭时，以小儿置于其像之手，令自坠入火炉中焚死。其名源自希伯来语 melee，有"王"之义，故谓为"可怖的魔君"。《申命记》第一二章第三一节所谓"将自己的儿女用火焚烧，献与他们的神"，即指摩洛。

③ 鼓鼗，为祭神之乐。相传祭摩洛时恒令鼓声大作，俾父母不闻儿女之哭声。

婴儿们做了他那狰狞偶像牺牲品，

在火里惨哭一声声，

做父母的竟无闻听。

他受那亚扪①人的礼敬，

血食在拉巴②的水城，

以至亚珥哥伯，巴珊，直达那亚嫩河滨。③

他得此淫邪的地境，却是意犹未逞，

更凭他那欺人的本领，

诱惑了上智的所罗门④，

竟为他立庙建祠，在那蒙污的山顶，

与圣庙抗礼分庭，

又把欣嫩⑤的秀谷，封作他神圣之林，

因而那谷便有陀斐特之号，格很拿之称，⑥

意谓已变成地狱幽冥。

其次一魔名基抹，乃摩押的子孙所畏敬，⑦

其祀地，自亚罗珥至尼波，直达亚巴琳山极南的荒境；⑧

---

① 亚扪(Amman)，地名，在约但河(Jordan)之东。

② 拉巴(Rabbah)为亚扪之主城。《撒母耳记》第一二章第二七节云："我攻打拉巴，取其水城。"

③ 亚珥哥伯(Argob)，为巴珊(Basan)之火山区。巴珊乃约但河东之沃地。亚嫩河(Arnon)为摩押与亚扪分界之河，在亚扪之南端。

④ 所罗门(Solomon)为以色列之第三王。《列王记上》第五章第二九节："上帝赐所罗门极大的智慧聪明。"又第一一章第四一七节："所罗门年老的时候，他的嫔妃诱惑他的心……为……亚扪人可憎的神摩洛在耶路撒冷对面的山上建筑丘坛。"

⑤ 欣嫩(Hinnom)，郇山南谷名。

⑥ 陀斐特(Tophet)，希伯来语 toph，鼓也，以摩洛祭礼击鼓故名。格很拿(Gehenna)，有地狱之义。

⑦ 基抹(Chemus)，摩押(Moab)之神名。摩押在亚嫩河之南。

⑧ 亚罗珥(Aroar)为亚嫩河上之一城。尼波(Nebo)，为摩押之一镇。亚巴琳山(Abarim)在死海之东岸，为摩押之大山。

复有那希实本,与何罗念,西宏所领,①

在那息白马②丽谷之外,有葡萄常蔓生,

更管及以利亚利,直在那枥青湖滨:③

后来他又别名叫毗珥,④

去蛊惑那以色列之民在什亭;

彼时以色列人方归自尼罗境,

为他建淫祠,崇礼敬,

致落得帝心震怒降诛刑。

他却仍未餍贪心,

直将他祀地推广到那邪僻的山根⑤,

与摩洛杀人的丛林相并,

遂致"凶恶""贪婪"结了邻,⑥

终至善良的约西亚⑦,将他们驱入幽冥。

同时,自那古昔的伯拉河滨⑧,

---

① 希实本(Hesebon)在亚巴琳山之东。何罗念(Horonaim),摩押镇名。西宏 (Seon),亚摩利人(Amorites)之王。

② 息白马(Sibmah),谷名。

③ 以利亚利(Eleale),镇名,在希实本之东。枥青湖(the Asphaltic Pool)谓死海,为 其含枥青质多也。

④ "以色列人住在什亭,百姓与摩押女子淫乱。……吃他们祭物,跪拜他们的神。以 色列人与巴力毗珥联合,耶和华的怒气就向以色列人发作。耶和华吩咐摩西说: '将百姓中所有的族长,在我面前对着日头悬挂,使我向以色列人所发的怒气可 以消了。'于是摩西吩咐以色列的审判官说:'凡属你们的人,有与巴力毗珥联合 的,你们各人要把他们杀了。'"(《民数记》第二五章第一一五节。)什亭(Sittim)为 以色列人归途安营之处,在约但河东,耶利哥(Jericho)附近。

⑤ 邪僻之山,即谓郁山,以其为伪神所污,故称邪僻。

⑥ 摩洛凶恶,基抹贪婪。

⑦ 约西亚(Josiah),犹太王,八岁登基,在位三十一年。十二岁时,即从事肃清耶路撒 冷,拆毁一切伪神的丘坛,捣碎巴力的偶像。(见《历代志下》第三四章第一一 四节。)

⑧ 伯拉河,即幼发拉底河(Euphrates)。

迄埃及与叙利亚界河①之境，

其间处处方方祀伪神，

男的统名为巴力，

女的亚斯他录②是通称。

原来天上精灵不拘性，

欲男欲女可随心，

或且阴阳具一身；

为的是，他们的本质柔软轻清，

无待肢筋作胶笋，

自不若肉躯重笨，

也无须脆骨支撑；

他们都随意为形，

或浓或淡，或暗或明，

只看所作事情为准，

利空中自在飞行。

都只因这班魔道，

那以色列的种姓，便弃了赋予生命的真神，③

冷落了他的圣洁祭坛，不勤礼敬，

却去膜拜那兽畜之形。

因此后来临战阵，

他们的头颅，便也似膜拜时那般情景，

尽在那可贱的敌人矛下陨落不能伸。④

与这诸魔一队同行，

中有个名亚斯它勒，

① 埃及与叙利亚之界河，即埃及小河（the Brook of Egypt），见《创世记》。

② 巴力与亚斯他录并见前注。

③ 原文 living strength（活的力），谓气力所由来之活神。

④ 此二句似指以色列在艾城之败，见《约书亚记》第七章。

斐尼基人则呼阿士塔提①名；

那魔有天后之称，②

首生双角亭亭新月形；③

那西顿④地方的处女，每当月夜光明，

便对她的辉煌偶像颂歌行礼敬；

即在那郇山地境⑤，

也时闻颂彼的歌声，

她有庙在那污邪山顶，

乃是个好色的君王⑥所始经营，

那君王心地本聪明，

却因惑于那些妖像⑦，沉迷不醒，

竟不恤屈身恭自祀淫神。

继来的名曰搭模斯⑧，

一年一度受创在利巴嫩，

值夏日，阿多尼斯河水全殷，

相传是那魔血染而成，

那叙利亚的妇女，都为他悼伤命运，

---

① 亚斯它勒（Ashtoreth）或阿士塔提（Astarte），即亚斯他录之单数式，迦南及斐尼基人之主要女神。

② 《耶利米书》第七章第一八节："妇女抟面作饼，献给天后"，即指此。

③ 相传亚斯它勒乃月神。

④ 西顿（Sidon）为斐尼基名城之一，故言西顿人，即谓斐尼基人。

⑤ 郇山地境，谓耶路撒冷。

⑥ 谓所罗门。《列王纪上》第一一章第三节："所罗门有妃七百……还有嫔三百。"

⑦ "妖像"谓妃嫔。《列王纪上》第一一章第四节："他的妃嫔诱惑他的心，去随从别神。"

⑧ 搭模斯（Thammuz）为叙利亚所奉伪神。相传此神为野熊啮死于叙利亚及巴勒斯坦中间之黎巴嫩（Lebanon）山中，每年一度复活，更一度死。叙利亚有河曰阿多尼斯（Adonis），遇夏潮至，则水赤。叙利亚妇女因相传为此神血染而成，至时举国为之哀吊。希腊有阿多尼斯神，即是此神，盖以河名。

尽把淫词艳曲哭吊幽灵。

这传说波及郇山地境，

女儿们也为他洒热泪，凭吊泣嘤嘤，

被以西结①异象中见此形景，

深慨异端偶像污辱圣墙门。

又继此而行的伪神②，

见己像为夺来的约匮③所毁损，

头颅双手两离分，

仆倒在自己的庙堂门，

致使他的崇拜者引为耻恨，

他自己也着实伤心：

他名叫大衮，本是个海里妖神，

上截人形，下截鱼形，

却有个庙宇，在亚实突④巍然耸挺，

巴勒斯坦尽人皆畏敬，

以至于迦特、亚实基伦，以革伦，⑤

直迄迦萨⑥的边境，

处处方方皆奉信。

---

① 以西结（Ezekiel），犹太之先知，尝于异象中见犹太妇女坐圣殿之门为搭模斯哀哭。（见《以西结书》第八章第一四节。）
② 此伪神即大衮（Dagon），非利士之国神。非利士既夺得约匮后，移至亚实突大衮庙中，置其像侧。翌晨，则见该像仆于匮前。人以像扶归原位，后日又仆如故；首与双手，均被折断，弃于槛上。（见《撒母耳记上》第五章。）
③ 约匮（the ark），为藏上帝法版之匮，皂荚木所制。（见《出埃及记》第二五章第一〇节。）
④ 亚实突（Azotus，或 Ashdod），为巴勒斯坦五大城之一。
⑤ 迦特（Gath）亚实基伦（Ascalon），以革伦（Accaron 或 Ekron），并为巴勒斯坦五大城之一。
⑥ 迦萨（Gaza），亦为巴勒斯坦五大城之一。

继此而至者名曰临门①，

有庙在大马色②秀丽之境，

当那亚罢拿、法珥法两清流③腴沃的河滨。

这伪神，也敢与帝庙抗衡比胜；

他尝失却个癞子④之心，

却引得个君王⑤来奉信；

那王名为亚哈斯，便是那地方的征服人，

原是个无道昏君，

因被此魔诱引，觉原来的圣庙威仪殊逊，

便改作叙利亚的体式模型，

备于中焚献不洁的牺牲，

向他征服地的诸神礼敬。

又继此出现的则有一群，

尽皆自古已知名，

是为奥赛烈司，埃西斯，和剌斯，⑥

与夫此辈的侍从们，

---

① 临门（Rimmon），叙利亚所奉之伪神。

② 大马色（Damascus），叙利亚之首都。

③ 亚罢拿（Abana），法珥法（Pharpar），为叙利亚著名之河流。前者流经大马色；后者流过大马色附近。

④ 癞子，谓叙利亚之将乃缦（Naaman）。乃缦患癞，就以色列先知以利沙（Elisha）请医，以利沙嘱赴约但河浴七次当愈。乃缦怒曰："大马色的河亚罢拿和法珥法岂不比以色列一切水更好吗？我在那里沐浴不得洁净吗？"然终以从仆之劝而浴于约但，果愈。乃曰："从今以后，仆人必不再将燔祭或平安祭献给别神，只献给耶和华。"又曰："我在临门庙屈身的这事，愿耶和华饶恕我。"是乃缦已弃临门而皈依耶和华矣，故曰："失却个癞子之心。"（见《列王纪下》第五章。）

⑤ 此君王谓犹大王亚哈斯（Ahaz）。尝怂恿亚述人征服大马色，而往会之，见大马色伪神坛庙辉煌耀目，归后即将圣庙改造，仿其体制。（见《列王纪下》第一六章。）

⑥ 奥赛烈司（Osiris），埃及之神，教民稼穑，为其弟所杀，裔而抛诸尼罗河中。其妻埃西斯（Isis）集其残体，藏诸箧中。和剌斯（Orus），为奥赛烈司与埃西斯所生之子。

一个个怪状奇形，①具有妖魔本领，

蛊惑了那狂迷埃及人，

致使它的祭师们，

都寻这些兽状的游神来奉信。

这风气，也传到以色列的国境，

在何烈，尝把埃及的贷金②铸作犊牛形；

更有个叛逆之君③，

使这罪倍加一等，④

在伯特利与但二境，

各把造物主耶和华装作了食草牛形，

以致当他自埃及遄作归程，

那国中的长子⑤，便与这畜鸣之神同命运。

最后，是彼列⑥迟行作殿军；

堕落诸魔中，莫如他怙恶不悛，

也莫如他放纵荒淫；

他并无坛庙享牺牲，

但当那叛教的祭师对天不敬，

① 埃及之神像恒作牛狗牲畜之形。相传诸神畏巨人之逼迫，乃化作牲畜之形，游行无定处，故曰"游神"。

② 以色列人离埃及时，曾向埃及人借贷多金，始终未偿。归后，亚伦（Aaron）以之造金犊，谓以代耶和华之灵，令民拜之。（见《出埃及记》第三二章第四节。）

③ 叛逆之君，谓耶罗波安（Jeroboam），尝叛所罗门之子，窃据巴勒斯坦之大部分。

④ 谓亚伦仅铸一牛，耶罗波安则铸二牛，一在伯特利（Bethel），一在但（Dan），均耶路撒冷北部之圣地，事见《列王纪上》第一二章第二八节。

⑤ 长子（firstborn），谓一切头生者。耶和华降于埃及之第十次灾，乃治死埃及地各家之长子，上至法老，下至磨后婢女，首及牲畜之首生者。《出埃及记》第一二章云："因为那夜我要巡行埃及地，把埃及地一切头生的……都击杀了，又要败坏埃及一切的神。"又云："到了半夜，耶和华把埃及地所有的长子……以及一切头生的牲畜尽都杀了。"

⑥ 彼列（Belial），伪神名，字有凶恶之义，作者用为胆怯及恶德之象征，故以之殿后。

把奸邪淫乱充斥了上帝的宫庭，

若以利诸儿①的行径，

则祭坛神庙，又谁得如他足迹勤？

他又势力及朝廷宫禁，

和那繁华的市城，

其间喧闹连天震，

有百般无道荒淫；

每当街衢上暮夜沉暝，

常见他的信徒们，酗酒横行无忌禁。

只看那所多玛街衢之事，与基比亚一宵情景，②

竟须把客中的宠姿，来餍足此辈的强暴奸淫！

　　这诸神，论品位，论本领，并居首等，

自余的枚举不胜，

虽则那爱奥尼诸神声名也大震；③

那诸神，受雅完④的子孙奉信，

后来更被他们认做了始祖宗亲。

内中有个名泰坦，

乃是天所首生，同胞多季昆，

被乃弟萨腾⑤，夺了他天生的权柄：

―――――――――

① 以利（Eli）为亚伦之第四子。《撒母耳记上》第二章云："以利的两个儿子是恶人，不认识耶和华。……这二少年人的罪，在耶和华面前甚重了，因为他们藐视耶和华的祭物。"

② 所多玛（Sodom）为平原五城之一，亚伯拉罕、罗得居之，其民甚恶。一日，有二天使降于罗得之家，城人不知，以为客，群逼罗得交出，俾遂所欲。罗得愿以二女代，犹不可，得天使救助始解围。后此城卒为天使荡灭。（见《创世记》第一九章。）基比亚（Gibeah），小城名，在耶路撒冷北约十二里。城有老农，一夕款一利未人及其妾于家，城中无赖围之，轮奸其妾，至旦乃已。（见《士师记》第一九章。）

③ 爱奥尼诸神，谓希腊诸神。言声名大震者，以经希腊诗人歌咏之故。

④ 雅完（Javan），雅弗（Japheth）之子，爱奥尼人（即希腊人）之始祖。

⑤ 萨腾（Saturn），为统治宇宙之第二神，即克纶诺斯（Kronos）。

后来萨腾，也从他和里亚①亲生的儿子受了一般的报应；

于是岳夫②窃据亲权号至尊。

这弟兄父子相夺递为神，

始则在克里特的伊达山间③受人奉信，

继乃居雪罩的奥林帕斯④山顶，

把中段的空氛⑤管领；

或又在特尔斐，多度那两方时显圣，⑥

威灵普及了多利安人⑦的地境；

更有的，则随萨腾逃过亚得里亚海⑧，

到那西方田野⑨去安身，

又越过克勒特的郊原⑩，

直把那天涯的群岛⑪都穷竟。

　　彼时那诸神各与其群，

纷向那平原涌进，

一个个面带着沮丧神情，

---

① 里亚(Rhea)，萨腾之妻。

② 岳夫(Jove)，即宙斯(Zeus)，为萨腾与里亚所生之子，篡夺父位为希腊之首神。

③ 克里特(Crete)，为希腊多岛(Archipelago)以南之一岛。伊达(Ida)为克里特岛上之一山，相传为岳夫降生之处。

④ 奥林帕斯(Olympus)为帖撒利(Thessaly)之山名，希腊人以为群神所居之处，故往往作"天"解。

⑤ 中段的空氛，谓人世的空气，以别于"上清"(empyrean)而言。

⑥ 特尔斐(Delphi)为阿坡罗神(Apollo)之显灵地；多度那(Dodona)为朱比特神之显灵地。

⑦ 多利安人(Dorians)为希腊居民之一部份，此处概指希腊人而言。

⑧ 亚得里亚海(Adriatic Sea)在意大利之东。萨腾既被篡夺，乃率领从人渡亚得里亚海而西。

⑨ 西方田野(Hesperian fields)，谓意大利。萨腾为意大利主神后，遂开意大利之黄金时代。

⑩ 克勒特的郊原，谓克勒特(Celtic)种族之地，即高卢(Gaul)。

⑪ 天涯群岛(utmost isles)谓爱尔兰及大不列颠。

却又隐约间微露一丝高兴，

只为见他们的首领，

似乎希望未全泯，

因觉自己也未沉沦到止境；

原来那首领的面容间，

也一般的忧惧与欢欣交并。

只是他不久，便恢复了他那向日骄横性，

故作大言炎炎期耸听，

一句句似皆中肯，

遂振起大众的颓靡精神，

祛却他们的惧懔：

他于是径发号令，

响似那战地号筒声，

令把他那威武的旌旗立刻升。

当有个颀长的基路伯，

阿撒泻勒①是其名，

认这可矜的荣誉是他本分，

便把那帝旗展出自光辉旗棍，

将它植得高高如笔挺，

光耀似风里流星，

上饰着天上刀兵掠获品，

灿烂似金光闪耀聚奇珍；

其时号筒吹得军歌紧，

大众齐呼声裂幽冥的穹顶，

并震骇那冥如长夜的洪荒境。

霎时间，见论万旌旗闪出自朦胧昏影，

① 阿撒泻勒（Azazel），原语有"勇退"之义，故适于持旗之职。

光辉荡漾，一似那东方的初景：

同时有无数长矛簇似林，

并见金盔攒聚闪光明，

列盾密成行，积厚宁能计尺寸？

倏又见大众列成方阵，

合着那多利安调①的箫管之声前进，

其音高抗连天震，

有若那老英雄久经战阵的歌声，

并非同暴怒狂鸣，

却是激昂而健稳，

能令人不因畏死欲逃奔；

又响得严肃庄矜，

无论使仙凡人听，

都不由要减却他的忧伤疑惧，惨痛愁情。

如是，大众一力齐心，默默前进，

把步伐协那温柔的笛韵，

浑忘却脚下炎炎如火蒸。

不一刻，已行近他们的首领，

看那闪耀刀兵，森然长阵，煞堪惊，

一个个，状若古时战士，矛盾手中擎，

静候着那首领的一声号令。

那首领，举起他老练的双眸，

掠过那执戈的方阵，

瞬息间，已将全阵看分明，

见一个个容颜体魄有如神，

一行行排列都齐整，

---

① 希腊音乐中以多利安调为最严肃。

然后又把全阵人员计算清。

彼时他意得心欣,

愈益骄矜愈强硬:

为的是自有生人,

从未有雄军与此相形,

而能不若那常遭鹤袭的侏儒阵①,——

纵教那弗雷格勒②的全族巨人,

合并那底比斯③交锋的好汉,

易力安④神助的雄兵;

更加上那著名于裨乘,

攸忒之子⑤所率领,

不列颠布勒通的骑士纷纭,

以及爱斯泼拉门,蒙托朋,

大马色,摩洛哥,特勒皮遵,⑥

那些耶教与异端比武的豪俊;

再并入,当查理曼与群臣倾复在丰特勒皮境,⑦

自非洲别色他⑧遣发之兵,

---

① 言人世之雄军,与此阵相形之下,未有不若侏儒之阵者。据希腊神话,侏儒之族
　(the Pygmies)常遭鹤(cranes)之攻袭。

② 弗雷格勒(Phlegra),为希腊神话中诸神与巨人战争处。

③ 底比斯(Thebes)在希腊北部,为希腊神话中之著名战场。

④ 易力安(Illium)即特洛亚(Troy)。希腊史诗中述特洛亚战争,两方各有神助。

⑤ 攸忒(Uther)之子,即英国稗史中之亚瑟王(King Arthur),尝率不列颠及布勒通
　(Breton)之骑士作各种冒险事业,即著名之"圆桌故事"(the Round Table
　Stories)所记者。

⑥ 爱斯泼拉门(Aspramonte)为尼德兰(Netherlands)之一城。蒙托朋(Montauban)
　在法国南部,与大马色,摩洛哥(Morocco),特勒皮遵(Trebizond)等东方三城,似
　均为耶教及回教武士所尝比武之处。

⑦ 查理曼(Charlemagne)为西罗马帝及法郎克人(the Franks)之王,丰特勒皮
　(Fontarabia)为其全军复没处。

⑧ 别色他(Biserta)在非洲北部。

也还抵不上那群魔阵。

原来那群魔勇武，人世绝其伦，

却又都贴服他们的威严司令。

那司令状貌仪形，好一似高塔一尊，

在群中巍然耸挺。

他那原有的光辉未灭尽，

仍不失天使的容形，

只不过那洋溢的荣华稍减损；

譬如朝日自东升，

遇天涯雾气蒙蒙，光芒被阻梗，

或又如月蚀朦胧半暗明，

使人君见灾异心中自警。

他彼时纵是光辉减等，

却仍明耀冠其群：

特不过颜面上留着深深雷击痕，

两颊上刻着忧愁的皱影，

而那眼底眉心，则仍显骄矜气色，无畏神情，

只等着要报深仇恨。

那双眼，凶焰纵横，

却又时露出哀怜和悔恨，

为的见他那犯罪同人，

本安住天堂福境，

今也陪他一样苦沉沦，——

心念这百万精灵，

都只为自家谋叛枉受灾刑，

丧却光明，自那天庭陨，

却依旧贴然忠顺，

更教他心内不安宁；——

又眼见他们的容华衰损，

譬若那林间橡，山上松，

被雷火烧焚，秃了婆娑顶，

却依然焦草里昂然笔挺。

彼时那首领预备开言示训，

便见那双行的阵势，将两翼徐徐包进，

成了个半月之形，群矛森竖在头顶，

围住了他们的首领，

咸肃静凝神而听。

那首领，三番欲语不成声，

只因他心纵骄矜，也不禁悲伤涕泪零；

久久始把言词杂感慨而齐进：——

　"啊，尔等万千不死的精灵！

除却那全能的，曾无能比胜！

说起今日事，诚哉可痛心；

只看你我沉沦至此境，

变幻得这般形景，

令我欲言心忿恨！

只须知你我这场奋斗非是不光明；

看尔等协力齐心，

看这样威严巨阵，

纵然有识力潜深，

智足先知能料忖，

又谁虑竟不免败亡蹶顿？

即如今，你我既已空天而陨，

若说有此雄军，

而不足自拔再高升，

去恢复那原来的地境，

那又谁能信?

至于我,倘有异心,

不与尔曹同命运,

或因畏惧艰危不肯将心尽,

则天上群神实鉴临!

却只因那一个,高高稳坐在天顶,

自古相沿号至尊,

也曾把王威夸我等,

却从未显过他的本领,

因诱得我等心思一逞,

原是他存心陷害使沉沦。

从今后,你我知他不可轻,

也已自知明甚,

自不可再向他挑衅,

也无虑,须再和他力并。

你我如今,不若从长思忖,

力既不从,便须谋智取;

务必使他知我也难轻,

并知力服不能算全胜。

据说如今天上谣传盛,

说他欲在那余剩空间创造新地境,

并把他心爱的子孙来充牣,

与天上诸儿待遇平等。

你我但默察微侦,

那或者便是我们发难的地境,

即不然,也须速另觅途径;

因这幽冥地狱,决不能囚禁吾曹天上的精灵,

这窈黑深渊,也难把我们久困。

只是这计画,还须得从长讨论。

如今事休想得和平;

试问有谁便肯真降顺?

故前途只有战争;

或则公开宣战,或则暗地兴兵:

这两途早须决定。"

　　他说罢,大家表示愿归心,

各抽出腿间的利刃,

一齐挥动若流星,

照耀得那地狱周围尽彻明。

又齐把刀儿拍盾,鼓噪声腾,

一个个怒目向天顶,

恨不得把这冤仇立刻伸。

　　彼时有座山头在附近,

它那怕人的山顶,不住地火冒烟腾;

山面上,也积着光莹壳一层,

这便是它腹内,被硫磺焚化金银的明证。

便见有大队精灵,

齐鼓翼,急忙向那山头进:

譬彼王师将扎营,

多士荷锄负锸作先行,

先去把壁垒濠沟部署定。

此中引导之神号玛门①,

论仪容,他视堕落诸神都远逊;

即当日在天庭,他也长日佝偻身不挺,

_____

① 玛门(Mammon),贪婪之神,语本有"财富"之义。(见《马太福音》第六章第二四节。)

心思只向地下忖,

独羡艳那砌地黄金,

不知欣赏那神圣光明的美景。

后来也是他教会了凡人,

去搜索地中的藏蕴,

致使地母腹心遭破损,

都只为贪图那不应发掘的奇珍。①

彼时他把诸灵率领,

旋见那山受了个大伤痕,

把内里金苗开掘尽。

只是列位闻言休诧惊,

莫怪地狱中哪得这般珍品,

原来是特地留栽作祸根。

更劝诸君速警醒,

休再夸那孟斐斯、巴比伦的工程奇景;②

须知当日众工积岁费劳辛,

在诸灵一朝便工竣。

同时另有一群灵,

方在那平原附近,忙将洞窟营,

适当那烈火伏流的地境,

融化那闪烁的金银,

一一的巧把浮渣净。

复有第三批,早就地中挖作若干型,

从那窟穴里把镕金引,

俾浇作色色形形;

---

① 言不应发掘者,谓其足肇争夺之祸。

② 孟斐斯为埃及首都,以金字塔建筑著名。巴比伦亦多名建筑。

这可譬抽风一缕鼓风琴，

使各色键儿一时都应。

霎时间，见地上，忽有座巨大宫庭似气升，

升时微作谐和韵；①

那宫庭有半柱四周环亘，

复有多利安楹柱②上雕金，

也不乏飞檐承柱顶，

雕饰得透剔珑玲，

并屋瓦也镂金错锦。

即当初埃及与亚述斗奢竞胜，

巴比伦开罗两地③争夸的建筑品，——

或则以居比鲁、塞累皮斯二座神，④

或则作帝王宫禁，——

又怎能与这倏起的宫庭同日论？

你不见那崇阶坚实而高峻，

洞辟双门见窅深，

中堂砌地平如镜；

一行行灯盏如星悬挂自穹顶，

内燃着石脑枥青油，

奇幻阴森，如自天中映。

那诸灵见此，急忙涌进，

一个个叹美不胜；

有的单赞那工程，

---

① 此喻建筑之速，如幻雾倏起，且不闻工作嘈杂，但有和谐之微声而已。

② 多利安式之建筑，亦如其音乐，为体制最庄严者。

③ 开罗，原文 Alcairo，即 Cairo，在孟斐斯故城附近，弥尔顿误作埃及首都。

④ 比鲁（Belus），亚述之神。塞累皮斯（Seraphis），埃及之神。

有的赞美那匠人①的本领。

原来他当日在天顶，

也曾建筑过无数宫庭，

供那执杖的天使们于中坐镇，

（因其时至尊神给与他们权柄，

令各把治下的天曹管领。）

后来他在希腊也享大声名，

并受人人崇敬；

及在奥索尼安地境，②

则别有麦息伯尔③之称；

并相传他当日堕天情景，

以为因岳夫对他怀恨，

直推落自那水晶城；

又说他自朝至午，自午迄冥，

方自天庭落在爱琴海里的勒谟诺斯地境。④

不知这传说殊不可信；

他与那叛逆之徒，实早已自天下陨；

纵当日在天建造有功勋，

也难望减除灾眚；

且他虽具备一身本领，

终不免与同曹一样沉沦，

在地狱也须建造辛劳无减等。

---

① 匠人谓玛门。
② 奥索尼安地境（Ausonian land），谓意大利。
③ 麦息伯尔（Mulciber）为罗马火神及冶神发尔坎（Vulcan）之姓，即希腊之赫斐斯塔斯（Hephaestus）。据希腊神话，赫斐斯塔斯为岳夫自天推落。但弥尔顿认希腊罗马之神悉属魔鬼，故不信此说，而以为即玛门之别名，与撒但同堕。
④ 勒谟诺斯（Lemnos），爱琴海（Aegean Sea）中北部岛名，相传为发尔坎所居之地。

惟时传令官,遵那元戎号令,

作起仪注森严,吹得号筒声震,

命诸灵齐集在幽宫判地摩宁①,

把大事会商讨论。

这号令传到四境,

命各队各团各选出品位最优之灵;

霎时间论百论千,蜂拥着向那幽宫进,

直把处处场场都塞紧,

门间廊下,都没个缝儿剩,

尤其是那宽阔的中庭,

虽则它好似一片大围场,

勇士尽可于中将马骋,

并容得异教的骑士,

在其中比矛决胜,

也已地上空间尽充牣,

只听得群翅相摩吰嚄声。

譬若那春时蜂阵,

际太阳已驾金牛②乘,

出房飞舞结成群;

新沐了鲜泽芳芬,

在那露点花间,草城廓上,③回翔无定,

把国事大家商论。

彼时那凌空队伍,拥挤纷屯,

也得无与此情形等;

———————————

① 判地摩宁(Pandemonium),即适才所造之宫。此字为弥尔顿所创,意谓"群鬼所居"。以与 Pantheon(群神所居)相对待。

② 金牛(Taurus),为黄道十二宫之一。太阳入金牛,时为四月。

③ 蜂房口外恒嵌一平板,如城之廓然。

直迨至一声号令——

你看哪,真是奇景!

他们一个个本皆硕大无朋,

霎时都化做眇小身躯才数寸:

恰似那印第安山外侏儒国里人;

或又似林边泉畔,夜中行乐小精灵,

值淡月天中作见证,

向地上放出寒光凄冷,

有晚归的农子,常见他们的舞踏歌吟,

禁不得同时喜又惊。

彼时那虚灵的天使,也缩小到这般形景,

虽数目并无减损,

却已使庭内空间绰然有余剩。

只是那些大首领,基路伯,

则都仍保原形未变更,

聚坐在庭间的内进,

纷纷挨挤无余凳。

一时肃静阒无声;

直迨把宗旨宣明,

这才大会开场,群相讨论。

下　编

珍妮姑娘①

[美]西奥多·德莱塞

一

1880 年秋天的一个早晨,有一个中年妇人,带着一个十八岁的青年女子,走进俄亥俄州科伦坡市的大旅馆里,到帐房的写字台面前,问他旅馆里有没有她能做的活。那妇人生着一副绵软多肉的体格,一张坦率开诚的面容,一种天真羞怯的神气。一双大落落的柔顺眼睛,里边隐藏着无穷的心事,只有那些对于凄惶无告的穷苦人面目作过同情观察的人才看得出来。跟在她后面的是她的女儿,一种畏惧和羞怯使她躲缩在后边,眼睛不敢对面前正视,这种神情是谁都看得出她从哪儿得来的。原来她的母亲虽然没有受过教育,却有一种含有诗意的心情,具备着幻想,感情,和天生的仁厚,她的父亲呢,又特具一种沉着和稳重的性格,两下结合起来就造成她这样一个人了。如今贫穷正在逼迫她们。当时她母女俩那种穷困窘迫的情景是很动人的,连那帐房也受感动了。

"你要做怎么样的活?"他问。

"也许你们会有一些洗洗擦擦的活儿,"她羞怯地回答。"我能擦地板。"

---

① 选编自:德莱塞. 珍妮姑娘. 傅东华,译. 上海:上海译文出版社,1979.——编者

　　她的女儿听见这句话,就觉得不适意地转动起身子来,并不是因为她不耐烦做活,而是因为她不愿意人家看破她们贫穷到了不得不做活。那帐房倒有些侠气,他看见这样的美人儿处于这样的窘境,心里不免动怜。看那女儿那种无可奈何的神色,就可见得她们的境遇确实困苦了。

　　"请呆一会儿,"他说了,就走进背后一间办公室,去叫女管事长出来。

　　旅馆里的工作是有的。因为常雇的扫地婆子走了,大楼梯和大客厅都还没有打扫。

　　"那是她的女儿吗?"女管事长问,因为她从她站的地方就可以看见她们。

　　"是的,我想总是的。"

　　"今天下午她就可以来,如果她要来的话。我想那女孩子也会帮她的忙吧?"

　　"你去见管事长去,"帐房回到写字台旁边来欣然的说。"就打那儿过去"——指着近旁的一个门。"她会给你安排的。"

　　上述这小小的一幕,可以说是玻璃匠人威廉·葛哈德一身一家的悲剧的顶点。原来威廉·葛哈德的这个职业,也和其他的低级职业一样艰难,每天都得看着他的一个妻子,六个孩子和他自己,光靠幸运吹来给他的那一点东西维持生活。他自己正病在床上。他的长子西巴轩——他的同伴们把它叫做巴斯的——在本地一个货车制造家那里做艺徒,每礼拜只有四块钱的收入。最大的女儿珍妮妃甫,年纪已过十八岁,却还不曾有过任何工作的训练。其他的孩子,乔其十四岁,马大十二岁,威廉十岁,味罗尼加八岁,都还年纪太轻,什么事都不能做,只叫生活问题更难解决罢了。他们所能依靠为生的,主要是一所住宅,虽然已经为了一笔六百块钱的借款押给人家,总还算是他们父亲的财产。他当初所以要借这笔债,为的是他积下的钱足够买这所房子,却还要扩充三个房间和一个门廊,以便全家人都住得下。抵押的期限本来还有几年,可是他境遇非常不顺,不但把那准备还本的一点点储蓄用得精光,就连逐年的利息也付不出。葛哈德弄得一筹莫展,医生的诊费,房子的利钱,还有欠肉店的,欠饼店的,虽则人家晓得他诚实可靠,随他拖欠,可是后来也不能再信任他了。这种种的心事放在他的心上,天天折磨着他,他的病也就一时难好。

葛哈德的老婆并不是一个软弱无能的人,曾有一个时期她替人家洗衣服,有多少就洗多少,余下来的工夫得替孩子们穿衣服,烧饭,打发他们上学,给他们缝缝补补,还得服侍丈夫,还得偶然抽出点时间来掉掉眼泪。旧店家赊不动东西,她又常得去找较远的新店家,先拿一点现钱起个账,赊货度日,直到那店家受人警告,不肯再赊给她,她又得到更远的地方去找。玉米便宜,她有时就只熬一罐灰汤玉米粥,再没有别的东西,就整整的吃过一礼拜。玉米粉做羹,是聊胜于无的吃法,这里面要是加上点牛奶,那就差不多要当筵席看待了。油炸山薯是他们最近似奢侈的食品,咖啡就属难得尝到的珍品了。煤是他们拿着桶子和篮子从附近铁路站场的轨道网里捡来的。木柴也用同样方法从附近的木料场里拾得来。这样的,他们一天天捱过日子,一径巴望父亲的病好起来,玻璃工厂早些儿开工。但是到那年冬季将近,葛哈德就开始觉得绝望了。

"我得马上跳出这一种境地才好,"这是那顽强的德国人常常要说的一句话儿,当时在他那种不大有劲的声音里,他的焦急只能得到一种虚弱的表现。

真是祸不单行,刚巧味罗尼加又出了疹子,一连好几天,大家都当她是要死的。她的母亲什么都不管,只是守着她,不住的替她祈祷。爱温吉医生纯然出于人类的同情,每天来一趟,给那孩子认真的诊察。路德派的教士翁德牧师也用教堂的名义来给她安慰。他们两个都把一种严肃的宗教气氛带到她家里来。他们是代表超越的力的黑袍神圣使者。那葛婆子好象马上就要失掉她那个孩子一般,一径悲悲切切的在那小床边守着。三天之后,危险是过去了,可是家里的面包也完了。西巴轩的工资都已经用来买药。只有煤一项是可自由去拾的,但是孩子们也已经有好几次从铁路站场被赶回来。葛婆子把可找事的地方都想尽了,绝望之余,方才想起这个旅馆来。现在她得到这个机会,真是奇迹。

"你要多少工钱?"女管事问她。

葛婆子想不到这是可以由她自己说的,可是她既有需要,也就胆壮起来。

"一块钱一天不太多吗?"

"不多,"管事说;"这儿每礼拜大概只有三天的活。你只要每天下午来一趟就做得完的。"

"很好,"葛婆子说。"今天就开头吗?"

"好的;现在你跟我来吧,我指给你看那些洗擦的家伙放在什么地方。"

她们这么草草被介绍进来的是当时当地一家豪华的旅馆。科伦坡是本州的首府,人口有五万,来往的旅客也多,确是经营旅馆业的一个好地点,年来的情况又有进境,至少科伦坡的居民要以此自豪。这旅馆是个五层的建筑,规模很宏大,坐落在中央广场的一隅,议事厅和大店铺都在那里。旅馆里的接待室很大,而且新近重新装饰过。地板和护壁板都是白色大理石的,由于常常擦,一径都光耀夺目。有一张庞大的楼梯,胡桃木做的扶手,黄铜做的横条。旁边有很惹眼的一角,专设一个卖报纸和烟卷的柜台。楼梯拐弯的地方,就是帐房的写字台和办公室的所在,全是硬木做的隔板,并且有新式的煤气灯装饰着。从接待室一端的一个门口,可以看见附设的理发室,放着一排排的椅子和修脸用的水杯。门外经常有两三部公共汽车,配合着火车开行的时刻来来往往。

这个大旅馆,是本州政治和社会的第一流人物所住的。有好几个州长,在任期间都把这里当做固定的住所。又有两个合众国的参议员,每次有事到科伦坡来,总在这里开着有会客室的房间。其中有一个,参议员白兰德,旅馆主人差不多当他是个永久的顾客,因为他是本城人,而且是个没有家的独身汉。其他较暂的住客,则包括众议员,各州议员,以及院外游说的人,商人,专门职业者,乃至大批行业不明的人物,来来往往,造成这个万花筒式世界的繁华和热闹。

当时母女两人突然投入这个光辉灿烂的境界,就感觉到无限惊惶。她们生怕要闯祸,始终小心翼翼的,什么东西都不敢去碰一碰。她们正在扫除的那个铺着红色地毯的大穿堂,在她们看来简直同王宫一般华丽;她们眼睛不敢仰视,说话用极低的声音。及到去擦阶台上和楼梯上那些铜条的时候,她们就都得拿出勇气来,为的那母亲过分畏怯,那女儿觉得这样出现在大庭广众很害臊。楼梯下面就是那间富丽堂皇的接待室,人们有的在闲坐,有的在吸烟,不断的进进出出,都看得见她母女两人。

"这里不顶漂亮吗?"珍妮妃甫低声的说着,却因听见自己的声音而觉得不安起来。

"是啊,"她的母亲回答说,其时她正跪在地上,勤勤勉勉地用她那双笨拙的手在绞擦布。

"住在这种地方该花很多的钱吧,你想是不是?"

"是的,"她的母亲说。"不要忘记这些小角儿里也要擦的。看你漏了多少地方了。"

珍妮听了很委屈,但仍旧认真地干活,使劲地磨擦,再也不敢抬起她的眼睛。

那母女俩辛勤劳苦,从楼上一路工作下来,一直工作到五点钟光景,外面天黑了,整个客厅都灯烛辉煌,其时她们已经快要擦到楼梯脚。

经过大旋门,从外面寒冷的世界进来一个魁梧杰出的中年绅士,他那缎子的帽子,宽敞的军用斗篷,在一群闲荡人中立刻显出他是一个重要的人物。他的脸面属于黝黑而庄严的一型,但是线条开朗,显得是富于同情;他那闪亮的眼睛上面有浓黑蓬茸的眉毛掩盖着。他打写字台旁边经过,捡起预先给他放出的钥匙,就走到楼梯边拾级而上。

他看见那在他脚下擦地板的中年妇人,不但特地为她拐了个弯儿,并且蔼然的挥着手,等于说,"不消回避。"

可是那个女儿已经站起来,接触着他的视线,她那惶恐的眼光显出她怕自己挡住他的路。

他鞠了个躬,欣然的微笑了。

"你不必劳驾,"他说。

珍妮只微微的一笑。

他走到了楼梯顶,禁不住又回过头来侧眼看了看,这才看清她那非常动人的面貌。他看出了她那白皙的高额头,上面平滑地分披着两支发辫。他又看出了她的眼睛是蔚蓝的,皮肤是娇嫩的。他甚至于可以从容叹赏她的嘴和她那丰满的腮帮,尤其是那圆浑婀娜的体态,因那其中充满着青春和健康,以及中年人认为最值得向造物祈求的那一种幸福。他看过了这一眼之后,就庄严地向前走去了,可是她那魅人的体态,已经印在他脑海里跟着他一起走了。这人就是青年议员乔其·雪尔佛斯脱·白兰德阁下。

"刚才上去的那个人不很漂亮吗?"过了会儿珍妮说。

"是的,很漂亮,"她的母亲说。

"他还拿着根金头的手杖。"

"人家走过的时候你别瞪着眼睛看,"她的母亲贤明地告诫她。"这是不象样儿的。"

"我没有瞪眼看他呀,"珍妮天真地回答。"是他向我鞠躬的。"

"好吧,你总别去注意人家,"她的母亲说。"人家也许要不乐意的。"

珍妮又默默的工作起来,可是这个奇妙世界的魅力,已经对她的官感起了作用了。她对于周围的热闹和谈笑,实在不能不听它。大接待室的一区就是餐室,听那里盘碟琳琅,分明正在预备晚餐。另外一区就是接待室的本部,那里有人正在弹钢琴。晚餐以前所常有的那种悠闲舒适的气氛正弥漫在那个地方。这就在那天真的劳动女子心中触起了一种希望,因为她年华正富,贫穷还不能拿忧虑去充塞她那青年的心。她无时不在勤奋地擦着,有时忘却身边辛苦的母亲,忘记母亲眼边皱纹密布,母亲嘴里常常要嘟囔。她只想着周围的一切都很魅惑人,深愿自己也得占有其中的一份。

到五点半钟,女管事想起她们,就来对她们说可以走了。她俩松了一口气,离开那已经全部擦完的楼梯,放好洗擦的工具,就急忙动身回家。至少是那个母亲,她想起了自己好歹有活儿可做,自然觉得高兴。

路上经过几座漂亮的房屋,珍妮心中就又触起日间因见旅馆中的新奇生活而萌动的那种朦胧的情绪。

"有钱不很适意吗?"她说。

"是啊,"她的母亲回答说,当时她正想着害病的味罗尼加。

"你看见旅馆里多么大一间饭厅吗?"

"看见的。"

她们经过一些低矮的草房,在零落的枯叶里走着。

"我巴不得咱们也有钱,"珍妮象是自言自语的说。

"我可不知道怎样才好呢,"她的母亲叹了一口长气说。"我不相信家里还有一点东西可吃的。"

"咱们再去看看包门先生吧,"珍妮大声的说,因为她那天生的同情心又被她母亲的绝望声音唤起了。

"你想他还肯相信咱们吗?"

"咱们去对他讲明咱们在什么地方工作。我会去对他讲的。"

"好吧,"她的母亲疲倦地说。

离开她们的家两段街坊的地方有一家灯光昏暗的小杂货店,她们怯生生的冒险走进去。葛婆子正要开口,可是珍妮抢先说了。

"今儿晚上您肯给我们一点面包和咸肉吗? 我们这会儿在科伦坡大旅馆做工。礼拜六一准给你钱。"

"是的,"葛婆子补充说,"我现在有事儿做了。"

包门是她们家里还没有病人也还不觉得困苦的时候跟他们做生意好久了的,所以知道她们说的是实话。

"你们在那儿做工多久了?"他问。

"刚刚今儿下午。"

"您总知道的,葛奶奶,"他说,"我是怎么个景况。并不是我不肯。葛先生是没有错儿的,可是我自己也穷。日子又艰难,"他再加上解说道,"我也得养活我的家的。"

"是的,我知道,"葛婆子虚弱地说。

她那旧绒线打的围巾掩盖着她一双做工做红了的粗手,可是它们在那里边不安地动着。珍妮勉强抿着嘴站在一旁。

"好吧，"包门先生最后说，"我想这回是可以的。礼拜六可得请您尽快归还我。"

他把面包和咸肉包起来交给珍妮，又带着点挖苦的语气说道：

"我想你家一有钱，就去作成别处的生意了。"

"不会的，"葛婆子回答说，"您有不知道的吗?"可是她有些心慌，不敢再谈下去了。

她们踏进那阴沉沉的街道中，沿低矮的草房向自己家里走去。

"我不知道，"将近门口的时候母亲疲倦地说，"他们有煤拿回来没有。"

"你别操心，"珍妮说。"要是他们没有拿，我会去拿的。"

"有一个人赶走我们呢，"当母亲问起煤的时候，这是那心慌意乱的乔其回答她的第一句话。"我可也拿到一点儿了，"他又说。"我是打一辆车子上扔下来的。"

葛婆子只微微一笑，珍妮却大笑了。

"味罗尼加怎么样?"她问。

"她好象睡着了，"父亲说。"我五点钟又给她吃过药。"

一顿菲薄的晚餐正在预备的时候，母亲就走到病孩床边，又照例开始熬夜。

吃饭的时候，西巴轩提出一个建议。他是在社会上和商业上有较大的经验的，所以大家都认为他的建议值得考虑。他虽不过是一个造车匠的艺徒，而且除开他所竭力反对的路得教义外不曾受过任何教育，但是他已经饱和着了美国人的特色和精力了。人家给他改的巴斯这个名字跟他十分相称。他显得魁梧、勇武，以他的年龄而论相貌要算不错的，正是一个典型的都市青年。他早就有一种人生哲学，以为一个人要有所成就，就必须做点事儿——必须去结交体面社会的头等人物，至少要装得同他们结交的样子。

就因为这个缘故，这个青年老喜欢到科伦坡旅馆一带去走动走动。

他觉得这个旅馆就是社会上一切有身分人物集中的地方。他一有钱买得起一套体面的衣服，就天天晚上混到市上去，同三朋四友站在旅馆门前，闲荡着，衔着五分两支的雪茄，掸拂掸拂身上的时髦衣服，等着看女人。和他同道的，就是城里的花花公子，浮浪子弟，以及那些到那儿去理发的和喝杯威士忌酒的青年们。凡是这一流的人，都是他所羡慕而要去同他们比赛的。衣服是主要的试金石。人家如果穿着漂亮的衣服，戴着戒指，插着别针，那么无论他们怎样的行为都是正当的。他要做这一流的人，要学这一流人的行径，因此，他那游荡生活的经验就很快地增广了。

"你们为什么不去问旅馆里的客人要些衣服来洗洗?"他等珍妮说了那个下半天的经历之后就这样问她。"这个该比擦楼梯好些。"

"怎么个要法呢?"她回问。

"怎么，自然去问那个帐房咯。"

珍妮觉得这个计划很有价值。

"要是你在那儿看见我，可别跟我说话，"一刻儿之后他又背着人告诫她。"你别露出认识我的样子。"

"为什么呢?"珍妮天真地问。

"唔，你知道是为什么的，"他回答说，因为他先前已经说过，她们这么一副穷样子，他不好意思认她们做自己一家人。"你只装做不看见好了，听见吗?"

"好吧，"她柔顺地回答，因为他的年龄虽然比她大不到一岁，可到底是哥哥，该听他的话。

第二天到旅馆里去，路上她把这桩事情告诉她的母亲。

"巴斯说咱们可以问旅馆里的人要些衣服来洗洗。"

葛婆子已经把怎样可以添补她那六个下午挣来的三块钱的问题想过了一夜，可解决不了，所以就赞成这个主意。

"这是可以的，"她说。"我去问那帐房去。"

但是她们到旅馆以后，一时没有机会去问这句话。她们一直工作到傍晚，这才碰巧得很，女管事差她们去擦帐房写字台背后的地板了。那帐房对她母女俩很有好感；他喜欢那个母亲的并不讨厌的愁容，也喜欢那个女儿的姣好悦目的面貌。所以当葛婆子把在心中酝酿了整个下午的那个问题怯生生地冒险提出时，他就耐心地听着。

"这儿有哪位先生，"她说，"会给我东西洗吗？那我是要谢他不尽的。"

那帐房把她看了看，认出她那焦急的脸上充满贫困已极的神情。

"让我想想看，"他一面说，心里就想起参议员白兰德和马歇尔·霍布金来。他们两位都是好心人，想来乐意帮助贫穷的女子。"你上去看看参议员白兰德，"他继续说。"他在二十二号里，拿这个去吧，"他写上了号数又说，"你上去，说是我叫你去的。"

葛婆子感激得发抖，接过卡片来，眼睛看着她念不上来的那几个字。

"就这么行了，"那帐房观察着她的神情说。"你马上就上去。这会儿可以在他房间里找到他的。"

葛婆子怀着满腹狐疑去敲二十二号的门。珍妮默默的站在她旁边。

一会儿门开了，满室的光辉里面站着那位议员先生。他穿着一件漂亮的吸烟服，比他们初次会面的时候更显得年轻。

"好啊，奶奶，"他说道，原来他已经认出了她们，特别是那个小的；"你们找我有什么事？"

那母亲很觉羞惭，嗫嚅着回他的话。

"我们来问问，您有什么赏我们浆洗的没有？"

"浆洗的？"他用一种特别响亮的声音重述她的话。"浆洗的？进里边来吧。让我瞧瞧。"

他很客气的让开一边，招手叫她们进去，把门关上。"让我瞧瞧，"他又重述一遍，随即把一口乌木大衣橱的抽屉一个个的开关起来。珍妮津津有味的端详着那个房间。壁炉台上和妆台上陈列着那么多的玩艺儿和好物件，都是她生平从来没有见过的。议员先生的安乐椅，旁边放着的绿罩灯，华丽的厚地毯，地板上的美丽毡条——这是多么的舒服，多么的奢华啊！

"坐吧;那边两个椅子上坐吧,"议员先生蔼然可亲地说着,走进一个壁橱去。

母女俩依然惶恐,觉得礼貌上不如不坐的好,可是议员先生已经找了东西出来,重新又请她们坐。她们这才诚惶诚恐地坐了下来。

"这是你的女儿吗?"他对珍妮微微一笑接着说。

"是的,先生,"母亲回说;"她是我的大女儿。"

"你的丈夫还在吗?"

"他叫什么名字?"

"他住在哪里?"

对于这些问题,葛婆子都很恭顺地回答了。

"你有几个孩子?"他继续说。

"六个,"葛婆子说。

"好啊,"他回说,"那是一个大家庭了。你的确已经对国家尽了你的责任。"

"是的,先生,"葛婆子回说;她被他那恳切殷勤的态度所感动了。

"你说这是你的大女儿?"

"是的,先生。"

"你的丈夫做什么行业?"

"他是个玻璃工匠,可是他现在害病。"

谈话之间,珍妮的蔚蓝大眼一径都有兴味地睁着。他每看她一眼,她就报以一种坦率天真的瞪视和一个依稀恍惚的妩媚的微笑,因此他的两眼也就很难离开她了。

"唔,"他同情地接着说,"那是太糟了! 我这儿有一点浆洗的——不很多——可是欢迎你们洗。下礼拜也许还有。"

说着他就走动起来,把衣服装进一个边上有花的蓝布口袋里。

"您这衣服有一定的日子要吗?"葛婆子说。

"不,"他沉吟着说,"下礼拜哪天都可以。"

她用一句简单的话谢过他,就动身要走。

“让我想想看，”他说着走上一步，开了门，“你就在下礼拜一拿回来吧。”

“好的，先生，”葛婆子说。“谢谢您。”

她们走出门，参议员就又回去看他的书，可是不知怎么的，觉得心境不宁了。

“糟得很，”他盖上了书本说。“这一班人真有令人伤感的地方。”原来珍妮那种惊奇叹赏的神情已经弥漫了全室。

葛婆子和珍妮重新走上那阴沉的街道。她们经这一番幸运的冒险，心里感着无限兴奋了。

“他那房间不很漂亮吗?”珍妮低声说。

“是的，”母亲回说；“他是一个阔人呢。”

“他是一个议员不是?”女儿接着说。

“是的。”

“做有名的人一定是舒服的，”女儿轻轻的说。

二

讲到珍妮的精神——谁能够描写它呢? 现在正给科伦坡这位阔人收送衣服的贫家女子，生就一种非常柔和的性情，用言语是形容不尽的。原来有一些人的某一种性格，来也不解所以然，去也不问是何故。人生，当这种人还能忍受的时候，便是一种奇异的国土，一件无限美好的东西，只要他们能够怀着惊异的心情飘泊到里面去，那就简直是天堂一般。他们睁开了眼睛，便见一个舒适而完美的世界。树呀，花呀，也有声音的世界，也有色彩的世界。这些，就是他们的国家的宝贵遗产。倘如没有人对于这些东西声明是“我的”，他们就会喜气洋洋的飘泊向前，口中唱的歌儿是全地球的人都有一天希望听到的。这就是善良之歌。

然而关闭在物质的世界里，这样的性情差不多照例要算是有点反常。其他那个曾经织进了骄傲和贪婪的肉的世界，是要对于理想家和梦想家侧目而视的。倘如有人说看云有趣，那回答的话就是告诫他不可闲荡。倘如有人愿意听听风声，这对于他的灵魂固然很好，可是那风声就要夺去他所有的东西。倘如一切所谓无生命的世界用一种非常完美而使人不得不了解的柔和声音将人感召，致使人留恋不舍，那人的肉体就要受害了。实际世界的手永远向这种人伸着——永远要贪婪地擒住这种人。世界上卖身的奴隶就是这样造成的。

在实际的世界里，珍妮就是具有这样一种精神的。从她的青年期开始，她的每一行为的动机都由善良和慈悲塑造的。如果西巴轩跌坏了，很着急地拼着性命把他平安送到母亲那里去的就是她。如果乔其嚷着肚子饿，她就把她自己所有的面包都给他。她一天要花费许多时间摇她的弟弟妹妹睡觉，该唱歌的时候她就尽情的唱，还要做一些渺茫的梦。自从她会走路的时候起，她就是她母亲的好帮手。擦地板，烤面包，跑差使，喂孩子，哪一样都是她做的事儿。她虽然也常常想起自己命苦，却从来没有人听见她埋怨过一声。她也知道别的女孩子生活比她自由得多，美满得多，可是她从来没有萌起过卑鄙的嫉妒；她心里也许会感到寂寞，嘴里却继续唱歌。天气晴明的日子，她就在厨房里看窗口，渴望去逛逛牧场。自然的美丽曲线和阴影接触着她，她会觉得它简直是一种歌曲。有时候，她也跟乔其他们一同出去，领他们到一片胡桃树繁生的地方，因为那里是开旷的田野，上面有舒适的阴影，下面有活水的溪流。她虽然不是一个能把感觉构成概念的艺术家，她的灵魂可也会对这些东西起反应，每一个声音和每一声叹息，她都会觉得它的美而欢迎它。

每当作为夏季精灵的斑鸠儿从远处发出柔婉呼声的时候，她总侧着脑袋倾听着，那声音的全部精髓就跟银色的水泡一般落进她自己那个伟大的心。

见到太阳和暖而树荫中有它的光辉点缀着的地方，她常喜欢在那里惊叹那种图案，到那金色最浓的地面去散步，并用她本能的鉴赏力去巡行群树间的神圣走廊。

色彩也不会不对她发生影响。傍晚时分充满着西天的那种奇异的光彩,常要感动并且轻松她的心。

"我真不晓得,"她有一次带着女孩子家的傻气说,"飘浮到那些云头里去该有怎样的感觉。"

其时她因发现一株野葡萄藤天然形成的一个圈子,正同马大和乔其坐在里边。

"啊,假使你有一只小船可以坐到那里去,不是有趣吗?"乔其说。

她正抬头看着远处的一朵云头,一片银海里的一块红色的海岛。

"你就想想看,"她说,"假使人们能够住在那么一块海岛上的话。"

她的灵魂早已是在那里了,它那仙境的路径已经认识她的轻盈的脚步。

"那边一只蜜蜂飞去了,"正在注意一个大蜜蜂飞过的乔其说。

"是的,"她象做梦似地说,"它是回家去的。"

"什么东西都有一个家吗?"马大问。

"差不多什么东西都有的,"她回答。

"鸟儿也要回家吗?"乔其问。

"是的,"她说着,也深深感觉到这里面的诗意,"鸟儿也要回家的。"

"蜜蜂也要回家吗?"马大问。

"是的,蜜蜂也要回家的。"

"狗要回家吗?"乔其看见近旁路上一只寂寞独行的狗,就这样问。

"怎么,当然咯,"她说,"你也知道狗要回家的。"

"牛蝇呢?"他看见那微弱的阳光里有那一阵阵的小昆虫正在努力回旋,就又硬要问下去。

"是的,"她说虽这么说,可只一半相信她自己的话。"听啊!"

"哦哦,"乔其显出不信的样子嚷道,"我想不出它们住在怎样的房子里。"

"听啊!"她又说了一遍,一面摆摆手叫他不要作声。

这时正是一天中静谧时刻,晚祷的钟声如同祝福一般落在垂暮的天空。遥远处,种种音调一齐柔和地响出,"自然"因她在倾听,似乎也已停止活动了。一只胸部猩红的知更雀在她面前草地上小步跳跃着。一个蜜蜂营营的叫,一个牧牛铃打镗的鸣,同时有一种可疑的悉索声,报告一只松鼠正在秘密侦察。她把她的美手继续擎在空中,侧着耳朵倾听着,一直听到那些柔和的音调疏散稀微,使她的心不复能把捉为止。她这才站了起来。

"啊,"她感觉到一阵诗的伤感,捏紧了手指叹出这一声。随即有晶莹的眼泪从她眼睛里泛滥出来。她心里的汪洋情海已经冲破它的堤岸了。珍妮的精神就是这样的。

三

青年参议员乔其·雪尔佛斯脱·白兰德是一个特殊模型的男子。在他身上以显著程度混合着机会主义者的智慧和真正人民代表的同情心。他生在南部的俄亥俄州,除开在哥伦比亚大学读过两年法律外,是在本州长大和受教育的。他熟悉民刑法律,也许不在州内任何人之下,但是他从来没有下苦功去实地应用他的知识,所以在律师界并没有卓越的成绩。他也赚过一点钱,而且如果他肯昧良心的话,原有很好的机会可以多赚的,但是这样的事情他始终不干。不过他的操守也还不能杜绝对朋友的徇情。就在上次的总统选举,他曾支持一个人当选州长,而那个人是他明知道良心上断断不能支持的。

还有几次官吏的任命,他都很有嫌疑,有一两次干得简直不象话。每当良心刺戳得他过于尖锐的时候,他就用"我一生中只不过这点劣迹"一句话来自安自慰。他有时独自坐在安乐椅上,把这些事情想过一番,就念着这一句话,站起身来,露出一种羞惭的微笑。在他身上,良心是无论如何没有死的。至于他的同情心,更是一天强似一天了。

科伦坡是他的选举区的一部分,他在这个选举区里曾经三次当选为众议员,两次当选为参议员。可是他至今还是独身。在他青年的时期,他曾经有过一度热烈的恋爱,但是终于一场没结果。这倒并不是他的过失,而是由于那个女子觉得不便再等他。他要造就一个能够维持生活的资格，时间拖得太久了。

他生得魁梧而挺拔，不胖也不瘦，可以算得是相貌堂堂。他受过种种打击，吃过许多亏，因而外貌上带着一种神气，能够唤起那些富于想象的人的同情。人家都觉得他天生是和蔼可亲的，他的参议院的同僚们，也觉得他内才并不高明，外貌却还漂亮。

此番他到科伦坡来，为的是他的政治的屏障需要悉心的修理。这次普通选举，已经把他那一党在州议会里的势力削弱了。他想要重新当选，原也还有足够的票数，可是需要极审慎的政治手腕才能把它们拉拢来。别人也有野心的。除他之外相当有希望的候选议员还有半打之数，谁都有心要取而代之。因此他见到形势严重了。不过他心里想，他们是打他不倒的，而且即使打倒他，他也一定可以运动总统给他一个驻外的使节。

总之，参议员白兰德是算得一个成功的人物了，可是他总觉得有一种缺憾。他生平想要做的事情很多很多，如今他已经五十二岁，虽然纯洁无瑕，体面而杰出，却依然是个独身。有时他不禁要环顾四周，而想起了没有一个人关心自己的处境。有时他的房间显得异常的空虚，连他自己这个人也似乎是非常可厌了。

"五十了！"他常常这样想。"孤独——绝对的孤独。"

那天礼拜六的下午，他在房间里坐着，忽然听见打门的声音。那时他正在冥想人生和名誉之无常，而感觉到他的政治活动之徒耗心力。

"我们为着要维持自己，得费多大的力气去奋斗啊？"他想。"从此再过几年，这种奋斗还能对我有什么用处呢？"

他站起身，把门大开着，一看是珍妮。她所以不等下礼拜一，今天就来，为的是她对母亲说过，要给人家一个好印象，觉得她们做事很迅速。

"进来吧，"参议员说；他也同上次一样，蔼然可亲的让路给她。

珍妮踱进门，心里期待着一句称赞她洗衣迅速的话。可是那参议员并没有注意到这个。

"哦，我的姑娘，"他当她放下衣包的时候说，"你今晚好？"

"很好,"珍妮回说。"我们想不如把衣裳早点儿给您送来,不等礼拜一。"

"哦,那没有关系,"白兰德不当要紧地回说。"放在椅子上吧。"

珍妮没有想到她还没有拿到洗衣服的工钱,就想走出去,可是参议员留住她。

"你的母亲好啊?"他欣然地问。

"她很好,"珍妮简单地说。

"你的小妹妹呢? 她好一点儿了吗?"

"医生想是好一点儿了,"她回说。

"坐坐,"他蔼然的接着说。"我要同你谈谈。"

那青年女子走到近旁一张椅子去坐了下来。

"唔,"他轻轻的清一清喉咙接着说。"她是什么病?"

"出疹子,"珍妮回说。"我们前几天都当她是要死了。"

白兰德趁她说这句话时,细细端详她的脸,觉得从那上面可以看出一种非常令人伤感的东西。那女子的褴褛衣服,和她羡慕他生活舒服的那种神情,使他感动了。他几乎觉得周围的一切舒适和奢侈都是可耻的。他自己在世界上的地位诚然是高了!

"她好些了,我很高兴,"他好心地说。"你的父亲几岁了?"

"五十七。"

"他也好些了吗?"

"啊,是的,先生;他有些儿起色了,可是还不能出门。"

"我记得你母亲说他是个玻璃工匠不是?"

"是的,先生。"

本地这种工业之不景气,是他所深知的。上次的选举运动,这也就是政治问题的一部分。那末他们的景况真是不堪了。

"你家的孩子都上学吗?"他问。

"怎么,是——是的,先生,"珍妮口吃着回答。她家里原有一个孩子因为没有鞋子不能够上学,可是她觉得太不好意思招认出来。现在说出这一句假话,使她心里很难受。

他默想了一会儿,这才觉得没有理由可以再把她留住,就站起来,走过她这边。他从口袋里掏出薄薄儿的一叠钞票,揭了一张交给她。

"你拿去,"他说,"告诉你母亲,说我说的,拿它做什么花费都行。"

珍妮带着混杂的感情接过钱来;她竟不曾想起去看看那是几元的钞票,这个伟大人物这么贴近她的身,他所住的这个奇异的房间又这么惹眼,她竟不知道自己在做什么了。

"谢谢您,"她说。"您有一定的日子要我们来取衣服吗?"

"哦,是的,"他回答;"礼拜一——礼拜一的晚上。"

她走了,他象出神似的把房门关上。他对于这一班人的兴趣是异乎寻常的。贫穷和美确乎成功一种动人的结合了。他坐在他的椅子上,专心于她这一来所引起的愉快的冥想。他为什么不应该去帮帮她们呢?

"我要去寻出她们的住处,"他最后下了这样的决心。

从此以后,珍妮就常常来取衣服。白兰德觉得自己对于她的兴趣一天浓似一天,而且经过相当时期之后,他竟能使她去掉她同他见面时要觉得不适意的那点羞怯和恐惧了。有一桩事情帮助他达到这个目的,就是他叫她的小名。这是她第三次来的时候开始的,此后就不知不觉的这么叫惯了。

他这样叫她的小名,不能说是由于他把她当自己的女儿看待,因为他对于无论什么人都难得有这样的态度的。他跟这个女子谈话的时候,老觉得自己还很年轻,又常常猜想她也许也能觉察并且赏识他这年轻的一面。

至于珍妮,她是被这个人周围的舒适和奢侈所迷惑了,并且下意识地被这个人的本身所迷惑了,因为她生平见过的人,要算他最有吸引力。他所有的东西样样都是好的,他所做的事情样样都是文雅的,出色的,周到的。从一种遥远的来源——也许从她的日尔曼祖先身上,——她承袭了一种对于这一些东西的理解力和赏识力。生活是应该象他那样生活的,其中特别使她赏识的就是他那种慷慨的精神。

她的这种态度,一部分是从她的母亲那里得来的,因为在她母亲的心灵里,同情常比理性有力量。例如她把那十块钱交给她的时候,那葛婆子竟乐得个出了神。

"哦,"珍妮说,"我走出了门口才知道有这么多呢。他叫我把这交给你。"

葛婆子接了过去,把它轻轻夹在两只合叠的手中,当即分明看见那魁梧的参议员的漂亮影子在她面前了。

"他是多么漂亮的人啊!"她说。"他心眼儿太好了。"

当天晚上以及第二天,葛婆子都不住赞美这一棵珍奇的摇钱树,一遍又一遍的说他做人不知该有多么的好,心肠不知该有多么的宽宏。替他洗衣服的时候,她差不多把衣服都擦烂了,只觉得她无论怎样用力,也是报他不尽的。这桩事儿她可不让老头子知道。因为葛哈德有种固执的脾气,虽然在困苦之中,也决不愿意无功而受禄,所以要他收下这笔钱,她一定得费点儿事。因此她一句不提,只用它来买面包买肉,仍旧非常刻苦的过日子,使他不至觉察这笔意外的横财。

从此以后,珍妮就把她母亲的这种态度反映到参议员身上去,心里既然非常感激他,说话也比以前随便些了。后来他俩搞到很要好,他竟把橱柜里一个皮革做的相片框子送给她,因为他看出她很欢喜。她每次来的时候,他总借故留她一会儿,后来不久,就发见她那温柔的处女性里深深埋藏着一种厌恶贫穷的意识和一种不肯向人诉苦的羞惭。他诚心地喜欢她的这一点,又见她衣服褴褛,鞋子破烂,恨不能够想出一种不致得罪她的法子来帮助她。

他常常想找一个晚上跟她回家去,亲自去看看她家里的情况怎么样。不过他是一个合众国的参议员呢。她们住的那一带地方一定是很贫苦的。想到这里,他就得考虑一下,慎重的办法暂占优势。结果是,这个探访的计划终于搁起了。

十二月初头,白兰德回到华盛顿去住三个礼拜,有一天葛婆子和珍妮知道他走了,大家都吃了一惊。他每礼拜给她们的洗衣钱,没有少过两块的,有几次还给她们五块。他的这一走,也许没有想到对于她们的经济有怎样的影响吧。可也没有法子了;她们只得熬过日子去。葛哈德的病好些了,曾经到各工厂去找过工作,结果是一无所得,这才弄到一个锯木架和一柄锯子,挨门逐户去找锯木头的活儿。这种活儿并不多,可是他拼命的干,一个礼拜也弄到两块乃至三块钱的收入。把这收入补凑他老婆和西巴轩挣来的钱,已经够他们有面包可吃,可也只够吃面包罢了。

及到快乐的圣诞节开头,他们才深深感觉到穷苦的难受。德国人是喜欢在圣诞节铺排场面的。这是一年之中他们那个大家庭的感情能够充分表现的季节。他们看重儿童时代的快乐,所以喜欢看孩子们享受他们的玩物和游戏。老头子在圣诞前的一礼拜,手里锯着木头,心里就常常想到这桩事。小味罗尼加病了这么久,什么不该买给她呢!他巴不得每个孩子都给一双结实的鞋子,外加男的各人一顶暖和的便帽,女的各人一顶美丽的风兜。玩物,游戏,和糖果,他们以前是常常有的。想起下雪的圣诞早晨,家中桌子上头没有满满堆着使孩子们称心如意的物件,他就觉得痛心了。

至于葛婆子心中的感情,那是与其形容它,不如想象它的好。她感觉到非常痛楚,不敢去跟老头子谈起那个可怕的时节。她曾经贮起三块钱,希望去买一吨煤来,免得可怜的乔其天天去偷,可是现在圣诞节将近,她就决计用来买恩物了。老头子也私下积起两块钱,不让老婆知道,心想等圣诞夜里,到了紧要关头才拿出来,借以宽慰那做母亲的心中的焦急。

但是到了圣诞节那天,却很难说他们得到了什么安慰。整个城市都充满着节日的气氛了。杂货店和肉食店都扎着冬青树。玩具店和糖果店都摆设得满目琳琅,色色齐备,每个体面人家的圣诞老公公都要带几样回去的。他家的父母和孩子也都看见了,却使前者感觉到了需要和焦急,后者萌起了胡乱的幻想和不能完全压制下去的希求。

葛哈德曾经当着他们面前屡次说起。

"今年圣诞老公公穷得很。他没有很多东西可以送给我们。"

可是孩子们虽然贫苦,却没有一个肯相信他。他每次说了这句话,就向他们眼睛里看看,看出他们虽然受到了警告,眼睛里冒出来的希望可并没有减少。

圣诞那天是礼拜二,前一天礼拜一就放学了。葛婆子动身到旅馆之先,吩咐乔其要多捡些煤回来,以便维持过圣诞日。乔其立刻就带他的两个妹妹前去了,可是没法可以多捡,要费好大工夫才能装满他们的篮子,所以直到夜里,他们只不过捡了一点点儿。

"你去捡煤没有?"葛婆子晚上从旅馆回来,第一句就问这话。

"去过了,"乔其说。

"够明天用吗?"

"是的,"他回答,"我想总够了。"

"好吧,我去看看去,"她说。他们就拿了灯,一同到放煤的木棚里去。

"啊,我的天!"她看了看就这么嚷道;"还差的远呢。你得马上再捡去。"

"哦,"乔其噘着嘴说,"我不去了。叫巴斯去吧。"

巴斯六点一刻就回家来了,当时正在后房里洗脸穿衣,预备要到城里去。

"不行,"葛婆子说。"巴斯忙了一天了。还得你去。"

"我不去,"乔其仍旧噘着嘴。

"好吧,"葛婆子说,"你明儿没有火生,看你怎么办?"

他们回到屋子里,乔其受到了良心的刺激,觉得事情不能就此僵下去。

"巴斯,你也来,"他叫他那正在里房的哥哥。

"上哪儿去?"巴斯说。

"去拿点煤来。"

"不行,"他的哥哥说,"不行。你把我当什么人看了?"

"好吧,那末我不去,"乔其把头一翘说。

"今天下午你干吗不去拿?"他哥哥厉声地问;"你是整天闲着的。"

"哦,我去拿过了,"乔其说。"我们找不着多少呀。没有煤叫我拿什么呢?"

"我想你没有用心找吧，"那个花花公子说。

"怎么回事？"刚替母亲到杂货店去了回来的珍妮看见乔其噘嘴，就这么问。

"哦，巴斯不肯捡煤去！"

"你下午没有去拿吗？"

"去过的，"乔其说，"可是妈说我拿的还不够。"

"我同你去，"他的姊姊说。"巴斯，你愿意去吗？"

"不，"那青年毫不在意的说，"我不去。"他正在弄整领带，觉得有些恼怒了。

"没有煤好捡啊，"乔其说，"除非我们打煤车里去拿去。我去的那个地方可连煤车也没有。"

"那个地方也有煤车的，"巴斯嚷道。

"没有的，"乔其说。

"哦，别闹了，"珍妮说。"拿篮子来我们马上就去，别等太晚了。"

其他的孩子都喜欢他们的大姊；大家就把要用的东西拿出来——味罗尼加拿一只小篮儿，马大和威廉拿桶子，乔其拿一个洗衣服的大篮子，打算同珍妮捡满了，两个人抬回家来。巴斯看见珍妮这样热心，有些过意不去，而且他仍旧有些看得起她，现在也替他们出主意。

"我告诉你怎么办，珍，"他说。"你带孩子们到八条街，在那些车子旁边等着。过一会儿我也来。我来的时候，你们谁都别当认识我。你们只说，'先生，您肯替我们扔一点煤下来吗？'那时我就爬上煤车，多扔些下来让你们装满篮子。你们懂得吗？"

"好的，"珍妮很高兴的说。

他们进入了雪夜，向铁路的轨道进行。在街道和宽阔的铁路站场交叉的地方，有许多辆装满烟煤的车子新近停在那里。所有的孩子都聚在一辆车的荫庇下。他们正在那里等待哥哥到来的时候，华盛顿的特别快车开到了。那是一串美丽的长列车，里面有几节新式的客座，大玻璃窗亮晶晶的，旅客们躺在舒适的椅子上向窗外浏览。列车隆隆的驶过，孩子们都本能地向后退却。

"哦,这不很长吗?"乔其说。

"我可不喜欢做司机人,"威廉说。

只有珍妮一个人默默不响,但是对于她,旅行和舒适的暗示特别有力量。有钱人的生活该够多么美丽啊!

这时西巴轩在一段路外出现了,神气活现的大踏步走着,显得他自以为非常了不起。他的脾气是特别顽强而且固执的,倘如那时孩子们没有依照他的计划做,他竟会佯为不知的走过去,不肯给他们帮忙。

可是马大采取当时应有的办法,当即孩子气地嚷了出来,"先生,您肯替我们扔一点煤下来吗?"

西巴轩突然停步,把他们细细一看,好象真的同他们一点都不相识的样子,喊道,"可以,可以,"随即爬上了那辆煤车,从那上面极迅速地扔下许多煤片,一会儿就够装满他们的篮子了。然后他又装作不愿在这贫民队里耽搁太久的样子,急忙走过那蜘蛛网似的轨道,不见了。

在他们回家的路上,他们又遇着一个绅士(这回却是真的了),戴着高帽子,穿着坎肩式的大衣,珍妮立刻就认出他了。原来他不是别个,正是那体面的参议员,刚从华盛顿回来,准备要过一个很无聊的圣诞节。他就是刚才惹起孩子们注意的那一列快车里来的,现在提着他的轻提箱,当好玩似的步行到旅馆里去。当他走过的时候,他好象也认识珍妮。

"是你吗,珍妮?"他说着,就站住了细认一认。

珍妮却比他认识得快,嚷道,"哦,那是白兰德先生!"她就丢开抬着的篮子,示意叫孩子们一径拿回家,自己却向对面的方向急忙跑去。

那参议员跟着她,喊了三四声"珍妮!珍妮!"她总是不应。后来看看无法追上她,并且突然的明白过来,要顾到她那单纯的女孩子家的羞耻,他就停住步,回转身,决计跟孩子们一道去。那时候,他又发生向来同珍妮接近的那种感觉,觉得她的身分和自己的身分实相悬殊。他看见孩子们正在捡煤,方才觉得做参议员是有些意思的。明天这个快乐的假日,在他们还有什么意义呢？他同情地步行前去，不期脚步上感到一种轻快，一会儿就看见孩子们进入一座矮屋门中了。他跨过了街心，到一些雪盖的树的稀薄阴影里去站着。屋后一个窗子里有黄橙橙的灯光。四周尽是皑皑的白雪。他能听见木棚里孩子们的声音，有一会儿他又仿佛看见葛婆子的影子。过了一会，他看见一个依稀的人影穿过了一个旁门。他认识那是谁的影子，不由心里怦怦跳起来，当即咬紧了嘴唇，压住过分流露的情绪，然后使劲转过了身子，走开了。

城里的头号杂货店，是个名叫曼宁的开的，他是白兰德的忠实信徒，且以得跟参议员结识为光荣的。当天晚上，白兰德到这人正在忙碌的写字台边去。

"曼宁，"他说，"今晚上你肯替我做一点小事吗？"

"怎么，那还用说得？议员先生，那还用说得？"杂货店的掌柜说。"您多咱回来的？惦记得很！那还用说得？"

"我请你把一家八口人家过圣诞节应用的东西都配齐全，要丰盛些——他家里是父亲，母亲，和六个孩子——圣诞树，杂货，和玩艺儿——你该明白我的意思吧。"

"一准，一准，议员先生。"

"你甭问多少钱。每样都要多多的。我给个地址给你，"说着，掏出一本笔记簿来写地址。

"怎么，我乐意得很，议员先生，"曼宁接着说；他自己也很感动了。"我乐意得很。您向来是慷慨的。"

"你听我说，曼宁，"白兰德只为不得不维持参议员的尊严，所以很严肃地说。"把所有的东西即刻就送去，账单子送来给我。"

"乐意得很，乐意得很，"这就是那受惊而心许的杂货店老板所仅能说的话了。

参议员走出店门，才记起了他们两老，就又去找估衣店和鞋子店，却因不晓得尺寸，所以言明定买的各件都可以退换。及到这些工作都做完，这才回到自己房里去。

"抬煤呢,"他把这一点想了又想。"我真是太卤莽了。我应当不再忘记他们。"

<h1 style="text-align:center">四</h1>

珍妮看见参议员所以要逃,无非是因她觉得自己处境的可耻。她想他这般看得起她,却发见她做这样不相干的事,觉得很难为情。她到底还是女孩子脾气,以为他对她的兴趣一定另有所属,不单在她的人物上。

她到家的时候,葛婆子已经听见其他孩子说起她先逃的事儿了。

"你到底是怎么回事?"她进来的时候乔其就问她。

"哦,没有什么事,"她回答,但她立刻对她母亲说,"白兰德先生路上走过看见我们了。"

"哦,是吗?"她母亲轻轻的嚷道。"那末他已经回来了。可是你为什么要跑呢,你这傻孩子?"

"这个吗,我不要他看见我嘛。"

"哦,也许他还没有认识你呢,"她对女儿的为难处表示同情。

"哦,他已经认识我了,"珍妮低声说。"他还叫过我两三遍呢。"

葛婆子摇摇她的头。

"什么事情?"在里边房间里听见她们说话的葛哈德现在走出来说道。

"没有什么,"母亲说;她不愿意说明参议员在他们生活上的意义。"他们捡煤的时候有个人吓唬他们啦。"

入夜之后圣诞的礼物送来,引起全家人一阵兴奋的哗噪。当一辆杂货店的送货车停在他们的矮屋门前和一个壮健的伙计开始搬进礼物的时候,老夫妻俩是谁都以为自己眼睛看错的。他们对伙计说他送错了,伙计可不听,于是那些好东西被他们欢天喜地的一一过目了。

"你们放心好啦,"这是那伙计一本正经说的话。"我是不会错的。葛哈德,不是吗? 那末正是给你们的。"

葛婆子脚步不停,兴奋得只会搓手,并且偶尔发出一声,"好吧,现在不是好了吗?"

老头子看见这个不知名的施主如此慷慨,也不由得不软化了。他以为这是本地某大工厂的主人送他的,因为他跟他相识,并且待他们很好。葛婆子感激涕零的,对于这个来源的猜测有些怀疑,可是她不说什么,至于珍妮,她是本能地明白这桩事是谁做的。

圣诞第二天的下午,白兰德在旅馆里遇见珍妮的母亲,因为那天珍妮在家里看家。

"你好啊,葛奶奶,"他伸着手欢然喊道。"圣诞节过得快活吧?"

可怜的葛婆子颤抖抖地接了他的手,眼睛里立刻充满眼泪了。

"怎么,怎么,"他拍拍她的肩膀说。"别哭啊。不要忘记今天得来拿衣服。"

"哦,不会忘记的,先生,"她回说。她本来再要和他谈几句,可是他走开了。

从此以后,葛哈德就常常听见她们谈起旅馆里有个漂亮的议员,为人怎么怎么和气,给她们的洗衣钱怎么怎么多。德国劳动者的脑筋是简单的,所以他很容易相信这位白兰德先生一定是个很伟大而且很好的人。

珍妮的感情是无须向这方面加以鼓励的,所以她对于他的好感是有了偏心的了。

她那时正在成年,模样身段儿渐臻丰满,任何男子都不能不受她的吸引。原来她的体格本来就结实,身材也很高,不象一个女孩子。倘使叫她穿上时髦女人的长裙,她就尽可做得那参议员那么高个儿的伴侣。她的眼睛皎洁光亮得出奇,她的皮肤很娇嫩,她的牙齿洁白而匀整。她又很聪明,很灵敏,而且并不缺乏观察力。她所缺乏的只是训练,只是自信心,那是因她知道自己必须完全依靠别人才丧失了的。但是她得常常出外送衣服,又差不多见到任何东西都不得不认做施恩,这是对于她的处境不利的。

近日以来,她半礼拜一次到旅馆里去送衣服,白兰德总是和颜悦色的对待她,她也总以和颜悦色相报答。他常常把小东西送给她和她的弟妹们,而且跟她极其随便的谈话,终至她心中觉得身分相差的那种畏惧的意识完全消除,而她就把他当做一个慷慨的朋友,不当做一个威严的议员看待了。他有一次问她愿不愿意进学校去读书,因为他一径在想,她从学校出来之后,必定是个非常出色的人物。最后有一天晚上,他把她叫到身边。

"到这儿来,珍妮,"他说,"站在我身边。"

珍妮走到他身边,他就由于一种突发的冲动捏住她的手。

"我说,珍妮,"他用一种叫人猜谜似的询问神气细看她的脸儿说,"你到底觉得我这个人怎么样?"

"哦,"她有意地转过脸去回答说,"我不知道。你干吗要问我这句话?"

"哦,你是知道的,"他回说,"你对于我总会有个意见的。现在告诉我,你的意见怎么样?"

"不,我没有,"她天真地说。

"哦,你有的,"他赏识她这种明显的遁词,欣然的继续说道。"你对我总想过什么。告诉我,你是怎么想法的?"

"你可是问我喜欢你吗?"她直率地问,一面眼睛朝下看着他那一大撮颇有点花白的头发,那是披散在他的前额上的,使他那张清秀的脸面近乎狮子型。

"唔,是的,"他有点儿失望似的说。他觉得她缺乏媚人的艺术。

"怎么,我当然喜欢你的,"她娇俏地说。

"你对我想过别的吗?"他继续说。

"我想你很和气,"她更觉羞愧地接着说;这时她才觉得他仍旧捏住她的手。

"就只这样吗?"他问。

"哦,"她眼皮一动一动的说,"这样还不够吗?"

他看着她,而她回盼中的那种好玩而可亲的坦率神情使他浑身震战了。他默默端详她的脸,她很是扭捏不安,觉得他的端详里含有深意,却又不很明白到底是什么。

"我说,"他最后说,"我想你是一个漂亮女孩子。你不想我是个很好的男人吗?"

"想的,"珍妮毫不迟疑地说。

他向椅背上一仰,觉得她的回话里含着一种无心的滑稽,不觉笑了起来。她好奇地看了看他,微微一笑。

"你笑什么?"她问。

"哦,我笑你的话回得有趣,"他回说。"我本来不应该笑的。我看你一点儿也不赏识我。我不相信你会喜欢我。"

"可是我实在喜欢你的,"她恳切地回说。"我想你这人太好了。"她眼睛里明明表示她的话是从心里出来的。

"好吧,"他一面说,一面把她轻轻拉到身上来,就在她面颊上亲了一个吻。

"哦!"她竖起身子来嚷着,大大吃了惊吓了。

这事在他们两人的关系上开了一个新局面。他那参议员的身分立刻消失了。她在他身上认出了一种她向来没有感觉到过的东西。他又似乎比从前年轻些了。现在她在他眼睛里是一个女人,而他正在扮演一个情人的脚色。她迟疑了一会儿,不知道该有怎样的举动,所以就索性没有举动。

"唔,"他说,"我吓了你了吧?"

她看了看他,心里却仍旧尊敬这个伟大的人物,就微笑着说,"是的,你吓了我了。"

"这是因为我实在喜欢你不过。"

她默默想了一会,这才说道,"我想该走了。"

"那末,"他恳求似的说,"你是为了这桩事情想要逃走吗?"

"不是的,"她觉得不好忘恩负义,所以这么说,"可是我应该走了。他们要惦记我的。"

"你一定不动气吧?"

"我一定不动气，"她回说；这时她才显出更多的女性态度来。她处在这样威严的境地，实在是一种新鲜的经验。显然他们两个都有些儿迷乱了。

"你无论如何总是我的女人了，"他站起来的时候说。"将来我总留心照顾你。"

珍妮听见这话，心里高兴。他是完全配做惊人的事情的，她心里想；他简直就是一个魔术家。她四面看看，想起进入这样的生活，这样的空气，真象上天堂一般。但是她并没有充分了解他的意思。她只晓得他做人好，晓得他很慷慨，晓得他给她好东西。她自然觉得快乐。她拿起了本来来取的一包衣服，并没有发见也没有感觉她的地位的矛盾，他却觉得这是对他一种当面谴责了。

"她是不应该拿那东西的，"他想。一阵同情的巨浪冲过他。他双手捧住了她的面颊，这回却用一种较尊重而大方的态度了。"不要紧的，姑娘，"他说。"你用不着老做这种事。我会替你想法儿的。"

这回事情的结果，只不过使他们两人中间发生一种更多同情的关系。下一次她来的时候，他就毫不犹豫地叫她坐在他自己坐的椅子的靠手上，并且亲亲切切问她家里的情形，和她本人的愿望。有好几次，他觉察到她闪避他的问话，特别是关于她父亲近来做什么事的问题。她不好意思承认他在替人家锯木。他恐怕她家的景况更加窘迫，就决计要亲自去看一看。

这事的实现，是在一天的早晨，因为那天他没有要紧的事，抽得出空来。这是在议会里大斗争开始前的三天。那场斗争是他失败的，但在那胜败未决的几天内，他没有事情可做。因此他拿了手杖，漫步出门，约经半点钟的时光走到她家的矮屋，就大胆去敲门。

葛婆子把门开了。

"早安，"他欣然的说，可是他见她有些踌躇，就又说，"我可以进去吗？"

葛婆子见他突如其来，吓得呆了，慌忙把双手在千补百衲的围裙上偷

偷的擦,又见他等着回话,就说:

"哦,是的。请进来吧。"

她匆匆的引路进去,门也忘记关,就端给他一把椅子,请他坐下。

白兰德见她因自己来了这般忙乱,很觉过意不去,就说:"你别操心,葛奶奶。我打这儿经过,想起来看看你们。你的丈夫好吗?"

"他好,谢谢,"葛婆子回说。"今天他出去做工了。"

"那末他已然找到事儿了?"

"是的,先生,"葛婆子说,她也跟珍妮一样,不肯说出他做什么事儿。

"孩子们都好了,都在学校里吧,我想是?"

"是的,"葛婆子回说。这时她已经解下围裙,颤抖抖的在膝上卷着。

"那就好了,珍妮呢?"

那时珍妮刚刚熨好衣裳,丢开熨板躲到房里去,正忙着整理头脸,生怕母亲没有骗他不在家,自己躲避不了。

"她在家里,"葛婆子回说。"我去叫她出来。"

"你干吗说我在家里?"珍妮有气没力地说。

"那末叫我怎么办呢?"母亲问。

那母女俩正在迟疑的当儿,那议员先生独自在察看房子。他想起这样的好人会吃这样的苦楚,心里很是难过;他萌起了一种模糊的念头,总望能够改善他们的景况。

"早安,"他当珍妮终于怯生生进来的时候对她说。"你今儿好?"

珍妮走上前,伸出她的手,脸上泛起红潮来。她因他这一来,觉得心乱得很,连话也回不出了。

"我想,"他说,"我应该来看看你们住的地方。这是一座很舒服的房子。你们有几间屋子?"

"五间,"珍妮说。"今天弄得不象个样儿,请您原谅。我们刚刚在烫衣裳,弄得乱七八糟了。"

"我知道的,"白兰德温和地说。"你当我不明白吗,珍妮?你千万不要为着我觉得不安。"

她听得出他那种安慰而亲切的语气，这是她在他房间里的时候常常听见的，因而心里略觉安定了。

"我要是偶尔来走走，你们可别当一桩事情，因为我自己愿意来的。我要看看你的父亲。"

"哦，"珍妮说，"他今天出去了。"

但是他们谈话的当儿，那老实的锯木匠已然带着锯架和锯子从门口进来了，白兰德一看见他，觉得他跟他女儿略微有点相象，立刻就认识他了。

"那边你父亲来了，我看是，"他说。

"哦，是他吗?"珍妮看着外面说。葛哈德近来很喜欢默想，头也不抬的走过窗前。他放下他的锯架，把锯子挂在屋旁一个钉上，这才走进来。

"妈妈，"他用德语叫了一声，看看没有她，就从前屋的门口进来向里面探视。

白兰德站起来，伸出他的手。那个皮肤结块满面风霜的德国人走上前去，带着一种很怀疑的神情去接他的手。

"这就是我的父亲，白兰德先生，"珍妮说；她的一切羞怯都被同情溶解了。"这就是旅馆里的那位绅士，白兰德先生，爸爸。"

"什么名字?"那德国人转过头来问。

"白兰德，"参议员说。

"哦，是的，"他带着很明显的德语重音说。"自从我害了热病，耳朵就有些不便。我的妻子她说起过您的。"

"是的，"参议员说；"我早就想来看看你们，你们是大家庭呢。"

"是啊，"父亲说；他觉得自己衣裳破烂，急乎想要站开些。"我有六个孩子，年纪都还小。她是大女儿。"

这时葛婆子又走过来了，他趁这个机会急忙说：

"请您别见怪，我要失陪一会儿。我的锯子断了，得去拾掇拾掇。"

"当然，当然，"白兰德蔼然的说，这时他才明白珍妮所以始终不肯说明他父亲做什么事的道理。他希望她胆子大些，什么事情都不要瞒他。

"我说,葛奶奶,"他见葛婆子硬僵僵的坐在那儿,就对她说,"我要你们别把我当做陌生人看待。以后我要你们把家里的事情都告诉我知道。珍妮是不大肯说的。"

珍妮静静地微笑一笑。葛婆子只是搓手。

"是的,"她很谦恭地回答。

他们又谈了一会,参议员才站起身来。

"告诉你的丈夫,"他说,"叫他下礼拜一到我旅馆里的办事间来一趟。我有事情跟他讲。"

"谢谢您,"葛婆子颤抖抖的说。

"我不能再耽搁了,"他又说。"不要忘记叫他来。"

"哦,他会来的,"她回说。

他一只手套着手套,把那一只伸给珍妮。

"这是你的好宝贝,葛奶奶,"他说。"我可想要她。"

"这个吗,"母亲道,"我可还不知道舍不舍得她。"

"好吧,"参议员走到门口的时候伸手给葛婆子说,"再见。"

他点点头,走出了。左右那五六家曾经见他进去的邻舍,这时都从门帘背后和百叶窗背后拿惊异的眼光窥探他。

"这到底是谁呢?"是一般人的疑问。

"看看他给了我什么了,"当他把门带上了之后,那天真的母亲就这样对她的女儿说。

那是一张十元的钞票,是他跟她说再见的当儿轻轻放在她手里的。

六

这个不幸家庭的父亲威廉·葛哈德,从他的个性方面讲是个很可注意的人物。他生在萨克森王国,生性很强硬,十八岁上就因反对不法的征兵制度逃到了巴黎。后来又从巴黎搬到希望无穷的美国。

到美国之后,他慢慢一步步地从纽约迁移到费拉德尔菲亚,然后更向西,曾有一段时期在宾夕法尼亚各家玻璃工厂里工作。在这新世界的一个浪漫乡村里,他获得了他的意中人。她是一个日耳曼血统的美国女子,他同她迁居到羊氏镇,又从那里搬到科伦坡,都是跟着一个名叫汉孟德的屡兴屡败的玻璃制造家走的。

葛哈德是个老实人,他高兴人家看重他这点老实。"威廉,"他的主人惯常对他说,"我所以用你,是因我能信任你。"这句话在他看来,就比金银宝贝都可贵。

他这点老实,也跟他的宗教信念一样,是从遗传得来的。他对于这种品德从来不曾去加以理解。他的父亲和祖父都是很刚强的德国工匠,从来不曾骗过谁的一块钱,而这忠实的秉性,就不折不扣地传进他的血脉里来了。

他那路德教派的倾向,是因跑过多年礼拜堂和家庭里遵守宗教仪式的习惯而加强的。在他父亲的矮屋里,路德派牧师的势力向来万能,他因此遗传了一种感想,以为路德派的教堂是一种完美的组织,又以为它的教训对于将来的生活是非常重要的。他的妻,名义上虽属曼诺教派,却很愿意接受她丈夫的信条。因此,他的家庭就成为一个敬畏上帝的家庭;他们无论到什么地方,第一件社交事项就是跟当地的路德派教堂去联络,而路德派的牧师就老是他家所欢迎的贵客了。

科伦坡教堂里的翁德牧师,原是一个诚笃热心的基督教徒,但是他的顽固脾气和他那种严肃的正教教条,使他的为人变得非常偏执。他以为他的信徒们如果跳舞,打牌,看戏,就要危及最后的得救,又常常对人家大声疾呼,有谁不遵守他的训诫,地狱就要张开嘴来把他吞下去。喝酒,哪怕是偶尔为之,也要算一种罪恶。吸烟——好吧,他自己是吸烟的。可是正当的结婚行为,以及结婚以前的纯洁,都属基督教生活的绝对必要条件。他曾经说,做女儿的要是不能够保持她的贞操,做父母的要是疏忽大意,纵容女儿去堕落,那就都谈不到得救了。对于这样的人,地狱都要开着口等他们进去。你如果要避免永远的刑罚,就必须走正直而狭窄的路,而且有个公正的上帝每天都要对罪人发怒。

葛哈德和他的妻子,乃至于珍妮,都无条件地接受翁德牧师所解释的教义。但是在珍妮,只不过是名义上同意罢了。宗教对于她还没有发生显著的拘束力。她知道有一个天堂,是有趣的,知道有一个地狱,是可怕的。青年的女子和男子都应该好好的做人,应该服从他们的父母。除此以外,全部的宗教问题在她心里都混乱得毫无头绪。

葛哈德相信教坛上所讲的一切是字字都真确的。死和未来的生活,在他都属实有的东西。

到现在,年纪一天天地老了,处世的问题一天天的难以解释了,他就越发怀着焦灼的感情而固执着那可以解决问题的教义。啊,他要怎么样才能够真正的诚实,真正的正直,使得那在天之主没有可以排斥他的借口呢!他不但替他自己害怕,并且替他的妻儿害怕。他将来不要有一天该替他们负责吗?他因自己的疏忽,因对他们教导不得法,结果不要使他自己跟他们一起永远定罪吗?他常想象地狱里的苦楚,不知道到了那最后的时间他跟他的家里人要落到怎样一步田地。

自然而然的,这样深彻的宗教感情要使他对孩子们非常严厉。凡是青年人在情欲上感到的快乐和流露的弱点,他都用一种严密的眼光监视着。珍妮如果不经父亲的允准,就断断不能有钟爱的人。如果她在科伦坡街上遇着青年的男子,和他们有过些眉目传情,一回到家中就必须断念。原来葛哈德忘记他自己也曾经做过青年,却只想到她精神上的幸福。因此,那参议员就成为她生活中一个新奇的因素了。

那参议员刚刚开始成为他们家庭生活的一部分,葛哈德老头子就觉得自己向来信奉的那套传统的标准有些不可信任了。他没有方法可以判定这样一个人物。这在追求他的美貌女儿的,并不是一个寻常人啊。白兰德闯进他们家庭生活里来的方式是很新鲜而可嘉许的,所以他等不到任何人加以考虑,就已成为他家生活中的一个有力部分了。葛哈德自己也已受了骗,而且他对于这样一个来源,就只盼望荣誉和利益源源不绝的流进自己家里,所以也接受他的关切和效劳,而让日子平安无事的过去了。至于他在那快乐的圣诞节前后送来的许多东西,他的老婆始终没有向他说起过。

但是有一天早晨,葛哈德做了夜工回来的时候,一个名叫奥多·卫佛尔的邻人招呼他。

"葛哈德,"他说,"我要同你说句话。我是你的朋友,耳朵里听见的话应当告诉你。你要知道,现在邻舍家们都在谈论到你家来看你女儿的那个人了。"

"我女儿?"葛哈德说时感觉着一种惶惑和苦痛,却不全是由于那人话里所含的意思,而是由于这样突然受攻的情势。"你说哪一个?我不知道有什么人来看过我的女儿。"

"不知道吗?"卫佛尔说时,差不多跟葛哈德一样惊异了。"就是那个头发花白的中年人。他有时拿着手杖。你不认识那个人吗?"

葛哈德带着惶惑的面容搜索他的记忆。

"人家说他是做过议员的,"卫佛尔接着说,心里却将信将疑;"我可也不知道。"

"哦,"葛哈德松了口气似的回答说。"白兰德议员。是的。他曾经来过几回的。好吧,怎么样呢?"

"没有怎么样,"他的邻人说,"不过人家在谈论罢了。他已经不是一个青年,你知道的。你的女儿近来同他出去过几回。人家看见了,现在都在谈论她。我想你也许要知道知道。"

葛哈德听见这话,气得浑身打战起来。人家说这种话,一定不会无理由。珍妮和她的母亲是难辞其咎的。可是他仍旧要替他女儿辩护。

"他是我家的朋友。我想人家应该打听清楚才说话。我的女儿并没有干什么坏事。"

"是的的是的。本来没有什么,"卫佛尔继续说。"人家说话靠不住的多。你我是老朋友。我想你也许要知道这件事。"

"谢谢你的好意,"他动身回家的时候口里喃喃说。"我也要去查查看。再见。"

他一回家就把这桩事情问他的老婆。

"白兰德先生来看珍妮是怎么回事?"他用德语问。"邻舍家们都在说话了。"

"怎么,没有什么事,"她也用德语回答。可是她被这问题吓了一跳。"他曾经来过两三次。"

"你没有对我说起过这桩事情,"他回说;他觉得她纵容孩子并且替她回护,心里有些着恼了。

"那倒是真的,"她十分狼狈的说。"他不过来过两三次。"

"两三次!"他嚷起来,德国人大声说话的习惯回复了。"两三次!邻舍家们都在谈论了。那末到底是怎么的?"

"他是不过来过两三次啊,"葛婆子虚弱地重复的说。

"刚才卫佛尔在街上碰到我,"葛哈德继续说,"他告诉我说邻舍家都在谈论那个跟女儿一块儿出去的男人了。我是什么都不知道的。我听他的话,弄得我口也难开。到底是怎么回事啊?他不知要当我什么人了呢!"

"实在是毫没相干的,"葛婆子用一句有效的德国成语说。"珍妮跟他出去散步过一两回。他也到咱们家里来过。人家有什么好瞎扯的?难道女孩子家就不应该寻点儿快乐吗?"

"不过他是一个老头子了,"葛哈德引用卫佛尔的话说。"他是有职务的。他要来看珍妮这样的孩子干什么?"

"那我不知道,"葛婆子自卫着说。"是他自己到咱们家里来的。我只知道他是个好人。你想我能叫他不来吗?"

葛哈德呆了一呆。那参议员给他的印象是极好的。他不知道现在有什么东西可怕得这个样儿。

"邻舍们是顶高兴谈论人家的。他们现在大概是没话可说,所以说到珍妮身上来了。孩子的好坏你是知道的。他们干吗要说这样的话呀?"说着,眼泪就从那软心肠的母亲眼里流出来。

"那就好了,"葛哈德喃喃地说,"可是他不应该到咱们家里来带这样年纪的女孩子出去散步。就算他没有歹意,看起来也不象个样儿。"

这个当儿珍妮进来了。她本来在前面屋子里同一个孩子睡觉，已经听见后面在说话，可并没有听出话里的意思。她进来时，她母亲背过脸去，朝她正在做饼的桌子上低下了头，想要女儿不看见她的红眼睛。

"什么事?"她看见父母都那么默不作声，心里有些疑惑。

"没有事，"葛哈德坚决地说。

葛婆子并没有表示，可是珍妮看见她一动都不动，知道其中必有缘故了。她就走过她那边去，立刻发见她刚刚哭过。

"什么事?"她眼睛瞪视着父亲，满腹惊疑的又问了一遍。

葛哈德只是站着不动，他女儿的清白已经战胜他对罪恶的恐怖了。

"什么事?"她又向母亲轻轻追问一句。

"哦，都是那些邻舍家，"母亲断续地回说。"他们老喜欢瞎扯。"

"又是说我吗?"珍妮微微的红着脸说。

"你瞧，"葛哈德仿佛是向全世界人说话一般，"她自己也知道的。那末他来的时候你为什么不告诉我呢? 邻舍家都在谈论了，可是我直到今天才知道。这到底是怎么回事啊?"

"啊，"珍妮纯然出于对她母亲的同情，不由得嚷道，"这有什么关系呢?"

"有什么关系?"葛哈德仍旧用德语嚷着，虽然珍妮已经用英语回答过他。"叫人家街上拦住我告诉这件事情，还没有关系吗? 你会说出这话来，真不害臊! 那个人我本来对他没有什么，可是你不告诉我，要等别人告诉我，我就莫名其妙了。难道我家里的事情一定要等邻舍家来告诉我吗?"

母女俩都愣住了。珍妮已经开始觉得她们的错误有些儿严重。

"我从来不曾因为做坏事情瞒过你，"她说，"他不过带我去遛遛弯儿罢了。"

"是的，可是你没有告诉我啊，"她的父亲回答。

"你是不愿意我晚上出门的，"珍妮说，"所以我没有告诉你。此外并没有瞒你的事情。"

"他不应该带你晚上出门啊,"一向留心外界事情的葛哈德说。"他要你做什么? 他为什么要到这儿来? 总之,他太老了。我想你不应该跟他有什么事情——象你这样年轻的女孩子。"

"他除开帮助我,跟我没有什么事情,"珍妮喃喃的说。"他要娶我。"

"娶你,吓! 他为什么不告诉我!"葛哈德嚷道。"这事我要查一查。我不愿意他同我女儿一路跑,叫邻舍家说话。而且,他年纪也太老了。我要告诉他。他应该知道,叫一个女孩子去受人家谈论是不对的。他应该跟你完全断绝关系。"

葛哈德要去叫他从此断绝关系的这种恫吓,对于珍妮和她的母亲简直是可怕的。像这样的态度到底能有什么好处呢? 为什么她们在他面前就一定要堕落呢? 当然,白兰德在葛哈德出去做工的时候仍旧来过几次的,可是她们怕父亲发觉,都吓得直发抖。几天之后,白兰德曾来带她去作长途的散步。她跟她的母亲都没有把这桩事告诉葛哈德。不过这是瞒不得他多久的。

"珍妮又跟那人出去过了吗?"第二天晚上他就问葛婆子。

"昨天晚上他到这里来过了,"她闪烁其词地回答。

":她曾经叫他不要再来吗?"

"我不知道。我想没有吧。"

"好吧,那末我自己来试试看,到底这种事情能不能终止,"那意志坚决的父亲说。"我自己同他说去。且等他下次再来。"

根据着这个决心,他费了三个晚上的工夫,从工厂里抽空回来,每次都留心窥探他的房子,看有没有客人在里边。到了第四天晚上,白兰德来了,就找着珍妮,尽管她神魂不定,仍旧带她去散步。珍妮害怕她父亲,唯恐闹出不好看的事儿来,可是她不知道怎么样才好。

那时葛哈德快要到家,眼见她走出门去。这在他已经够了。他就不慌不忙的走到里边,找着葛婆子说道:

"珍妮哪儿去了?"

"她出去了,"她的母亲说。

"是的,我知道她到哪儿去了,"葛哈德说,"我看见她的。且等她回来。我来同她算账。"

他安静地坐了下来,看着一张德文报,一面又注意着他的妻子,过了一会听见大门响了一声开进来,他这才站起。

"你到哪儿去来的?"他用德语嚷道。

白兰德不料会有这样的波折,心里又是烦恼,又是不安。珍妮是慌得什么似的了。她的母亲在厨房里感觉到一种非常的苦痛。

"怎么,我出去散步来的,"她惶惑地回答。

"我不曾叫你晚上不要出门吗?"葛哈德完全不顾白兰德,只管说他的。

珍妮脸上涨得绯红,一句话也说不出。

"出了什么事儿了?"白兰德庄严地问。"你为什么要这个样儿对她说话?"

"她不应该晚上跑出门,"葛哈德粗鲁地回答。"我已然跟她说过两三次了。我想你也不应该再到这儿来了。"

"为什么?"那参议员问过这一句,就又停住了斟酌他的措辞。"这不是奇怪吗?你的女儿做过什么事儿了?"

"做过什么事儿!"葛哈德嚷道;他因熬忍得过分紧张,以致激动得更加厉害,连他说的英语也不成腔了。"什么事,她不应该黑更半夜的上街去乱跑。我不愿意我的女儿跟你这样年纪的人晚上出门去。你到底想要她的什么?她还是个孩子呢。"

"我想要她的什么?"那参议员竭力挽回他那已受损害的尊严说。"当然,我想要跟她谈谈。她的年纪已经够我对她发生兴味了。我还要跟她结婚,如果她要我的话。"

"我要你离开这里,永远不要再来,"完全丧失了理性而采取强迫态度的父亲回答说。"我不要你再到我家里来。我已经够麻烦的了,怎么还能把我女儿带出去损坏名誉?"

"我老实告诉你,"那参议员摆起十足的架子来说,"你必须把你的意思讲个明白,我并没有做过对不起人的事儿。你的女儿并不曾因我受过任何的损害。现在我要晓得你这种行为到底是什么意思。"

"我的意思,"葛哈德愤激地重复着说,"我的意思,我的意思是说人家都在谈论,说你怎样趁我不在家的时候常到这里来,怎样带我的女儿去遛弯儿,去散步——我的意思就是这样。我说你不是一个靠得住的人,不然就不至于带着一个跟你自己女儿年纪差不多的女孩子到外面去瞎跑。人家已经把你的为人详细告诉我了。我只要你走开,不再同我的女儿勾搭。"

"人家!"参议员说。"好吧,我管不了你的什么人家。我爱你的女儿,我到这里来看她,就因为我爱她的缘故。我的意思就是要娶她,如果你的邻舍家要谈论什么,就让他们谈论吧。你没有明白我的意思,就摆出这副样儿来,那是没有理由的。"

珍妮被这不及料的可怕的争吵吓昏了,就向通吃饭间的一头门里缩进去,她的母亲看见她,就走上前来。

"啊,"她的母亲激动地喘着气说,"他是你不在家的时候来的。我们有什么办法呢?"母女两人纠作一团,默默地哭泣。两个男子的争辩还是继续下去。

"娶她,嘿,"那父亲嚷道。"是这个意思吗?"

"是的,"参议员说,"娶她,正是这个意思。你的女儿已经十八岁了,她自己能够决定了。你是侮辱我,并且伤害你女儿的感情。现在你要知道,事情是不能这样就完的。如果你除开旁人的话,还有理由说得出我的不是,我愿意你说出来。"

那参议员站在他面前,直是一座正义的堡垒。他也不大声,也不暴怒,嘴唇却是紧帮帮的,显出他是一个有力量有决断的人。

"我不要同你再说什么了,"那个虽然有些丧气却还没有被吓倒的葛哈德说。"女儿是我的女儿。她该不该黑夜跑出去,或者该不该嫁给你,是要由我作主的。我晓得你们政治家是怎么样的。我初次见你的时候,还当你是个好人,现在见你对我女儿这个样儿,我就跟你没有关系了。现在只请你走开，不要再到这里来。我所请求你的就是这样。"

"对不起，葛奶奶，"白兰德从那发怒的父亲安详地掉过头去说，"不要怪我在你家里引起这样的争吵。我想不到你的丈夫是反对我到这里来的。可是我要把这桩事暂时搁一搁。你千万不要把今天的事情看得太认真。"

葛哈德见他的态度这样冷静，不由得惊异起来。

"现在我要去了，"他重新向葛哈德说，"可是你千万不要当我把这事从此丢开。你今晚上干了一桩大大的错事了。我希望你自己能够觉悟。晚安。"他微微鞠了一躬出去了。

葛哈德把门牢牢关起来。"现在，"他向他的妻子和女儿说，"且看咱们是否已经把这人摆脱了吧。你们应该知道，人家已然在谈论，还要黑更半夜到街上去跑，的确是有不是的。"

现在口舌上，这场争吵总算已经终止了，但是神色上和感情上的不睦是越发加深，此后几天之内，那小小矮屋里边竟听不见有人说话。葛哈德开始想起自己的差使是白兰德给他的，就决计放弃了它。他又宣言他家里从此不得替那议员洗衣服，而且，他如果没有确实晓得葛婆子在旅馆里的工作是她自己出力找来的话，他也要不许她去的。他以为这样的事情总没有好处。要是她从来不曾到过那旅馆，这一切的谈论是始终不会有的。

至于那参议员，他受过这次鲁莽的待遇之后，就决然的要走了。邻舍家的流言，对于他们那种地位的人就已经是很不利，至于像他这样的身分，也要被他们牵累进去，他现在想想觉得有点儿犯不着了。他对于这种局面，真不知怎样才好，但他还没有考虑出办法，忽忽已经过去了几天。于是他被召到华盛顿，走的时候并没有跟珍妮见过一面。

在这期间，葛哈德的家庭还是照常挣扎着过日子。他们原是贫穷的，可是葛哈德宁愿挨穷，只要能够挨得过的话。而无奈杂货店的账单并没有减小篇幅。孩子们的衣服是慢慢地破下去了。他们不得不竭力节省，而旧欠的店账不曾还过一文钱。

后来到了一天,就是押款年利到期的日子,又有一天,两家杂货店的老板跟葛哈德街上碰头,向他要账。他只得马上对他们说明景况,并且告诉他们说他一定竭力去设法。但是他的精神并不因这种种不幸而松懈。他一面工作一面祷告上天给自己施恩,并且抽出早晨睡觉的时间来到处奔走,或者是找收入较好的位置,或者是找偶尔会有的零工。其中有一项就是割草。

葛婆子提出抗议,说他这样的拼命简直就是自杀,但他说明他的这种办法是出于不得已的。

"人家满街拦住我问我要钱,我是没有时间好睡觉的啊。"

这就是他们一家人的困苦艰难的情况。

真是祸不单行,西巴轩又正在这个时候进了牢狱。原因在于他那偷煤的勾当不幸多干了一回。有一天晚上,他叫珍妮和孩子们等着,自己爬上煤车,就被铁路上的侦探逮住了。这两年来,偷煤的事件原也不少,但向来数量有限,铁路上也就不甚注意。及到后来交运的客家口出怨言,说从宾夕法尼亚煤场运到克利夫兰,辛辛那提,芝加哥等地的货色往往磅数不足,侦探们便开始活动了。从铁路上偷煤过日的,也原不止葛哈德一家的孩子。科伦坡别的人家也有许多常干这勾当,可是西巴轩刚巧被逮去做榜样了。

"你得下来了,"突然从阴影里出现的侦探说。珍妮和孩子们看见情形,马上丢掉篮子桶子去逃命。西巴轩的第一个冲动是要跳下车来逃,但是那个侦探逮住他的衣裳了。

"站住,"他喊道。"我要你。"

"喂,放手,"西巴轩野蛮地说,因为他并不是一个弱者。他是不会慌张却有决断的,并且立刻感觉到了自己的危急了。

"放手,我告诉你,"他重复地说,同时将身一纵,几乎把那个想要擒他的侦探撞倒了。

"下来,"那侦探要显出自己的权威,一面说着,就狠狠地把他往下拉。

西巴轩只得下来,可是马上向他的敌人一拳挥去,打得他立脚不稳起来。

随后两个人扭打多时,才有一个过路的铁路人员来助那侦探一臂之力。两人合力把他擒到了车站,见过地方官,送他进牢狱。那时西巴轩撕了衣服,伤了手脸,乌了眼睛,在牢里关了一夜。

孩子们回家之后,也不晓得西巴轩究竟怎样,但听听九点钟敲过,一直等到十点十一点,西巴轩还是不回来,葛婆子就有些着急。他常常是十二点一点才回来的,可是那天夜里,他的母亲就料到有可怕的事情发生了。直到一点半钟,仍旧没有西巴轩的消息,她就开始哭了。

"你们得有一个人跑去告诉你的父亲,"她说。"他也许是在牢里了。"

珍妮自告奋勇,可是正在熟睡的乔其也被叫醒来跟她同去。

"什么!"看见他的两个孩子而觉得惊异的葛哈德说。

"巴斯到现在还没有回来,"她说;接着就对他说明那天晚上的冒险故事。

葛哈德立刻丢开他的工作,跟他两个孩子一同走出来,到了一个地点,才分路向监狱那边去。他心里已经猜到几分,觉得非常难过。

"难道弄到这步田地吗!"他不住的念着,一面拿他的粗手擦着淌汗的额头。

走到警察局,当值的巡长简略地告诉他巴斯是在拘押。

"西巴轩·葛哈德吗?"他查着他的簿子说;"是的,在这里。偷煤和拒捕。他是你的孩子吗?"

"啊,我的天!"葛哈德说,"我的天老爷!"他急得不住搓手。

"要见他吗?"巡长说。

"是的,是的,"父亲说。

"带他到后面去,勿雷特,"巡长对当值的看守员说,"让他去见他的儿子。"

葛哈德站在接见室里,西巴轩满身乌青稀烂的被带出来,他一见伤心,开始哭泣,一时竟说不出话。

"你别哭,爸爸,"西巴轩勇敢地说。"我是没有法子。现在没有什么。

我明天早上就出来了。"

葛哈德心里悲痛得直发抖。

"别哭啦,"竭力熬住眼泪的西巴轩接着说。"这里没有什么的。哭有什么用呢?"

"我知道,我知道,"白头的父亲断续地说,"可是我熬不住了。你干这样的事是我的过失。"

"不,不,不是你的过失,"西巴轩说。"你也是没有法子。母亲知道了吗?"

"是的,她知道了,"他回答。"珍妮和乔其刚才跑到我那里去告诉我的。我到现在方才知道。"说着又哭起来。

"好吧,你别难过,"巴斯接着说;他性情中的最好部分全然流露了。"事情就会好的。你只管回去做工,别着急。事情就会好的。"

"你的眼睛怎么坏的?"父亲用红眼睛看着他问。

"哦,我曾经同那个逮我的人扭过一下,"那孩子勇敢地微笑着说。"我想是可以逃走的。"

"你不应该那么样的,西巴轩,"父亲说。"为着这个你也许要多吃些苦。你的案子什么时候结?"

"明天早上,他们告诉我,"巴斯说。"九点钟。"

葛哈德和他的儿子再站了一会,商量着保人,罚金,以及其他的问题,却都得不到具体的结论。最后,他才被巴斯劝了回去,但是临别时又引起他一阵伤心;他是簌簌抖着抽抽咽咽地被拉开去的。

"这是很难受的呢,"巴斯回到牢里时对自己说。他想起父亲觉得很痛心。"我还不晓得妈要多么难过呢。"

想到这里他伤心极了。"我当时是该一下就把那个家伙打倒的,"他说。"我不先逃走真是傻子。"

七

葛哈德是绝望了;从早晨两点到九点这几个时辰里边,他不知道该去求谁才好。他回家来跟老婆商量了一下,这才又回到做工的地方。怎么办呢? 他只想到一个朋友能够帮忙他,或者愿意帮忙他。这人就是玻璃制造商汉孟德;可是他不在城里,当时葛哈德却还不知道。

到九点钟的时候,他独自个儿跑到法庭,因为他想别人还是不去的好。他预备一得到消息就马上回去告诉老婆。他预备去一去即刻回来。

当西巴轩带进犯人席里的时候,他得在那里等候许久,因为还有好几个犯人在他前头。末了他的名字叫到了,他就被推到被告席里。"回推事的话,他偷煤,并且拒捕,"那逮捕他的警官说明道。

推事把西巴轩细细一看;那青年的破损和受伤的脸给他不好的印象。

"唔,青年人,"他说,"你有什么话替自己辩护? 你这脸上的乌青是怎么来的?"

西巴轩眼看着推事,可是并不回话。

"是我拿住他的,"侦探说。"他在公司的一辆车上。他想要脱逃,我去逮他的时候他还打我。这里这个人就是见证,"他回头向着当时帮助他的一个铁路人员补上一句说。

"那就是他打你的地方吗?"堂上指着侦探肿起的牙床问。

"是的,先生,"他回说;他见有可进一步报复的机会,心里高兴。

"容我说一句,"葛哈德把身子向前插进来说,"他是我的孩子。是我叫他去捡煤的。他——"

"他如果在站场旁边捡煤,我们不管,"侦探说,"可是他从车辆上把煤扔给底下的五六个人。"

"你难道挣钱不够,非到煤车上去偷煤不可吗?"堂上问;但不等他父子两人有回话的机会,就又接着说,"你做什么行业?"

"是造车匠,"西巴轩说。

“你呢，你做什么事?”他又向葛哈德问。

“我是密勒尔家具厂的看门人。”

“哼，”堂上觉得西巴轩的态度到底倔强，就这么说。“好吧，这青年人就算可以免掉偷煤的罪名，他的拳头可也用得太随意些了。科伦坡地方这种事太多。罚他十块钱。”

“容我说一声，”葛哈德刚要说话，庭丁已经把他推开去了。

“不要多说了，”堂上说。“他态度倔强是实。下一案是什么?”

葛哈德走过他孩子这边，心里觉得惭愧，可是喜得还没有更坏的结局。他心里想，这笔款子他总可以办到的。西巴轩当他近前时，用恳切的眼光看着他。

“好了好了，”巴斯带着安慰的神气说。“他竟不给我一点说话的机会。”

“亏得还没有更坏的结局，”葛哈德兴奋地说。“我们且去把钱弄起来。”

葛哈德回到家里，把结果报告给正在发愁的家里人。葛婆子面孔发白的站着，可是也放心了，因为十块钱似乎还可以办得到。珍妮目瞪口呆地听着全篇的故事。她只觉得巴斯可怜。他是向来这么活泼，这么好脾气的。他也会坐监牢，似乎可怕得很。

葛哈德匆匆去到汉孟德的美丽的住宅，可是他不在城里。他于是想起一个名叫陈金斯的律师，是他从前偶然认识的，可是也不在事务所里。此外有几个杂货店家和煤商跟他很熟，但他还欠他们的钱。翁德牧师也许可以借钱给他，但一想起了要对这样的好人去丢这样的丑，心里难过得很，就不敢去了。他又去找过两三个熟人，但都觉得他的请求来得唐突，婉言拒绝了。直到四点钟，他才力乏气竭地回到家里。

“我简直不知怎么样才好了，”他绝望地说。“叫我有什么法子好想呢!”

那时珍妮就想起白兰德来，但是当时的局面还未能使她不顾一切地去向他要钱，因为她晓得父亲要反对，而且父亲给那参议员的可怕的侮辱,怕他也未必就能忘怀。她的表是第二次又当掉了,此外她再没有弄钱的方法。

家庭会议延长到十点半钟,可是仍旧没有决定什么。葛婆子只是固执而单调地把两手翻来复去,眼睛瞪视在地板上。葛哈德只是发狂似地拿手挠他那红褐色的头发。"没有用的了,"他末了说。"我是什么法儿也想不出来了。"

"去睡去吧,珍妮,"她的母亲恳切地说;"孩子们也带去睡去。叫他们坐着是没有用的。我也许会想出法儿来,你睡去吧。"

珍妮走到她房中,可是哪里会想睡?自从她父亲跟参议员那场争吵,不久之后她就在报纸上看见参议员到华盛顿去了。他到底回来没有,尚无消息,可是他作兴在城里也未可知。她对着一面挂在破橱柜上的短狭镜子默默地思忖。跟她同睡的味罗尼加早已入梦了。最后,她意识里才凝结成一个严峻的决心。她要去见参议员。如果他在城里,他是肯给巴斯帮忙的。她为什么不该去——他是爱她的。他曾经屡次向她求婚。她为什么不该去求他帮忙呢?

她踌躇了一会儿,这才听见味罗尼加正在调匀地呼吸,就戴上帽子,穿上套衫,静悄悄的开进起坐间的门,看看有无动静。

那时除开葛哈德在厨房里摇椅上摇动不安的声音之外没有其他声息。除她自己房里一盏小灯和从厨房门下透出来的一线灯光之外别无其他灯亮。她回身转去,把灯吹灭,这才静悄悄的走到前面开开门,跑进黑夜里去。

一个暗淡的月亮照在头顶,一种幽静的生气充满空中,因为那时又是春天将近了。珍妮匆匆走过阴暗的街道时(因为那时候弧光电灯还没有发明),不由萌起一种虚怯的意识;她现在要去做的这件事是多么的冒昧啊!那参议员将怎样接待她呢?他会有怎样的感想?她不觉呆呆站住,心中起了犹豫和怀疑;这才又想起牢里的巴斯,就仍旧急忙前进。

本州首府大旅馆的习惯,是无论夜里什么时候,也无论要到哪层楼,女子都不难从女子专走的门口进去的。原来那家旅馆也同当时其他许多旅馆一样,虽然不能说管理不严,却也有一些地方未免太马虎。门口是随便什么人都能进去的,只有从后门口转到前面的接待室,才会引起那帐房的注意。要是不走那条路,那末进进出出都没有人注意了。

当她走到门口时,除开门廊里有一盏灯低低的挂着,四处都是黑暗的。那参议员住的房间,沿二楼的穿堂走去只有很短一段路。她提着心,白着脸,急忙走上了楼梯,却不让她那狂风暴雨般的心情流露出其他形迹。她一到那走熟的门口,就停住步子;她生怕他不在房里,却又怕他真的在房里。当时门上气窗里透出了一道灯光,她就鼓起所有的勇气来敲门了。有人在里面咳嗽动弹。

当他把门开开的时候,他那一惊是不可名状的。"怎么,珍妮?"他嚷道。"多么有趣啊!我正在想你呢。进来——进来。"

他用一个热烈的拥抱欢迎她。

"我是去找你过的,你要相信我的话。我一径都在想法子把事情挽回过来。现在你居然来了。可是你有什么为难的事情?"

他把她推在一臂的距离外,研究她那愁苦的面容。在他眼睛里,她那么鲜艳的美貌正好象是一朵刚摘下来的带露百合花。

他感觉着一阵潮涌般的热爱。

"我有事求你,"她终于逼出这句话来。"我的哥哥坐监牢了。我们得有十块钱才好把他赎出来,我可不知道还有别的地方可以想法子。"

"我的可怜的孩子!"他摸着她的手说。"你还要到哪里去想法子呢?我不是同你说过,无论什么时候都可以来找我吗?你难道还不知道,珍妮,我是无论什么事情都会替你做的吗?"

"是的,"她喘着气说。

"好吧,那末,别再着急了。可是你怎么老是碰着坏运气呢,可怜的孩子?你哥哥是怎么会坐牢的?"

"他从车上扔煤下来,被他们逮住的,"她回说。

"哦!"他说着,满肚子的同情心都被触起,被唤醒了。原来这个孩子是因命运逼他去做的事情而致被捕受罚的。这个黑更半夜到他房里来哀求的女子呢，为的只是十块钱，在她就是一笔迫不及待的巨款，在他却是不值得什么。"你哥哥的事情交给我吧，"他忙说。"你别着急。我只消半个钟头就弄他出来了。你坐在我这里，心放宽些，等我回来。"

他指给她一盏大灯旁边自己坐的安乐椅，就匆匆出房去了。

白兰德同区监狱里负责的典狱员是相熟的。他同办理这件案子的法官也认识。他只消费五分钟的工夫，写个条子给那个法官，请他顾念那孩子的性格取消罚款，并且差个人送他回家。又只消再费十分钟的工夫，亲自到监狱里找他那当典狱员的朋友，请他把那孩子当即释放出来。

"钱在这里，"他说。"如果罚金取消，你可以还给我的。让他现在就走吧。"

那典狱员当然乐得应允，他就急忙亲自到底下去把事情办妥，而那莫名其妙的巴斯登时释放了。并没有一句话对他说明释放的缘故。

"现在好了，"开锁的看守员说。"你自由了。你快回家去，别再干这样的事情，再让他们逮住你。"

巴斯满心惊异地走他的路去了，那前参议员也回到他的旅馆，一路想着怎样应付这个微妙局面的办法。此番珍妮来办这件事，显然没有告诉过她的父亲。她一定是万不得已才来找他的。她现在正在他房里等他。

凡人一生之中，总必遇到过几次紧要关头，当时如果向一条路走，就是严格实践正义和责任，向另外一条路走呢，就有获得个人幸福的可能，因此要觉得踌躇不决。而这两条路的分界线，是不一定划然分明的。如今白兰德知道自己即使是正式跟她结婚，也要因她父亲无意识的反对而发生困难。再加上世人的舆论，问题就更加复杂。设使他公开的要她，天下人要怎么说呢？她在情绪上是个可重视的类型，那是他知道的。从艺术的方面和性情的方面看她，她却有一点东西不可捉摸，出乎一般人最敏锐的感觉力之外。就是她自己，也还不十分了解这点东西到底是什么，只觉得有一种宏大无边的感情，全然没有受过理智或甚至于经验的矫正，而是宜于任何男子的欲求的。"这个出奇的女孩子，"他想到这里，心的眼睛分明看见她就在面前。

他一路冥想着应处的态度,不觉已经到了旅馆里的那个房间。他一踏进门,就又重新被她的美和她那不可抗拒的魅惑力所感动。在那灯荫曛红之下,她似乎是一个具有无穷潜力的形象。

"好吧,"他强作镇静的神气说,"我已经去看过你的哥哥。他出来了。"

她站起身来。

"啊,"她喊着,捏紧她的手,向他伸出两条膀子来。她眼中泛起感激的眼泪。

他看见眼泪,就向她走近一步。"珍妮,你千万别哭,"他祈求道。"你这天使!你这慈悲的女神。你已经作了牺牲,怎么再能看你淌眼泪!"

他把她拉近身来,于是乎数十年来的一切谨慎都离开他了。其时他心境里只有需要和满足需要的意识。命运终于不顾其他的损失,而给予他所最最想要的东西——爱和他所能爱的一个女子。他把她搂在怀中,不住的和她亲嘴。

英国的耶弗利斯①曾经告诉我们,说一个十全十美的处女需要一百五十年的时间方才造得成。"原来处女的珍贵性是由地上和空中一切着魔的事物吸取来的。它来自一个半世纪以来吹过青麦的南风;来自那些摇曳在重甸甸的金花菜和欢笑的威灵仙上头而藏匿山雀驱逐蜜蜂的渐长的草的香气;来自蔷薇罗布的篱笆,金银花,以及青杉荫下转黄麦茎丛中天蓝色的矢车菊。虹彩留住日光所在的一切曲涧的甜蜜;一切荒林的蓄美;一切广山所载的茴香和自由——并须经过三个百年的累积。

"百年来的莲馨花,吊钟花,紫罗兰;紫色的春和金色的秋;不死的夜;一切正在展开的时间的节奏。这是一部未尝书写亦且无此能力书写的编年史;试问一百年前由玫瑰落下的花瓣有谁保存记录呢?三百回飞到屋顶的燕子——你就想想看吧!处女就是从那里来的,而世界之渴望她的

① 耶弗利斯(John Richard Jefferies,1848—1887),英国作家,所作小说多描写乡村生活。

美,犹之渴望过去的花一般。十七岁的姑娘之可爱已经有了许多世纪的历史了。此所以情欲是差不多悲惨的。"

你如果已经懂得并且曾经三百回赏识钟形花的美;如果蔷薇,音乐,以及世界上的红色朝霞和暮霭曾经触动你的心;如果一切的美都就要消逝,而你趁那世界还没有溜走的时候,能得这些东西搂抱在怀中,试问你还舍得放弃它们吗?

二

飘^①

[美]玛格丽特·米切尔

第一章

那郝思嘉小姐长得并不美,可是极富于魅力,男人见了她,往往要着迷,就像汤家那一对双胞胎兄弟似的。原来这位小姐脸上显然混杂着两种特质:一种是母亲给她的娇柔,一种是父亲给她的豪爽。因为她母亲是个有着法兰西血统的海滨贵族,父亲是个皮色深浓的爱尔兰人,所以遗传给她的质地难免不调和。可是质地虽然不调和,她那一张脸蛋儿却实在迷人得很,下巴颏儿尖尖的,牙床骨儿方方的。她的眼珠子是一味的淡绿色,不杂一丝儿的茶褐,周围竖着一圈儿粗黑的睫毛,眼角微微有点翘,上面斜竖着两撇墨黑的娥眉,在她那木兰花一般白的皮肤上,画出两条异常惹眼的斜线。就是她那一身皮肤,也正是南方女人最最喜爱的,谁要长着这样的皮肤,就要拿帽子、面罩、手套之类当心保护着,舍不得让那大热的阳光晒黑。

一八六一年四月一个晴明的下午,思嘉小姐在陶乐垦植场的住宅,陪着汤家那一对双胞胎兄弟——一个叫汤司徒,一个叫汤伯伦的——坐在一个阴凉的走廊里。这时春意正浓,景物如绣,她也显得特别的标致。她

---

① 选编自:米切尔. 飘. 傅东华,译. 杭州:浙江文艺出版社,2008.——编者

身上穿着一件新制的绿色花布春衫,从弹簧箍①上撑出波浪纹的长裙,配着脚上一双也是绿色的低跟鞋,是她父亲新近从亚特兰大买来给她的。她的腰围不过十七英寸,穿着那窄窄的春衫,显得十分合身。里面紧紧绷着一件小马甲,使得她胸部特别隆起。她的年纪虽只十六岁,乳房却已十分成熟了。可是不管她那散开的长裙显得多么端庄,不管她那梳得光滑的后髻显得多么老实,也不管她那叠在膝头上的一双雪白的小手显得多么安静,总都掩饰不了她的真性情。她那双绿色的眼睛虽然嵌在一张矜持的面孔上,却是骚动不宁的,慧黠多端的,洋溢着生命的,跟她那一副装饰起来的仪态截然不能相称。原来她平日受了母亲的温和训诲和嬷嬷的严厉管教,这才把这副姿态勉强造成,至于那一双眼睛,那是天生给她的,决不是人工改造得了的。

当时他们哥儿俩,一边一个,懒洋洋地躺在思嘉小姐两旁的两把椅子上,眼睛瞅着由高玻璃窗照进的阳光,那四条穿着长统靴的腿胖儿互相交搁着,没精打采地谈笑着。他们的年纪是十九岁,身材六英尺二英寸高,长大的骨骼,坚硬的肌肉,太阳晒黑的面皮,深金褐色的头发,眼光和乐之中带几分傲慢,身上穿着一模一样的蓝色褂儿,芥末色裤子,相貌也一模一样,像似两个难分彼此的棉花荚。

外边,傍晚的斜阳正照在场子上,使得那一簇簇山茱萸的白花在一片娇绿的背景上烘托得分外鲜明。那哥儿俩骑来的两匹红毛马儿,现在夹道里吊着。马脚跟前有一群到处随行的猎犬在那里吵架。一段路外,还有一头黑斑点的随车大狗,耐着性儿在那里等候主人回去吃晚饭。

这些狗、马和他哥儿俩之间,仿佛存在着一种血统关系,比他们的交情还要来得深。它们同样是身体健康、无思无虑的年轻动物,也同样地飞龙活跳、兴高采烈。他哥儿俩跟他们所骑的马同样地顽皮,不但顽皮而且恶作剧,可是谁要摸着他们的顺毛,他们却又脾气好得很。

这两位哥儿和一位小姐,都生长在殷富舒适的大户人家,打出娘胎就

---

① 弹簧箍:旧时妇女撑裙子用的一种弹性圈子。

有人从头到脚地服侍着,可是看他们的面孔都不像娇生惯养的,倒像是乡下的粗人,因过惯室外生活,不曾在书本里耗费过脑筋,所以身体都很强壮,态度都很活泼。原来同是佐治亚州一州里面,南部和北部的风气大不相同,南部开化较早,居民都讲究读书,崇尚风雅;北部则如这里的葛�墩区,还是草莱初辟,居民未脱粗犷气,并不懂得怎样叫文雅,子弟不会读书,也不以为耻辱,他们所关心的,只是棉花要种得旺,骑马要骑得好,开枪要开得准,跳舞要跳得轻松,追女人要追得得体,喝酒要喝得不至于坍台。除了这几桩事儿,他们就一概置之度外,也不管那些南部人怎样瞧不起他们。

现在讲的这两位双胞胎,对于这几桩事儿正是无一不在行,无一不谙练,早已是远近闻名的;就只对于书本里的东西,他们却老是一窍不通,也已同样地闻名远近。他们家里的钱比人家多,马比人家多,奴隶比人家多,都要算全区第一,所缺少的只是他哥儿俩肚里的墨水,少得也是首屈一指的。

今天他们有工夫坐在郝小姐家里瞎聊天,也就为肚里缺少墨水而起。因为这两年中,他们已经连续给三个大学开除出来,这回给肇嘉大学开除,算是第四次了。他们出了学校门,觉得没事做,这才跑到这儿来混混儿的。他们有两个哥哥,一个叫说谟,一个叫保义,本来也都在肇大,现在看见两个弟弟不受那边的欢迎,便不愿再在那边待下去,也陪着他们一同退学。其实在司徒、伯伦自己,对这回的再被开除,心里倒并不难过,只是觉得有些好玩罢了。这位思嘉小姐呢,她是从去年离开费耶特维尔女子中学以来,就一直不曾情情愿愿地翻过书本,所以对他们哥儿俩颇有同情,也只觉得这事儿好玩得很。

"我知道你们俩对于这事儿是不在意的,想来说谟也不会难过,"她说,"只是保义怎么办呢? 他是向来把教育看得很认真的。以前在佛大、亚大、南大,他都给你们拖了出来,现在肇大,又给你们连累得读不成。要像这样子,他是永远没有毕业的日子了。"

"哦,那不要紧,他可以到费耶特维尔去跟巴万里推事读法律的。"伯伦毫不在意地回答,"而且,这学期我们反正读不到头,反正是得回家的。"

"为什么?"

"就为战争啊,傻子! 战争是说不定哪天就会起来的,你想战争起来之后,我们还会在学校里待下去吗?"

"哪来的什么战争!"思嘉不耐烦地说,"不过是大家这么说说罢了。上礼拜卫希礼跟他的父亲还对我爸爸说联盟州①的事儿,咱们派在华盛顿的委员已经跟林肯先生说妥了。无论如何,他们北佬儿害怕咱们,不敢打的。哪来的什么战争! 我就顶不爱听这句话。"

"哪来的什么战争!"那两位双胞胎愤怒地嚷了起来,仿佛是受了人家欺骗似的。

"怎么,亲爱的,战争是当然要起来的呢,"司徒说,"北佬儿也许害怕咱们,可是前天包利革将军拿大炮将他们轰出了嵩塔儿要塞,他们这就不能不打了,不然的话,这脸丢到哪儿去呢? 讲到联盟州——"

思嘉鼓起腮帮子,显出非常不耐烦的样子。

"你要是再讲一声'战争',我就马上跑进屋子去,把门关上。我一生一世就只不爱听'战争'两个字,还有两个字就是'离盟'。爸是一天到晚地'战争''战争',到我家来看他的那些朋友,也是一直嚷着什么'嵩塔儿要塞',什么'州权',什么'林肯',把我厌烦得简直要嚷起来! 还有现在一班男孩子,也都是满口的战争。所以今年春天什么宴会都没一点儿味道,因为大家什么都不谈,专谈这个了。幸亏佐治亚州是过了圣诞节才离盟的,不然的话,怕连圣诞的宴会也给毁了。你要是再讲一声'战争',我就马上跑进屋子去。"

她讲这话是认真的,因为人家谈话要是不拿她自己当做主要的题目,她就不耐烦得很。可是她说这话的时候,脸上却是笑嘻嘻的,故意把一对酒窝儿装得深些,并且将一圈粗黑的眼睫毛飞舞得跟蝴蝶儿的翅膀一般。她这种姿态,原是存心要那两个男孩子着她的迷,而他们果然都着了迷

---

① 联盟州:指南北战争时,南部离盟之后自相结盟以与北部对抗之十一州。

了,便连忙向她道歉,说他们不应该使她感觉到厌倦。他们并不因她对战争没有兴味便看不起她,反而因此特别把她看得重。他们以为战争是男人的事,不是女人的事,因此他们就把她的这种态度看做她富有女性的一个证据。

她既施展了战略,将"战争"这个厌人的题目挡了开去,便把兴味重新灌注到目前的问题上来。

"你们这回又被开除,你们的母亲怎么说呢?"

那哥儿俩听见这句话,便回想起三个月之前,他们从弗吉尼亚大学被请回家的时候,他们的母亲是怎样一种举动,顿时脸上显出一点不舒服的气色来。

"噢,"司徒说,"她还不曾有机会说什么呢。今天早晨她还没有起来,说谎跟我们就都出门来了,说谎是到方家去的,我们就到这儿来。"

"昨天晚上你们回家的时候她也没有说什么吗?"

"昨天晚上我们运气好得很。我们刚要到家的时候,妈上个月在肯塔基买定的那匹雄马送到了,家里正被它闹得天翻地覆。那马是个大个儿——真的威武得很,思嘉,你得叫你爸爸马上过去看一看才好——路上竟把那马夫踢了一个大疙瘩,又把琼斯博罗车站上的两个黑小子也踩坏了。我们还没到家,它竟把咱们的马房也差点儿踢翻了,马房里原拴着的一匹草莓儿,也给它弄得半死了。我们跑进门,妈正在马房里,拿着一口袋的糖在那里喂它,已把它的火性儿慢慢平下去了。几个黑人儿都躲得远远的,巴着眼,吓坏了,可是妈正跟那马在说话,仿佛它是老朋友似的,那马也乖乖地在她手里吃东西。真是,弄马的事儿谁也弄不过妈的。她看见我们,便说:'我的天,你们四个怎么又回来啦?你们简直比埃及的瘟疫还瘟得厉害呢!'在这当儿,那马重新又喷起鼻孔竖起牌楼来,她便说:'给我滚开去吧!没看见它在发脾气吗,我那宝贝儿?等我明儿早晨来打发你们四个吧!'以后她就去睡了,今天我们一早就出来,只留保义一个在家里跟她对付。"

"你想她会打保义吗?"原来思嘉早已听见人家说,汤太太对于这么大的儿子还是要打的,有时事情闹大了,竟会拿马鞭子抽他们,她心里总有些莫名其妙。

这位汤太太小名叫芘莉,是个勤劳苦作的女人。她手里有着大片棉花地,一百个黑奴,八个儿女,还有一大片牧马场,在全州里要算首屈一指。她的脾气本来很暴躁,再经不得这四位少爷常常出岔子,所以动不动就大发雷霆。她平日对于自己的马和自己的奴隶,是决不容人家打一下的,至于这四位少爷,她觉得偶尔给他们吃一顿鞭子,算不得什么。

"当然她不会打保义的。她从来没有打过他,一来因为他是大儿子,二来因为他是个矮脚鬼。"司徒说这话时,对于他自己那副六英尺二英寸高的身材颇有些得意,"今天我们把他留在家里跟妈解释,也就是这个缘故。不过老天爷知道。妈像这样打我们,总不像话;总望她改了这脾气才好!我们是十九岁了,说谎二十一岁了,她还当我们是六岁的孩子呢。"

"明儿卫家请的大野宴,你母亲会骑那新买来的马去吗?"

"她本来要骑它去的,可是爸爸说那马太危险了。无论怎样,咱们家的那几个女孩子是不会让她骑去的。她们说过,她总至少得有一次宴会要装得像个太太的样子坐着车去,不能老是骑马的。"

"我希望明儿不下雨才好,"思嘉说,"这一个礼拜差不多天天下雨。要是把一个野宴变成了室宴,天下没有比这再扫兴的事儿了。"

"哦,明儿天会好的,而且一定热得像六月里一般。"司徒说,"你就看这落日吧,我从来没有见过比这再红的落日。天气是常常可凭落日测定的。"

说着,他们都把眼睛朝向郝家那片一望无际的新垦棉花地,一直望到那条红色的地平线为止。这时候,太阳变做了一团血红的波动物,正向燧石河对岸的山背后落下去,于是那四月白天的温热,就渐渐减退成一种微弱而芬芳的清冷了。

那一年的春来得很早,只不过经过几番急骤温和的春雨,便见那粉红的桃花和雪白的山茱萸花,把远处的山巅和近处的河畔霎时都渲染成一片锦绣了。耕地的工作差不多已经完毕,那些新翻起来的泥土本来带红色,现在经这血红的落日一映照,便显得红上加红。可是那红色又有分别,在畦顶凸处的是浅红、粉红,在畦沟凹处的是银红、猩红和赭红。那些白粉砖墙的庄屋,恰像是一片红海里点缀着的一座座岛屿,而那一片红海则像一直在波涛汹涌,起伏无定,唯有那沟畦折断的处所,才像是潮头忽落而变为伏波。原来佐治亚州北部的垦地,和别处有些不同。这里并没有很长很直的畦塍,不像中部平坦的黄土地,也不像海滨滋润的黑土地,这里是山麓区域,地势迤逦而下,所以被开做无数的曲线,以免那肥沃的泥土被冲进河底里去。

论土质,这里是一色绯红的土,雨后红得同鲜血一般,旱天便是满地红色的粉末,所以是全世界最好的棉花地。这里有白色的庄屋,有安逸的田地,有懒洋洋蜿蜒而流的黄泥河水,可以算得是一片安乐土,但是同时也是一片差异极显著的土地,因为这里既有天底下最最光耀的阳光,也有天底下最最幽暗的阴影。那一片片已经清出的垦地和绵延数里的棉花田,都对着一个温暖的太阳微笑,现出了和平宁静的神情。在这些田地的边缘上,都有许多处女森林竖立着,虽在最最热的中午时分,也是幽暗而阴凉的,看起来有些神秘,并且带几分凶恶,仿佛那些呼啸的长松是在那里忍耐地等待,是在那里感慨地威胁,说道:“当心!当心!你们本来是我们的。我们还是要把你们拿回来。”

当时廊上那三个人的耳朵里,传来了嗒嗒的蹄声,缰辔相触的银铛声,以及黑奴们尖厉的浪笑声,因为那些在外做活的人手和骡子都从田里回来了。同时从屋子里飘出了思嘉母亲的柔和声浪,她在那里呼唤那个管钥匙箩儿的小黑女。便听见一个尖脆的女孩子声音应了一声:“来啦,太太。”接着就是一阵脚步声从背后的过道里向熏腊贮藏室那边响了过去,原来郝太太到那里去分配食物,预备给做活的人们吃饭了。再后便是一阵瓷器和银器玲琅咔嚓的声音,那是兼充食事总管的管家阿宝在那里铺排食桌。

那哥儿俩听见最后这一种声音,知道是该动身回家的时候了。可是他们很怕回去见母亲的面,因而迟迟疑疑地舍不得走开,一心盼望思嘉留住他们吃晚饭。

"你听我说,思嘉,我们谈一谈明儿的事吧,"伯伦说,"明儿的大野宴和跳舞会我们事先不知道,可是明儿晚上你跟我们的跳舞还是要多来几回的。你没有答应他们吧?"

"怎么,我答应了的! 我怎么知道你们要回来的呢! 我不能专为服侍你们两位,便去冒着做壁花①的险呀。"

"你会做壁花!"哥儿俩哄然地笑了起来。

"听我说,亲爱的,你得和我第一个跳华尔兹,和司徒末了一个跳华尔兹,你得跟我们一起吃晚饭。我们也像上次一样,到那台阶的平台上去坐着,再去找那金嬷嬷来替我们算命。"

"我可不爱听那金嬷嬷算命。你总还记得,她说我将来要嫁一个男人,头发漆黑的,黑胡子长长的。我可不喜欢黑头发的男人。"

"那么你是喜欢红头发的了,是不是?"伯伦傻笑道,"现在不要管他,你且答应我们的华尔兹跟晚饭吧。"

"你要是答应我们,我们就告诉你一个秘密。"司徒说。

"什么?"思嘉嚷了起来,因为她听见"秘密"两字,马上跟小孩子一般活跃起来了。

"你说的是咱们昨天从亚特兰大听来的消息吗,司徒? 如果是那个的话,咱们答应人家不告诉人的。"

"嗯,那是白蝶小姐告诉我们的。"

"什么小姐?"

"喏,就是卫希礼的姨妈,住在亚特兰大的韩白蝶小姐。她就是韩察理跟韩媚兰的姑妈。"

"这个我知道,一个傻老太婆,我一辈子也没见过第二个。"

"是这样的,昨天我们在亚特兰大等回家的火车,她坐着马车打车站经过,看见我们,就停下来跟我们谈天,说是明天晚上卫家的跳舞会里,要

---

① 壁花:指跳舞会里靠墙壁坐着而不参加跳舞的人。

宣布一桩订婚的事件。”

“这个我也知道的,”思嘉失望地说,“就是她的那个傻侄子韩察理跟卫蜜儿订婚呀。这事人家已经谈了几年了,总说他们两个不久要结婚,可是察理的态度老是那么温吞吞,似乎并不怎么热心。”

“你当他傻吗?”伯伦问,“上个圣诞节你还让他跟你尽缠尽缠呢。”

“他要缠我也没有法儿呀,”思嘉毫不在意地耸耸肩头,“我看他是婆婆妈妈得厉害。”

“可是明儿要宣布的并不是他的订婚,”司徒胜利似的说,“却是卫希礼跟察理的姊姊媚兰小姐的订婚。”

思嘉的脸色并不变,可是嘴唇皮白了,像似一个人受了一下突然的打击,并且因这第一下的振动过于猛烈,以至于不知道到底什么事发生。她瞠视着司徒,脸上非常平静,司徒是向来没有分析的头脑的,总以为思嘉因这消息来得突然,不免惊异,并且觉得很有兴趣罢了。

“白蝶小姐告诉我们,这桩事情本来是要等明年宣布的,因为媚兰小姐的身体不大好,加上近来战争的谣言很盛,两家大人都主张让他们早些结婚,所以决定明儿晚上在宴会上宣布。思嘉,现在我们已经把这秘密告诉你,你也得答应跟我们一起吃晚饭了。”

“当然,我是愿意的。”思嘉机械地说。

“还有华尔兹,也全答应了?”

“全答应了。”

“你真好! 我可以赌咒,明儿那些男孩子一个个都要发疯了呢。”

“让他们发疯好了,”伯伦说,“咱们有两个,可以对付他们的。你听我说,思嘉,明儿的野宴你一定要跟我们坐在一起。”

“什么?”

司徒把这请求重复了一遍。

“当然。”

哥儿俩你看着我,我看着你,心里乐不可支,可是不免带几分惊异。他们在思嘉的追求人当中,虽然自问还算受欢迎,可是从来没有像今天这样百依百顺过。平常的时候,她尽管让他们哀求恳乞,决不肯痛痛快快地回答一声"是"或"否",他们发脾气了,她只是笑,他们光火了,她装得越发冷漠。现在呢,她已把明儿这一天简直全部答应给他们了,野宴跟他们坐在一起,全部的华尔兹都跟他们跳(其实他们料到明儿跳的舞就只有华尔兹),宴会的休息期间也答应给他们。照这么看起来,他俩此番从大学里被开除出来,不是大大的上算吗?

他们既装满了一肚子成功的热望,便越发赖在那里不走了。哥儿俩越谈越起劲,谈着大野宴,谈着跳舞会,谈着卫希礼,谈着韩媚兰,谈着明儿晚饭请几个什么客,彼此闹着,笑着,抢着说话。像这样过了好一会儿,他们方才发觉思嘉的话已越来越少,那种热闹的气氛有些儿变了。怎样变的呢? 他们并不知道,只觉得方才那一种兴高采烈的气氛已经忽然消失了。思嘉对于他们的话已经不大注意听了,虽然她回答他们的话并没有说错一句。这种骤然变化的情形,他们虽然说不出所以然来,却也已经感觉到了。但他们还想在那里再赖一会,后来看看再也赖不下去了,这才垂头丧气地站了起来,看了一看表。

这时太阳已经沉到那一片新垦的原田,对岸的森林已经抛下长长的黑影。燕子像穿梭似的飞过了院场,小鸡、鸭子、吐绶鸡,有的扭扭捏捏,有的摇摇摆摆,有的昂首阔步,都从田里回家来了。

司徒吆喝了一声:"阿金!"便见一个高个儿的黑孩子,同他们的年纪相仿,气喘吁吁地从走廊角里闪出来,向那吊着的马儿跑去。阿金是他们哥儿俩的跟班,也同那些狗一样,到处都跟随着他们。他是他们从小的伙伴,是在十岁过生日那一天赏给他哥儿俩的。那一群狗一见他去,便都从红泥土上爬了起来,静候着两位主人驾到。于是哥儿俩跟思嘉鞠了一躬,握过了手,告诉她说,明儿一早他们先到卫家去恭候。说罢,就匆匆跑下了石径,骑上马。当他们跑上那柏树的夹道,便回转头挥着帽子,对她呼喊着。

他们一转过了那条泥路的拐角,陶乐垦植场的庄园就被遮掉了,于是伯伦在一簇山茱萸底下停住马。司徒见他停住,也停住了,那个黑小子便也在他们后面几步煞住马。那几匹马觉得缰绳放松了,便都低下头去嚼那柔嫩的春草。那一群猎犬也就在那软红土上坐了下来,馋涎欲滴地望着一群在暮色苍茫中盘旋的燕子。伯伦脸上露着一种迷惑不解的神情,并且带着一点温和的激怒。

"你听我说,"他说,"照你看起来,今天思嘉有没有要留咱们吃晚饭的意思?"

"我当是她会留的,"司徒说,"我一直等着她,可是她不邀请。你想是什么道理?"

"我想不出什么道理来。不过我看样子,她是应该留咱们的。今天是咱们回家的第一天,咱们又跟她好久不见了,而且咱们还有很多话没有跟她说呢。"

"我看咱们刚来的时候,她是很高兴的。"

"我也是这么想。"

"可是刚才半点钟以前,她忽然不响了,好像她头痛似的。"

"我也看出来了,可是当时并没有注意。你想她是什么毛病?"

"不知道呀! 你想咱们说的话里边有没有使她动气的地方?"

他们俩都想了一会儿。

"我想不出什么来。而且,思嘉要是动了气,人家都会看出来。她不像别的女孩子,她心里是藏不住东西的。"

"是啊,我就喜欢她这一点儿。她不像有些女孩子那么冷冰冰,有气只放在心里,她是什么话都会说出来的。可是今天的事情,一定是咱们说的话里边有什么不妥当的地方。我可以赌咒,咱们刚来的时候她本来很高兴,本来要留咱们吃晚饭的。"

"你想不是会为咱们开除的事儿吧?"

"唉,不会的! 别做傻子吧。咱们跟她讲这事儿的时候,她是笑得什么似的,而且思嘉对于念书的事儿,也不见得比咱们看得多么重啊。"

(略)

第二章

那双胞胎兄弟走时，思嘉站在走廊上送他们，直到马蹄声消失，她方才像梦游人似的回到她的椅子上。她的脸觉得木僵，仿佛有什么痛楚似的，她的嘴巴确实在发酸，这是因她方才怕那哥儿俩看破她的秘密，硬装着笑容装得时候太久的缘故。她疲乏地坐了下去，将一条腿盘了起来，只觉得心凄楚得发胀，胀得几乎把胸膛也裂破了，同时又在那里断断续续地跳着。她的手是冰冷的，有一种大祸临头的预感压迫着她。她脸上显出苦痛和惶惑，仿佛是一个纵容惯了的孩子，平时有求必得，而今破题儿第一遭尝到不如意事的滋味似的。

希礼要跟韩媚兰结婚了！

啊，这是不真实的！是他哥儿俩弄错了，是他们跟她开的一个玩笑吧。希礼是不能爱她的，像媚兰那样一个小耗子一般的小个儿，没有人会爱上她的。思嘉想起媚兰那样一个小孩子般的瘦削身材，那样鸡心一般的一副脸蛋，老是那么一本正经，平淡得一点儿没有生趣，她就怀着一肚子的瞧她不起了。而且希礼总有好几个月没有见她了。自从去年他在十二根橡树开过那次宴会，他到亚特兰大去的回数不会多过两次的。总之，希礼决不会爱上媚兰，因为——思嘉自以为决不会错的！——因为他是爱她的。她，思嘉，才是他所爱的一个人——这是她知道的！

这时思嘉听见嬷嬷的沉重脚步在穿堂里踩得咯咯响，便把那条盘着的腿急忙伸下来，并且勉强把面容装得平静些。因为嬷嬷倘使疑心有什么事儿，那就糟糕了。嬷嬷对于郝家的孩子，觉得是连肉体连灵魂都属于她的，他们的秘密就是她的秘密，哪怕她看见一丝鬼鬼祟祟的形迹，她就要像头猎犬，毫不容情地去追寻踪迹。思嘉根据平日的经验，知道嬷嬷的好奇心假如不能立刻使它满足，她就要去告诉妈，那么自己就不得不把事情的真相对妈和盘托出，不然就得编造出一篇可以自圆其说的谎话来。

嬷嬷从穿堂里出来了。她是一个魁梧的老太婆，一双眼睛却细小而乖巧,很像是象眼。她是纯粹的非洲人,长着一身闪亮的黑肉。她在郝家里,是把全副心血都用在里面的,一向是郝太太的左右手,却是三个女孩子的眼中钉,全家奴仆的雌老虎。因为她的皮色虽然黑,她的规矩却是严得很,并且具有一种自尊心,或许比她的主人们还要强些。原来她小时候是郝太太的母亲罗肃兰老太太的房侍,那位老太太是个精明冷酷的高鼻子法兰西人,平日家教极好,对于儿女、奴仆都非常严厉。后来养了郝太太,小名叫爱兰,这位嬷嬷就做了她的乳母,郝太太从萨凡纳嫁过来,她也就做陪嫁跟了来了。这位嬷嬷对于她宠爱的人,她就要管教。如今思嘉是她顶顶宠爱顶顶得意的,所以就时刻不懈地管教着她。

“刚才两位少爷走了吗?你怎不留他们吃晚饭,嘉姑娘?俺已经告诉阿宝替他们添两客饭啦。你的礼貌哪里去了呢?”

“哦,他们一直在谈战争,我听厌了,再也不耐烦熬过一顿晚饭去,过一会儿爸爸也来加入,大嚷起什么林肯先生来,那就更受不了了。”

“你是越来越不知礼啦,你妈跟俺怎么教你也不听。你的围巾呢?让冷风这么吹着!俺早就告诉你啦,光着脖子坐在冷风里是会发烧的。进屋里去吧,嘉姑娘。”

思嘉装做毫不在意的样子,把脸朝了过去,幸喜嬷嬷一心在她围巾上,并没有注意到她的面色。

“不,我要坐在这儿看落日。你看它多美啊。你去把我的围巾拿了来,谢谢你,嬷嬷,我要坐在这儿等爸爸回来。”

“怎么,你的声音变啦,像是伤风啦。”嬷嬷怀疑地说。

“不的,我不伤风,”思嘉不耐烦地说,“你去拿围巾去吧。”

嬷嬷蹒跚着回到穿堂里,随即听见她在楼梯口轻声叫着楼上的女仆。

“喂,露莎!你把思嘉姑娘的围巾扔下来。”然后比较大声地说,“嗨,这不中用的黑鬼!她是什么事儿都干不了的。又得俺自己上楼去。”

思嘉听见楼梯咯咯地作响,她就轻轻地站了起来。她想嬷嬷回来的时候,一定又要把她不善待客的一番演讲重新开头的。她觉得正当自己心碎的时候,却要把这么一点小事情尽管啰唆,可实在有些不耐烦。她站了起来,心里踌躇着,不知该到哪里去躲藏一下,好让胸口的疼痛平伏一点下去,随即想起一件事来,觉得还有一线的希望。原来她父亲那天下午为了商量买蝶姐的事,骑马到卫家的垦植场十二根橡树去了。蝶姐就是他家管家阿宝的外家妻子①,现在十二根橡树做女管家跟收生婆。她跟阿宝成亲六个月了。自从他们成了亲之后,阿宝就一直逼着主人去把蝶姐买过来,好让他们两口子住在一处。郝先生吃逼不过,那天下午竟到那边去商量去了。思嘉心想父亲到那边,一定会得知这桩事情的真假,即使他没有听到什么确实的消息,也总可从卫家那天的情景上看出一些意思来。若是她在未吃晚饭之前能够跟父亲私下谈一番话,或许可以探出事情的真相,因而证明他哥儿俩方才的话原不过是跟她开开玩笑的。

现在是她父亲快回来的时候了,她若是要跟他独个人谈话,就只有跑到大路跟夹道的交叉点上接他去。于是她悄悄地走下台阶,小心翼翼地旋过头去看看楼窗口,看嬷嬷是不是在那里窥探自己。一看楼窗的帘幕缝里并没有一张嵌着雪白牙齿的黑脸儿,于是她放大了胆,用手撩起绿色的长裙,急忙从石径上跑上了夹道。

那夹道两旁茂密的柏树在头顶相交成穹形,使得那长长的车路成了一条明暗的地道。她一经跑进了柏树荫中,知道家里人已经看不见她,便放下心,把脚步儿放慢了。这时她已经气喘吁吁,因为她的小马甲扎得太紧,是不容她跑急路的,可是她仍旧用尽快的步子向前走去。一会儿她就走到夹道的尽头,跨上了大路,但是她仍不止步,及至再向前去拐过一个弯,见有一大丛树替她挡住家里人的视线,方才停住。

她红着脸,喘着气,在一根树桩上坐下来等她的父亲。平常这时候他应该回来了,现在怎么还不来? 她是巴不得他来得晚些。她在那里多待一会儿,也好使喘息平一平,面色静一静,免得引起父亲的疑心。她等着听见一阵马蹄声,等着看见父亲照常地飞跑上山顶。可是时光一分分地逝去,而父亲还是不来。她张大眼向那条路上远远地探望,心中的痛楚重

---

① 外家妻子:指黑奴的妻属于别个主人的。

又膨胀起来。

"啊,这是不真实的!"她想,"他为什么还不来呢?"

她的眼睛跟随着那条大路。那路经过早晨的一阵雨,现在是鲜血一般的红。她在想象着那路的行程:它从这里下山去,到达那懒洋洋的燧石河,然后通过那荒凉泥泞的河床,又爬上一座山,便是希礼所住的十二根橡树了。这就是那条路的唯一的意义——那是通向希礼的路,通过那山顶上那座希腊神庙般美丽的白柱子房屋去的路。

"啊,希礼! 希礼!"她这么想着,心就跳得快起来了。

自从那双胞胎告诉她这个消息,她就一直被一种惶惑和灾祸的冷酷意识压伏着,现在这种意识已被推到她的心的后壁去,代它而起的是一种热愤,原来这种热愤已经在她心里盘踞两年了。

她心里觉得奇怪,为什么以前希礼对于她并不觉得怎样动人呢? 她小的时候,一直看见他来来去去,却从来不曾去想过他一下。可是两年前的那一天,希礼从欧洲游历了三年回来,到她家来拜望,她就爱上他了。事情竟是这么简单的。

那时她站在前面的走廊上,看见希礼从那条长夹道上骑马而来,身上穿着一件灰色绒布的裤子,领上打着一个阔黑蝴蝶结,跟一件绉领的衬衫配合得非常妥帖。一直到现在,她对于他当时的服饰,还是一件件都想得起来。他脚上穿着一双雪亮的长靴,蝴蝶结上插着一枚浮雕着魔女头的别针,头上戴着一顶阔檐的巴拿马帽子。一见了她,就把帽脱下来拿在手里。这才跳下马来,将马缰绳扔给一个黑小子,站在地上朝她看了看,一双蒙眬的灰色眼睛张得大大的,充满着笑容,一头金丝的头发给太阳照着,像是戴着一顶银光灿烂的便帽一般。然后他说道:"思嘉,你长得这么高了。"然后他轻轻地跨上台阶,拿住她的手吻了吻。那时他的声音是——她一听见了就不禁心里怦怦地跳着,仿佛是初次听见一般——那么的漫长、响亮,像音乐似的。

自从那一刻儿起,她就要上他了,就像她要东西吃,要马骑,要温软的床睡觉那样,很简单而无理由地要上他了。

两年以来，他也曾经带她到区里各处去走走，去参加跳舞会、捕鱼宴会①、野宴会，乃至到法院去观审等等。他虽不像汤家两弟兄跟高恺悌那么来得勤密，也不像方家几个孩子那么追求得认真，可是他到陶乐来的足迹，却不曾有过一个礼拜的间断。

的确，他从不曾对她讲过爱，他的眼睛也从不曾流露过那种热烈的光，像思嘉在旁的男人身上看见的。然而，她知道他是爱她的。她从经验里获得一种比理性和知识还要强有力的本能。这种本能告诉她，他确实是爱她的。有时他的眼睛并不蒙眬，也并不疏远，有时他对着她看看，分明流露着一种热望和凄苦的神情，在这样的时候，他往往要使她吃惊。总之，她确实知道他是爱她的。那么他为什么不对她明说呢？这个她就不懂了。但是他身上原有许多事情是她不懂的。

他一直都很客气，可又老是那么淡淡的，跟你不即不离的。谁也不能知道他心里在想什么，尤其是思嘉。那一带的人，大都是有话便说，心口如一的，所以像希礼这样深沉的性格，愈加觉得与众不同了。对于一切娱乐消遣的事情，如打猎、赌博、跳舞、谈政治之类，他跟其他任何青年都一样地出色。尤其是骑马，那是谁都不如他的。可是他跟其余的人有一点差别，就是他不把这些娱乐当做人生的目的。至于读书、音乐、做诗三桩事，他尤其具有独得的乐趣。

啊，他为什么要长得这么美？可又为什么老是这么客气，这么难亲近？为什么尽管谈欧洲，谈书本，谈音乐，谈诗歌，而这些谈话又为什么既使她厌烦，又使她爱听？思嘉每次跟他坐在前廊的暮色苍茫里谈过一番话，晚上上床总要有几个钟头翻来覆去睡不着，总得自己安慰着自己，以为他下次再来一定要向她求婚的。然而下次来了又去了，而结果是什么也没有，唯有使她自己心中的热愤一天高似一天，一天热似一天罢了。

她爱他，她爱他！可是她始终不了解他。她是一条肚肠通到底的，头脑非常简单的，简单到像陶乐场上吹过的风，陶乐场边环流的水，因而直

---

① 捕鱼宴会：一种野宴，在水边举行，临时捕鱼烧着吃。

到她的末日,她也不会懂得一件机构复杂的东西。现在呢,她是生平第一遭儿遇到一个复杂的性格。

因为卫希礼累代相传,生就一种特殊的性格,凡遇闲暇的时间,都不用来做事,只是用来思想,用来制造种种颜色鲜明的梦,都与现实毫无干涉。他一向都活动在一个内在的世界里,觉得那里比佐治亚州美丽得多。有时要他回到现实来,他总是老大不愿意。他对于人们只作冷眼旁观,也无所谓爱,也无所谓憎。他对于人生也作冷眼相待,不乐观也不悲观。他看破了整个宇宙和他自己在宇宙中的地位,以为本来就是如此的,时或感到不耐烦,便耸耸肩头,到他的音乐、书本和较好的世界里去躲避。

他的思想思嘉既然不了解,他又怎么能够擒住她的呢? 这是思嘉不懂的。正唯他具有神秘性,这才引起她的好奇心来,犹如一重没有锁也没有钥匙的门,可以引起人的好奇心一般。他身上那种不能了解的东西,适足以使她对他的爱更加深切,而他那种深沉不露的特异追求法,也适足以增加她要据他为己有的决心。她始终不曾怀疑他有一天要向她开口求婚,因为她年纪太轻,纵容太惯,从来不晓得怎样叫失败。然而现在,犹如晴天里起了一个霹雳,来了这个骇人听闻的消息。希礼要跟媚兰结婚了! 这不能是真实的!

还不过是上礼拜的事,他们在暮色苍茫中从妙峰山骑马回家,他还对她说:"思嘉,我有一桩非常要紧的事告诉你,我正不知道怎么说法才好呢。"

当时她假作端庄地低下了头,心里喜得不住地狂跳,以为那个快乐的顷刻终于要到了。然后他又说:"现在不讲吧! 咱们已快到家了,来不及讲了。啊,思嘉,你看我是多么胆怯啊!"于是将马加上了一刺,送思嘉过了山,他就回家了。

现在思嘉坐在树桩上,回味着这几句曾经使她狂喜的话,突然想出另外一种意义来。觉得那意义非常险恶。也许他当时要对她讲的就是这个订婚的消息呢!

啊,爸爸怎么还不来呢? 这个闷葫芦她再也熬忍不下去了。她再向那条路上看了看,仍旧还是失望。

这时太阳已经落到地平线底下,那一团红晕已经退为淡红。上面的天空已经从青苍色渐渐变成鸭蛋一般的湖绿色,并有一种幽静的暮色暗暗向她四面围拢来。朦胧的阴影爬过了村子。那些大红的田塍和那条闪红的大路都已失去了它们奇幻的血色,而变成平凡的褐色土了。大路的那一边,在那牧场上,有一些马儿、骡子和牛,都静静地把它们的头伸过那道篱笆,等着人来赶它们回去吃晚饭。它们并不欢喜那种黑暗的阴影,所以看见思嘉就把耳朵抖了抖,仿佛很重视人类的伴侣似的。

在这奇异的暮色里,河旁那些本来葱翠的高松都变成了一丛丛的黑影,映在那湖绿的天空上,仿佛是一行黑色的巨人,将脚下那条懒洋洋的黄泥河水也淹没了。河对面的山顶上,本来可以看见卫家那些白色的高烟囱,现在却在四周的橡树影里隐没了,只看见远远有几点针尖一般的灯光,知道那里是有人家的。一阵潮湿的土香向她的四面袭来,而满眼的嫩绿正在蓬蓬勃勃地向空中冲发。

这暮景,这春天,这新绿,对于思嘉都并没有什么神异。它们的美丝毫不在她意中,正如她所呼吸的空气和她所喝的水一般。因为她除了女人的脸,除了马,除了绸缎的衣服,以及诸如此类有形有体的东西,就不知道还有别的东西是有美的了。可是如今这一番宁静的暮景,对于她那纷乱的心却也确能给它一点安静的。这一片土地她原是极爱的,却又并不知道自己是爱它,犹如她爱晚祷的灯光底下的母亲的脸。

那条弯曲的路上仍旧不见父亲的踪迹。如果她在那里再多待一会,嬷嬷一定要来找她,并且将她骂回家里去。可是正当她睁着眼睛探望的时候,她听见一阵马蹄声从山坡下响了起来,同时看见那些牛儿马儿惊惶地跑散开去。父亲终于骑着马飞奔着回来了。

父亲骑的是一匹粗腰身长腿儿的大猎马,当他骑上山顶的时候,远远看去就像一个小孩子骑在一匹大马上一般。他的长白头发向脑后飞扬着,手里扬着鞭子,口里高声地喊着。

这时思嘉心里虽然十分焦灼,但看见父亲骑马如此的英勇,却也觉得非常得意。

"我总不懂,为什么他喝了几滴酒下去老是喜欢跳篱笆,"她心里想,"去年也就在这里,他还跌过了一跤,跌碎了膝盖头。你总当他以后不会再跳了。他还跟妈赌过咒,答应以后再也不跳的。"

思嘉并不怕父亲。他对她反而比对她的几个妹妹还要随便些。因为她知道父亲喜欢瞒着母亲跳篱笆,很有点小孩子脾气,也跟她自己做坏事情要瞒牢嬷嬷一样。当时她从树桩上站起来看他。

那马跑近了篱笆,便将身子一纵,像一只雀儿一般毫不费力地飞了过去。同时,她父亲在马背上热心地喊着,将鞭子在空中挥舞着,脑后的白头发颠簸着,他并没有看见女儿躲在树影里,因而将缰绳收了一收,拍拍那马的颈项,以示夸奖。

"你是区里无双的了,怕也是州里无双的了。"他得意扬扬地这样评定他的马。然后,他急忙理了理头发,将那已经打皱的衬衫和被扭到耳后去的领结也都整了整。思嘉知道父亲做这套手脚,是为要对母亲装得规矩些,因而想起现在正是跟他开始谈话的机会了。

于是她大声笑了起来。果然不出她所料,那老头儿听见笑声就不由得吃了一惊,直至看出了是她,他那红润的脸上就现出了一种兼有羞惭和蔑视的神色。他费了很大劲儿才下了马,因为他的双膝已经麻木了。然后他将缰绳套上了臂膀,向女儿这边蹒跚走来。

"好啊,姑娘",他说着,在她面颊上拧了一把,"你也学苏纶,在这儿侦探我,等回去告诉你妈啊?"

他那声音里虽然也含着愤怒,可是仍带一点想哄骗她的意思。思嘉一面伸手去替他整领带,一面顽皮地卷着舌头喀嘞了一声。她接触着父亲的口气,觉得里面含着浓烈的威士忌酒味,又微微有点薄荷气,此外还有嚼过的烟草味,以及涂过油的皮革气味、马气味。这一些气味的结合,常要使她联想到父亲,若是发生在别的男人身上,她也本能地觉得欢喜的。

"不会的,爸,我不会像苏纶那样专做耳报神。"她说这话,是要使父亲好放心。说着,她倒退了几步,仔细看看父亲身上是否已经弄齐整。

思嘉的父亲郝嘉乐先生是个矮个子,身材只有五英尺零一点,可是腰身极粗,颈梗极胖,假使只看他的坐相,人家一定以为他是极其魁伟的。他那最肥部分的躯干,底下有两条结实的矮腿儿支持着,那两条腿儿一直套着天下头等的皮靴,并且一直撑得开开地站着,像是一个睥睨一切的小孩子。大凡个儿小的人,要是把他自己看得像煞有介事,那是人家一定觉得好笑的,可是仓场上的矮脚斗鸡要受鸡群的尊重,如今郝嘉乐也正是这般。人家对于他,谁都没有这胆量敢取笑他个儿小。

他今年六十岁了,一头脆硬的鬈发已像银丝一般白,但是他脸上还没有一丝皱纹,一双蓝色的眼睛也还很年轻,因为他从来不曾在抽象的问题上耗费过脑筋,最多不过是像打扑克该拿几张牌之类的问题罢了。他虽然早已离开了祖国,他那张脸儿却是道道地地的爱尔兰型,圆圆的,红红的,矮鼻子,嘴巴,一脸的凶相。

他的外相虽然凶狠,心里却是再和气没有了。他不忍看见奴隶们挨打,无论他们是怎样的该打;他不忍听见小猫儿的叫,或是小孩子的哭。可是他这种弱点,决不肯让别人发觉。说是谁要跟他谈了五分钟的话,就能发现他心里的慈悲,那是他无论如何不能相信的,但是假如真有这种事,那他就要认为大失面子了。因为他虽然心软,面子上却硬要装得那么吃五喝六,要人听见他的声音就不能不服从,不能不发抖。他从来不曾想到,唯有一个声音是整个垦植场上真正人人服从的,就是他夫人爱兰的柔和的声音。可是上自爱兰,下至田里做活的人手,大家暗底下通同一气,一向都装做把他的话当做法律,这个秘密他就始终无法知道了。

至于思嘉,对于他平时发脾气,直喉咙,尤其是一点不害怕。她是最大的女儿,她的三个兄弟都已死掉了,老头儿知道再也养不出儿子来,所以竟把她当做朋友看待。因此,思嘉也就特别欢喜她父亲,比对她的两个妹妹还要欢喜些,因为恺玲是生就一个多愁多病身,苏纶又是硬要学文雅,都跟她自己的脾气不能融洽。

而且,思嘉和她父亲无形之中订下了一种互相监督的协约。思嘉有时不肯绕远路,要去跳篱笆,或是跟男孩子在门前台阶上坐得太久了,一经被父亲发觉,便要把她叫去狠狠地训斥一番,可是却替她瞒过了母亲跟嬷嬷。思嘉呢,有时看见父亲还是骑马跳篱笆,或是打听出他打扑克输了多少钱,也会替他设法瞒过了母亲。因为他们父女心心相印,以为这样的事情要是让母亲知道,只足以使她伤心罢了,那是他们都认为犯不着的。

当时思嘉借那垂尽的余光对她父亲看了看,也不知为什么,只觉得在父亲面前心里便舒服。她觉得父亲身上有一种勃勃的生气,有一种现世的粗俗,都是她所欢喜的。她的脑筋最最缺少分析的能力,所以还不明白父亲的这些品性就是她自己所具有的品性,这才能够彼此相融洽的呢。

"行了,现在很可以去见人了,"她说,"只要你自家儿不说出来,谁都不会疑心你干过什么把戏了。可是我不懂,去年你也在这儿跌碎膝盖头的,现在可又——"

"嗨,女儿教训起老子来了!"他嚷着,又在她面颊上拧了一把,"我跌碎我的,你管他呢? 还有,姑娘,怎么你这会儿跑到外边来连围巾都不围?"

思嘉知道他是在运用惯用的战略,要把这不愉快的问题岔开去,便拿自己的臂膀插进了他的臂膀,对他说道:"我在这儿等你呢。想不到你来得这么晚。我在挂念你有没有买成蝶姐儿。"

"买是买成了,钱可花得我不少。是连她那小妞儿百利子一齐买的。卫约翰几乎打算白送给咱们,可是我郝嘉乐跟人做买卖,从来不作兴连交情也算在内的。我给了他们三千,两个都在内。"

"哎哟我的天,三千啊! 你本来用不着连百利子也买的呀!"

"好了好了,自己女儿坐着审判我的时候到了!"老头儿用绝妙的辞令嚷道,"百利子这小妞儿可爱呢,所以就——"

"我知道她的。她是一个顶怕羞的蠢东西,"思嘉并不管她父亲的喊嚷,仍旧很平静地回答说,"你买她的唯一理由,就是因为蝶姐儿要你买她吧。"

这话抓住了他的弱点,他顿时就倒了威,不知所措,于是思嘉呵呵大笑了起来。

"不过,这也算不了什么呀!倘使蝶姐买过来,仍然是一天到晚惦记那孩子,那不是白买了吗?好吧,以后我再也不让这儿的黑小子跟别处的女人结婚了。实在花钱太多了。好吧,来吧,姐儿,咱们回家吃饭吧。"

这时候夜色已经加浓。最后一片湖绿的颜色已经从天空消逝,一种微微的寒冷渐渐代替了春日的温和。可是思嘉心里颇觉踌躇,不知该用怎样的方法讲到希礼的题目上去,才不至于使父亲疑心自己的用意。她觉得这方法颇是困难,因为她是全身都找不出一根善于机变的骨头的。她的父亲虽然也像她,可是她每次用了一点诡巧的手段,没有不被他一下就觑破的,正如她自己很容易觑破父亲的诡巧一般。

"十二根橡树那边怎么样?"

"差不多还是照常吧。高恺悌也在那里,我办完了蝶姐的事,我们就在走廊上喝了几口棕榈酒。恺悌刚刚从亚特兰大来,那边大家很兴奋,都在谈战争,以及——"

思嘉叹了一口气。她知道父亲一经谈到战争跟离盟的题目上去,就要一连有几个钟头不会丢开的。她赶快拿另外一个题目插了进去。

"他们说起过明儿的大野宴吗?"

"我记得是说起过的。还有嘛,她——她叫什么名字的?——喏,就是去年到这儿来过的那个讨人欢喜的小妮子,希礼的表妹——哦,是了,她叫韩媚兰,不错的——她跟她的兄弟察理也打亚特兰大来了,并且——"

"哦,她也来了吗?"

"是来了,这小妮子真文静,从来不开口说句话的,顶守女人的本分儿。走吧,孩子,别这么慢吞吞的。你妈要找咱们了。"

思嘉听见这消息,心就已经沉下去。她本来希望媚兰留在亚特兰大不能来的,现在却居然来了,而且连她自己的父亲也在这里赞许她那文静的性格,于是她觉得这闷葫芦儿不能不打开了。

"希礼也在那里吗?"

"是的,在那里,"说着,他放开了女儿的臂膀,旋转身,拿锋利的眼光看着她的脸,"要是你在这儿等我的目的就是为此,那你为什么不早说,偏要兜这么大的圈子?"

思嘉一时回不出话来,只觉得心中一阵纷乱,脸上便涨得绯红。

"怎么,你说呀!"

她仍旧没有话说,只恨不得将父亲摇了一阵,立刻禁止他开口。

"他是在那里,并且同他的几个妹妹都很关切地问起你,又说明天的大野宴希望你不会不去。我就说你不会不去的。"老头儿这几句话算是说得很乖巧,"现在,孩子,你说吧,你跟希礼到底是怎么一回事?"

"没有什么事。"她简捷地说,一面挽住了他的臂膀,"咱们进去吧,爸。"

"现在是你要进去了,"他说,"我可要在这儿多站一会了,等我来问你个明白。我现在已经看出来,你近来确实有些儿异样。他曾经麻烦过你吗?曾经向你求过婚吗?"

"没有。"她简捷地说。

"当然,他是不会的。"嘉乐说。

愤怒的火在她心里燃烧起来,可是嘉乐将手摇了摇,叫她平静些。

"你不要闹,姑娘!我是今天下午从卫约翰那里听来的,他叫我千万守秘密,说希礼要跟媚兰姑娘结婚了,等明儿晚上就要宣布。"

思嘉的手从他臂膀上落了下来:"那么这是真的了!"

当即有一种痛楚向她心上刺进来,像一头野兽的毒牙在那里猛啮。在这当儿,她觉得父亲的眼睛一直都在她身上,那眼光里含着一点儿怜惜,也有一点儿烦恼,因为这样一个问题是他不晓得怎样回答的。他本来很爱思嘉,但是要强迫他替她解决那些孩子的问题,他就会觉得不舒服。像这样的问题只有她母亲能够解决。思嘉是该向母亲去诉苦的。

"这不光丢你自己的脸,也还丢了咱们大家的脸啊!"他喊嚷着说,声音也提高了,因为他碰到使他激动的事情,老是这个样儿的,"现在全区里的男孩子谁都由你挑,既是他不爱你,你偏要去追他做什么?"

思嘉听见了这话，心里的苦痛就被愤怒和羞愤逐去了一部分。

"我并没有追他呀。你这话真叫人——叫人诧异。"

"你撒谎！"嘉乐说着，随即朝她脸上看了看，改做一种慈和的声调，"我也觉得难过的，妞儿。可是你到底还是个小孩子，不必忙，旁的男孩子又多得很。"

"妈跟你结婚的时候只有十五岁，我现在十六岁了。"思嘉说，她的声音有点儿模糊。

"你妈是不同的，"嘉乐说，"她从来不像你这样心高。来吧，孩子，你不要恼，下礼拜我带你到查尔斯顿去看你的幽籁姨母去，他们那边一直都在闹着嵩塔儿要塞的事儿，包你不到一个礼拜就把希礼忘掉了。"

"他把我当做一个孩子呢，"思嘉想着，觉得又气又恼，连话也说不出了，"他当是拿一件新玩具在我面前晃一晃，我就会忘掉肿痛似的。"

"你不要专跟我作对吧，"嘉乐警告说，"你如果是个乖孩子，早就应该跟汤家的司徒或是伯伦结婚了。你得再仔细想一想，孩子。他们两个随便你挑上一个，以后咱们两家的垦地就可并在一起经营了，并且他们的爸跟我，又会替你特造一所好房子，就在两家接界的地方，那一片大松林里，并且——"

"你可不可以别当我是一个孩子看待呢！"思嘉嚷道，"我不要到查尔斯顿去，也不要房子，也不要跟那双胞胎结婚。我只要——"她想竭力抑制住自己，可是已经来不及了。

嘉乐的声音忽然变得非常之平静，说话也慢下去了，仿佛是从他难得运用的一堆思想里一字字抽出一般。

"你所要的就只是希礼，可是你要他不到了。而且即使他愿意同你结婚，我也未必就答应，无论我同卫约翰的交情怎么好。"说到这里，他发觉了女儿脸上现出吃惊的神情，便继续道，"我是要自己的女儿快乐的，你同他一起不可能快乐。"

"哦，我会快乐的！我会快乐的！"

"不会的呢，女儿啊。唯有同类跟同类结婚才能快乐。"

思嘉忽然起了一种恶意,很想大声叫出来:"可是你跟妈并不是同类,为什么一直都快乐的呢?"可是她马上把这念头压下了,怕的是这话太放肆,父亲要给她一个耳掴子。

"咱们的人是跟卫家人不同的,"他字斟句酌地慢慢说下去,"他们卫家人不但跟咱们不同,跟咱们的邻舍家谁都不同,没有哪一家人家跟他们相同。他们是一种怪人,所以最好是永远让他们自己中表为婚,免得把这种怪气传到别人家里去。"

"怎么,爸爸,希礼是——"

"你不要急啊,妞儿!我并不是说那孩子不好呀,我也是欢喜他的。我说他怪气,并不就是说他疯狂。他的怪气是另外一种,不像高家那些孩子会为着一匹马儿把什么东西都赌掉,也不像汤家那些孩子每回都要喝得烂醉,也不像方家那些孩子那么野兽一般杀人不眨眼。假如是这样的怪法,那是很容易懂得的,就是我郝嘉乐,要是没有上帝的保佑,也很作兴把这些过失色色具备的!我也不说你嫁了希礼之后,他会跟别的女人逃走,或是打你。他要是这么干法,你倒是可以快乐的,因为像这样的行为,你至少可以懂得。可是他并不像这么怪法,他那种怪法是谁都不能懂得的。我很欢喜他。可是他所说的话儿我十中有九摸不着头脑。现在我问你,妞儿,你老实对我说,他要是啰嗦起书本、诗歌、音乐、油画,以及诸如此类的傻事情来,你到底是懂得不懂得?"

"哦,爸爸,"她不耐烦地嚷道,"要是我嫁了他,我会把他这一切都改变过来的!"

"哦,你会改!"老头儿也有点不耐烦起来,对女儿狠狠地盯了一眼说,"那你就算简直不懂天底下的男人了,更不要说希礼。天底下做妻子的人谁也不能改变她的丈夫一丝儿,这话你千万不要忘记。至于要改变一个卫家人,那尤其是做梦了,孩子!他们全家的人都是那样的,而且向来都是那样的,而且从今以后怕也永远都是那样的。我已经告诉你,他们是天生的怪人。只要看他们今儿跑纽约,明儿跑波士顿,为的只是听歌剧,看油画,也就可见他们怎么怪法了。他们又会从北佬儿那边整大箱整大箱地定买法国书、德国书。这才坐着读起来,做起梦来,连打猎也可以不去,扑克也可以不打,简直不像个男人。"

"希礼骑马是谁也骑不过他的,"思嘉见她父亲把希礼形容得这么不行,不觉愤怒起来说,"怕只除了爸爸你一个人。讲到打扑克,不是刚刚上礼拜他还在琼斯博罗赢了你两百块钱去吗?"

"又是高家那些孩子做耳报神了,"嘉乐无可置辩地说,"要不你怎么知道数目呢? 是的,希礼能够跟头等的角色骑马,也能够跟头等的角色打扑克——头等的角色就是我啊,妞儿! 我也不否认,他要是喝起酒来也能把汤家那几个孩子喝到台子底下去。这一套事儿他都来得,可总是心不在焉的。我说他怪就是为此。"

思嘉不响了,她的心沉落下去。最后这几句话,她没有法儿替自己防卫,因为她也知道父亲是对的。希礼对于这套事儿虽都优为之,可实在是心不在焉的。别人对于这套事儿都具有真正的兴趣,唯独希礼至多不过在面子上装做有兴趣而已。

父亲见她不响,便拍拍她的肩膀,胜利似的说道:"那么,思嘉,你也承认我的话对了! 那么你想,嫁了这样一个丈夫还有什么意味呢? 他们卫家的人都是疯疯癫癫的。"然后改做一种奉承的口气道:"我刚才提起汤家两兄弟,意思也并不坚执,他们固然是好孩子,可是你要是挑上高恺悌,那对于我也是一样的。他们高家全家都是好人,上一辈儿都是跟北佬儿结婚的。等到我过世之后——嘿,妞儿,你听我说吧! 我把这陶乐垦植场给你跟恺悌。"

"我决不要恺悌,"思嘉愤怒地说,"请你别拿他硬推给我吧! 我也不要陶乐,或是任何垦植场。垦植场是值不得一个钱的,要是——"

她本来要说"要是我得不到我所要的男人",可是嘉乐见她把陶乐看得一钱不值,早已气得大吼起来了。

"怎么,思嘉,你居然敢对我说陶乐这片土地一钱不值吗?"

思嘉固执地点了点头。她的心非常痛楚,已经顾不得父亲光火不光火了。

"土地是世界上唯一值钱的东西啊!"他一面嚷着,一面气得把两条肥短的臂膀大大地撑开,"世界上唯有土地这东西是天长地久的,这你要记得!唯有土地这东西是值得忙碌的,值得战斗的——值得拼死的。"

"哦,爸爸,"思嘉厌恶地说,"你的话像个爱尔兰人哪!"

"我是爱尔兰人啊,我并不以做爱尔兰人为可耻。不,我还以此自豪呢。而且你不要忘记,姑娘,你自己也是半个爱尔兰人啊。凡是身上含有一滴爱尔兰血的人,总是把他们所居住的土地当做自己母亲般看待的。你这刻儿拿我当做耻辱了。我拿世界上最最美丽的一片土地给了你,你怎么样啊?嗤之以鼻呢!"

嘉乐正预备大呼小叫地发作起来,一看思嘉脸上有一番说不出的悲苦,便又止住了。

"不过呢,你到底年纪还轻,将来自然会知道爱土地的。至于你做了爱尔兰人,那是没有法儿的了。现在你还是个孩子,除了男孩子之外没有旁的心事的。等你年纪大几岁起来,你就会懂得……现在你自己再想一想,或是恺悌,或是汤家的弟兄,或是孟亿万家的孩子,随你挑定哪一个,你就会知道将来的日子过得多么舒服!"

"啊,爸爸!"

这时候,嘉乐已经觉得这番谈话非常之厌倦,并因这个问题弄到自己身上来,也觉得非常烦恼了。而且,他看见女儿对于区里最好的男孩子和陶乐的土地都完全不瞧在眼里,心里颇觉得可恼。他原以为,女儿对于这样好的赠品,是会拍着掌亲着吻接受的。

"你也不必懊恼了,姑娘。你跟谁结婚都可以的,只要他跟你性情相投,是个上等人,是个南边人,而且是有体面的。因为凡是做女人的人,爱情是要等结婚之后才来的。"

"啊,爸爸,这是一个多么旧时代的观念啊!"

"可是这个观念并不坏!现在人东奔西跑的,说是为恋爱而结婚,像奴仆似的,像北佬似的,那都是美国人干的把戏啊!最好的结婚是父母给选择的。因为就像你这样子,你怎么能够辨别好人坏人呢?就看他们卫家吧,他们怎么能够数代维持这种门第的? 就因他们一直是中表为婚,门当户对,方才能够如此的。"

"啊!"思嘉听见父亲的话触着了事情的症结,重新又觉得万箭穿心一般,这才不由得喊出这一声来。嘉乐看了看女儿低着的头,很不自在地拖着步子。

"你不是在哭吧?"他问着,一面拿粗笨的手指摸着她的面颊,要想把她的脸抬起来,而他自己脸上也现出了怜悯的神色。

"不!"她把头突地扭了开去,愤然地叫了起来。

"你撒谎,可是这谎我可顶欢喜。我愿意你不要太软弱,要装得傲慢些。明儿在野宴席上,我尤其要你装得很傲慢。我不愿意人家谈论你,笑话你,说你为了一个本来无意于你的人就会这么痴心。"

"他是对我有意的,"思嘉心里想着,觉得非常悲苦,"啊,意思本来很深的! 这个我知道。我要能够多有一点时间,我一定能够使他说出口来的——唉,只要他们没有这种中表为婚的习惯就好了!"

嘉乐抓住她的臂膀,将它套进自己臂膀里。

"现在咱们可以进去吃晚饭了,这桩事情你不要告诉别人。我不愿意你妈听见焦心,你的意思总也一样的。擤一擤鼻涕吧,孩子。"

(略)

第三章

郝太太爱兰今年三十二岁,若照当时的标准,已算是一个中年妇人。因为她养过六个孩子,却有三个死掉了。她是一个高个儿,比她那火烈性的丈夫要高出一个头,可是她的举动很文雅,加上穿着那样的长裙,所以只见其行步姗姗,并不觉得高到怎样触目。她的脖子是圆圆的,细细的,像牛奶一般白,加上底下围着一圈黑缎上衣的领口,就越发显得白了。而且这颈脖子一直是略略往后仰,因为她的头发很丰富,在脑后绾着一个大大的网髻儿,所以使她的头一直向后略坠着。她的母亲是法兰西人——

她的外祖父母是因一七九一年的革命逃到海地来的——所以她承袭来了一双微微倾斜的黝黑眼睛,上面盖着黑黑的睫毛,和一头乌黑的头发。父亲是拿破仑部下的一个士兵,遗传给她一个笔直的长鼻子,一个端端正正的方颐,使得面颊上的柔和曲线调剂着。至于她脸上那种庄重而不流于傲慢的态度,优雅而不流于妖艳的姿容,乃至于那种忧郁到了全没一丝儿幽默的神色,便都无关乎遗传,而是由她自己的生活经验造成的。

她所缺少的是眼睛里的热情,笑容里的温煦,以及说话的自然性,不然的话,她竟可以算是一个绝世的美人。她的口音是佐治亚州滨海居民的那种柔软模糊的腔调,元音都是清音,辅音并不咬准,而且带着一丝极轻微的法语的腔子。这种声音原是不配用来吆喝奴隶和训斥儿女的,可是陶乐的人谁听见了都会马上服从,至于她丈夫那样的吆五喝六,倒是大家置之不理的。

从思嘉所能记忆的日子起,她的母亲是始终如一的:她的声音无论在夸奖人的时候,在责骂人的时候,总是那么柔和而甜蜜;她的态度,无论家里怎样常常出乱子,总是那么行若无事;她的精神老是那么平静,她的脊背老是那么笔直,就连她死了三个儿子的时候也是这样。思嘉从来不曾看见她母亲的脊背靠着过椅背,她也从来不曾看见她手里不拿针线闲坐着,只有吃饭的时候,给病人看护的时候,或是给农场上记账的时候,她才放下手里的活计。在人面前,她做的是精巧的刺绣,但也有时替丈夫做衬衫,替女儿缝衣服,甚至替奴隶们缝衣服。她手指上一辈子戴着那个金顶针,一辈子有一个黑女孩子跟着她跑来跑去,这女孩子的职务就是替她拆线条儿,替她把针线盒子拿来拿去。因为做饭、洗衣裳、给做活的人大批做裁缝,事事都得太太亲自监督,所以她不能坐定在哪一个地方做针线的。

思嘉从来不曾看见母亲现出忙乱的样子,她身上的装扮总是弄得齐齐整整的,不管是白天还是晚上。她每次去上跳舞会,或是去会客,或虽到琼斯博罗法庭去看审,总要花上两个钟头的装扮,并且还得两个女仆嬷嬷替她帮忙,方才会弄得满意。但是碰到有什么要紧事儿,她可又一眨眼工夫就会打扮出来了。

思嘉的房间跟母亲的房间对面，就在穿堂的两侧。思嘉从小就常常听见半夜三更穿堂里有黑人赤脚的声音轻轻跑过，到母亲的房门上轻轻敲了几声，随即听见喊喊喳喳的低语，报告哪些穷苦人家有人在害病，或是养孩子，或是死了人。于是思嘉要从床上偷偷爬起来，在门缝里窥探着，就会看见母亲在父亲的大鼾声中轻轻从房间里跑出来，臂膀底下夹着药包，踮着脚尖儿，随那黑人手里擎着的蜡烛匆匆出去，那时她的头发便已掠得一丝儿不乱，胸口的纽扣也不会漏掉一个不扣的。

这一去往往就要闹到大天光，可是第二天早晨母亲仍会照常坐着吃早餐，只不过眼圈儿上略微露一点疲倦，声音和态度都像没有熬过夜一样。母亲的精力是同钢铁一般的，虽然外表上看似十分柔弱。

有时思嘉轻轻跑进母亲房间去，亲她的面颊，因而注意到她那上唇皮短短的娇嫩嘴儿，而起一种非非想，不知母亲年轻的时候，可曾用过这张嘴儿跟女朋友们通宵达旦地谈秘密。照思嘉猜想起来，似乎这样的事情是不可能的。思嘉以为母亲一向都跟现在一样，是力量的支柱，是智慧的源泉，是对于任何问题都有法儿解决的。

但是思嘉猜错了。因为她母亲十五岁在萨凡纳做罗爱兰小姐的时候，确实曾和女朋友们交换过许多秘密。就在这一年里，这位比她大了二十八岁的郝嘉乐先生初次闯进了她的生活，也就在这一年里，她那黑眼珠子的年轻堂兄弟罗斐理离开了她的生活。而当罗斐理永远离开萨凡纳的时候，他就把她心中的热情一齐带了去，所以留下来给郝嘉乐的，只是她的一个柔软的空壳罢了。

可是郝嘉乐得到了她的空壳，也就十分满足了，因为他居然能够跟她结婚，已经受宠若惊，哪里还去计较这些呢？他虽不是个傻子，可是知道自己是个爱尔兰人，既无门第，又无财产，没有哪一样可以凭借，然而现在竟跟海滨一家最最富有、最最高贵人家的小姐结了婚，他还有不认为天幸的吗？

（略）

　　爱兰的生活并不舒适,也并不快乐,但她本不曾期望生活的舒适。至于不快乐,她也认为女人命该如此的。这是一个男人的世界,她早就已经承认了。财产是男人所有的,女人不过替他们管理管理。管理得好,名誉是男人得的,女人还得从旁称赞他能干。男人划破了一个指头,便要像雄牛一般大吼,女人养孩子,却只能闷声吟呻,为的是怕男人听见不舒服。男人可以粗声粗气地说话,可以喝得大醉酩酊,女人便须处处都原谅男人,还得低声下气服侍醉汉去睡觉。男人可以毫无忌惮,无话不谈,女人便须一直地柔顺斯文,吞声饮泣。

　　这一切,便是所谓大家闺秀的传统信条,爱兰自己就是拿这传统信条教养起来的,如今她又要拿这传统信条去教养三个女儿了。这种工作,她在两个小女儿身上是算成功的,因为苏纶天生要学做大家闺秀,对于母亲的教训无一不顺受,恺玲生来就怕羞,也很容易领她上正道。独有思嘉,那是她老子的孩子,要把她教养成一个闺秀,就觉难如登天了。

　　思嘉小时不喜欢跟自己的妹妹玩,不喜欢跟卫家那些小姐玩,偏偏喜欢跟田畈里的小黑炭和邻舍家的男孩子玩,而且她会爬树,会扔石头,跟那些野孩子一模一样,这就使得嬷嬷大不以为然了。嬷嬷看见爱兰的女儿会生成这副性格,心里着实担忧,常常教训她"要学得像个小姐"。爱兰自己倒还能容忍,并且把眼光放得比较长。她知道女孩儿小时的伙伴里会产出她日后的情人来,而女孩子家应尽的职务,当然要算结婚为第一。她觉得思嘉这时不过生气特别旺盛些,至于那种幽闲贞静的妇容妇德,日后总可以教得起来的。

　　于是她和嬷嬷同心协力,以从事于思嘉这一方面的教育。而思嘉对于这一方面的学习,也确实是很聪明的,但是除此以外,她就什么都学不成了。她家曾替她请过几次保姆,又曾送她到附近的费耶特维尔女子中学读过两年,但是她的教育仍旧很粗浅,至于跳舞,那是全区里面没有哪一个女孩子能够像她那么风度翩跹的。她知道要怎样的笑法才能使那两个酒窝儿蹦蹦跳跳,要用怎样的鸽子步才能使那撑出的长裙旋转如风,看着男人的脸时要怎样地赶快低下头、垂下眼,才显得出自己动情而颤抖的神气。而她特别擅长的,就是能够故意装出一副天真烂漫的面孔,借以掩饰一种精明锐利的目光。

爱兰和嬷嬷的教育目标虽然一致,她们的教育方法却各有巧妙不同:爱兰用的是一种温言软语的开导,嬷嬷用的是一种滔滔不绝的唠叨。

"你必须要学得斯文些、庄重些,我的好孩子,"爱兰教她女儿说,"男人家在说话的时候,即使你的见识比他高,也万不可去插嘴。女孩子太倜傥了,男人家不喜欢的。"

"你们小姑娘家,要是尽皱着眉头,尽鼓着嘴,尽说'俺要什么'、'俺不要什么',你准会嫁不到男人。"嬷嬷忧郁地对她预言,"你们小姑娘家,应该低着头,对人家说:'好吧,您哪,知道啦。'或是说:'是啦,您哪,听您吩咐啦。'"

凡是大家闺秀应该知道的事情,她们已经没有一样不教她的了,可是她所学得的,只是一种表面的礼貌。至于这种礼貌所自发的内在温情,她是始终不曾学,也始终没有见到该学的理由。她以为做女人的有了这点表面就够了,有了这点表面就已可以引得男人的趋奉。所以除了这一点表面之外,别的她就不要了。她的老子呢,一直都在外面得意扬扬地夸口,说他女儿是五个区里的第一个美人,这话倒也有几分真实,因为邻近一带的青年,差不多没有一个不曾向她求过婚,甚至还有许多是从亚特兰大和萨凡纳那么远道而来的。

到了十六岁,她就长得十分娇媚而玲珑,这不能不归功于母亲跟嬷嬷平日的教养。但在骨子里,她却是刚愎、执拗而且爱虚荣的。她像她那爱尔兰的父亲,感情极易于激动,至于她母亲那种牺牲忍耐的性情,她是一点儿没有传得,有也不过是一层极其稀薄的装饰罢了。但是思嘉知道,母亲只消拿一种责备的眼光向她横了一眼,就可以使她羞得要哭出来。所以她平时在母亲面前,总都摆出她的最好的嘴脸,行为也规矩了,脾气也不发了,性情也像是和婉了,因而母亲始终不能相信她完全出于装饰。

至于嬷嬷,思嘉就瞒她不过了。无论思嘉装饰得多么巧妙,嬷嬷一眼就能够看穿。嬷嬷的眼睛比爱兰的锋利得多。思嘉想不起有哪件事情是曾把嬷嬷蒙蔽到底的。

这两位教师对于思嘉那种高傲、活泼而娇媚的特质,都并不认为可忧。因为这种特质正是南边女人引以自豪的。她们所担心的,是思嘉的性情里面,具有她父亲的那种倔强性和猛烈性。她们唯恐她对于追求她的男人掩饰不了这种性情,以致得不到如意的配偶。谁知这是她们过虑了。思嘉自己早就想结婚,并且想跟希礼结婚,所以如果端庄、柔顺、不作主张等等的品性真可以吸引男人的话,她倒是很愿意装出来的。至于男人为什么喜欢这样,她却又并不知道。她只知道这种方法可以行得通,就不去问它所以行得通的道理了。因为她对于人类的心到底怎样在里面活动,是一点儿也不明白的,便是对于她自己的心也同样地不明白。她只知道自己要是这么这么地做,这么这么地说,男人一定就会这么这么地恭维她。她以为这种算法可以同数学的公式一般准确,也并不比数学的公式难,因为她在学校里的时候,觉得数学这门科目还算容易的。

她对于男人的心理既然知道得很少,对于女人的心理知道得尤少,因为这个对她更没有兴味了。她从来不曾有过一个女朋友,也从来不以没有女朋友为遗憾。照她看起来,一切女人都在追求一个共同的目标——男人,因而彼此成了自然的仇敌,连自己的两个妹妹也在内。

唯一例外的就是自己的母亲。

她觉得自己的母亲是不同的。她把她看做一种神圣的东西,跟人类的其余部分各别。她做孩子的时候,曾经把母亲跟圣母混而为一,如今她年纪大些了,仍觉得没有理由改变她这种意见。她觉得母亲代表一种绝对可靠的保证,这种保证是唯有天和母亲才能供给的。她又知道母亲体现着公道、真理、亲爱的慈和和深澈的智慧——真是一个伟大的女人。

她也很想学她的母亲,难只难在一个人做到了公正、真诚、慈和而无私之后,便要失去大部分人生的享乐,失去许多美好的男人。人生百年犹苦短,怎便容它失去这许多好东西呢!等着吧,等她跟希礼结过了婚,等她已经衰老了,到那时尽有余闲,再学母亲的样也还不迟呢!至于目前……

第四章

（略）

直至思嘉脱了衣服吹了蜡烛的时候，她对于明天所要实施的计划，就已经成竹在胸了。这个计划很简单，因为她也像她的父亲，是一条肚肠通到底的，所以她的眼光完全集中在她的目标上，只把达成这个目标的最直接步骤想了一想。

第一，她要装出一副"傲慢"的神气，这是她父亲吩咐过她的。她从到达十二根橡树的一刻儿起，就一直要装得十分倜傥，十分兴头。这样，人家才不会疑心她因希礼和媚兰的事曾经感觉过灰心。她在那边，对于那边的男人一个个都要卖弄一番。这会使得希礼见了要十分难受，要越发舍不得自己。凡在结婚年龄的男子，她要一个个都跟他敷衍，老到如苏纶的情人，那个黄胡子的甘扶澜，小到如媚兰的弟弟，那个一下就会脸红的韩察理，她都要一网打尽，一个不让他们漏网。那一些人一定会同蜜蜂围绕蜂房一般地向她围拢来，因而希礼也会丢开媚兰来加入他们的团体。然后她就要运用一点儿战略，使得希礼将她带开去，和她单独谈几分钟话。她想这一招一定会万无一失，若使不然，事情就比较棘手了。但是万一希礼那边果真不肯先发动，那么，由她自己这边首先发动也无不可的。

等到她跟希礼终于单独在一起了，那时希礼必定会想起方才那许多人围绕着她的情景来，因而重新认识她是确实人人都要的，于是那种悲哀和绝望的神色又要从他眼睛里流露出来了。到这时候，她就要让他知道，虽然现在人人都要她，她却只喜欢他一个，这样，就会使他立刻消除愁闷，重新快乐起来。而且她经这一番供认之后，他必定会加一千倍地看重她。不过她对他说这话的时候，当然要装得十分端庄，决不现出一点轻贱的样子。她决然不会公然对他说出"我爱你"三个字来，因为这是断断乎说不得的。那么到底应该怎样说法呢？那她就不去想它了。因为像这样的局面，她从前曾经应付过许多回，以为到那时候也自然会应付过去，用不着预先筹划的。

那时月光朦胧地洒满她一身,她躺在床上把全部的情景都设想了一遍。她设想着自己对他承认确实爱他的时候,他的脸上会现出怎样一种惊惶和快乐的神色来。此后他当然立刻就要开口求她做他的妻子,那几句话语,她也仿佛已经听见了。

等他说出这话来,她自然先要回答他,说他既然跟别的女子订了婚,这事简直叫她无从考虑起,但是他自然决不会就此放手,自然还要向她执意哀求,然后到末了,她就让他说服了。然后他们立刻商量好,当天下午就一同逃到琼斯博罗去,然后——

然后什么呢?到了明天晚上这时候,她已经是卫希礼夫人了哩!

想到这里,她突然坐了起来,捧住了一双膝盖,经过了长长一段快乐的时间,在这时间内,她居然是卫希礼夫人了,居然是卫希礼的新娘了!然后,一个轻微的寒噤掠过了她的心。假如事情不照这个样儿实现呢?假如希礼并不要求她一同逃走呢?她不愿去想它。她坚决地把这思想从她心里推开去。

"现在我不去想它,"她坚执地说,"现在我要想到这一层,我就再也没有办法了。可是事情为什么会不照这个样儿实现呢?那是没有理由的,如果他是爱我的话。而我知道他确实是爱我的!"

她抬起头,一双眼珠子在月光里闪动着。若说欲愿和欲愿的达成是两件不同的事,何以母亲平日从来不曾教过她?若说捷足者竟会不能先得,又何以她自己的生活经验从来不曾教过她?于是她的勇气上来了,她的计划完成了。这是一个十六岁的女孩子的计划,因为在这样年龄的女孩子,生活是快乐的,失败是不可能的,美丽的衣服和清透的面孔是可以用做征服命运的武器的。于是她就抱着了这样的勇气和计划,在那银色的月影之中重新躺下了。

第五章

　　是早晨的十点钟。那天虽还是四月，天气却已很热。金色的日光从宽大窗口的蓝色窗帘里灿烂地流进思嘉房里来。乳色的墙壁上荡漾着光辉，桃心木的器具上泛出一种酒一般的深红色，地板闪耀得同玻璃一般，唯有那铺着地毯的部分，是点缀着五光十色。

　　空中已经颇有夏意了，这是佐治亚州初夏的消息，这是艳阳春日迟迟未忍遽去的时间。一种芬芳和软的热气倾泻到房间里来，里面重载着种种柔和的香味，有多种的花香，有新抽的树香，有潮润的新翻红土香。从窗口里，思嘉可以看见两种花卉在那里斗丽争妍，一种是镶在石子车道两旁的蒲公英，一种是像花裙子一般纷披满地的黄茉莉。反舌鸟和樫鸟本是不解的世仇，那时正在思嘉窗下争占一棵山茱萸，因而不住地斗着嘴，樫鸟之声刚劲而粗豪，反舌之声委婉而凄楚。

　　平常，这样一个富丽的早晨照例要把思嘉叫到窗口去，将一双臂膀倚在宽阔的窗台上，而狂饮着陶乐的香味和声音。但是今天，她没有闲暇的眼睛去看太阳和天空，心里只匆匆掠过了一个思想："谢谢上帝，天没有下雨！"她的床上放着一件苹果绿的镶着本色花边的水绸舞衣，整整齐齐地折在一个马粪纸的大盒子里。这预备要带到十二根橡树去，等跳舞开场的时候穿的。但是思嘉一眼瞥见它，不由得耸一耸肩头。要是她的计划成功了，今天晚上她就不会穿这件衣裳了。等不到跳舞开场，她跟希礼早已动身到琼斯博罗去结婚了。现在的麻烦问题是，野宴会上她穿什么衣裳好呢？

　　什么衣裳最能够使她觉得动人？什么衣裳最能够吸引希礼？一直从八点钟起，她就把所有的衣服试穿起来，穿一件，丢一件，觉得没有一件能满意，现在她已觉心灰意懒，只穿着一件布紧身和一条镶花边的小裙子，呆呆地站在那里发恼。那些被弃的衣服丢满在地板上、床上、椅子上，五光十色地乱作许多堆。

那一件玫瑰色的薄棉纱布衫,配着一条粉红长带的,穿起来本来还合适,可是去年夏天媚兰到十二根橡树去的那回,她已经穿过,媚兰一定还记得。也许她不知轻重,竟会提起这事来。还有一件黑色羽缎的,胖袖子,花边领,跟她那种白皮肤倒非常相称,可是穿起来要觉得老成一点儿。一想到老成,她就急忙跑到镜子面前将脸仔细照了照,生怕已经有皱纹和懈肉似的。她想起了媚兰那样的娇嫩,就觉得自己无论如何不能装得太老成。还有一件条纹纱布的,四角都有阔花边,穿起来倒也美丽,却又跟她的身段怎么也不能相配。她觉得这件衣裳,只有像恺玲那样纤细的身躯和冷漠的神气,穿起来才能相配,若叫她自己穿,那就像一个女学生了。她想自己要跟媚兰那样袅袅婷婷的体态去比赛,装做一个女学生是无论如何不行的。还有一件绿色方格平缎的,四面都耸起皱边,皱边外面又圈着一道绿天鹅绒带子的,那是她平日最中意的一件衣服,却又可惜胸口上染着一块非常显眼的油渍。她原可以把别针插在那里,把它遮掉,但是媚兰眼睛尖得很,怕她要看出。除此以外,就只有几件杂色棉布的,当然不配在宴会上穿,还有一件就是昨天穿过的那件绿色花布衫,但那是一件午后穿的衣服,不宜于上午的大野宴,因为它只有极小的胖短袖子,而且领口低得很,竟可以当舞衣用的。要是再没有别的可穿,只有穿它了。虽然大清早起就穿露臂露胸的衣服,实在有些不合适,不过她的颈脖、臂膀和胸口,到底都还可以不怕露出来。

她对着镜看了一回,又扭转身子看了看自己的侧影,便觉浑身上下已经可以毫无遗憾。她的颈脖是短而圆的,她的臂膀是胖而动人的。她的胸口在小马甲上边隆然地膨起,也是颇为可观的。大多数十六岁的姑娘为了乳房未成熟,都得把丝绵垫进内衣,借以增加胸部的曲线,她却用不着做这套把戏。她很高兴自己已经承袭了母亲的纤细的白手和瘦小的脚儿,她又巴不得能有母亲那么苗条的身段,但是她看了看自己,觉得也可心满意足了。她又掀开了裙子,看了看一双浑圆白净的胖腿儿,心想这么美的胖腿儿可惜是不能露出。从前费耶特维尔的女同学们都赞美过它呢!至于她的腰,那是无论在费耶特维尔、在琼斯博罗、在邻近的三个区里,再也找不出第二条这样的细腰来的。

一想起了腰,她又回到实际问题上来了。那件绿花布衫的腰身只有十七英寸,嬷嬷却把她的腰束成十八英寸了。她为什么不把它束得再细些呢?她推开门,一听嬷嬷的沉重脚步是在楼下穿堂里,便迫不及待地放开喉咙来喊她。她知道这个时候就是再喊响些也不妨,因为母亲正在熏腊间里给阿妈量食物。

"人家当我两腿会飞呢!"嬷嬷嘴里咕哝着爬上楼梯。她进房时,将一张嘴嘟得长长的,像一个人期待着战斗而又很欢迎它来的神气。她的一双大黑手里捧着一个托盘,盘里几样食物冒着腾腾的热气,一样是两枚大山薯,上面都涂着牛油,一样是荞麦饼,把糖浆涂得滴零滴落,还有一样是一大片火腿,在卤里漾着。思嘉一看嬷嬷手里拿着的东西,她的面容就从小小的懊恼变成坚执的抗拒。她当时一心都在衣服上,却忘记了嬷嬷有一条铁一般的规律,凡是她们郝家女孩子要去赴宴会,必须先在家里把肚子装得十足,以便在宴会上可以吃不下东西。

"你拿来也没有用。我不要吃。你尽管拿回厨房里去吧。"

嬷嬷将托盘放在桌上,然后双手捧住屁股,摆出了一个架势。

"你得吃!上次野宴会的事儿不能再干啦。那一次俺是病啦,没有拿东西给你吃,人家可都怪俺来啦,这回你得一点儿都吃光。"

"我说不吃嘛!现在你来把我扎得再紧一点儿。时候已经太晚了,我听见马车都到门口了。"

嬷嬷用出了哄孩子的语气。

"乖的,嘉姑娘,来吧,吃一点儿。玲姑娘跟纶姑娘都吃光了的。"

"她们吃她们的,"思嘉不屑似的说,"她们是没有灵魂的,好像是兔子。我可不吃!我是出门之前再不吃东西的了。我还记得那一回到高家去,我是吃光了一托盘走的,哪晓得他们有冰淇淋,拿萨凡纳带来的冰做的,我就只吃了一瓢。今天我打算去乐他一天,要吃他一个痛快。"

嬷嬷听见这一番倔强的邪说,顿时气得皱起眉头来。在嬷嬷心目中,一个小姑娘家什么能做什么不能做,是跟黑和白一般分得清清楚楚的,这两者之间决不容有折中的余地。苏纶和恺玲都很恭顺地听她的警戒,就如她手里的一团烂泥,可以由她怎样的搓搓捏捏。到了思嘉身上,她就一直跟她奋斗,而且这种奋斗往往要费却很多的辛苦和心机才能成功。

"人家谈论起咱们这家人家来,你可以不管,俺是要管的,"她滔滔地讲起来了,"要是大宴会上人人都说你家没有好教导,那俺可受不了。俺说过多回啦,女人家吃东西要像一只小雀儿,那你可以断定她,一准是个上等人。你这回到卫家去,俺一定不让你吃得像田里做活的人,馋得像老鹰似的。"

"妈也是上等人,可是她也吃东西。"思嘉反攻道。

"等你嫁了人,那你也可以吃了,"嬷嬷回驳道,"你妈在你这年纪的时候,出门去一点儿东西都不吃,还有你的宝玲姨妈跟幽籁姨妈,也是这样的。现在她们都嫁了人了。小姑娘家要是拼命只管吃,包会嫁不到男人。"

"我不相信。那一次野宴会你病啦,我在家没有吃东西,卫希礼还对我说,他顶喜欢看见女孩子有健康的食欲呢。"

嬷嬷预示不祥地摇摇她的头。

"男人家嘴里说的,跟心里想的,是两回事情。而且俺看希礼少爷也没有多大的意思要跟你结婚。"

思嘉听见这话,顿时冒起一把无明火,本待立刻要发作,随即忍住了。原来嬷嬷一下打着她的痛处,再也无可辩论了。嬷嬷见她那副执拗的面容,便拿起了托盘,另装起一张圆滑的面孔,变更了她的策略。当她开步向门口去时,她长长地叹了一口气。

"你不吃,好吧好吧。刚才阿妈在装这盘子,俺才跟她说,俺说一个女孩子是好是歹,看她吃东西就看出来啦。俺又说,俺看白人女孩子也看得多啦,可没有见第二个像韩媚兰小姐那么吃得少的,像那一次,她去看希礼少爷——哦,我说是去看英弟小姐——那一次,俺看见她的。"

思嘉对她射了一道深刻怀疑的眼光,可是嬷嬷那张阔脸上只现着一团诚实,以及十分痛惜思嘉不如媚兰的神情。

"你放下托盘,先替我束得紧一点儿,"思嘉无可奈何地说,"束好了我来试试吃吃看。要是现在就吃,怕是要束不紧的。"

嬷嬷知已胜利,却不现出来,便把托盘重新又放下。

"你打算穿哪一件?"

"那一件。"思嘉指着毛茸茸的一团绿色花布说。嬷嬷便又立刻反抗了。

"哦,那不行。那不是早晨穿的。你不到下午三点钟不能露胸口,况且那件衣裳又没有领子,又没有袖子,你要穿它,又会长起痱子来的。去年你在萨凡纳海滩上坐坐,长了那么一身痱子,俺花了一冬天的工夫,拿奶油擦着,好容易擦掉了又让它再长出来吗?你要穿,俺去告诉你妈去。"

"你要去告诉妈,我就一口都不吃,"思嘉冷然地说,"等我穿上了,妈看见了也来不及叫我回来换了。"

嬷嬷知道思嘉有可挟制自己的武器,只得叹口气对她让步。她懂得两害相权取其轻的道理,与其叫她跑到人家席上做老饕,宁可由她上午穿着下午的衣服。

"你抓住点什么东西,把气吸进去。"她命令道。

思嘉依着她的话,将身子耸了耸,就去牢牢抓住一根床柱子。嬷嬷便使出劲来,替她抽拔了一阵,直至那鲸鱼骨围着的腰部圆周渐渐缩小了,她眼睛里便露出一种得意喜爱的神色。

"现在谁也没有像你的腰了,"她称赞说,"每回俺给苏纶姑娘束,一到二十英寸里边一点儿,她就快晕过去了。"

"嘈,"她感觉困难地喘着说,"我是一辈子也没有晕过的。"

"好吧,可是偶然晕这么一回两回也不要紧的,"嬷嬷教她说,"你有时候像是太粗一点,嘉姑娘。俺早要跟你说的,有时候看见蛇呀、小耗子呀什么的,你要能够晕一晕,倒是顶好看的呢。这当然不是说在家里的时候,是说出去做客人的时候。而且,我本来要告诉你的,而且——"

"哦,快一点儿吧!别说这多废话了。你放心好啦,我会找着男人的。我就是不喊,不晕,你看我找不找得到!哎哟我的天,我的小马甲紧煞了!"

快把衣裳穿上吧。"

嬷嬷将那十二码的花布衣小心地披上那高耸如山的衬裙,然后把那低领胸衣的后襟钩上。

"太阳底下你得用围巾围着颈脖子,不管怎么热也别把帽子去掉,"她命令道:"要不然,你回来的时候就像施家的老太太了。现在,你来吃吧,亲爱的,可别吃得太快。要重新打扮起来可就麻烦啦。"

思嘉顺从地在那托盘面前坐下来,只是心里疑惑着,如果她把食物装进胃里去,不知是否还有余地可以呼吸了。嬷嬷从洗脸台上摘下一条大手巾,小小心心地将它一头围上思嘉的颈脖,一头摊在她的膝头上。思嘉喜欢火腿,就把它先吃起来,居然被她勉强咽下了。

她又去进攻那山薯,可是实在有些厌恶它,于是她愤然地说道:"我真恨不得早些结婚了!谁想得到没有结婚的人要受这么多拘束的!样样都是这么不自然,我要做的事情偏是一样不能做,我真大不耐烦了。我要吃吧,偏不许你吃过一只小雀儿的量;我要跑吧,偏只许你慢慢儿地走;我才跳完一个华尔兹,偏要你说我快晕过去了,其实我再跳两天也不会累的。见到男人的见识不及我自己一半,偏要你对他说:'你这人真正令人佩服啊!'有些事情我本来知道,偏要你故意装做不知道,好让男人来告诉你,因而觉得他们自己非常重要的样子。呸!……我一口也吃不下去了。"

"尝尝一块热饼吧。"嬷嬷坚决地说。

"我总不懂,一个女孩子要找男人,干吗就该装得这么傻?"

"俺想这是他们男人家自己都有主张的缘故。他们男人家都晓得自己要什么。他们要什么,你能给他们,你就省得苦恼,省得做一辈子的老姑娘。他们要的是小耗子一般的女孩子,胃口要像小雀儿的,要没有一点儿见识的。若使他们疑心你的见识比他高,他们就包不跟你结婚了。"

"可是结婚之后才发觉妻子的见识比他们高,那他们怎么办呢?"

"那就没有办法啦,来不及啦,既然结了婚啦,不过男人见到妻子有见识,总归是不大高兴的。"

"将来我可偏要照我要做的做,照我要说的说,随便人家怎样不喜欢,我都不管。"

"不,那可不行,"嬷嬷倔强地说,"俺活在这里一天,你一天不许这样。你吃饼吧。泡在卤里吃吧,亲爱的。"

"我想他们北佬儿的女孩子是不像这么傻的。去年我在萨拉托加见过很多北边女孩子,都像很有见识,就是在男人面前也是那么样的。"

嬷嬷嗤之以鼻,她说:"北佬女孩子! 是的,俺看她们是有话便说的。可是俺在萨拉托加看见,就有许多女孩子简直没有人理她们。"

"可是他们北佬一定也得结婚的,"思嘉辩论道,"不见得他们就会自己长出来。他们也必须结了婚才会养孩子。可是他们的孩子并不少。"

"那是男人家贪她们的钱才跟她们结婚的。"嬷嬷坚执地说。

思嘉把麦饼在卤里浸了浸,然后放进口里去。她想嬷嬷刚才的话也许有一点儿意思。母亲也说过这样的话,不过说法不同,说得委婉些。就是她那些女同学的母亲,也都这样教她们的女儿的,都要她们去做那种娇弱依人、胆小如兔的动物,其实要养成这样一种姿态,要维持这样一种姿态,却也需要不止一点儿见识。也许她自己的举止的确是太粗一点。她往往要去跟希礼辩论,要把自己的意见坦坦白白讲出来。也许就因为这个,又加上她身体太好,喜欢散步和骑马的缘故,这才把希礼赶到那脆弱的媚兰那边去的。也许她变更了策略以后——但是她想希礼如果甘心屈服于这种女性的把戏,她就不能像现在这么尊敬他了。一个做男人的要是见了一个痴笑、一阵昏晕,或是一句"啊,你真令人佩服"之类,就会被她降服,这种男人就是不值得的了。然而他们似乎都喜欢这一套。

如果她过去对于希礼是用错了策略——好吧,过去是过去了,既往不咎了。今天,她要用另外一种策略,正确的策略。她要他,她只消几个钟头就可以得到他。如果昏晕或假装昏晕是可以有效的,那她就昏晕好了。如果痴笑、风情、装傻等等是可以吸引他的,那她也很乐意一样样都照做,并且可以装得比高嘉菱还要傻。如果必须采取比较冒险的手段,那她也决不恤去采取。总之,成败在此一举了!

其实思嘉自己的人格虽则活跃到有些惊人,却是比她所能采取的任何假面都容易吸引人,这一个事实,当时并没有人告诉她。即使有人告诉她,她也必定只觉得高兴,不会相信。不但她不会相信,就是她在里面占有一部分的那种文化也不会相信,因为那种文化对于女性自然性评价之低,竟可说是空前绝后的。

思嘉坐在马车里,从那红色大路上向卫家的垦植场奔驰而去。这时,她心中暗暗地欣喜,喜的是母亲和嬷嬷都没有加入他们的团体。野宴会上没有她们两个,就不会有人耸着眉毛或长着嘴唇来干涉她要实行的计划了。当然,明天苏纶是要报告一切的,可是事情如果能照她所希望的实现,那么她家里人因听到她跟希礼订婚或同逃而感到的那种兴奋,必定能够跟他们所感到的不快相抵消而有余。总之,此番她母亲因事不能同去,的确使她非常高兴的。

(略)

第六章

他们渡过了河,马车就上山去了。十二根橡树还没有看见,思嘉先就看见一蓬烟懒洋洋地挂在那些高树的顶上,并且闻到了一阵香气,那是烧胡桃木柴的柴香和烤猪肉羊肉的肉香混合而成的。

那些烤野味的火坑从昨天晚上起就已慢慢烧起来,这时已经成了一个个玫瑰红火的长槽子,各种的肉正插着扦子在上面转滚着,肉汁滴落在炭火里,发出哧哧的声音来。思嘉知道这由微风载来的香气是从那所大房子背后的大橡树林里出来的。卫家的大野宴会总在这里开。这里是一片通到下面蔷薇园去的略微倾侧的斜坡,因有许多橡树荫盖着,所以很阴凉,比之高家常开野宴的地方要好得多。原来那位高太太不喜欢大野宴的烤肉,常说那股气味要留在家里几天散不掉,因此她家举行野宴,总在一个离家四分之一英里的平坦地面,上面一点儿荫盖都没有,让客人在太阳里淌大汗。至于卫家待客之好,那是全州都闻名的,唯有他家开的大野宴才真有讲究。

那些盖着上等桌布的抽桌,总挑最阴凉的地方铺放,两边摆的是有靠背的条凳,此外又从家里搬出些椅子,有垫杌子以及靠垫之类来,在草地里随便散放着,让那些不喜欢条凳的客人随意取坐。烤肉的火坑子和煮卤的大锅子,都跟客人坐的地方离开很远,免得烟气熏到客人。开宴的时候,至少要有一打的黑奴,手里拿着托盘奔来奔去,服侍着客人。又在仓房背后另外设一个火坑,专给客人带来的家奴们、马夫们、侍女们用,他们吃的是玉蜀黍饼、山薯,以及黑人最最心爱的猪肚里,如果碰得巧,那么还有西瓜,可以尽他们吃一个饱。

思嘉闻到一阵鲜猪肉的焦香,便耸起鼻子欣赏了一会,希望那肉烤好的时候,她的肚子总也可以空些了。其实那时她肚里塞得实实,又加腰上扎得那么紧,生怕随时都要呕出来。那样的话就糟糕了。因为在大宴会上呕吐,只有老头子跟老太婆才可以不怕人家议论呢。

他们一上了山顶,那所白色房子就整整齐齐在她面前出现了。高高的柱子,阔阔的游廊,平平的屋顶,那样的美,就譬如一个美人知道自己毫无缺憾,因而对于一切人都大大方方和和气气一般。思嘉之爱十二根橡树,甚过于爱自己的陶乐。因为十二根橡树的房子具有一种堂皇的壮美,一种和乐的尊严,陶乐的房子便没有这种气象。

那条弯曲宽阔的车道上已经充满着马匹和马车,有些客人正从车马上下来,跟朋友们招呼着。咧着嘴的黑奴们,每次宴会照例觉得兴奋的,正把客人们的牲口牵到仓场上去解辔卸鞍,预备作一整天的休息。一群群黑色和白色的孩子,在那新绿的草地上呼喊着跑来跑去,玩着造房子①和捉迷藏,夸说着自己过一会儿能够吃得多么多。那间从前面一直通到屋后去的宽阔穿堂里,已经是挤满人了。当郝家的马车在前面台阶上停落的时候,思嘉看见许多穿着漂亮得像蝴蝶一般的女孩子,在通二楼去的扶梯上上上落落,互相拿臂膀搂抱着,时或伏在那精致的栏杆上,笑着叫

---

① 造房子:这是一种独脚跳着踢石子的游戏。

着底下穿堂里的青年们。

从那开着的法兰西式的窗口里,她瞥见那些年纪较大的女人在客厅里坐着,端端正正的,身上穿着黑绸衣,手里摇着扇子,谈论着养孩子、害病、谁跟谁结婚,以及为什么结婚之类的事情。卫家的食事总管阿唐,在穿堂里奔忙着,手里拿着一个银托盘,鞠着躬,咧着嘴,将一些高杯子献给那些穿淡黄裤、灰色裤和绉领衬衫的青年人。

那太阳照耀的走廊上,也挤满人了。是的,全区里的人都在这里了,思嘉心里想。汤家的弟兄四个和他们的父亲,是靠在一根高柱子上,司徒和伯伦照旧寸步不离地站在一堆,保义和谠谟跟他们的父亲汤勤站在一堆。高先生紧贴着他那北佬儿夫人站在那里。那位夫人虽在佐治亚州已经待了十五年,仍是那么陌陌生生的。其实人家都很可怜她,因而对她都很客气,很和好,不过总都忘记不了她投错娘胎,不该替高家孩子当过保姆。高家的两个孩子,累福跟恺悌,是跟他们的那白胖妹妹嘉菱在一起,正跟那黑脸儿的方约瑟和他的美丽未婚妻孟赛莉在开玩笑。方乐西和方东义正跟孟提咽在咬耳朵,引得孟提咽不住发出吃吃的笑声。此外有几家客人,竟是从十英里外的洛夫乔伊来的,也有从费耶特维尔来的,也有从琼斯博罗来的,还有少数是从亚特兰大和梅肯来的。那座房子仿佛要被客人挤开了,谈话声、嬉笑声、女人尖厉的呼叫声,不住地在那里奔腾起伏。

主人卫约翰站在走廊的台阶上,一头银丝般的头发,身子笔挺的,满面是春风,永远像佐治亚州夏日的太阳那般温热。他旁边站着卫蜜儿,像似一直局促不安地在那里迎候来客。她之所以叫做蜜儿,就因她对于上自父亲,下至田里做活的,都叫得那么蜜蜜甜甜的缘故。

蜜儿的一举一动显然都想讨人欢喜,跟她父亲那种夷然的风度恰成了一个对照,因使思嘉想起刚才汤太太所说的话也许有些儿对了。他们卫家男人的相貌确乎具有一种家族特色的。卫约翰和卫希礼的灰色眼睛上都有浓浓的一圈赤金色的睫毛,到了蜜儿跟英弟的脸上,睫毛就稀疏而浅淡了。蜜儿是一根睫毛没有的,样子怪得像兔子,英弟则除"平淡"两字而外再没有别的字面可以形容。

那时看不见英弟,不知她在哪里,可是思嘉想她大概还在厨房里指挥佣人。可怜的英弟,思嘉想,自从她母亲死后,就得她管家,一天忙到晚,并且除了汤司徒,始终找不到第二个爱人,谁知汤司徒偏说我比她美,那是当然怪不得我的。

卫约翰走下台阶,伸出臂膀去搀扶思嘉。思嘉从马车上下来的时候,看见苏纶在那里痴笑,知道她已从人群中找出甘扶澜来了。

我一辈子没有爱人也不要这么一个穿裤子的老太婆!思嘉踩落地时,一面向卫约翰微笑道谢,一面这么鄙夷不屑地想。

甘扶澜急忙跑到车边来搀扶苏纶,苏纶便现出那么手足无措的样子,思嘉在旁看见了,恨不得打她一个耳掴子。不管甘扶澜家里田地怎么多,也不管他心肠怎么好,在思嘉看起来都觉得一钱不值,因为他年纪四十了,长着几根耗子毛似的黄胡子,样子是那么的委琐,看起来活像一个老太婆。但是她想起了自己的计划,当即忍耐住了,对甘扶澜抛了一个闪烁的微笑,甘扶澜不由得一怔,一面伸手去搀苏纶,一面对思嘉眼睛骨碌碌转着。

思嘉一面跟卫约翰匆匆谈着话,一面拿眼睛向人群中搜索希礼,可是希礼不在走廊上。随即有十几个声音向她招呼,司徒、伯伦两兄弟也就迎上来,孟家的一班女孩子都跑过来喝彩她的衣服,霎时之间她就成了一个声音圈子的中心,大家都直着喉咙喊,以至于那声浪越来越高。可是希礼在哪里呢?还有媚兰呢?察理呢?她装做不以为意的样子四面看了看,然后又向那个笑语喧哗的穿堂一直看过去。

当她这么谈着、笑着,并在屋子里、院子里四处搜索着的时候,她的眼睛忽然落在一个陌生人身上。那人独自站在穿堂里,带着一种冷漠轻慢的神情不转眼地看着她,使她心里突然起了一种交混的情感,一部分是自己因能吸引男人而感到得意,一部分又怕是自己领口太低才惹人这么注目。那人的样子看起来已经很老,至少有三十五了。但他个儿很高,体魄很强壮。思嘉觉得自己生平从来没有看见过这么阔大的肩膀,这么厚实的肌肉,几乎厚实得不像一个上流人。当她的眼睛跟他接触时,他微笑了一下,从两撇修得短短的黑胡须底下露出一副野兽一般白的牙齿来。他的脸是黑黑的,黑得像一个海盗,他的眼睛英勇而黑色,跟海盗主张凿破海船或抢劫处女时的眼睛一般。他的神情之中现出一种冷漠的轻慢,笑时口角带着一种怀疑的幽默,竟把思嘉一怔,怔得连气都转不过来。她觉得那人这样地看她,简直是对她侮辱,但又并不觉得自己受侮辱,于是她对自己懊恼了。她并不知道那人是谁,但他那黑脸上面无可否认地现着良好的血统。他那全红嘴唇上面瘦削的鹰鼻,他那高高的额骨,他那离得很开的眼睛,都显示着良好血统的形迹。

她把眼睛收回来,并没有回他的微笑,他也就把头转过去了,因为有一个人在喊他:"瑞德! 瑞德! 白瑞德! 这儿来! 我要你来会一会佐治亚州一个顶顶硬心肠的女孩子。"

白瑞德! 这名字好生耳熟,仿佛跟哪一件不名誉的新闻有关,但是思嘉一心在希礼身上,也就不去想它了。

"我得上楼去掠一掠头发,"当司徒、伯伦想把她引到一个清静地方去的时候,她对他们这么说,"你们要在这里等我,别跟人家的女孩子跑开去,那是我要光火的。"

她看出司徒今天有些不大好对付,决不能让他看见自己跟别人勾勾搭搭。因为他已经喝下酒去了,脸上一脸要找碴儿的神气,思嘉根据自己的经验,知道那是会闯祸的。她在穿堂里碰到一些朋友,站住谈了几句,又碰见英弟刚从屋背后转出来,头发蓬蓬的,额上停着小颗的汗珠。可怜的英弟! 她长着那样稀疏的头发和睫毛,那样表示脾气执拗的阔颧骨,年纪不到二十岁,就已像个老处女一般了! 思嘉心里疑惑,不知英弟是否因她抢走她的司徒而恨她。许多人都说,她仍旧是爱司徒的,可是他们卫家人的心思谁都摸不着。即使英弟果真恨思嘉,也决不会露出来,仍旧还会那么不即不离地对她十分客气的。

思嘉跟她谈了几句,就动身上那宽阔楼梯去。正走时,背后有一个羞涩的声音在喊她的名字,回头一看,原来是韩察理。他是一个美貌的青年,雪白的额头蓬着一堆柔软的褐色鬈发,眼睛也是深褐色,同一头看羊犬一般皎洁而温和。他穿着芥末色的裤子,黑色的短褂,皱褶的汗衫,上面打着一枚极阔、极时髦的黑色蝴蝶结。当思嘉回转头来的时候,他脸上泛过一阵薄薄的红晕。因为他看见女孩子是要害羞的。也跟大多数害羞的男人一样,他最喜欢思嘉那样飘逸、活泼而随便的女孩子。从前,她对于他总不过是礼貌上的敷衍,今天她却给他一个十分春风的微笑,并且伸出两只手给他,这就使他几乎气都转不过来了。

"怎么,韩察理,是你这小鬼啊!我看你是存心从亚特兰大跑来逗我的呢!"

察理兴奋得连话都说不出口,只会将她那双热手紧紧地抓着,直望着她那双飞舞的绿眼睛。这是女孩子们对别的男孩子说的话,从来不曾有人对他说过的。他老是不懂,女孩子们为什么总把他当做一个小弟弟看待呢?好虽是很好,却从来不肯跟他开一下玩笑。他看见别的男孩子比他难看的、比他蠢笨的,都有女孩子跟他们闹着玩儿,因而早就巴不得也有人跟自己那么玩儿。然而偶然有几次真有人跟他这么玩儿的时候,他可又想不出话来说了,只会跟哑巴子似的红红脸儿了。事后他才晚上躺在床上想,下次碰到这种机会的时候,他要怎么怎么地施用他的献媚的手段,而无奈下次的机会再也不来了,那些女孩子试了他一回两回,就都不去理他了。

就是对于蜜儿,自从他去年秋天继承了遗产之后,早已在不言之中订好了婚约,他也是那么冷淡,那么不响的。有时候,他要发生一种孤独的感想,觉得蜜儿如果会做媚人的把戏,对于他自己是不利的,因为她也可以拿这套把戏去媚别人。他对于要跟蜜儿结婚的希望,并不感觉到怎样兴奋,因为他平日在书本里曾经读到种种疯狂的罗曼史,而蜜儿并不能激起他这种罗曼史的情绪。他一直都在渴望一个美丽、倜傥而充满着热情和戏谑的女人来爱他。

而现在,这位郝思嘉小姐竟跟他开着玩笑,说他是存心来逗她的了!

他想要想出几句话来说,可是想不出,只是默默地在替她祝福,因为她已经把话都说了去了,解救了他的无话可说之窘了。这真是做梦也想不到的!

"现在,你在这儿等我,一会儿野宴我要跟你在一块儿吃。你千万别跑开去跟那些女孩子七搭八搭,我是要妒忌的。"真想不到这话会从那脸上有两个酒窝儿的一副红嘴唇里发出来,而且说得那一圈浓眼睫毛不住地飞舞着。

"我不走。"他终于转过气来了,却哪里知道思嘉心里正当他是一头小牛等着屠人宰割呢!

她拿一柄折扇在他肩上轻轻拍了拍,便掉转头走上楼梯去。在这当儿,她又看见那个白瑞德,在离开察理不过数英尺的地方独个人站着。刚才的一番谈话,他分明是全都听到了,因为他对她咧着嘴,阴险得跟一只野猫一般,同时又将她浑身上下掠了一眼,眼光之中全然没有她经常见惯的那种敬意。

"见了鬼了呢!"她学着父亲常用的一句咒语愤然地对自己说,"看他那副神气,仿佛我光身子的时候他都看见过似的!"于是将头一翘,管自上楼去了。

在那间放包裹的卧房里,她看高嘉菱在那里对镜梳妆,正把自己的嘴唇拼命咬着,要它显得再红些。她的胸带上插着新鲜的蔷薇,跟她的面颊互相辉映,她那矢车菊一般的蓝眼睛兴奋地跳着舞。

"嘉菱,"思嘉一面试想把她的胸衣拉得高些,一面说,"楼下那个姓白的讨厌家伙是谁?"

"哦,亲爱的,你不知道吗?"嘉菱很兴奋地低声说,因为她知道蝶姐跟卫家的奶妈在隔壁房间里谈天,防恐她们听见,"他在这里,我真想象不出卫先生心里觉得怎么样。他本来是到琼斯博罗去看甘先生的——说是为买棉花的事儿——甘先生来这儿了,当然把他也带来了。他不能把他扔掉管自己跑啊。"

"他是怎么一回事呢?"

"亲爱的,人家都不招待他呀!"

"真的吗?"

"真的。"

思嘉把这话默默咀嚼了一会,因为她从来不曾跟一个不受人家招待的人同在一所房子里过。她觉得这事很使人兴奋。

"他做过什么事呢?"

"哦,思嘉,他的名誉坏得可怕呢。他的名字叫做白瑞德,是查尔斯顿人,他的朋友本是那边的上等人物,可是现在他们连话都不跟他说了。这是去年夏天瑞珈罗告诉我的。他跟她家里并没有亲属关系,可是他的事情她统统知道,谁都知道。他是从西尖①被开除出来的。你就想好了!还有些事情珈罗不便知道。还有一件是他丢弃了一个女孩子。"

"你讲吧!"

"怎么,你什么都不知道吗? 去年夏天珈罗详详细细跟我说的,她妈听见她知道这种事,还气得要死呢。事情是这样的:这一个姓白的跟查尔斯顿一个女子出去坐马车。我从来没有听见说这女子叫什么,可是我有点疑心,她一定不是什么好东西,不然的话,也不会在晚快边的时候独个人跟他出去了。后来你知道怎么样,他们在外面待了差不多一个通宵,才跑着路回来,说是马跑掉了,车摔坏了,他们迷失在树林子里了。后来你猜怎么样——"

"我猜不着,你讲吧。"思嘉很热心地说,心里巴不得事情愈闹大愈好。

"第二天他不肯跟她结婚呢!"

"哦。"思嘉说着,觉得一肚子的希望完全破碎了。

"他说他不曾——嗯——不曾跟她有过什么事,他不知道为什么应该跟她结婚。后来她的哥哥当然去跟他交涉,这个姓白的却说他宁可给枪打死,也不愿跟一个傻子结婚。后来他们决斗了,这个姓白的打中那女子的哥哥,他死了,姓白的逃出查尔斯顿,从此人家都不招待他。"嘉菱结束得正是时候,因为蝶姐又进房来料理化妆品了。

---

① 西尖:在纽约州,美国军事学校所在地。

"她有过孩子吗?"思嘉跟嘉菱咬耳朵说。

嘉菱拼命摇着头说:"可是她也一样地毁了。"她低声地回答她。

这时思嘉突然地想起:但愿希礼能对我妥协。他是上等人,不至于不肯跟我结婚的。但是她听见说白瑞德不肯跟一个傻女子结婚,不由得对他起了一种尊敬的情感。

思嘉坐在一张花梨木的高褥榻上,在屋后一棵大橡树的树荫底下,她那衣裙上的皱襞在四周围荡漾着,底下露出二英寸绿羊皮的鞋头来,这是大家闺秀坐时露脚的最大限度了。她手里拿着一只盆子,里面的东西差不多没有动过,身旁有七个骑士替她做侍卫。这时野宴已经达到它的最高峰,温热的空气里充满着笑声和语声、银器瓷器相触声,以及烤肉和香卤的浓烈气味。有时微风乍起,便有一阵阵的烟从长火坑那边飘过来,于是那些小姐太太都要假作惊慌地尖叫起来,并把棕榈叶状的扇子狂挥一阵。

年轻的小姐们多数同她们的男伴儿坐在桌子两旁的条凳上,但是思嘉觉得条凳上的位置只有两边两个空位,一边只坐得一个男人,所以她独自坐开去,以便四周围可以尽量容纳男人的座位。

结过婚的太太们都在亭子里面坐,她们那些暗黑的衣服恰好替周围的五颜六色做了一种调剂。因为南方的风俗,女人一经结了婚,就无论如何不能算是美人了,所以太太们不论年龄大小,总都自己坐一道,不肯混进小姐哥儿们的阵里去。这时上自那倚老卖老不住唠叨的方老太太,下至那正在怀孕作呕才十七岁的孟爱俪少奶奶,都在交头接耳,谈论着世系学和产科学上的问题,因为像这样的聚会,就全靠这样的谈论,才会觉得有趣而有益。

思嘉向这些太太坐的地方很轻蔑地瞥了一眼,心想她们活像一群肥牛。她以为结了婚的女人再也没有什么好玩了。她可不曾想到,自己一经跟希礼结了婚之后,便也要自动地退入那些亭子里、那些前廊上,同那些穿着暗黑绸衣服的端庄的太太去坐在一起,也要同她们一样端庄、一样暗淡,而不能再加入那欣欣鼓舞的阵营里去。原来她跟大多数女孩子一样,她的想象力只把她送到结婚的礼坛为止。而且,她现在正觉得不幸之至,再也没有心思去从事这种推理了。

于是她把眼光垂落在手里的盆子上,轻轻拈起一片薄饼干,放在嘴里慢慢地抿着,那种温文尔雅的态度,那种全无食欲的神情,若使嬷嬷在旁边看见,也必定大加称许。其实她这回倒并不是矫揉造作,因为那时她四周虽然有那么许多男人去捧她,她却觉得生平从来不曾有现在这么难受。她不知其所以然地忖着她昨晚上想出来的计划,现在是全部失败了,至少跟希礼有关的一部分是失败了。她对于别的男孩子,已经论打地吸引了来,偏只吸引不到希礼。于是昨天下午感到的那种恐惧,重新又冲了回来,以致她的心跳得一阵快一阵慢,她的面颊变得一阵红一阵白。

希礼并不曾有过意图要来加入她周围那个圈子,事实上,她从到这里之后,并不曾单独跟希礼说过一句话,只不过初见面时打一下招呼,以后就没有开口了。那时思嘉寻到后园里,希礼上前来欢迎她,却有媚兰挂在他的臂膀上——那个还够不到他的肩膀的媚兰。

媚兰是个纤小脆弱的女子,神气跟一个藏在母亲衣襟底下玩儿的孩子一般,再加上那一双大大的褐色眼睛,一直都含着羞涩和惊怕,尤其要使人家看做是一个孩子了。她长着一头乌黑的鬈发,拿发网罩着,一丝儿都不乱,前面梳着一个长长的寡妇嘴,尤其使她的脸蛋儿像个鸡心。两颧骨生得太开,下巴颏未免尖了些,以致那张脸虽然娇怯可怜,却很平淡,而且她不会装模作样,所以这种平淡性一直都存在。她的相貌同泥土一般简单,面包一般可贵,春水一般透明,这就是所谓平淡性。但是她的举止却具有一种庄严感,看起来老成持重,远不止十七岁。

当时她穿着一件灰色薄纱布的上衣,配着一条樱桃色的缎带,全部都打着皱襞,以期掩饰她那全不发达的躯体。头上戴着一顶黄色的凉帽,垂着樱桃色的长长的飘带,映得她那乳色的皮肤光莹夺目。两鬓垂着两条长长的金链子,金链子上挂着两枚沉重的耳坠子,在一双褐色眼睛旁边不住地摆荡,而那双眼睛则譬如冬日树林中两池皎洁的静水,上面有两片褐色的叶子在那里飘荡一般。

她一见思嘉，就装起一副羞怯的笑容跟她招呼，并对她说那套绿色的衣服非常美丽，思嘉却恨不得她马上离开希礼，只是万分勉强地和她敷衍一番。此后他们两个就离开众人，独自去坐在一角。媚兰坐在一张椅子上，希礼找了一张矮杌子在她脚下坐着，静静地跟她谈着，对她笑着，那种缓慢催眠的笑容，正是思嘉所最心爱的。尤其难堪的，希礼每次对媚兰一笑，媚兰眼里就要现出一星光彩来，以致思嘉也不能不承认她的美丽。而当媚兰看着希礼的时候，她那平淡的脸上也要燃起一种内在的火来，如果说一个爱的心是可以显现在脸上的话，那么现在是显现在媚兰脸上了。

思嘉想要把眼睛挪开，不去看他们两个，可是不能，而她每次对他们瞥了一眼之后，就要对自己身边的骑士们加倍卖力，对他们笑，对他们挑逗，对他们戏谑，对他们翘头，直至翘得两只耳环不住地跳舞。她说过了许多次"胡说八道"，说他们的话没有一句老实，说她再不相信男人的话语。然而希礼好像毫不注意她。他管自抬着头跟媚兰说话，媚兰也一直低着头看他，那脸上的神情分明表示着她是属于他的。

于是乎思嘉窘不堪言了。

在局外人看起来，她是无论如何不会受窘的。她在大宴会上分明要算个红人，要算众人注意的集中点。她在男人里面造成的狂热，女人里面造成的妒忌，若在旁的时候，已经大可使她心满意足了。

这时韩察理因得思嘉的关注，胆子大起来，在她右侧牢牢占据着一个地盘，虽经汤氏双胞胎协力的抢夺，他始终不肯让步。他一只手拿住思嘉的扇子，一只手拿住那始终未动的菜盆，坚执不肯去跟蜜儿的眼睛接触，蜜儿却已快要淌下眼泪了。左边呢，是高恺悌懒洋洋地靠在那里，不时要拉拉她的衣角，暗暗地戒备着司徒。他跟那双胞胎之间，空气已经触了电，已经交换过一些粗鲁话语了。甘扶澜在那里不住忙乱着，像一只有一窝小鸡的母鸡，从树下到桌边一程程来往跑着，替思嘉搬东西来吃。结果是苏纶心里的愤怒再也抑遏不住，竟然对着思嘉怒目而视起来。小恺玲则几乎是要哭出来，因为路上思嘉虽然对她说过那么兴头的话，伯伦却不过对她说了一声"哈罗，妹妹"，拨了拨她头上的结发带，便撇开了她，专心一意去对付思嘉了。平常的时候,伯伦对她是很好的,而且很客气,使她自觉已经是个大人,因而一直梦想着哪天梳起头髻穿起裙子来,好把他正式接待作自己的知己。而现在呢,他好像也是思嘉所有的了! 还有方家的东义和乐西也在这个圈子里。可是还没有得到地盘,正在其欲逐逐地候补思嘉身边的好缺。孟家几个女孩子看见他们这种情形,又觉得可笑,又觉得可恼。

一会儿之后,孟家的三姊妹推说要到后园去看化,都站了起来,带着她们的男伴儿走开了。这种有秩序的战略退却,分明又是思嘉胜利的一个象征,而且是谁都看得出来的。因此思嘉又向希礼那边抛过一眼去,看他有没有注意这情形。谁知道希礼正凝神地把一张笑脸对着媚兰,手里拿住她的飘带在搓弄。于是思嘉顿如万箭穿心,感觉到一阵剧痛。她恨不得立时跑过去,将指甲掐进媚兰的雪白皮肤里,直掐得她鲜血淋漓才会痛快。

她的眼睛才离开媚兰,便又发现白瑞德正对着自己注视,原来白瑞德离得大家远远的,独个人在那里跟卫约翰谈天,眼睛却是一直盯在她身上。当她的眼睛跟他接触时,他对她笑了一笑。思嘉心里感到非常不舒服,觉得现在在场的人,唯有这个人人都不招待的家伙是知道她肚里的心事的,并且正在那里留心她的一举一动来当消遣呢。因此,她也恨不得跑去掐他一把了。

但是一转念之间,她又得到另外一种希望来安慰自己了。"我若是能够熬过这个宴会,一直熬到午后去,"她想,"那时她们都要上楼去打中觉,以备晚上有精神跳舞,我就独个人等在楼下找希礼谈一谈。刚才我有那么许多人捧的情形,他一定已经注意到的。至于媚兰,他当然应该照顾,因为她到底是他的表妹,而且没有人捧她,要是他也不去理,她不就做壁花了吗?"

这么一来,她又勇气勃发起来,便在身边的韩察理身上加倍努力,以期引起希礼的眼红。于是察理坠入了五里雾中,他对思嘉立即发生了爱情,自不待说。既有了这种情绪,蜜儿当然早被抛到九霄云外了。蜜儿便如一只啾啾唧唧的麻雀,思嘉便如一只光怪陆离的蜜蜂,相形之下,自然见绌。思嘉会戏弄他、疼爱他,问他问题而自己代他回答。因而他用不着说一句话,就可以显得非常聪明。但是别的男孩子看见思嘉对察理这么感兴趣,都不由得诧异,又不由得懊恼。他们都知道察理平日非常羞怯,连两个字儿的一句话也说不连气的,现在却得思嘉如此之青睐,因而越想越气,差点儿连礼貌都不能维持了。这是思嘉的绝大胜利,然而对希礼仍不发生效力。

直至最后一叉猪肉、鸡肉、羊肉都吃完了,思嘉心想英弟马上要起来发言,请诸位小姐太太进屋里去暂时休息。这时已经下午两点钟,太阳晒得正热。谁知英弟为了准备这个大野宴,已经足足忙了三天,忙乏了,现在坐在亭子里懒得起来,正跟一位从费耶特维尔来的聋老头儿直着喉咙在说话。

一阵沉沉欲睡的懒意降落在人群里面。黑人们懒洋洋地走着,在收拾那些陈列食品的长桌子。笑语声渐渐地不起劲了,这里那里的人堆落入沉默。大家都在等候女主人宣告宴会的终结。棕榈叶状的扇子摇得慢了,有好几位老先生就在太阳底下饱着肚皮打瞌睡。大野宴告终了,大家都要趁这太阳正高的时候休息一下。

在上午的宴会和晚上的跳舞会之间的一段期间,人们成了一种安静和平的族类。只有那些青年人还保留着刚才全群所具的那种不耐安静的精力。他们从一个集团到一个集团,低声地谈着话,同一群血性的雄马一般美丽,也一般危险。他们原也感到中午的懒意,但有一种暴躁的脾气潜伏在底下,一经触动就会暴发起来,并如野火燎原一般地燃起。

过了一会,太阳越发热了,大家又都向英弟那边看了看。这时谈话的声音已经渐归于静寂,但是突然之间,忽听得郝嘉乐的声音怒气冲冲地响起来。大家一看,原来他在离餐桌不远的地方,正跟卫约翰辩论得十分激烈。

"你见了鬼了,朋友!祈祷跟北佬儿和平解决吗?咱们在嵩塔儿要塞打过了那些流氓,这还行吗?可以和平吗?咱们南方要给他们颜色看,让他们明白咱们是不能侮辱的,咱们的离盟并不靠他们的好心,是靠咱们自家儿的力量的!"

"啊呀,我的天!"思嘉想道,"他又喝够了! 这么一来,我们要在这儿坐到半夜里去了。"

霎时之间,瞌睡逃开了那些懒意的人群,有一种似乎电气的东西掠过空中。人们都从条凳上椅子上跳了起来,伸张着臂膀,开始赛起喉咙来。今天一个早晨,谁都没有谈起过政治和战争,因为卫先生请求过客人,不要让小姐太太们感到厌倦。但是现在郝嘉乐忽然喊出一声嵩塔儿要塞,于是大家都忘记主人的告诫了。

"当然,咱们要打——""北佬儿是贼——""咱们只消一个月就收拾了他们——""是啊,一个南边人抵得二十个北佬——""给他们一个教训,叫他们一辈子忘不了——""和平吗? 他们不让咱们和平——""是啊,你就看林肯先生怎样侮辱咱们的委员吧!""是啊,他把他们敷衍了几个礼拜,还发过誓嵩塔儿要塞一定撤兵的!""他们要战争,咱们要使得他们厌倦战争——"而嘉乐的声音驾于这一切之上。思嘉只听见他"州权"、"州权"地喊了又喊。嘉乐是可以兴奋一会儿了,却不知苦了自己的女儿!

"离盟","战争"——这些字眼思嘉早就听厌了,却是从来不像现在听起来这么可恨,因为他们一谈上了不肯歇,她就没有机会去跟希礼碰头了。照她想起来,战争当然是不会有的,男人们自己也知道。他们就只喜欢谈,又喜欢别人听他们谈罢了。

这时韩察理并没有跟其余的人一同站起,他看了看身边已经比较清静,便向思嘉靠得更近些,凭着由爱而生的勇气,对她低声作起一番供状来。

"郝小姐——我——我已经下了决心,如果我们真打的话,我一定到南卡罗来纳去加入那边的队伍。据说寒卫德先生①正在那里组织一个骑兵队,当然我要到他那边去。他人极好,又是我父亲至好的朋友。"

---

① 寒卫德先生:南卡罗来纳州州长。

思嘉想:"他打算叫我怎么样呢——喝三声彩吗?"因为察理的表情似乎是把心里的秘密都剥露给她了。她想不出话来说,只不过对他看了看,心想他们做男人的为什么会这样傻,当女人会对这样的事情感兴趣!但是察理误会了她的意思,以为她在暗暗地称许,于是放大了胆,急忙接下去说——

"假使我真的去,你会——会伤心吗,郝小姐?"

"我会每天晚上在枕头上哭。"这话思嘉本当做一句戏言,谁知察理认了它的票面的价值,乐得脸都红起来。那时他的手本来藏在她的衣褶里,因听见这句话,便慢慢地蚕食进去,将她轻轻地拧了一把,连他自己也不知道这勇气是哪里来的。

"你会替我祈祷吗?"

"哦,当然的,韩先生,一夜至少要祈祷三串念珠!"

察理急忙四下看了看,屏着气,硬起胃里的肌肉。四下都没有人了。这是千载难逢的机会。而且以后即使再有这样的机会,他的勇气怕也要不济。

"郝小姐——我必须跟你说句话。我——我爱你!"

"嗯?"思嘉有意没意地说着,一面将眼睛穿过那些辩论的人群,看见希礼仍在媚兰脚跟头说话。

"真的呢!"察理低声说。照他平日的想象,凡是女孩子碰到这样的情境,一定总要晕过去,或是喊起来,或是笑起来,现在看看思嘉一样也没有,这就把他弄得不亦乐乎了。"我爱你!你是最最——最最——"这时他生平从来没有过的口才也来了,"最最美丽的女子,又是最最可爱的,最最和气的,最最亲热的,我现在拿我全个心爱你。我不能希望你会爱我这样一个人,可是,我的亲爱的郝小姐,如果能给我一点儿的鼓励,我愿意做世界上的任何事情来使你爱我。我愿意——"

他停住了,因为他想不出一桩真正难干的事情,来对思嘉确实证明他的感情的诚挚,因而他直截了当地说:"我要跟你结婚。"

思嘉骤然听得"结婚"两个字,便从一个虚无缥缈的幻想境界一蹦蹦回地上来。她正在梦想结婚,梦想希礼,不想给察理一下惊醒,不由得大大懊恼起来,对他狠狠地瞪了一眼。她想这么一个小牛一般的傻子,为什么偏要挑她自己几乎失魂落魄的今日来对她诉说衷情呢?她看见了他那正在哀求的褐色眼睛,却看不出一个羞涩男孩子的初恋的美,也看不出一个理想实现时的那种崇拜的神情,或是一阵如火的狂欢一般掠过他时的那种反应。她对于男人向她求婚的嘴脸,是司空见惯了的,而且都是比察理强得多的男孩子,也不是破天荒第一次求婚的男孩子。所以她现在对于察理的开口,丝毫也不在意,她只觉得自己面前有一个二十岁的男孩子,红得像甜菜一般,而且样子傻得很。她恨不得立刻对他说明他的样子多么傻。可是自然而然的,她母亲平日教她应急时用的那几句话语流到她口边来了,于是她垂下眼睛,口里含糊地说道:"韩先生,对于你要我做妻子的意思,我实在觉得荣幸之至,不过事情来得太突然,我不知道怎么说才好。"

这几句话的措辞非常圆滑,一面既可不叫对方失面子,一面又藕断丝连,不至于马上决绝。于是察理就做了一个从来不曾见识过香饵的鱼儿,竟浮上去将它咕哝一口吞下了。

"我会永远等着。除非你心里十分确定,我不会要你回答。现在,郝小姐,只请你说我可以希望吧!"

"嗯。"思嘉一面回答着,一面又把眼睛瞟到希礼那边去,看见希礼仍旧在那里,仰着头对媚兰笑着。要是这个傻子肯静这么一刻儿,她或许可以听出他们是在说什么。随即她觉得非听不可。究竟媚兰是在说什么,才使得他的眼睛显得这么津津有味的?

然而她侧着耳朵听了半天,都被察理的声音混掉了。

"哦,你不要响吧!"她低声说,一面将他的手拧了一下,眼睛并不看着他。

察理听见这一声低声的禁喝,不觉吓得满脸通红,直到看见她的眼睛盯住自己的妹妹看,这才又笑了起来。原来思嘉怕别人听见他的话呢。是的,是的。女孩子家自然怕难为情的。于是察理感觉到了一阵男性的威力,是他生平从来没有经验过的,因为他居然能使女孩子怕难为情起来,这是破题儿第一遭呢。这一下刺激将他麻醉了。他于是将自己的面容重新整顿,整顿成了自以为是一种毫不介意的神情,也把思嘉的手轻轻地回拧了一下,以示自己是个懂世故的男子汉,不但了解并且接受她的斥责了。

思嘉对于他那一拧,连觉也没有觉得。因为在这当儿,她清清楚楚听见媚兰娇滴滴地在那里说:"关于戴克理①的作品,我怕不能跟你同意。他是一个讥嘲派。我怕他没有狄更斯那么上流。"

思嘉听见这话,心里不觉一松,几乎止不住笑出来,暗想她为什么要对男人家说这种傻话呢?原来她也不过是个书呆子,而男人家对于书呆子怎么看待,那是人人知道的。……你要使男人家感到兴趣,并且维持着他的兴趣,就得拿他自己做谈话的中心,然后绕着圈子,慢慢把话引到你自己身上来,再也不要放开去。倘使那时思嘉听见媚兰是在说:"你是多么令人钦佩啊!"或是说:"你为什么去想这种事情呢?叫我想起这种事情来,我这小脑袋儿就要裂开了!"那么她是不免惊慌的。谁知媚兰是这么一本正经地在那里说话,跟在礼拜堂里一般呢!于是思嘉觉得前途又光明起来,不由得心里一喜,笑嘻嘻地对察理瞟了一眼。察理经她这一瞟,认为是对他示爱,便也乐不可支,拿起她的扇子对她狂挥起来,直挥得她的头发蓬蓬乱。

"希礼,你还没有发表意见呢。"汤勤从那喧嚷的人堆里走过来对他说,于是希礼道了一个歉,便站起身来。思嘉见他那时的态度那么从容不迫,他那金色的头发和髭须给太阳照得那么澈亮晶莹,心以为天下美男子再没有像他的了。他一发言,就是那老一辈的人也都悉心静听着。

"诸位先生,我没有别的意见,如果佐治亚州要打,我就跟着它打。不然的话,我为什么要加入营里去呢?"他说。说时他的灰色眼睛睁得大大的,那种瞌睡的神气在一种强烈的表情里面消失了,这是思嘉从来没有见

---

① 戴克理:英国小说家。

过的。"不过,我跟家父的意见一样,希望他们北佬让我们和平,不至于发生战事——"这时方家、汤家一班兄弟们的声音杂乱起来,他就笑着举起一只手说,"是的,是的,我也知道我们是受侮辱了,是受骗了,但是假使两方面易地而处,假使是他们北佬脱离我们的同盟,试问我们会怎么办? 多半是一样的吧。我们也不高兴他们这样的。"

"他又来了,"思嘉想,"他老是要替人家设想的。"在她看起来,天下的辩论总只能偏袒一方面。她觉得希礼有时候是不能了解的。

"我们不要头脑太热,我们不要只盼战争。世界上的苦恼大多数是由战争造成的。等到战争过去了,就没有人知道究竟为什么而战了。"

思嘉不由得嗤之以鼻。幸而希礼平日享有颠扑不破的勇名,否则他就不免麻烦了。当她这么想着的时候,一阵抗议的喧哗声从希礼的周围包袭来。

亭子里那个从费耶特维尔来的聋老头子问英弟。

"是什么事情啊? 他们在说什么啊?"

"战争!"英弟将手做起一个号筒模样在他耳边喊着说,"他们要跟北佬儿打仗呢!"

"是讲战争吗?"他一面嚷着,一面摸着了他的手杖,便从椅子上一骨碌抬身起来——几年来没有这样的精力了,"我去跟他们讲战争去。我是打过仗的。"原来这位莫老先生是难得有机会谈战争的,他家那些娘们一直都要管住他。

他急忙跟跄到了人堆里,挥舞着他的手杖,喊嚷着,因为他自己听不见别人的声音,一会儿他就独霸场子了。

"你们这班会吞火的小哥儿们,听我说,你们别只想打吧。我打过,我知道。我参加过散米诺战争,也做过大傻子,参加过墨西哥战争。你们都不知战争是什么。你们以为战争只是骑好马,有女孩子扔花给你们,过几天就回来做英雄好汉了? 那可不是的。不是的,先生! 战争就是去挨饿,去睡在潮湿的地方,因而害麻疹,害肺炎。不是麻疹肺炎就是闹肚子。是的,先生,战争对于肚子怎么闹法呢? ——就是痢疾之类啰——"

那些娘们都涨红了脸。这位莫老先生是在讲开天辟地的时代呢，也跟方家老太太讲的一样，那个时代是人人都愿意忘记的了。

"快去把你公公拉过来吧。"老先生的一个女儿对站在身边的一个女孩子说。"我说呢，"她又对那些觉得局促不安的太太们说，"他是一天比一天更不像话了。你能相信吗，今早上他还对美丽说——她才十六岁呢——他说：'你听我说，姑娘……'"这声音消失做一种耳语，那女孩子就溜了过去尝试拉她祖父回来了。

这时空气又紧张起来，女的都在兴奋地笑着，男的都在热烈地谈着，其中独有一个人似乎很平静——就是白瑞德。思嘉偶尔把视线移到他那边，只见他靠在一株树上，双手深深插在裤袋里。他只独个人站在那边，因为卫约翰离开他之后，他一步都没有动过，只静听着那愈来愈热烈的谈话，也不曾开过一句口。他那两片血红的嘴唇，在那修得很短的黑髭须底下向下弯别着，他那黑色的眼睛里流露着一种好玩而又轻蔑的光芒，轻蔑得仿佛听着一群儿童在那里争吵。思嘉觉得那种微笑是很难受的。他在那里听着听着，直听到汤司徒抖着红头发，闪着大眼睛，不住嚷着"只消一个月就会干了他们！流氓是打不过绅士的"之类的话，于是他终于缄默不住了。

"诸位先生，"他并没有移动他的位子，仍旧靠在那株树上，双手插在裤袋里，用一种带着查尔斯顿口音的拖长声调说，"可容我说句话吗？"

他的态度里和眼睛里都含着轻蔑，而又学着那些先生自己的态度，轻蔑之中装满着客气。

大家都掉过头来朝着他，也给他以一个局外人应得的礼貌。

"现在在场的诸位先生，可曾有人想起梅森·狄克逊路线以南没有一个大炮工厂吗？或曾想起南方的制铁厂多么少吗？羊毛厂、棉纱厂、制革厂多么少吗？诸位也曾想起我们并没有一条战舰，而他们北佬儿却可以在一个礼拜之内将我们的港口封锁起来，以致我们不能把棉花运销到外面去吗？不过——当然——这些事情是你们诸位都想过了的。"

"怎么，他把我们这些青年当做一群傻子呢！"思嘉愤然地想着，就有一阵热血冲上她的面颊来。

当时心里发生这种观念的显然不止她一个人,因为有好几个青年都鼓起腮帮来了。卫约翰赶快回到原地方,在这发言人的身边站着,仿佛是要示意给大家,说这人是他的客人,而且还有这许多小姐太太在场呢。

"我们南方大多数人的毛病,"白瑞德继续说,"就在我们旅行得不够,或即使旅行够了,并不曾得到旅行的益处。现在在场的诸位先生,当然都旅行得很多的。可是诸位看见些什么呢?欧洲、纽约、费城,还有,太太们当然都到过萨拉托加的温泉。"他向亭子里的一堆人微微鞠一鞠躬,又说:"你们看见过旅馆、博物馆、跳舞场、赌博场。于是你们回家来,以为没有一个地方能像南方了。至于我,我是生在查尔斯顿的,但是过去几年我都在北方。"他咧了一咧嘴,露出他的白牙齿来,仿佛他自己明白在场的人都知道他为什么不在查尔斯顿住的缘故,而且即使他们知道,他也丝毫不在意似的。"我曾经见过许多东西,都是你们大家没有见过的。我见过那论千论千的外来民族,愿意为着一点食物和几块钱替他们北佬打仗,我见过工厂、铁厂跟船厂,见过铁矿跟煤矿——这些都是咱们没有的东西。不是吗?咱们有的只是棉花、奴隶和傲慢。他们只消一个月就会干了咱们呢。"

沉默统治了一个紧张的片刻。白瑞德从衣袋里抽出一条精致的麻纱手帕,掸了掸袖子上的灰尘,然后,一阵险恶的嘤嗡之声从人群里面发出,又有一种訇訇之声从亭子那边飘来,就像一个蜂房的蜜蜂受了惊扰。这时思嘉面上那一阵愤怒的热血虽然还没有消散,她的心底却已不期泛起了一个思想来,以为这人所说的话是对的,听起来像是常识。不是吗?她自己就从来没有见过一个工厂,或是知道任何人见过一个工厂。不过,他的话即使是对的,他全说这样的话,总不是一个上流人了——何况是在一个宴会上,人人都是为快乐而来的。

汤司徒蹙起了眉头,向前走了几步,他的兄弟伯伦紧紧在后边跟着。当然,这汤氏兄弟是讲礼貌的,即使真个惹恼了,也不见得就会在一个大宴会上闹起架来。可是那些小姐都觉得非常兴奋,因为她们实际上是难得看见吵架口角之类的。这样的事总要再传三传才会传到她们耳朵里。

"先生,"司徒凶狠狠地说,"你这话是什么意思?"

白瑞德用他那客气而却讥讽的眼睛对他看了看。

"我的意思,"他答道,"就是拿破仑——你大概听见过他的名字吧?——有一次,他说:'上帝是在最强壮的军队那一边!'"然后朝着卫约翰用一种并非假装的客气说:"你答应陪我去看你的藏书室的,先生。可否现在就费心陪我去看看?我怕今天下午就得回琼斯博罗去,那边有一点小事要办。"

他转过身子,面对着人群,脚跟咔嚓地碰了一声,像个跳舞师似的鞠了一个躬。那一个躬,在他这样雄赳赳的一个人,总算已是极文雅的,然而又显得十分无礼,不只是打人一个耳掴子。然后他跟卫约翰踱过草场,只见他一路头昂天外,将一阵阵令人不快的笑声送回人群聚集的地方来。

接着是一阵惊惶的静默,然后那嘤嘤嗡嗡之声重新又起来了。英弟从她位子上疲乏地站了起来,走到那个正在愤怒的汤司徒身边去。思嘉听不出她对他说些什么,但是她仰着脸看司徒时的那种眼光,却使思嘉感到一种似乎是良心刺激那么的情感。这种眼光是跟媚兰给予希礼以表示她属于他的那种眼光一样的,不过司徒看不出罢了。这么看起来,英弟的确是爱司徒的。如果思嘉不曾在一年前的演说会上那么辣手地将司徒抢了过来,也许他跟英弟早已结了婚了。但是她一转念之间,又想起了别的女孩子不能保住她们的爱人,不能就算是她的过失,于是这点良心的刺激马上消失了。

末了,司徒低着头对英弟微笑了笑——一种不愿意的微笑,又点了点他的头。大概英弟是在请求他不要跟随白瑞德去找碴儿吧。此后,所有的客人都站起身来,抖了抖膝上的碎屑。太太们招呼了奶妈们、小孩们,将自己的族类聚齐了,一伙儿动身走了。小姐们则三三两两,笑着说着,都要到楼上卧房中去瞎聊天打中觉去了。

一会儿之后,所有的女客都离开了野宴场,将树荫下亭子里的位子统统让给男客们了,未走的就只剩汤太太一个。她是被郝嘉乐、方先生,以及别的一些人留住了,要她答复卖马的事情的。

希礼漫步走过思嘉和察理坐的地方来,一个沉思和快乐的微笑出现在他脸上。

"这人也太狂妄了,是不是?"他看着白瑞德的背影说,"看他那副神气,竟像是包尔嘉家①的人呢。"

思嘉急急寻思了一番,再也想不起本区里面或是亚特兰大或是萨凡纳有姓这包尔嘉的人家。

"我不知道这家人家呀。他跟他们是本家吗? 他们是谁?"

察理脸上泛过一阵怪异的神情,不信和羞耻跟爱做了一场争斗。结果是爱胜利了,因为他觉得一个女孩子只要是美丽、温柔、可爱,也就够了,不必一定等教育来锦上添花,于是他急忙回答道:"包尔嘉是意大利人。"

"哦,"思嘉很扫兴地说,"原来是外国人。"

她给希礼一个最最美丽的微笑,可是为着某一种理由,希礼并不在看她。他在看察理,他脸上现出了解的神情和一点儿的怜悯。　　　　.

思嘉站在楼梯顶,从栏杆上向底下穿堂里留心探视着。楼上那些卧房里,不断送来嘤嗡的低语声,时而高涨,时而低落,中间夹有阵阵的尖笑声,以及"你真的没有吗"、"那么他怎么说呢"之类。卧房一共是六间,房里也有床,也有榻,那些女孩子正在上面休息着,衣裳脱掉了,小马甲松开了,头发飘散在脊背上。午觉本是南边人的一种习惯,若逢全日的宴会,要从早晨起,直到晚上的跳舞会为止,那就尤其不可少。刚上床的半点钟,那些女孩子都要谈着笑着,不肯马上就安静,然后女仆们替她们拉下了窗帘,然后在那温暖的幽暗里,语声渐渐退为耳语,终于寂然无声,代之以柔和的呼吸规律的起伏。

思嘉等到媚兰跟蜜儿、海弟确实在一床上睡下了,这才溜过了楼上的

---

① 包尔嘉家:十五十六世纪意大利的豪族。

穿堂,动身跑到楼下去。从楼梯顶的窗口里,她可以看见一群群的男人坐在亭子里,拿高杯子喝着酒,知道他们这一喝就要喝到晚快边去了。她拿眼睛搜索了一番,但是希礼并不在他们里面。然后她侧耳听了听,听见他的声音了。果然不出她所料,他还在前面车道上,送那些太太孩子回去。

于是她提心吊胆,急急地跑下楼梯。如果碰见卫先生呢?为什么别的女孩子都在睡中觉,她独个人在屋子里乱闯呢?然而这一个险非去冒一下不可。

她走到最下一步楼梯的时候,听见一些仆人在饭厅里走动,原来食事总管正在指挥他们搬开桌椅,预备晚上的跳舞会。穿堂的对面,藏书室的门大大地开着,她便一声不响地急忙跑过去。她可以在那里等着,等到希礼送完客人回来经过这里,便可以把他叫住了。

藏书室里是半暗的,因为所有的窗帘都被拉下来挡太阳了。高高的四壁之间塞满了黑魆魆的书本,使她颇感到不快。她自以为这里便是她和希礼幽会的处所,因而觉得极不适宜。她平日见到大量的书本,总都要感到不快,犹如见到喜欢读大量书本的人一般。凡是这样的人,她都要觉得不快的,只是希礼例外。那些笨重的器具,对她庞然森竖着,也使她感到了一种威胁。里面有高靠背、深座儿、阔扶手的大椅子,是为卫家高个儿的男子们特制的,又有一些天鹅绒的矮椅子,前面配着天鹅绒的踏脚凳,则是给女孩子们坐的。在里边的尽头处,面对着壁炉,放着一张七英尺长的沙发,那是希礼平时最喜爱的座位,从外面看去,只见竖着一个高高的靠背,跟一头睡着的巨兽一般。

她把门掩上,只剩下一条缝儿,一面极力镇定着,要使自己的心跳得慢些。她想把昨天晚上计划好要跟希礼说的话默默温习一遍,但是她什么都记不起来了。到底是她本来计划过而后忘记掉的呢,还是她本只预备着希礼来对她说话的?她一点儿记不起来了,因而不由得突然打了个寒噤。她想自己的心如果能够暂时休息一刻儿,不要这么不断地在她耳朵里突然地响着,那她也许可以记起几句话来。谁知当她听见希礼说了最后一个"再见"而向屋子里走来的时候,她那个心偏是越跳越起劲。

她所能够记忆的，就只一件事——她爱他，浑身上下从头到脚地爱他，爱他头上的金黄头发，也爱他脚上的雪亮靴儿，爱他那使她觉得神秘的笑，也爱他那令人不解的沉默。啊，他如果能够直截了当地跑进来，一把将她搂在怀里，那她就一句话也不消说了。他是一定爱她的，那么"我来祷告一下如何——"？想着，她便紧紧地闭上眼睛，喃喃念起"大慈大悲的圣母马利亚"来。

"怎么，思嘉！"希礼的声音突然打破她耳中的轰响，直把她弄得不知所措。他站在门外，从那留着的缝里张进来，脸上放着一个疑惑的微笑。

"你在这里躲谁——察理吗，还是汤家那两个？"

她喘着气。那么他已经注意到男人们怎样捧她的了。你看他是多么可爱啊，站在那里，眼睛那么闪着，仍然一副天真烂漫的样子。她说不出话来，只伸出了一只手，将他抓进里面去。他进去了，觉得莫名其妙，但又觉得很有趣。他看她的神情很是紧张，眼睛里冒着一种火，是他从来不曾见过的，而且虽在那样幽暗的光中，他也可以看出她面颊上泛着玫瑰的红晕。自动的，他把背后的门关上了，他拿住了她的手。

"怎么一回事？"他说，几乎是耳语一般。

她一接触到他的手，马上就发起抖来。现在事情就要完全照她所梦想的实现了。当时有无数不连贯的思想掠过她的心，但她不能擒住一个来铸成一句话。她只会发抖，只会朝着他看。为什么他不先开口呢？

"怎么一回事？"他重复地说，"有什么秘密要告诉我吗？"

突然的，她的话来了，同样突然的，她母亲给她这几年的教训统统飞到九霄云外去了，他父亲的爱尔兰的血从她嘴唇上发生作用了。

"是的——一个秘密。我爱你。"

霎时之间，来了一个非常深刻的沉默，仿佛他们两个的呼吸都停止了。然后，她的颤抖完全消失，而一阵快乐和得意奔涌上来。她为什么不早就这么做呢？这比她平日受教的那种种闺秀的战略简单得多。于是，她拿眼睛去搜索他。

他眼睛里有一种惊惶的神情，还有一种不信的神情，还有别的一种——那是什么呢？是的,她记得父亲有一天因他那匹珍爱的猎马折断了腿而不得不把它枪杀的时候,也曾有过这种神气的。但是现在她为什么要想起这桩事来呢？这不是傻想吗？不过希礼为什么要做出这一副怪相,一句话都不开口呢？然后,他面上放下一个装得非常像的面具来,阿谀地笑了笑。

"怎么,你今天在这里这么一网打尽地收拾了人心,还以为不满足吗?"他说,声音之中照旧带着那种谑而不虐的调子,"难道你非要大家一致拥护不可吗？那么,你心里一向是有我的,这是你自己早已有把握的。"

不对了——全盘都错了！这是不照她的计划实现了呢。当时她脑子里有无数杂乱的观念在那里打回旋,却只有一个观念渐渐地趋于凝固。她觉得希礼现在的举动,是当她把他挑逗着玩了。其实希礼应该知道她并非如此的。

"希礼——希礼——你老实说——你必须老实说——啊,不要再跟我开玩笑了！你心里到底有我吗？啊,亲爱的,我——"

希礼急忙闷住她的嘴,那副面具脱下了。

"你决不能说这样的话,思嘉！决不能说。你一定是有口无心的,你会憎恨你自己说这样的话,也会憎恨我听这样的话！"

思嘉将头一扭扭开去。一股迅速的热流通过她全身。

"我永远不会憎恨你。我告诉你我是爱你的,而且知道你一定会顾念我,因为——"她停了一停,她从来不曾见过谁的脸上有这么多的苦恼,"希礼,你是不是顾念我——到底顾念不顾念我?"

"是的,"他迟钝地说,"顾念的。"

她吃惊了。即使他说他讨厌她,也不至于吃惊得这么厉害的。她抓住他的袖子,一句话都说不出。

"思嘉,"他说,"我们可不可以各自走开,从此忘记了刚才说的这些话?"

"不,"她低声说,"我不可以。你这是什么意思？你难道不要——不要跟我结婚吗?"

他回答:"我是快要跟媚兰结婚了。"

不知怎么的,她觉得她自己已经在一张天鹅绒的矮椅上坐着,希礼坐在她脚跟前的一张踏脚凳上,紧紧握住她的一双手。他在那里说话——说着毫无意义的话。她的心完全是一片空白,一刻儿之前那些势如潮涌的思想都不知到哪里去了,因而他的话对她一点儿不留印象,犹如雨点打在玻璃窗上一般。其实那是一番慈祥的话,如同一个父亲对一个受伤的孩子说的,但是她一句都听不进去。

唯有"媚兰"二字的声音触着了她的意识,她就对他那双晶莹的灰色眼睛看了看。她看见里面含有使她发窘、疏远以及自恨的神情。

"家父今天晚上就要宣布这个婚约了。我们不久就要结婚。这事我本来应该对你讲的,但是我当你已经知道了。我当是大家都已经知道的,几年前就已经知道的。我做梦也想不到你——你有这么许多追求你的人,我当是司徒——"

生命、感情和理解渐渐流回她身上来了。

"但是你刚才还说你是顾念我的。"

他的热手使她感觉到难受。

"亲爱的,你难道一定要我说出使你难受的话来吗?"

她的沉默逼得他再说下去。

"我怎么能够使你明白这些事情呢,亲爱的? 你年纪这么轻,又不肯思想,连结婚的意义还不知道的。"

"我知道我爱你。"

"像我们这样两个不同的人,单单有爱是不能使结婚成功的。思嘉,你所要的男人必须要他的全部,必须是他的身体、他的感情、他的灵魂、他的思想,一概都在内。如果你不能一概都有,你就会觉得苦恼。至于我,我不能把整个的我给予你。我不能把整个的我给予任何人。而我对于你的心思、你的灵魂,也不能全部都要。那时你就要难受了,你就要恨我了,恨我入骨了! 你要恨我所读的书,恨我所爱的音乐,为的这些东西要把我从你身边拉开去,怕是拉开一刻儿你也难受的。所以我——或许我——"

"你爱她吗?"

"她是像我的,是我的血统的一部分,我们能互相了解的。思嘉! 思嘉! 我能不能使你明白,除非两个人彼此相像,否则结婚就决不能有平稳的日子。"

别的人也曾说过:"结婚必须彼此是同类,否则就不会有幸福。"谁说的呢? 这话仿佛她听见了已经一百万年了,但是仍旧一点儿没有意义。

"但是你说你顾念我的。"

"我本不应该这么说。"

在她脑子里的什么地方,一种缓慢的火升腾起来,愤怒开始扫除了其余的一切。

"好吧,那么这话是王八蛋说的了——"

希礼的脸变得雪白。

"是的,我是王八蛋,我说的,因为我要跟媚兰结婚了。我对你不起,媚兰更对你不起。我本不应该说的,因为我知道你不会懂。可是我怎么能够不顾念你呢——你有那么热烈的生活的热情,我却一点儿没有。何况你能够有那么热烈的爱,那么热烈的恨,我都不可能呢! 而且,你是天真得像火,像风,像野生的东西,而我——"

她想起了媚兰,突然看见她那双安静的褐色眼睛,带着那种飘飘欲仙的神气,看见她那安静的小手,套着那么一双黑色线织的手套,又看见她那种温和的静默。于是她的愤怒起来了,这就是曾经逼得她父亲郝嘉乐去杀人的那种愤怒,也就是曾经逼得她的其他爱尔兰祖宗去做非法行为以至于断送头颅的那种愤怒。至于她母亲罗氏累世相传的那种优良品性,那种无论怎样天大的事情也可以白着面孔、闭着嘴唇忍受的品性,现在在她身上是一丝儿都没有了。

"那么你为什么不说呢? 你这懦夫! 你是怕跟我结婚呢! 你情愿跟那傻小丫头过日子,她是百依百顺的,过几天养出一窠小猪来,也是百依百顺的! 为什么呢——"

"你不应该把媚兰说得这么不堪!"

"我偏要这么讲,算我得罪你家媚兰了！不过你是谁,配来说我应该不应该？你是懦夫,你是王八蛋,你是——你不该哄骗我,使我相信你会跟我结婚——"

"你要公道些,"他恳求道,"我何尝——"

她并不要公道,虽则明知他的话一点不错。他对于她,其实始终没有越过友谊的界限,但她一想到这层,便又加上了一重愤怒,女性自傲心和虚荣心受伤的愤怒。她一直都在他后边追,他却一点儿也不肯领情。他情愿去要那么一个苍白脸的小傻子,不要她。啊,她深深自悔当初不听父母的训诲,自悔不曾对他拉起一副架子来,而今只落得这么一番难堪的羞辱！

她从椅子上刷地站了起来,紧紧捏起了双手,他也站了起来,对她巍然高耸着,脸上充满着沉默的苦恼,就是一个人被强迫着要与难堪的现实去面对的那种苦恼。

"我将到死都恨你,你这王八蛋——你这下流坯——下流坯——"她想找一个最最恶毒的名词来骂他,可是她想不出来。

"思嘉——请你——"

说着,他伸出一双手来给她,谁知在这当口,她便用尽了全身之力,向他脸上狠狠地打了一个耳掴子。在那么寂静的房中,这一下的响声特别觉得清脆,正如一条马鞭在空中抖了一下一般,而经这一来,她的一肚子愤怒突然都消失,心中只剩一种凄凉之感了。

希礼的白皙面孔上显然留着五个手指的红印。他不说什么,只拿着她一双疲软的手,放在嘴唇上吻了一吻。然后,他不等她开口,便掉转头走出去,随手将门轻轻关起来。

她很突然地重新坐了下去,她的愤怒的反应使她的双膝觉得疲软无力了。他是走了,但是他那被打的脸的记忆将要盘踞着她,直到死为止。

她听见他的轻轻的脚步声向那长长的穿堂渐渐地消失而去,然后她想起自己这番举动的重大后果来。她是永远失去了他了。从此他一辈子都要恨她,而且每次见到她的时候都要记起她曾经无缘无故地自己投到他怀里去过。

"那么我是跟卫蜜儿一样了。"她突然想了起来,因为她记起了蜜儿平日做品太滥污,是人人都在笑的,她自己尤其笑得厉害。她曾经看见过蜜儿做出那种种丑态,曾经听见过她在男人怀抱里撒娇,所以她想到这里,不由得重新愤怒起来,愤怒她自己,愤怒希礼,愤怒全世界。这种愤怒就是由她的爱受了挫折、受了羞辱而起的。其实她的爱里面向来就不过混杂着一点儿真正的温情,那是由她的虚荣心和她对自己的美的自信心搗合而成的。如今连这一点儿温情都失去了,当然剩下来的就只有愤怒了,而愤怒之上又复有一种恐惧,恐惧她要变成了众矢之的。难道她真已跟蜜儿一样了吗? 难道从此以后人人都要笑她了吗? 她想到这里,不由得浑身战栗起来。

她的手不期落在身边一张小桌子上,手指触着一双小小的玫瑰花瓷瓶,瓶上有两个瓷器的小天使在那里游戏。那时房间里非常寂静,她被那寂静压迫得几乎要尖叫起来。她觉得非拿一件东西来发泄一下不可,否则简直要发狂了。于是她随手抓起那瓷瓶,狠狠地向火炉那一端扔了过去。那瓷瓶恰恰掠过那张长沙发的高靠背,啪地一下碰在那大理石的炉台上,粉碎了。

"这是何苦来呢!"一个声音从那沙发的深处发出来。

她这生这世也没有吃过这么大的惊吓,她的嘴干得发不出声了。她牢牢抓住了那张椅子的靠背,两个膝盖不住簌簌地打战,一看那边那个人已经从沙发上站了起来。原来却是白瑞德,正在对她过分客气地鞠躬。

"刚才我在这里打中觉,不想你们有那一番话儿,逼得我不能不听,害得我中觉打不成,那且不去管它,只是为什么要危害我的性命呢?"

那么他是一个逼逼真真的人了。他并不是一个鬼了。可是天哪,他已经什么话都听见了! 她只得聚会起全身的力量,装起一副庄严样子来。

"先生,你在这里,你应该宣布一声的。"

"是吗?"他闪烁着雪白的牙齿,他的勇敢的黑眼睛对着她笑,"可是我先在这里,是你后闯进来的啊。我因为要等甘先生,又感觉到后边宴会场上大家都不欢迎我,所以我很识相,到这里来躲一躲,总以为人家不会来打扰我的。可是,可惜得很!"他耸了耸肩头,轻轻地笑了笑。

思嘉一想起这个粗鲁无礼的人已经听见了一切——她现在觉得宁死也不愿再说的一切,她的脾气就又发起来了。

"你这下流鬼——"她怒不可遏地说。

"下流鬼常常会听到非常有趣而且有益的事情,"他咧着嘴说,"由于久做下流鬼的经验,我——"

"先生,"她说,"你不是上等人!"

"你的眼力很不错,"他轻飘飘地说,"可是你,小姐,也不是上等女人呢。"他似乎发现她很有趣,所以他又吃吃地笑起来了。"谁要说过我刚才偷听到的这些话,就都不能是个上等女人了。不过呢,上等女人对于我,是难得能够使我心醉的。我明明知道她们心里想什么,然而她们决没有这种勇气——或者可说决没有这种没教养——敢于说出她们所想的东西。这种态度,就要使人觉得厌烦了。至于你,我的亲爱的郝小姐,你却具有一种稀有的精神,一种极可钦佩的精神,现在我对你脱帽了。可是我真不懂,像你这么暴风雨一般的一副性格,那一位文绉绉的卫先生到底有什么好处能够使你这么着迷呢?他倘使能够有你这样具有——他叫做什么的?——'生活的热情'的一个女子,早就应该跪下来感谢上帝了,谁知他是一个委靡不振的可怜虫——"

"你连替他擦靴子还不配!"她愤怒地嚷道。

"而你是要恨他一辈子了呢!"说着,他又在那沙发上坐了下去,她听见他还是吃吃地笑着。

那时她假使能够杀他,一定是杀了他了。但是不,她只极力装起庄严的样子,走出藏书室,将那沉重的门砰地一下带上了。

她很快一口气地跑上楼梯,跑到楼梯顶,她已快昏厥过去了。她只得站住,抓住了栏杆,她的心因愤怒、侮辱、出力而怦怦大跳着,跳得似乎把小马甲都要裂开了。她尝试做几口深呼吸,无奈嬷嬷替她的腰扎得太紧了。倘使她真昏厥过去,倘使人家发现她倒在这个楼梯顶,他们要有什么感想呢？啊,他们什么都会想起来——希礼。那个讨人嫌的姓白的家伙,以及所有妒忌她的讨厌女孩子！她身边从来不像别的女孩子那么一直带着通关散①,现在想起这东西来了,可是连香醋盒也不曾带一只。她向来非常自傲,决不会觉得眩晕的,现在也无论如何不能让自己昏厥过去！

逐渐的,那种作恶的感觉消散开去了。一分钟之后,她已经觉得很好,就想悄悄地溜进英弟卧房隔壁的那间小小梳妆室,松开小马甲,爬上一张床,在那些睡着的女孩子身边躺下。她尝试镇定她的心,并要把面孔装得平静些,因为她知道自己一定已经像个疯女人了。她决不能让谁看破曾经有什么事故发生。

从楼梯顶的那个凸窗里,她可以看见那些男人仍旧在树荫下和亭子里的椅子上躺着。她多么地忌妒他们呀！他们做男人的是多么快活,从来用不着经过她刚才经过的那种苦恼的。她正在那里看得出神,忽听见前面的车道上来了一阵急骤的马蹄声、碎石子飞散声和一个激动的口音向一黑奴问讯声。随后又是一阵碎石子飞散声,便见一个人骑着马从她视线中掠过,飞奔过那碧绿的草场,向树荫下那个懒洋洋的集团奔去。

大概是一个迟到的客人吧,但是他为什么这么莽撞,要骑过英弟最自豪的那片草场呢？那骑马的人她不认识,但是当他从马鞍上一跃下来而抓住了卫约翰的臂膀的时候,她可以看得出他那满脸都是激动的神气。当即一群人都向他蜂拥而来,将高玻璃杯和棕榈扇纷纷丢在桌子上和地上。虽然她离开那里颇有一段距离,她却可以听得出那些问的叫的纷乱的声浪,又看得出一种非常紧张的情形,随后就听见汤司徒的声音超过了一切,狂欢地高喊一声:"咳唉咳!"仿佛是在猎场上似的。原来这是叛徒发难时的一种喊声,她是第一次听见,不懂的。

随即看见汤家四弟兄和方家一班弟兄先后离开了群众,匆匆向马房那边跑去,一边跑一边喊着:"阿金！——阿金！快备马！"

---

① 通关散:一种备昏厥时嗅以通气之药。

"一定是谁家里起火了。"思嘉想。不过不管它是起火不是起火,她的第一桩工作是得溜回那间房里去,免得被人家发现。

现在她的心已经平静了些,她就踮起脚尖儿踏上几步楼梯,走进那寂静的穿堂。一种温暖的朦胧弥漫着全屋,仿佛它也睡得正恬适,跟那些女孩子一般,直要等到夜里,音乐响起来,蜡烛亮起来,方才放出美的全貌来似的。她小心翼翼地推开梳妆室的门,悄悄地溜了进去。她的手伸在背后还未放开门上的把手,忽然听见卫蜜儿的声音低到跟耳语似的,从通卧房那重门的门缝里传了出来。

"我想思嘉今天的举动,也算用尽女孩子的骚劲了。"

思嘉听了这一句,便觉自己的心又开始狂奔起来,立即无意识地将一只手抓住胸口,仿佛要揿得那个心屈服为止。她忽然记起"下流鬼常常会听到非常有趣而且有益的事情"一句话来。她该重新退出来呢,或是索性马上闯进去,让蜜儿看见她觉得不好意思? 但是第二个声音立刻使她呆住了,你就拿一队骡子来拖她也拖她不走了。原来那第二个声音是媚兰的。

"啊,蜜儿,不是的! 你不要这么刻薄。她不过是高兴罢了,活泼罢了。我总觉得她非常可爱。"

"啊,"思嘉一面想着,一面把指甲掐进自己的胸口,"要这花言巧语的小妖精帮我说话呢!"

她听见媚兰这几句话,觉得比蜜儿那种痛痛快快的谩骂还要难受。思嘉从来不信任任何女人,也从来不相信任何女人的动机是能不自私自利的,只有她自己的母亲除外。她觉得媚兰知道自己已经把希礼拿得千稳万妥,所以乐得讲风凉话了。因而她认定这就是媚兰的胜利示威,同时也就是她的假仁假义。这种把戏儿,思嘉自己跟男人们谈论别的女人的时候也常常要用的,用的结果是十拿九稳,总能使得那些傻瓜男人相信她宽宏大量。

"怎么? 姑娘,"蜜儿尖酸地说,她的声音提高了,"你一定是瞎了眼了。"

"啐,蜜儿,"孟赛莉嗤嗤地说,"全屋子都听见你了呢!"

蜜儿降低声音,还是说下去。

"怎么,你总看见的,她不管碰上了哪一个男人,总都抓住不肯放手的——甚至于那个甘先生,他是她妹子的情人呢。我从来没有见过这种人。现在她又在追察理了。"蜜儿自觉地吃吃笑了一声,"你是知道的,察理跟我——"

"那是当真的吗?"好几个声音兴奋地嗤嗤响了起来。

"嗯,你们可别告诉人——还没有呢!"

又是吃吃的笑声,以及床上弹簧嘎嘎的响声,原来不知什么人在那里拧蜜儿了。随后听见媚兰含含糊糊地说,蜜儿做了她的嫂子,她该有多么高兴。

"我可不高兴思嘉做我的嫂子,我从来没有见过这样的骚货。"这是汤海弟着恼的声音,"可是她跟司徒是等于订了婚的了。伯伦说她并不能迷他,其实伯伦对她也是痴心的。"

"你要问我吧,"蜜儿故意装着神秘似的说,"我说就只有一个人是她迷不去的,那就是希礼。"

于是一阵低语的声音乱在一堆了,有问的,有答的,有打岔的,这边思嘉便觉得恐惧与羞愤交侵并袭,一霎时全身都冰冷了。原来蜜儿对于男人虽是一个蠢人、一个傻子、一个呆木头,但是对于自己同类的女人却具有一种特别的女性本能,是思嘉平日太小看她了。刚才思嘉在藏书室里受到希礼和白瑞德那种羞辱,比起现在来又不过是针刺一般了。到底男人是可以相信他们不至于替你传扬开去的,至于卫蜜儿那一张嘴,要像猎犬一般放它到田野里去跑一匝,那就等不到下午六点钟就全区的人都知道了。而且她父亲昨天晚上刚刚说过,他不愿意人家笑话自己的女儿。现在是全区的人都要笑话了! 于是粘湿的冷汗以她腋下为起点,渐渐爬到她肋骨上来了。

又是媚兰的声音超出众声之上了,那是和平而有节度的,略带点儿责备的语气。

"蜜儿,其实没有这种事情的。你的话真的太刻薄。"

"的的确确有这种事情,媚兰,只是你自己向来都把别人当做好人看,所以看不出来罢了。不过她这样的态度,我是巴不得。她会自作自受的。你看郝思嘉平日的一举一动,不是一直都在捣乱,一直要抢别人的情人吗?她把英弟的司徒抢了去了,可是她又不要他了。今天她又想抢甘先生、抢希礼、抢察理——"

"我非马上回家不可了!"思嘉想,"我非马上回家不可了!"

她恨不得有一种魔术,立刻把她送到陶乐,送到安全的地方。她恨不得立刻就见到自己的母亲,去抓住她的衣襟,去对她痛哭一场,去伏在她的膝头上将这全部的故事尽情倾吐。她如果再听见她们说句什么,她就要直闯进房间里去,将蜜儿那一头蓬松的淡发一大把一大把地抓它一个痛快,她还要去对韩媚兰的面大吐一阵唾沫,以见自己对于她那种假仁假义看得一钱都不值。然而她今天一天的事儿已经干得够平常的了,干得跟那些下流的白人一样平常的了——而这就是她的一切烦恼的病根呢。

她将一双手揿住衣襟,不让它咿嚯作响,然后像一头动物似的偷偷地从门里退了出来。回家吧,她一面急急地走过穿堂,经过那些关着的门和寂静的房间,一面心里这么想,我非回家不可了。

她已经走到前面的走廊上,忽有一个新的思想使她突然止了步——她不能回去!她不能逃走!她得在这里硬着头皮看到底,无论那些女孩子怎样的恶毒,无论她自己怎样的羞辱和心碎,她都得忍受到底。你要一逃,适足以供给她们一些攻击的军火。

她捏紧了拳头,打着身边那根高高的白柱,她恨不得变做了参孙①,把整个十二根橡树都坍倒了,把里面的人一个个都毁灭了。她要使他们难过。她要做出来给他们看,她并不清楚到底怎么个做法,总之要做就是了。她要伤害他们,比他们伤害她还要厉害。

---

① 参孙:以色列人,大力士。

霎时之间,连希礼的本相也被忘记了。他已经不是她所爱的那个瞌睡分分的高个儿青年,他已经成了卫家人的一部分,十二根橡树的一部分,葛蕴墩区的一部分,而这一切,因为曾经笑她的缘故,所以她都恨。在一个十六岁的女孩子,虚荣心是强过了爱的,所以现在她那火热的心里,除恨之外再没有容受任何东西的余地了。

"我不回去,"她想,"我要待在这里,我要使他们难过。我也决不告诉妈。不,我决不告诉无论什么人。"于是她振作起来,要回到屋子里去,重新爬上楼,另找一间卧房去睡觉。

刚刚掉转头,她就看见察理从穿堂的那一头跑进屋子来。他一看见她,慌忙跑上前。他的头发蓬乱着,他的脸儿激动得几乎成了一朵紫葵花。

"你知道什么事吗?"他还没有走到跟前就嚷了起来,"你听说了吗?韦保罗刚刚从琼斯博罗骑马来报信了呢!"

他一边走,一边喘着气。她没有说什么,只把眼睛瞪着他。

"林肯已经召集了人,召集了兵——我是说志愿兵——七万五千人了!"

又是林肯!难道他们男人再也不去想一想真正有关系的事儿?现在她正在心碎,连名誉都差不多要毁了,而这里这一位宝贝,偏要拿林肯的把戏儿来跟她噜苏,希望她激动起来,这不是见鬼吗?

察理瞪视着她,只见她的面孔白得跟纸一般,她那窄窄的眼睛亮得像翡翠。他从来没有见过一个女孩子的脸上有这样的火,从来没有见过任何人的眼里有这样的光辉。

"这是怪我太笨了,"他说,"我应该把话说得温和一点儿。我忘记了你们小姐们是多么娇嫩的。我使你吃惊了,对不起得很。你不觉得要晕吧?我去替你拿一杯水来,好吗?"

"不。"她说着,装起了一个勉强的微笑。

"我们到那边条凳上去坐好吗?"他挽住了她的臂膀问。

她点点头,他就小心翼翼地挽扶着她下了前面的台阶,走过草地,走到院子里最大一棵橡树底下的一张铁条凳前。女人是多么的脆弱娇嫩啊,他心里想,她们一经提起了战争一类凶险的事情,就马上要晕过去了。因而当他请她坐下的时候,不免对她加倍地温柔起来,当时他见她的神气很有些异常,又见她那雪白的脸上显出一种野性的美,就禁不住心里怦怦地跳着。难道是她听见他要出去打仗才发愁的吗?不,这是痴心妄想,万难置信的。但是她为什么拿这么一副奇怪的神气看他呢?还有她那双手摸着那条花纱手帕的时候,又为什么这么发抖呢?还有她那浓得墨黑的睫毛,也正含着一种羞怯和爱在那里飞舞,像他平日读过的那些罗曼史里的女子一般。

他清了清喉咙,想要说出一句话来,可是一连清了三次,也说不出一句话。他垂下他的眼睛,因为她那双绿色的眼睛非常锋利地对着他,仿佛并没有看见他似的。

“他有很多的钱,”她脑子里正在迅速地计划,因而忽地想到这一层,“他又没有父母会跟我找麻烦,而且他是住在亚特兰大的。倘使我跟他马上结了婚,我就可以叫希礼明白明白我看得他一钱不值,不过是逗着他玩玩儿罢了。这又可以要蜜儿的命。从此她再也找不到一个男人,而且人人都要对她笑破了肚子。这又可以叫媚兰难受,因为她是很喜欢察理的。而且又可以叫司徒和伯伦难受——”为什么叫他们也要难受呢?这个连她自己也不很了解,大约只因他们家里也有几个王八蛋的妹妹吧。“将来我从亚特兰大回到这里来,坐着一部好马车,穿着那么好的衣服,又自己有一所房子,他们看见了一定都要眼热,都要难受。从此他们就都不会笑我了。”

“战争呢,当然是免不了的,”他再尝试了几回之后,终于憋出话来了,“不过你不必发愁,思嘉小姐,这是一个月就会完结的,而且我们要打得他们讨饶。是的,非叫讨饶不可的!所以我一点儿都不担心,只是今天晚上的跳舞会怕要开不成,因为营丁就要在琼斯博罗聚齐了。现在汤家兄弟就要去通知人去了。我想今晚上的女士们都要觉得扫兴吧。”

她只回了一声“哦”,因为她再也想不出别的话来,但有这一声也就够了。

她渐渐恢复冷静,她的心思也渐渐集中起来。不过她的一切情绪都被一层霜罩着,她想自己从此再也不能有热烈的情感了。那么为什么不就拿这红着脸儿的美貌孩子迁就迁就呢?总之,现在是谁都可以的了,她一概都不管了。是的,哪怕她一直活到九十岁去,她也一概都不管的了。

"我现在还决不定,到底去加入寒卫德先生的南卡罗来纳军呢,或是就加入亚特兰大的要隘守卫队。

她又只说了一声"哦",于是他们的眼睛接触着,而她那飞舞的睫毛顿时使得他魄散魂销了。

"你肯等我吗,思嘉小姐?我要是知道你肯等我到我们收拾了他们回来的时候,那我简直是——简直是在天堂上了!"他说着,连气也不转地静候着她的回答,一面观察着她的嘴唇,只见她的两口角微微往上翘起,翘出两个窝儿来,恨不得立刻就把嘴唇放上去亲它一亲。在这当儿,她已把一只满是冷汗的手塞进他手中来了。

"我倒不愿等。"她说着,低下头,眼睛全给睫毛遮没掉。

他紧紧抓着她的手,坐在那里,嘴巴张得大大的。她从睫毛底下看过去,不期觉得他活像一只被人叉起的田鸡。他嗫嚅了好几次,嘴巴闭了又开了,面孔又变得像朵紫葵花。

"那么你真有爱我的可能吗?"

她不开口,只看着自己的膝盖。于是察理被投进了一种从未经验过的心境了,一面是觉得怪难为情,一面是惝恍迷离,猜疑不定。也许是男人家不应该问女孩子这种问题的吧;也许是她怕难为情,不好回答吧。他从来不曾有勇气造成这样的局势,如今这局势既然造成,他就觉得手足无措了。他想要大声喊起来,想要唱起来,想要跟她去亲吻,想要在草地上翻起筋斗来,想要到处去跑着,不管他黑人白人,逢人便说,说她已经爱他了。但结果是,他只拿住她的手拼命地捏,直捏得她的戒指陷进肉里去为止。

"那么你要马上跟我结婚吗,思嘉小姐?"

"嗯。"她摸着自己身上的一个衣褶说。

"等跟媚兰的结婚同时举行——"

"不。"她急忙地说,说时仰起头,对他凶恶地看了一眼。察理又知道是自己错了。女孩子结婚是自己的体面,当然不肯跟人家拼在一起的。幸亏她真是宽宏大量,对他的这许多错处都宽恕过了。他恨不得那时是黑夜,恨不得自己有勇气去把她的手拿来亲一亲,恨不得把他急于要说的一肚子话都和盘托出。

"我几时可以跟你父亲去说呢?"

"愈快愈好。"她说,因为这时候她觉得手上的戒指给他捏得真有些吃不消了,希望他就此放下来,免得等她开口。

果然,他听了这句话马上就一跃而起,看他那样子,仿佛真要先翻一个筋斗再说的,可是到底没有翻,只是站在她面前,春风满面地对她看了一会,实在他那纯洁简单的心整个都放到眼睛里来了。这样的看法,她是从来不曾碰到过的,而且往后也永远不会再碰到,但是不知怎么的,她总跟他亲昵不起来,还是觉得他的样子像一头小牛。

"我现在就去找你父亲去,"他满面笑容地说,"我不能等了。你能原谅我吗——亲爱的?"这一声亲爱的称呼,是费了好大劲儿才叫出口来的,但是叫过了一遍之后,他就一遍一遍不厌其烦地叫了。

"是的,"她说,"我在这里等。这里很阴凉,很舒服。"

他走过了草地,转过屋后去了,她独自坐在那微风瑟瑟的橡树底下。一会儿便见人们不断地从马房里骑着马出来,黑色的仆人们也骑着马紧跟在主人后面。孟家的弟兄一路挥着帽子过去了,然后是方家的、高家的,都喊嚷着向大路上去了。汤家四弟兄打草场上穿过,经过她面前,伯伦喊道:"母亲就要给我们马了! 咳唉咳!"一把嫩草被马蹄踢了起来,他们霎时就去得无影无踪,又剩她独个人在那里。

那座白色的房子将它的高柱子竖在她面前,似乎带着一种疏远的庄严渐渐地退后而去。如今这座房子是和她永不相干了。希礼决不会把她带进它的门槛去做新娘了。啊,希礼!希礼!我现在做出什么事来了!她觉得心的深处有一点东西在那里刺她,而这点东西外面却被一层受伤的傲慢和一层冷酷的现实蒙盖着。这时她正有一种成年人的情绪在那里产生,比她的虚荣心和固执的自利心都强壮些。她是爱希礼的,而且分明知道自己是爱他的,所以当她看着察理从那碎石道上消失而去的当儿,她那患得患失之心是非常之深切了。

三

琥　珀①

[美]凯瑟琳·温莎

楔　子

那个小房间里温暖而潮湿。暴怒的轰雷震得窗玻璃嘞嘞作响,闪电像是从墙壁里穿进来一般,虽在三月的中旬,这样的暴风雨也是难得看见的,所以人人心里都认为是不祥之兆,可是没有一个人敢说出口来。

照着一般产房的习惯,里面的家具大部分都清出去了。现在只剩一张高顶的大床,底下有床台垫着,四周挂着麻纱的帐子,此外是五六张矮凳子,一张产婆用的接生凳,配着靠手靠背和镂空坐垫。火炉边有一张桌子,上面放着一只白色的水盆、一条褐色的带子和一柄小刀、几只瓶子和几个油罐,以及一堆绵软的白布。靠近床头放着一张有篷的旧摇篮,还是空着的。

那些乡下女人都一声不响地站在床边,带着紧张急切的面孔在那里看着。床上躺着一个刚刚分娩的女人,身旁就是那红扑扑的小娃子。一个满身是汗的产婆低着头,将手伸到被窝底下在做活。那些女人一会儿看看娃子,一会儿看看产婆,眼睛里面流露出同情的痛苦,乃至怜悯和忧惧。其中有个女人自己也正在怀孕,弯下身去看看那小娃,现出惊惶失色

① 选编自:温莎. 琥珀. 傅东华,译. 南京:译林出版社,2002. ——编者

的样子。这时那小娃突然出气了,打了个喷嚏,张开嘴大哭大叫起来。于是那些妇人叹了一口气,放心了。

"姗娜——"那产婆轻轻说道。

那个怀孕的女人抬起头来,跟产婆低声说了几句话。产婆就到火炉旁边坐下去,将那小娃在一盆温暖的红酒里边洗起澡来。那个女人将双手伸进被窝,用一种稳定温柔的动作开始揉那产妇的肚子。她的脸上起先现出一种焦急的神情,差不多近于恐怖,但是一经看见产妇慢慢睁开眼来朝她看了看,她那神情就立刻消失了。

产妇的脸紧张而憔悴,加以刚才熬了这许多时的痛苦,更觉消瘦得出奇,两只眼睛陷进两个漆黑的深洞,只有蓬在头边一堆淡金色的头发似乎还有点生气。当她说话的时候,声音也是虚弱乏力的,差不多同耳语一般。

"姗娜——姗娜,是我的孩子在哭吗?"

姗娜并不停止工作,只点了点她的头,勉强装出一个闪烁的微笑。"是的,裘蝶,那是你的孩子,你的女孩子。"其时那孩子的怒叫之声正充满了全室。

"我的——女孩子?"她虽然已经力乏,那种大失所望的意思却表现得明明白白。"一个女孩子……"她又用一种带着怨恨的低语说道,"可是我要一个男孩子的。约翰一定想要一个男孩子。"眼泪涨满了她的眼眶,淌下了她的眼角,流过她的两颊。她将头疲乏地扭了开去,仿佛是要逃避那孩子的哭声。

可是她实在太疲乏了,已经不能担待很多愁恼了,一种梦一般的松懈开始袭过她全身,这一种变动差不多使她觉得愉快,而且它一步紧一步地逼近来,向她的身心两方面同时攻袭,她就自愿向它投降了,因为经过这两天来的煎熬,这种变动便似乎是一种解脱:刚才她还能感觉自己的心脏迅速地轻搏,现在她被吸进了一种旋涡,这才又袅袅地盘旋而上,那速度愈来愈大,终至她被提出了她的肉身,被提出了那间房子,随着时间和空间飘荡而去了……

她养的是个女孩,当然约翰不会介意的。他还是会一样地爱她,男孩子将来可以养,就是再养几个女孩子也不妨的。现在第一个孩子已经养出来,以后的生养就比较容易了。这是她母亲常常对她说的,她母亲自己就养过九个孩子。

当初她告诉约翰说他已做了父亲的时候,她曾注意到他的面容,见他先经过一阵惊惶,便突然展出快乐和骄傲的神色。当时他喜笑颜开起来,熟悉的脸上闪出一副白砾砾的牙齿,低着头拿一种崇敬的眼光看着她,跟她最后一次看见他的那种眼光一模一样。她对他记得最清楚的也就是他的眼睛,因为那眼睛是琥珀色的,仿佛一杯酒里通过太阳光一般,黑色的瞳仁旁边镶着绿褐两色的斑点。那眼光非常有力,仿佛他的全身精力都凝聚在那里一般。

她怀孕期间一直都希望这个孩子的眼睛能像约翰;她这希望非常强烈,始终都觉得自己一定可以如愿以偿的。

原来这约翰姓曼,是鬣狮林伯爵的世子,他父亲死后,就可以承袭伯爵的。裘蝶从做小女孩的时候起,就知道自己将来一定要跟曼约翰结婚。因为她家也是英国一个历史悠久的世家,最初跟诺尔曼人征服英国,本来姓梅,后来经过若干世纪才改姓为马;那曼家却跟她家不同,他们是前一世纪里面因天主教堂分裂坐地分赃才兴旺起来的。这曼马两家的土地彼此毗连,且已做了三代的朋友,所以曼家的长子和马家的长女结亲,是再自然不过的事情。

约翰比裘蝶大八岁,多年以来都对她不很注意,不过他觉得他们的婚姻是没有问题的;当他还是个儿童而裘蝶尚在襁褓的时候,他们的婚书就已签好了。及至裘蝶长大起来,也是常常看见他的,因为他常要到蔷薇町来跟她的四个哥哥骑马,射箭,比剑;她看见了他,总要现出不胜欣慕的神气,他对她却总是淡淡的,跟对自己的姊妹一般,并不多大感兴趣。后来他进学校了,先到牛津,然后进内寺读了一年光景,最后就到欧洲游历了。游历回来,他看见她已是一个十六岁的绝色少女,便对她钟情起来。裘蝶对他是向来钟爱的,而两个家庭又素来融洽,这桩婚事似乎没有再延宕的理由。谁知婚期订在八月,战争便从八月爆发了。

裘蝶的父亲马维廉爵士立即宣言效忠于王室,鬣狮林伯爵却同其他许多爵士犹豫了若干星期,这才决计加入国会军。过去一年里面,裘蝶常常听到他们两老为了政治问题在辩论,竟至于大声喊嚷,互挥老拳,但到末了总是杯酒言欢仍归于好,她始终不曾想到这样的争论会影响自己的终身。

鬣狮林伯爵曾经多次宣言,他所不能忍受的是查理一世的虐政,不是劳德的教会政策。马维廉却一直深信,他的朋友到了紧要关头一定会明白过来,仍旧拥护王室。谁知现在事实不如此,马维廉始而怀疑不信,继而惊急愤怒,终至对他的老友深恶痛绝了。裘蝶起先还不十分明白英国已经发生内战,但是她母亲终于用冷酷的口气告诉她,叫她从此休再想起曼约翰——他们的婚礼永远不能举行了。

惊呆了的裘蝶点点头表示同意,但她其实并不相信。她父亲说过,战争三个月就会过去,等到战争过去之后,他们就会重新做起朋友来。那么这次战争不过是他们生活中的一个暂时的间断,不至于改变重要的事情,打破重大的计划,毁坏故旧的习惯的。总之,她以为这次战争对她和她所认识的任何人都不至于发生真正的影响。

但是约翰在参军之前来跟她话别的时候,维廉爵士竟怒气冲冲地迎上前去,喝叫他马上滚开。后来裘蝶听见这桩事,一连哭了几个钟头,因为他到现在都没有亲过她,就出去打仗去了。

几天之后,维廉爵士和她的四个哥哥就都出发去勤王,同时他们田庄上和乡村里的精壮男子也大多跟着他们走了。现在战争对她似乎变真实起来,她就觉得非常痛恨,因为她的生活向来是安稳悠闲而快乐的,现在却被战争凭空闯断了。

正不出维廉爵士的预期,王师的形势非常顺利。查理一世的侄儿吕贝亲王屡屡告捷,终至除东南一隅之外,差不多整个英国都在王师掌握中。但是叛军始终不肯投降,遂致战事拖延而不能即决。

在这期间,裘蝶的生活十分忙碌,因为她家里的男人都走了,她就有很多事情要干。她已没有工夫练习歌舞,也没有工夫做刺绣或弹竖琴了。但是她的生活无论怎样忙,她仍旧无时不在思念曼约翰,无时不在计划将来的事情,仿佛他们的婚姻不至于因内战而中断,只不晓得他几时才能回来罢了。她的母亲见她这样默不作声地一直想心事,当然很容易猜到什么缘故,便竭力劝她把约翰的念头丢开,并且告诉她说,他们两老已在另行筹划一门亲事,那男家比曼家适当得多,因为他们尽忠王室是无问题的。

但是裘蝶决不肯忘记约翰,至于要她跟另外一个人结婚,那就像似要她承认一个陌生的新神道一般了。

约翰去后五个月,曾经设法寄给她一个条子,说他平安,并且表明爱她的意思。"等到战争过去之后,我们是要结婚的,裘蝶,不管我们的父母怎样说。"又说他一有办法,就立刻回来看她。

及至他践行这个约诺,时间已是六月中旬了。于是她编造了一篇谎话,骗过了她的母亲,骑了一匹马,到他们两家田产之间的一条小溪边上去和他相会。他们虽然相识许多年,这却是第一次无人监视完全自由的私会;从前她见他总觉得害怕含羞,这回她一跳下马,便毫不迟疑地投入他怀中去了。她从来没有觉得自己这样有主张,这样踌躇满志过。

"我是不能久待的,裘蝶,"他匆匆促促地说着,一面吻着她,"就是本不应该到这里来的。可是我不能不看看你!来罢,让我看看你罢。哦,你是多么美啊——我记得你从来没有这么美的!"

她拼命地抓住他,心里觉得再也不能放他走了。"哦,约翰!约翰,亲爱的——我是多么惦记你啊!"

"你肯说这句话再好没有了!我一直在害怕——可是没有关系的,是不是?让我们的父母自己争吵去罢,我们彼此还是一样相爱……"

"只是一样吗?"她嚷道,她的喉咙给惊喜交集的眼泪哽塞了,"哦,约翰!我们彼此更要相爱呢!我是等你走了之后方才知道自己多么爱你的,我只是害怕——哦,这可怕的战争!我恨它!它要几时才完呢,约翰?很快就会完了吗?"她抬起头来看着他,仿佛一个小女孩向人求情似的,她的蓝色眼睛大大地睁着,现出渴望和惊惶的神色来。

"很快吗,裘蝶?"

他脸上泛起了阴云,好久没有说话;她急切地望着他,恐惧爬过她全身。

"不会很快吗,约翰?"

他将一只臂膀搂住她的腰,他们就开始走起路来,慢慢地向溪边而去。其时天上一片蔚蓝色,点缀着一大蓬羊毛似的白云,仿佛是一阵大雨刚过去似的;空气里边充满着潮气和湿泥的气味。小溪沿岸长着柔嫩的赤杨和垂柳,白色的山茱萸正在开花。

"我想这不会很快,裘蝶。"末了他说道,"它也许还要延长许多时——再有几年也说不定的。"

裘蝶站住了,抬起头看了看他,现出不信的样子。她今年已经十七岁,在这样的年龄,半年便如一世纪,一年竟同永劫一般了。她想起自己要和他相隔几年,觉得无论如何不能忍受也不愿忍受。

"再有几年,约翰!"她嚷道,"但这是不能够的! 这叫我们怎么办呢? 我们还没有开始生活就要老了呢! 约翰——"她突然抓住了他的肘膀子。"你带我走罢! 我们现在就好结婚的。哦,我不管怎样生活都可以——"她见他有打断她说话的意思,便又抢着说道,"军营里面并不是没有女人跟去。这我知道的,所以我也可以去! 我什么都不怕——我可以——"

"裘蝶,亲爱的——"他的声音带着哀求的调子,他的眼睛温和而充满着苦痛的神情。"我们现在不好结婚,我是无论如何不肯这样害你的。军营里面原也有女人跟去——可不是像你这样的女人,裘蝶。不能的,亲爱的……我们除等之外再没别的办法……战争总有一天要完的……它决不能永远下去的……"

于是她突然觉得过去一年里所发生的事情都变真实了,都见分晓了,而且都具有固定的意义了。他是马上就要走的,一天也不能多耽,那么几时才能看见他呢? 也许几年不能见——也许永远不能见——假如他战死了呢? ——她不敢想下去了,连这事的可能性她也不敢承认。现在已经毋用自宽自慰了。战争是真实的。它的确是要影响他们的生活了，以前她所希望所信仰的一切已经因战争而起了变化，而战争又正要夺去她的将来，正要拒绝她的最简单的要求和需要。

"可是，约翰!"她现在带着凄苦而抗议的声调喊嚷起来了，"那么我们将来怎么样呢？如果王军打胜仗，你怎么办？如果国会军打胜仗，我又怎么办？哦，约翰，我是吓坏了！这事到底要怎样结局？"

约翰掉转他的头，牙关咬得紧紧的。"哦，裘蝶，这个我也不知道。不但是我们，我真不晓得战争完了之后一般人怎么过活呢。可是我想我们总有办法的。"

于是裘蝶拿手掩着脸，悲悲切切地哭了起来，因为她回想过去一年的孤凄，料知来日无穷的寂寞，万种愁情，一时交集，再也熬忍不住了。约翰重新将她搂在怀里，尝试宽解安慰她。

"不要哭，裘蝶，亲爱的。我会回来的。我们总有一天会有我们的家庭，总有一天我们会互相……"

"总有一天，约翰?"她的臂膀拼命搂住他，脸上现出惊惶的神色，眼睛失神似的发愣着。"总有一天！可是倘使那一天永远不来呢?"

一小时之后，他走了，裘蝶又骑马回家，心境快乐而安静，觉得生平从来没有这样满足，因为现在，不管怎样的事情发生，也不管战争谁胜谁败，他们俩的关系是确定的了。他们也许要分离一时，可是从此他永远不会真正地隔绝，她觉得生活比较简单了，同时也比较圆满了。

起先，她想起要再去见她的母亲，要去正视母亲的面孔，心里颇觉惶惑而惊吓。她想起自己小时候，每次做错了事，她母亲安妮夫人虽没有亲眼看见，也总会得知的，现在她怕刚才的事被母亲得知，心境也同小时一样了。但是过了几天都平安无事，裘蝶便放心下来，开始她的荒唐的回忆。每一个微笑、每一下亲吻和接触、每一句示爱的词儿，她都像珍贵的纪念品一般，在回忆中屡屡提出，以安慰她的空闲，宽解她的疑虑，排除那从四面围来的恐惧。

　　此事之后不过一个月，便有消息传来，说王师在圆路坡打了大胜仗，同时维廉爵士也寄信回家，说和平随时都可实现了。裘蝶的希望带着荒唐的乐观飞升起来，而安妮夫人却给她严厉的警告，说是从今以后无论曼约翰或是他家里的任何人都不能再涉足蔷薇町了，但是她以为只要战争终止，那就无论它是怎样终止法，他们总有方法解决他们的问题。这是约翰曾经说过的。

　　这时她就发觉自己怀孕了。

　　起先她觉察到自己身上有些奇怪的征候，还以为是轻微的病症而已，但她终于知道是什么了。这一下震惊使得她在床上躺了好几日，东西吃不下，面色变苍白了，人也瘦了下去。她的母亲每次进房来看她，她总心惊肉跳地偷偷察看着，觉得母亲眼光里面分明流露出猜疑，声音之间也有看不起她的意思了。要是给他们发觉了怎么办呢？她连想都不敢去想。她知道父亲脾气很暴躁，偏见又很深，一定要去找出约翰来将他杀死的。于是她觉得不等事情发觉就得走，走到约翰那里去，不论他在什么地方都得寻到他。她决不能在自己家里养私生子，这要使她的家庭蒙上不可磨灭的污辱。

　　到了九月里，维廉爵士回家了，带来一大套王师胜利的消息。"他们抵抗不了一个月了。"他坚持说。裘蝶始终不曾接到过约翰一封信，所以急切地听着她父亲的话，希望他至少会提起约翰的名字来，暗示他还存活而无恙。维廉爵士即使知道约翰的消息，也不会在女儿面前说起他的，同时他母亲对于这事也讳莫如深。他们两老对于约翰都装得没有这么一个人似的。

　　这时他们告诉她，他们已经给她选定一个夫婿了。

　　这被选定的夫婿穆阿蒙，是猎得岩的伯爵。一年半以前，他曾到蔷薇町来拜访，裘蝶曾见过他一面。他今年三十五岁，新鳏不久，已经有了个襁褓中的儿子了。她虽见过他，却已记不大清楚，只记得自己并不欢喜他。他的身材不过五英尺六七英寸，骨骼很纤弱，却配上一个大大的头颅，跟他的狭窄肩膀和瘦削身躯一点不相配。他的面容颇有贵族气，窄窄的鼻子,薄薄的嘴唇,眼光虽然严厉而冷酷,却反映着一种肃穆的英明。这一种品性对于一个十七岁的女孩子是不受欢迎的,因为她心目中所存想的是个美貌、风流而英勇的青年,而且那伯爵神情之间,总觉有一种东西使她望而生畏,她自己也说不出所以然来。总之,她即使从来没有见过曼约翰,也不会要他做夫婿的。

“我并不要结婚。”她这话说出口来,自己都惊异着太大胆了。

她的父亲瞪视着她,眼睛里面开始闪出危险的光芒,但是他正要开口,安妮夫人就叫她走出房去,并说过一会儿她会跟她说话的。原来裘蝶这种顽强执拗的态度,已使她的双亲都觉仇怒而且惊异了,然而他们仍旧积极进行给她成亲的计划,从此一切都不跟她商量了,因为他们深信她早一日结婚,就可以早一日忘记曼约翰,这是对于他们大家都有好处的。

她的结婚礼服,是一年半以前预备她跟约翰结婚的时候就做好的,现在从箱子里取出来,刷过烫过,挂在她房间里。那礼服的材料是很厚的白缎子,从头到脚都用珍珠镶绣起来。领子和袖子都是深色的,用的是奶油色的花边儿,背后拖着一条开缝的长裙,里边衬着一件闪光笔挺的银丝布紧靠子。当初这种礼服是在法兰西手工特制的,既美丽又贵重,她本来非常爱它。现在呢,她连试穿一下都不答应了,并且忿忿地告诉她的奶妈,说要她穿这衣服,她就马上准备穿她的尸衣了。

此后不久,猎得岩的伯爵到她家里来。她屡次受到父母的警告,得要对他恭敬而亲热,她却一样不依,反而竭力规避着他,就是见了面,也只有冷冰冰的几句话。一回到自己房间里,她就悲悲切切地哭个不休。怀孕已经四个月,虽然穿着长裙还可掩饰几星期,她却一直都怕恐着事情要败露,愁恼和焦急使她瘦得不成人样儿;只要听见一点意外的声音,立刻会怔忡地跳起,见到人总是默不作声,阴郁着一张面孔,碰一碰就要恼怒起来。

我到底要怎么样呢? 她常常站在窗口前面这样胡思乱想,一心盼望着祈祷着能够看见约翰,或是由他那里差一个人过山来救她。可是始终不见一个人来。自从六月里和他分别以后,她一直都没有听见他的消息,甚至连他的生死也无从知道。

不料在离开预定的婚期不到两个星期的时候,忽然有消息传来,说国会军已在围攻他们东南二十英里地方的一家巨宅,当即那伯爵跟随她的父亲骑了马走了。这样一来,她才放下一条心,虽然论理不应该,她自己是感到非常舒适的。

蔷薇町地方适在王军防区和国会军占领区的界线上,所以这个附近地方被攻的消息,预示着不祥的意味。自从战争开始,她家里就一直防备着任何紧急事件的发生,安妮夫人遵照爵爷临走的嘱咐,就着手做起被围攻时的种种准备来了。当时一般贵族的家宅都很坚固,常有靠着几个妇人和老者抵挡进攻军队至数星期或数月之久的。至于安妮夫人的性格更为大家所熟知;倘使蔷薇町受到围攻,她一定会固守到每一个孩子和每只狗都饿死了为止。

第二天晚上,巡更的人突然来了警报,一时全庄的妇女都吓得尖叫起来,以为围攻的时候已经到了;同时孩子们哭声震天,狗儿们汪汪嗥吠;什么地方来了一声毛瑟枪响,裘蝶从床上跳下来,披上一件寝衣,急忙奔去找她母亲。母亲在楼下跟一个农夫说话,一看见她,就旋身将一封打过封蜡的信递了给她。裘蝶轻轻喘了一口气,当即脸色变得雪白,可是虽在她母亲冷酷而谴责的眼光之下,她心里感到热烈的感激和宽慰是掩饰不了的。她知道这封信必定是曼约翰寄来的。当她打开封蜡开始展读的时候,安妮夫人就把那农夫打发开去了。

"几天之后我们就要攻打蔷薇町。这一场攻打我无法可以阻止,可是我可以将你和你的母亲送到一个安全的地方。你们不要带什么东西,以免行路困难。明天晚上天一黑,你们就到溪口那座房子底下去等着好了。我不能亲身去看你们,可是我有一个仆人可以信任的,而且我已经布置好一切,有人会照顾你们,直到我能去看你们的时候。"

裘蝶抬起眼睛看看她母亲,这才仿佛被强迫似的,将手里的信慢慢递给她。安妮夫人将信匆匆瞥了一眼,便走到那边去丢进火里。然后她又转回来面对着她的女儿。

"唔?"她停了一会才说道。

裘蝶冲动地跑到她身边。"哦,母亲,我们得走!如果我们等在这里,我们是要被杀的!他会把我们带到安全的地方!"

"我不愿意在这样的时候离开我的家。同时,我也决然不能接受一个敌人的保护。"她的眼睛冷冷地看着裘蝶,她的神气是傲慢的,金刚难破的,而且带着一点儿残酷。"你选择你自己的路罢,裘蝶,只是你要当心些。因为如果你走了,我会告诉你父亲说你做了俘虏了。从此我们永远不能再见你的面。"

裘蝶曾有一刹那竭力想要把经过的事情告诉她母亲。她恨不得把这桩事跟她解释一下,恨不得使她了解他们是多么相爱——那样的爱是不可能仅仅因为英国在战争就可以窒塞的——但她看了看安妮夫人的眼睛,就知道她的母亲永远不能了解,徒然使她对自己轻视和谴责而已。现在得她自己下决心了,而且她一经下了决心,就可以无须任何的解释。

她只带着一件备用的衣服,以及她的少数的珠宝,就离开蔷薇町而去了。那天晚上,她同约翰派来的仆人走了一夜路,第二天不到中午,就到了厄塞的一个农家,已经是国会军的境界,那家人家姓古,当家的名叫马太,妻子叫姗娜。裘蝶依那仆人的话,自称为孙约翰之妻,因丈夫跟家里人有口角逃出来的。姗娜只知道她是个贵族夫人,却不清楚究竟什么爵位,裘蝶依着约翰的嘱咐,也就不跟她多说什么了。她以为战争过去之后,约翰亲自到来,就什么事都可解释清楚的,暂时姗娜将她当作自己的姊妹,介绍给同村的女人,说是她婆家的地方有战事,避难到这里来的。

那姗娜的境况还好,做人又很慷慨,裘蝶因而觉得很安适,当即恢复她的乐观了。不久她们成了非常亲密的朋友,裘蝶觉得多年以来未有这样的快乐。

约翰碰到有便就要差人来,总说他一有可能就要来和她相聚。有一次他曾略略提起蔷薇町仍在固守的话。但是现在她觉得她的家庭、父母,乃至那猎得岩的伯爵都仿佛和她隔膜了!她所关心的只是那一个农家,那些新交的朋友,那个小小的梅绿村,那个朝思暮想的约翰,而关心最甚的却又莫如自己肚里那个藐小的肉身。现在她已经没有心事没有恐惧了,人家都当她是个体面的少妇,所以她日觉开怀,容颜也愈见美好。她在怀孕期间又毫无病痛。于是她一心巴望着给约翰生个头胎男孩,从来不曾想到会养出女孩来的。

她开始不安地扭动起来,意识到四肢肌肉在苦痛地抽搐,眼前只觉得一片昏暗,仿佛是在水底下睁开眼似的。她看出姗娜绷着一张热汗淋漓的脸儿,在那里揉她的肚皮,也不知揉了多少时光了。

我必须叫她停手了,裘蝶昏沉沉地想着。看她的样子疲倦得很了。

她听见孩子在哭,这才重新记起那一个女孩子。我从来没有替她想过名字。我该叫她什么呢? 裘蝶……或是安妮……也许该叫姗娜……

这时她轻轻说道:"姗娜——我想我要给她取名琥珀——因为她父亲的眼睛是琥珀色的……"

这时她才感到近旁还有其他女人,感到房间里正忙乱纷纷。有个女人弯下身子,敷了一条热布在她的额头,同时将一条已经冷了的抽开去。她身上已经堆着好几条被子,可是她的面孔仍旧冰冷而潮湿,她又觉得自己的指头也是冷冰冰的。她的耳朵里嗡嗡响,一阵眩晕的感觉又袭来了,将她倏地卷了下来,又倏地卷了上去,终至她眼睛里只看见一阵迷雾似的模糊,耳朵里只听见一阵谵语似的纷乱。

她微微动弹起来,想要舒松一下腿上一阵一阵紧张起来的抽搐。姗娜看见这情状,便将手掩面呜呜哭泣起来。当即有另外一个女人弯下身去接替工作,将裘蝶的肚子搓揉摩按。

"姗娜——哦,姗娜——"裘蝶低声叫道。同时她挣扎着抬起一只手,把姗娜的一只手慢慢拉到自己面前。她看见那只手掌上和指上都淋漓着鲜血,不由吓得对它直瞪着眼睛,同时发出了一声尖叫。

"姗娜!"

姗娜跪倒在她床面前,难受得满脸都在抽搐。

"姗娜! 姗娜,你救救我! 我是不愿意死的!"

其他的女人都熬不住大声哭起来了，可是姗娜竭力镇定着，勉强装出了笑容。"这算不了什么，裘蝶。你千万不要害怕，一点儿血算不了什么的……"但是说到这里她又镇定不住了，重新抱着头呜咽起来。

裘蝶低着头对她呆呆瞠视了一刻，心里愈加害怕起来。我是不能死的！她想道。我决不能死！我不愿意死！我还要活！

她还想跟姗娜说话，想向她求救——向她要求——姗娜，姗娜，不要让我死——可是她听不出自己的声音——纵然张着嘴，却已不能成话了。

于是她又开始慢慢地飘荡，重新飘进一种温暖愉快的世界，这里可以无须再怕死，也可以跟约翰重新团聚了。这时她已经什么都看不见，她便听凭眼睛自己闭起来，同时她耳朵里的嗡鸣也已隔绝了其他一切的声息。从此她就不再挣扎了，只是甘心情愿地听凭自己飘去，因为她的疲倦已经达到不复可耐的程度，惟有欢迎这种飘荡来解救她了。她又听见她的女儿啼哭的声音，清晰响亮。那声音重复了许多次，可是每次都渐远渐轻，直至她不再听见为止。

第一部　一六六〇年

第一章

十六年以来，梅绿村并没有改变，就是过去二百年里面，它也改变得绝少绝少的。

通贯全村有条南北的直路，圣凯察灵教堂矗立在那条路的北端，像是一个仁慈的神父。从此分歧而下的便是夹路的村舍，一律是带阁楼的草房，上面盖着茅草或稻草。那稻草本来金黄，逐渐变成浓褐色，现在因长着苔藓而成翠绿了。屋面都有凸出的小轩窗，上有耐冬藤萝之类蒙罩着。屋前都有未加修葺的厚篱笆与道路相隔，上面开着小小的柴门。有几家人家装着攀援蔷薇的穹形棚架，篱笆上面可以看见各式各样的花儿，也有飞燕草,也有紫的白的野百合,也有高达檐头的木芙蓉;或又可看见一株草莓果、一株梅子,或是一株樱桃,正在繁花怒放的时节。

跟教堂相对的一端有一片牧场,遇到村中有所庆祝的日子,一班年轻人都在那里踢球,拳击,同时那里也就是全村人的舞场。

有一家红砖门墙的客店,壁板之类都是陈年古代的银灰色橡木做的,门口挺出一块装在铁杆上的临街大招牌,上面画着一只粗劣的金狮子,附近就是铁匠住家的矮房以及和它毗连的铁铺,再过去就是药房、木匠的作场和一两家其他的店铺。其余的矮房都是农民住的,那些农民都有自己一点小小的耕地,行有余力才到附近大农场上去帮忙。原来这梅绿村附近并没有王公大人的产业,村中的经济生活是全靠一般家境优裕的自耕农维持的。

那一天,风和日暖,蔚蓝的天上点缀着长条的白云,仿佛是拿水彩画笔抹上去似的;空气里面充满着春天的潮湿以及一种浓郁的泥土气。那条街道给小鸡、小鹅和小雀占据去了,一家人家的大门口站着个小女孩子,手里抱着一只心爱的小兔儿。

四下里看不见几个人,因为那时候已将傍晚,各人都得赶做自己的活儿,所以在外闲游的只有几只狗、一两只正在玩耍的小猫,以及一些还不能做活的小孩子罢了。一个女人臂膀上套着一只篮子从街上走过,另外一个女人打开阁楼的窗口,从一个由卷须藤和牵牛花织成的框子里伸出头来,跟那走路的女人招呼答话。村边有个十字架,幸而未遭克伦威尔部下兵士的摧残,有八九个女孩子聚集在那里,都是由她们的父母差到那里去看牛放羊的。

其中年纪较轻的几个正在"造房子"玩儿,只有三个年纪稍大的是在谈天。牧场对面站着两个年轻男人,傻头傻脑的,将手插在裤袋里,两个拇指头儿弓出来,局促不安地在跟一个什么人谈话,分明那人使得他们心绪撩乱了,以致他们那种本来不很安定的姿势愈加不安起来。从这边三个女孩子的位置看过去,那个跟他们谈天的人是被他们的身子遮没的,但是那三个女孩子心里知道那人是谁,当时都把手儿叉着腰,眼睛向那边怒视着,口里叽叽咕咕不住地牢骚。

"那是孙琥珀呢!"那个年纪最大的女孩子愤愤不平地将一头淡黄长头发一甩,说道,"只要是有男人的地方,你可以包她是会在的,我想她的鼻子闻得出男人来呢!"

"她大概一年以前就跟人家结过婚睡过觉了——我母亲这么说的!"

第三个女孩子做出一个狡猾的微笑,用一种自作聪明的拖长声说道:"唔,也许她并没有结过婚,可是她早已经……"

"轻些儿!"第一个女孩子向那些小女孩子那边点点头,喝住了她。

"这怕什么呢?"她坚持道,可是她的声音已经低到耳语一般了,"我的兄弟说施阿包亲口告诉他的,他在圣母礼拜日那一天就跟她上过道儿了!"

可是那个首先发动谈话的莉蓓表示不服,啪的一声甩了个响指。"我的天,嘉璐这一句话是柯阿泽六个月前头就说过的——现在她的肚皮也没有大呀。"

嘉璐并没有被她驳倒。"你要知道什么缘故吗,莉蓓?因为她能够在青蛙嘴里吐三口痰唾,就是这个缘故呀,这是李美琪亲眼看见她干的!"

"呸!我母亲说没有一个人能够在青蛙嘴里吐三口痰唾的!"

但是这场辩论忽然被打断了,因为突然有一阵马蹄奔骤的声音震响过那幽静的村落,随即有一队骑马的人从圣凯察灵教堂那边转过弯来,打那条狭窄的街道上向她们这边直冲而至。一个六岁的女孩子发出一声恐怖的尖叫,跑到莉蓓裙子后边躲起来。

"是克伦威尔来了呢!他从阴间回来捉我们了!"原来克伦威尔死有余威,仍旧能够吓倒顽皮孩子的。

那些人勒住了马缰,在离开那群女孩子不过十码的地方骤然驻了马,于是她们一时的惊恐就变作了一种天真的叹赏。他们一共十四五个人,但有半数以上大约是侍从或是向导,因为那半数以上都穿着便衣,而且跟其余的人隔着一段路走。至于在前领头的五六个,分明都是老爷。

他们的头发都跟十字军英雄一般留到平肩。他们的衣服都非常华丽——有的是黑丝绒,有的是烟红丝绒,有的是绿缎子,都是白色麻纱的阔领,白色麻纱的衬衫。他们头上一律戴着阔檐帽,上面饰着涡形的羽毛,长长的骑马披风挂在他们肩膀上。他们的长筒皮靴都装着白银的马刺,各人腰间都挂着一把刀。看他们的模样,显然是经过长途跋涉而来,因为他们衣服上满是灰沙,面孔上淌着污汗,但在那群女孩子的眼睛里,他们简直都具有一种骇人的威风了。

其中有一个人脱下他的帽子,跟莉蓓说起话来,大概因为她是最最美丽的一个。"借问一声儿,女士,"他说时,声音和眼光都很柔婉,这时他将莉蓓从头到脚慢慢端详起来,把她羞得满脸绯红几乎不能喘气,"我们要找一个吃东西的地方,你们这里有好酒馆吗?"

莉蓓瞠视着他,一时说不出话来,那人却将双手放在前面马鞍上,继续笑嘻嘻地看着她。他穿着一件黑丝绒的外衣,一件紧身短靠,一条大脚管裤子,上面镶着金丝绦。他的头发是黝黑的,眼睛是灰绿的,上唇上面留着一撇漆黑的小髭须。他的相貌美得很是惹眼,但这并不是他的特色,因为他虽则显然是贵族中人,他的面容却流露出一种不肯妥协的凶暴和力量,显得他是一个冒险家和投机家,一个不受一切拘束的人物。

莉蓓咽了一口唾沫,微微行了个万福。"茅石镇上有一家三杯店,想来爷们一定喜欢的。"她觉得他们是一班阔客,不敢拿自己的穷苦小乡村举荐给他们。

"茅石镇离开这儿多远呢?"

"别他妈的茅石镇了罢!"其中一人提出抗议道,"你们自己的饭店哪儿去了?"这说话的人是个面孔鲜红粉嫩的美貌青年,虽则他当时满脸恼怒,却分明是个春风和乐的人儿。当他说这话的时候,其余的人都大笑起来,就有一个人扑过去拍拍他肩膀。

"天晓得,我们简直都做了老饕了! 阿木笔自从今儿早上吃过那半片羊儿,到现在还没有一屑东西进过口呢!"

大家听见这话又都笑起来,因为阿木笔的食量是大家一向当作笑柄的,于是那些女孩子也跟着他们吃吃窃笑了。那六岁的小姑娘当初错把他们认做清教徒的鬼,现在也胆壮起来,从莉蓓的裙背后重新钻出,挨上前去一两步。谁知正在这刹那,忽然发生了一桩事儿,使得刚才的局面骤然改样。

"我们这里的客店也并不错的,爷!"一个低音调的女性声音这么叫起来,原来刚才牧场对面跟两个青年农夫在说话的那个女孩子也跑过来了。其他的女孩子一看见她来,就都像胆小的猫儿似的僵着不敢动,那些骑马的人却都突然感到新鲜的兴味,把眼睛四下搜索起来。"他家的老板奶奶做起酒来算厄塞一等呢!"

说着,她对阿木笔微微行了个万福,立即就把眼睛瞟到那个最先开口说话的人脸上。那人也正在凝神注视她,不期脸上已经换出了一副爱慕、沉思而又警觉的新表情了。其余的人众瞠瞠都看着他们两人,他们两人的视线却接触了许久方才分拆。

那孙琥珀这才抬起一条肩膀儿,向那闪烁在落日中的旧金狮子招牌指了指。"就在那边铁店的隔壁,爷。"

她那蜜色的头发成了浓重的浪纹落在她的臂膀上;当她抬起头凝视他的时候,她那清明若琥珀的眼珠子就仿佛要从眼角里翘了出来;她的眉毛是漆黑的,耸成了两个小小的弧形,眼睫毛也浓而且黑。总之,她的全身都包围着一种热烈浓郁的气氛,对于男人会立即暗示一种愉快的满足——这是她不能负责的,但她对于这种气氛一直具有敏锐的自觉,其他的女孩子所以要恨她,也就为了她的这种气氛,倒不是为她的美。

她的服装跟其他的女孩子倒没有什么两样:一条乡土气的牛毛裙子,里面衬着一件绿色的紧身衣,外罩一件白色的衫子,结上条黄色的围裙,配上一个黑色花边贴身的肚褡;她的手腕是露着的,脚上一双干干净净的黑鞋,然而她同其余的女孩子究属不一样,犹之乎野花不像家花,麻雀儿不像金孔雀。

阿木笔将身子扑了上前,叉着两条臂膀靠在鞍桥上。"我的天,"他慢慢说道,"你跑到这种荒僻乡村里来做什么?"

琥珀将眼睛撇开了那人,移到他脸上,渐渐展开了笑容,露出一副雪白、整齐、漂亮的牙齿。"我住在这儿,爷。"

"真是见鬼了!那么你当初是怎样来的?你是什么贵族的私生女儿,寄到乡下婆娘这里来吃乳,却被爹娘忘记了这十五年的罢?"这种事情本来不稀罕,她却突然忿怒起来了,一双眉毛皱得紧紧的。

"我不是私生独生女,爷!我是我父亲养的孩子。也同你们一样——或者要好过你们。"

那些人听见这话,连阿木笔在内,都呵呵大笑起来,这时阿木笔对她咧着嘴。"你不要生气,我的乖乖,天晓得,我的意思不过是你的模样不像一个农家的女儿呢。"

她朝他微微笑了笑,仿佛为她刚发脾气道歉似的,可是她的眼睛立即移转到那个人身上去了。那人仍旧注视着她,那种眼光使得她全身温热起来,并且给予她一种迅速增长的兴奋。其余的人都将马儿掉转头,及至那人将马掉头的时候,那马把前腿高高竖起来,那人微笑笑,点点头。阿木笔谢过了她,触了触帽檐,就向着原来的路往那客店去了。那些女孩子仍旧默默地站在那里,看着他们下了马,跨进门,又看着客店老板的年轻儿子们出来替他们牵马。

等到那些人都看不见了,莉蓓突然吐了吐舌头,推了琥珀一下。"唔!"她得胜一样嚷道,声音像母山羊叫,"你这下好了,你这骚女人!"

琥珀也回她一推,几乎把她推倒在地上,同时对她大嚷道:"你管做你的活罢,你这多嘴姑娘。"

她们站在那里互相瞪了一会儿眼睛,终于莉蓓掉转头,自己走过牧场去了。其余的女孩子也都到牧场上归拢了牲口,跑的跑,叫的叫,急忙忙赶回家吃晚饭去了。其时太阳已经下山,只剩得地平线上一片闪红色,上层逐渐转成了鲜蓝,又有一颗星吐出来;空气里面充满了黄昏的幻景。

琥珀心里还是怦怦地跳着,重新回到刚才留放她的篮儿的地方。那两个青年农夫已经走开了,她就捡起那篮儿,向客店那边走去。

她从来没有看见过像他那样的人。他身上穿的衣服、他说话的声音、他眼睛里的表情,统统使她感觉自己曾经瞥见另外一个新世界,因而她渴望着再看看它,哪怕只一霎时也是好的。除此以外的一切——梅绿村和马太姨爹,农场上的她自己的世界,她所认识的一切青年人——现在对于她都觉得黯然失色,甚而至于可鄙了。

她根据村中皮匠平时的谈话,知道那一班人一定是贵族,至于他们到这梅绿村来做什么她却想象不出了。因为过去的几年当中,一般骑士都已经深深隐伏起来,或是跟着王太子——就是现在的查理二世——逃亡到外国去了。

那个皮匠从前曾经在王军一边打过内战,所以能有许多见闻告诉她。他说他曾经在牛津见到过查理一世,而且跟他站得很近,简直可以碰到他身上,又说那些王族里的贵人命妇都长得非常美丽,穿得非常奢华,真是一种充满着色彩和精神的高度浪漫的生活。但是这种生活她始终没有看见过,因为当她还是一个小孩子的时候这种生活就已消失了——自从那天早晨万岁爷在他自己的宫院里被人砍了头之后,它就永远消失了。现在她看见了那个黑头发的骑马人,仿佛他的身边就有那种高度浪漫的空气,而且仿佛那种空气只有他独个人有,其余的人都没有(因为她对于其余的人其实并没有注意),可是除了那种空气之外,还有一种属于他个人的东西。于是她觉得自己的眼界为之一开,她就仿佛突然充满跃跃的生气了。

她走到客店之后,并不从前门进去,却绕弯儿走到屋后,看见一个小男孩子坐在后门口玩着一只狐狸耳朵的小狗。她一边走过去一边拍拍他的头,到了厨房里,看见卜老板娘在准备饭菜,忙乱得不得开交。砧板上面放着一片生牛肉,老板娘的一个女儿正拿着一种由面包屑和大葱、药草调和起来的酱在那里装塞。一个小女孩子在厨房角落的井里抽水。火炉上边笼子里关着一只曲腿狗,正在那里汪汪地怒嗥,因为一个孩子拿着一小块红炭烫它的后脚,要它跑得快些儿,好使那烧烤的牛肉转得各面均匀脆熟。

琥珀为要找个进身的由头,便对卜老板娘说道:"这儿有一个荷兰姜饼,是姗娜姨妈送给你的,卜老板娘!"这是她说的谎话,因为姗娜本叫她把这姜饼送给铁匠师傅的娘,她却认为现在这里的用途比较重要了。

"哦,谢谢上帝,我的好乖乖! 哦,我从来没有干过这种生活! 一下子来了六位老爷呢! 哦,天! 这叫我怎么办呢!"可是她一面说着,一面就在一口大碗里打起鸡蛋来了。

在这一刻儿,十五岁的美格正从地窖的活板门里伸出头来,怀里抱着许多灰尘堆积的绿色瓶子,琥珀就急忙赶上前去。

"喂,美格,我来帮帮你的忙!"

她从美格手里接过五个酒瓶来,一直拿到外间屋子去,拿膝盖推开了门,可是进门的时候她一直低着头,全神贯注在瓶子上。那班人站满一屋子,已把披风脱下了,却仍旧戴着帽子。阿木笔一眼看见她,就笑嘻嘻地迎上前去。

"喂——好乖乖,我来帮你的忙罢。那么这儿的人也玩这套老把戏儿的?"

"什么老把戏儿,爷?"

他从她手里接过三个瓶子去,她把其余两个放在桌子上,这才抬起头来朝他笑了笑。可是她的眼睛立刻就转过去找她的意中人,见他正跟着两个同伴在窗口底下一张桌子上掷骰子。当时他是侧着身子朝她的,眼睛却不看过来,恰好一个同伴掷出一把彩来,他就丢了一块钱下去。于是她觉得惊异而失望——因为她总以为他立即会看她甚至于找她呢,只得重新将脸朝着阿木笔。

"怎么,这是全世界都通行的一种顶顶老的老把戏儿了。"他说,"养着个漂亮女堂倌引诱顾客,直到把他们身上每一个子儿都刮光为止——我看你是不知曾有多少农家儿子为你倾家荡产的罢。"说着他对她咧了咧嘴,然后拿起一个酒瓶来,拔开了塞子,凑上嘴唇。琥珀又送给他一个狡猾风骚的微笑,巴不能够那人回转头来看见她。

"哦,我并不是这里的女堂倌,爷。我是给卜老板娘送饼来的,不过帮美格拿拿酒瓶。"

阿木笔已经吞了好几口,那一瓶酒早已去了半瓶了。"哦,天!"他表示安慰地叫道,"唔,那么你是谁呢?你叫什么名字?"

"孙琥珀,爷。"

"琥珀! 农夫的老婆是不会想出这种名字来的。"

她笑起来,一面又把眼睛偷偷瞟到那边去,可是那人仍旧专心致志在他的骰子上。"我家马太姨爹也是这么说。他说我的名字应该是美丽或是安妮或者伊丽莎白。"

阿木笔又已狂吞好几口下去,这才拿他的手背揩了揩嘴巴。"你那姨爹是个没有想象力的人。"这时琥珀又把眼睛瞟到掷骰子的桌子那边去,却被他发现了,他就掉转头大笑起来。"哦,你原来是要那个呢! 好罢,那么来——"说着,他一把抓住了她的手腕,将她牵到那边去。

"老贾,"他对那人说道,"这儿有个娘们想要跟你睡觉呢。"

那人回转头,开玩笑似的将阿木笔瞥了一眼,然后对琥珀咧开嘴来。琥珀正仰着一张脸,眼睛睁得大大的,把他看得出了神,以至阿木笔那句话她连听都没有听见。她的个儿不过五英尺三,对于一个中等身材的男人是会觉得适当的! 但她当时跟他并立着,他却至少比她要高过一英尺。

等到阿木笔给那人介绍的时候,她也没有完全听进耳朵里,只听见他说:"——虽则我中意的婊子都被他割了靴腰,我可仍旧对他怀着无上尊敬——贾伯鲁爵士。"她就对他行了个万福,他也对她鞠了一个躬,又把帽子刷地去掉了,做出一种竭力趋奉的样子,仿佛她是一个皇家的公主。"因为,"阿木笔继续说道,"我们都是跟万岁爷回来的。"

"万岁爷回来了吗?"

"他回来了——就快要到了。"贾爷说。

琥珀听见这个惊人的消息,立即把什么羞赧都忘记了,因为古家人虽然曾经一度同情国会军,后来却渐渐想望起从前有皇帝的老生活了,这是乡下人家大都如此的。皇帝在时百姓并不爱,等他被杀之后却慢慢爱起来,而这爱就转移到他的嗣子身上了。

"我的天!"琥珀喘着气道,因为这种事情太大了,她是一下子弄不明白的,而况是在这样迷人的情境之下呢。

贾爷把美格放在架上的酒瓶拿起一个,手掌抹了瓶颈上的灰尘,拔开塞子,开始喝起来。琥珀继续瞠视着他,她的自我意识差不多被欣慕的心情完全淹没了。

"我们是到伦敦去路过这里的,"他告诉她,"可是我们有一匹马得要上蹄铁。你们这个客店怎么样?在这里过夜不要紧吗?店主人不会抢劫我们吧?没有臭虫白虱吗?"

他一边说一边注视着她的脸儿,眼里分明含着开玩笑的神气,她却不知为了什么理由并没有看出来。

"抢劫你们!"她忿然嚷道,"卜老板是从来不会抢劫人的!这个客店再好没有了,"她替老板忠心地宣传道,"茅石镇的客店比得它一个屁呢!"

这几句话说得两个人都咧开嘴来。"好罢,"阿木笔说,"哪怕店主人把我们的鞋都盗去,哪怕白虱多如三月稻田里面的乌鸦,这里到底是英国人开的客店,因而总是好的!"说着,他对她很严肃地鞠了一个躬,"谨遵台命,女士",便自顾找酒去,把他们两个丢在那里了。

琥珀觉得全身骨头筋肉都变成了水,站在那里呆呆地看着他,要想说话却像舌头被钳住似的,只在心里暗暗诅咒自己的蠢笨。她想自己平时嘴舌极灵活,见到男人不管他老少,也不管是在怎样的情形,总都马上可以说长道短的,怎么现在连一句话都想不起来了呢!她恨不能够给他一个深刻的印象,恨不能够使他同自己一样感到强烈的激动和惊奇。许久她才想起一桩事来说:

"明天是茅石镇的五月市日呢。"

"是吗?"

他把眼睛低下看她的胸口,见是丰丰满满的,一双奶子尖尖儿的,朝上翘起着:原来她的身体早就完全成熟了。

她经他这一下看,觉得血液开始涨上她的颈脖和面部。"这是厄塞顶顶热闹的市集呢,"她又急忙补充说,"一二十英里路外的农夫都要赶去的。"

他的眼睛重新抬上去接触着她的目光,同时他微笑起来,又把一双眉毛耸了耸,分明对于这种庞大的市集觉得有些稀奇,然后他把瓶中的余酒一口喝干了。于是她可以微微闻到他口里喷出来的酒气,又可以闻到他衣服上一股浓烈的男性的汗气,以及他的靴子的皮革气。这一些气味的混合给与她一种眩晕的感觉,几乎是沉醉一般,当即有一种强烈的欲望沁入了她的骨髓,刚才阿木笔给她的那句按语是不见得怎样夸张的。

现在他把眼睛瞟到窗外去。"天快黑了。你应该回家去了。"说着,他走到门口去替她开了门。

夜色很快罩下来,许多星已经出现,那高高挂着的月亮是淡冷而透明的。一阵冷飕飕的微风已经刮起来,他两人独自站在客店门口,客店里面传出谈笑的声音,面前是一片虫蛙的鸣叫,空中又有蚊蚋的嘤嘤声。她回转头朝他看着,她的脸儿雪白而闪耀,同一朵向月菊一般。

"你能到市上去吗,爷?"她只怕从此不能再见他的面,那是她觉得受不了的。

"也许,"他说,"如果有工夫的话。"

"哦,你去罢!那是在大路上的——你反正要打那里经过!你到那里停一停好吗?"她的声音和眼睛都向他恳求,意思是极其诚挚而迫切。

"你是多么美啊!"他轻轻地说,他的表情直到现在方才是完全正经的。

他们站在那里面面相觑了一会,然后琥珀不由自主地向他身上扑过去。他拿手儿围住她的腰,将她搂到了面前,她就感觉到他腿上强有力的肌肉了。她将头往后一仰,咧着嘴等他来亲。过了好一会儿他才放松她,可是她还觉得太快,几乎以为受他欺骗了。她重新睁开眼睛,见他正对自己看着,微微露出一点惊骇的神情,不过那惊骇是为他自己或是为她,她却不得而知了。她只觉得呆呆的,似乎整个世界已经爆裂,又仿佛受到了一下沉重的打击,她的浑身气力都不知跑到哪里去了。

"现在你得回去了,亲爱的,"他终于说道,"你家里人见你这般时候不回去,是要着急的呢。"

一大串发于冲动的话跃到她的唇边。他们着急我不管!哪怕永远不回家去我也不管！除了你之外我什么都不管——哦,让我待在这儿,明天跟你同走罢……

可是有一点东西阻止着她没有说出口来。也许姗娜姨妈那张皱着眉头的苦脸,以及马太姨爹那副瘦棱棱的严肃责备的面容,当时在她的心的不甚深处还留着个影儿罢。这样的大胆到底也不是办法,恐怕徒然激起他的憎怒来。姗娜姨妈常说男人是不喜欢泼辣女人的。

"我家离开这里并不远。"她说,"就打这条路上走下去,走过那一片田,不过四分之一英里呢。"她是希望他自告奋勇地送她回去,可是等了一下他没有开口,她就只得向他行了个万福,说道,"我明天到市上找你去,爷。"

"我也许会去的。晚安。"

他对她鞠了一个躬,又脱了脱帽子,这才笑嘻嘻地将她从头到脚瞥了一眼,掉转身走进门去了。琥珀仍像一个着迷的孩子似的站了一刻儿,这才突然旋转身去,跑了几步又回头看了一看,却已经没有他的影子了。

她认真地跑了起来,跑上了那条狭窄的道路,经过那座教堂,到了她母亲坟墓所在的那片坟场。她特别加快了步子,一会儿就进入那条通到古家庄子去的树木夹道的小弄里了。平常她到天快黑,独个人走到外边是要觉得害怕的,现在是什么妖魔鬼怪都吓她不倒了,因为她心里已经装满了别样的思想。

她从来没有见到过像他那样一个人,也从来没有想到过世界上会有这样一个人。他就是皮匠所形容的那种美貌风流的贵族中人,也正是她的梦想根据着这种形容刺绣起来的人物。什么施阿包！什么柯阿泽！简直是一对戆徒罢了！

她心里疑惑现在他是不是在想她,终于觉得他一定非想她不可。决没有一个男人跟女人亲了那样一个嘴之后一会儿就会忘记她的！她想别的不必说,单是那一个亲嘴儿明天就会把他送到市上去——大概他要不去也由不得他了。她觉得自己对于男人和他们的性情了解得很清楚,因而对自己恭维起来。

夜晚的空气颇觉冷清,仿佛是从冰上吹过来似的,牧场上面是紫色的金钱花和白色的鸡肠草。她从通后门的路上走回家去——踏过小涧上面一条由两块板儿和一根扶手做成的小桥,穿过一片栽着包心菜之类的园地,又挨过许多白粉墙壁蒙着苍苔石块的仓房、马厩和羊棚,然后沿着一口放鸭池,进入自家的后院。

那所房子是两层的,橡木的壁板雕得很精致,红砖墙上满披着藤萝。每个烟囱上面也都有藤萝蒙着一个长满牵牛花的穹形框子,构成了厨房的门,门上钉着一块马蹄铁,是防备巫婆作祟用的。在那砖块铺成的后院里,沿墙都是姗娜手栽的花儿,低处是白的紫的一簇簇萝兰花,高处是木芙蓉高达檐际,又有浓密的香油草,预备夹被单用的。有几株果子树正在开花,将一种甜蜜的清香播在空气里。一条木头的矮凳上放着两个盖着茅草的蜂房。门边靠墙是一个小小的鸟笼子,被一丛粉红色的蔷薇盖没着,一只顽皮的绿眼小猫坐在门槛上面洗脸儿。

这所房子里面有美有和平,并且暗示着一种活泼有益的生活。它的年龄已经有百年以上,他家住在这里已经五代了,到得而今一片繁荣的气象——并不能算是富有,却能够饱食暖衣,自足而安适,这是个爱的家宅。

琥珀跨进门口的时候,弯下身子抱起了那只小猫,拿手指头按按它那光滑柔软的脊背,听听它那表示满足的低呜。其时晚饭已经吃过了,厨房里只剩姗娜和十五岁的阿妮两个人——姗娜刚从锅炉里边掏出几卷热面包,阿妮正在拨弄一盏油灯的灯草。

阿妮正说着话,她的声音含着牢骚和怨恨:"——这就怪不得人家要说她的坏话了! 老实对你说罢,母亲,我有了这个表姊,真是把人羞煞了呢——"

琥珀明明听见了这话,可是她已经没有心思去管它了,这种话语是阿妮常常说的。她发了一声快乐的呼叫跑进了厨房,一把搂住了她的姨妈。"阿姨!"姗娜回转头,对她微笑笑,可是一双眼睛很担心地将她搜索着。"客店里边来了一屋子老爷呢! 万岁爷要回来了呀!"

姗娜脸上的烦恼表情消失了。"这是当真的吗,孩子?"

"真的呢!"琥珀骄傲地说道,"他们亲口跟我讲的。"她为了这个消息和刚才那番奇遇,已经觉得自己十分了不起了。她想现在无论谁来看见她,一定都会看出她跟两个钟头以前从家里走出去的时候已经大大地改变。

阿妮现出不相信和瞧不起的神情,可是姗娜立即转身冲出了门口,急忙跑到俾房那边,去找许多正在那里做活的男人去。琥珀也跟着她跑,那班男人一听见两个女人同时报告这消息,便齐声欢呼起来。霎时之间,男人都跑出了俾房和牛棚,女人都奔出了她们的矮屋(农场上面也有一些矮屋的),甚至连狗都汪汪狂叫起来,仿佛也来加入大家的庆祝。

查理二世万岁!

一个星期之前马太就从市场上听到复辟的谣言了。自从三月初头起,这种谣言就已流到各乡村里来,传布这种谣言的是一班来往的旅客、流动的贩子,以及所有跟伦敦方面有商业往来的人。摄政的儿子塔台狄克已被推翻了政权。孟克将军已从苏格兰出兵,将伦敦占领,召集了一个自由国会了。平民和军队之间的内战似乎又快要爆发。凡是这些消息传过的地方,都留下一种厌倦和希望混合的情绪——厌倦的是过去二十年中那种无穷的苦难,希望的是王政复兴可以使大家重见太平,大家都在渴望从前那种过惯的日子。现在看见这班骑士回来了,那么查理王之快要回来毋庸置疑——一个繁荣、快乐、太平的黄金时代又快开头了。

等到那一阵兴奋开始平下去,大家又都回去做活的时候,琥珀就也动身回家了。她明天得起早动身到市上去,她要睡它一个足,使得明天早晨面色可以好看些,心里也觉舒适些。可是当她从牛棚门口经过的时候,她听见有人轻轻地连声叫她的名字,她就站住了。原来是安汤姆站在阴影里,正伸出一只手去拦她的腰。

汤姆是一个十二岁的青年,在她姨爹家里帮工,他非常爱琥珀,琥珀虽然明知他决不能跟自己相配,却因为他爱自己而喜欢他。她知道母亲留给她一份好妆奁,就是那一乡地方顶顶富有的农夫她也配得上。可是她觉得汤姆那样奉承她,倒也有些儿滋味,因而她以前曾经鼓励过他。

当时她急忙四下里瞥了一眼,看看姨爹姨妈都不在眼前,就跟他走进牛棚里去了,那个小棚子里面是阴冷漆黑的。汤姆粗手笨脚地抓住了她,一手搂住她的腰,一手从她衣服里伸了进去,一面将嘴打索着她的嘴唇。这种把戏分明是他们做了不止一次的,当时琥珀也就顺受了,听凭他去吻着摸着,可是她突然将身子挣脱,猛地将他一推。

"你见了鬼了,安汤姆,谁让你这么放肆的!"

她心里正在诧异,怎么一个平常人的吻和一个爵爷的吻会这样不同,可是汤姆觉得难受了,莫名其妙了,他重新伸手去将她抓住。

"怎么一回事啊,琥珀? 我怎么得罪你了? 你见了什么鬼了?"

琥珀忿然扭脱他的手,就一溜烟地跑走了。因为她现在觉得自己身份已经很高,对于安汤姆这一流人再也犯不着跟他纠缠,只急于要爬到楼上去躺着,以便细细想念那贾爷,并且做着明天的美梦。

这时厨房里只剩姗娜一个人,正在那里打扫青石地板,预备扫完就要睡觉了。四边点着三四盏油灯,每个灯头的尖细火焰周围都有一圈小飞蛾在那里旋绕,只有金铃子振铃一般的歌曲侵扰那夜晚的一片安幽。马太回来了,满脸的怒容,闷声不响地走到放在一个阴凉角落里的一只酒桶那边去,倒了一小杯酒,一口将它喝下了。他是一个中等身材的很严肃的人,平日做活很勤苦,历而挣起一份优裕的生活,很爱他的家庭。他做人非常规矩,而且怀着一颗良心,对于是非善恶之间是辨别得很清楚的。

姗娜瞟了他一眼。"什么事啊,马太? 小马不舒服了吗?"

"不,我想她是会好的。可恨那女孩子呢。"

他现出满脸的恼怒,走到大炉灶那边去站着了,那炉灶四周放着许多熏黑了的锅儿罐儿,以及亮晶晶的铜吊子和擦得同银子一般的酒壶儿。火腿腊肉拿大网儿罩着挂在头顶橡树上,还有一捆一捆的干药草也从那里挂下来。

"你说谁?"姗娜问道,"琥珀吗?"

"不是她还有谁! 一个钟头之前我看见她从牛棚里跑出来,一会儿之后安汤姆也跑出来了,他那样儿像只刚刚吃过鞭子的小狗。她把那个孩子弄得魂也没有了,以后还能给我做活吗? 还有,客店里边来了许多人,我请问你,她到底跑到那里去做什么?"他愤怒得不由把声音提高起来。

姗娜走到门口去竖好了苕帚,然后把门关上,插了门闩。"轻些儿,马太,客堂里还有人呢。我想她没有什么不规矩罢。她不过是走过那里,进去看看他们罢了——小孩子家见了新鲜的事儿站住看看也是常事。

可是她怎么等天黑了才独个人跑回来呢? 难道这万岁爷回来一个消息她得听一个钟头吗? 我告诉你罢,姗娜,这女孩子是该替她成亲了! 我不好让她辱没我的家风的! 你听见吗?"

"是的,马太,我听见了。"这时火炉旁边摇篮里的小娃子开始动弹哭叫起来,姗娜走过去将他抱起,拿奶喂着他,然后在一张长榻上坐下,发了一声疲倦的感叹。"只是她不肯成亲呀。"

"嘿!"马太带着讥刺的口气说道,"她不肯成亲! 我想她是把柯阿泽、施阿包两个人都不放在眼里呢——其实我们厄塞的小伙子没有比他们再好的了。"

姗娜轻轻地笑了一笑,她的声音柔和而乏力。"可是马太,她到底是个贵族呀。"

"贵族吗! 她简直是个婊子呢! 这四年以来我是被她闹够了,真是见鬼呢! 她的母亲也许是一个贵族,可是她——"

"马太! 你对裘蝶的孩子不要说这种话罢。哦,我知道的,马太。她把我也闹够了。我也警告过她的,我可不知道她到底听我不听我。今天晚上阿妮也跟我讲过——哦,可是,我想是没有什么道理的。只是怪她模样长得好,女孩子家都要忌妒她,编些话来说说也未可知的。"

"我可不相信都是她们的造谣,姗娜,你老是把别人当作好人的,别人却不一定值得你这样好心。今天施阿包又向我提起她了,我告诉你罢,她要是再不结婚,恐怕连安汤姆都不肯要她了,不管她有妆奁没有妆奁!"

不过倘使她的父亲回来,看见她已经嫁给一个农夫了,叫我们怎么交代呢! 哦,马太,我有时候想起我们是不应该的——不向她讲明她的来历——"

"不然我们还有什么办法呢,姗娜?她的母亲死了。她的父亲也一定死了,不然我们总会有个信儿的,她们姓孙的本家又寻不到一个影子。我告诉你罢,姗娜,她是除了嫁给一个农夫,知道安分守己之外没有第二条路好走的。"他用两只手做了一个手势。"这是天不容的呢!谁要讨了她去已经就够可怜了,为什么还要加重罪孽呢?得了罢,你也不必再辩了,姗娜。不是柯阿泽就是施阿包,叫她两个人当中自择一个,而且是愈快愈好——"

第二章

有的赶着蓝漆红漆的大车,有的步行,有的骑马,二十英里方圆的农夫和村民都聚汇到茅石镇上去了。他们大都带着妻子和孩儿,带着拿到市上去卖的谷子、麦子和牲口,带着家里女人冬天长夜织成的麻布和毛绒。但是他们同时也去卖东西。鞋子、盒子、农场上面的用具,以至于许多并不需要却是高兴要买的物事,还有孩子的玩具,给女儿扎发的带儿,屋子里挂的图画,自己戴的海獭帽儿。

草场上面,绕着撒克逊时代的古十字架密密地摆着摊儿,中间只留几条狭窄的小街,小街里人来人往拥挤不堪,都穿着休息日穿的服装——长裤子,绉领儿,长袖大褂——尽是许多年前的样式,却都还有簇新的褶影儿,为的是一年里面难得有几回穿的。鼓儿嘭嘭地敲着,胡琴吱吱地拉着。那些摆摊的人大声喊着自己的货色,大都已把喉咙喊哑了。好奇的群众站在那里睁大了眼睛,各人脸上为同情心所扭曲,看着一个满头是汗的人在那里拔蛀牙,而那牙科郎中还在大声宣言他的拔牙是绝对无痛的。有一个人在吞火,有一个在踩高跷,也有跳蚤的演戏,也有屈身的柔术,也有变戏法的,也有猴儿戏,也有木头戏。有个大帐篷上面高高插着一面旗,报告里边的戏文已经开锣了,可是当时清教徒的影响仍旧很强大,所以里面的看客寥寥无几。

琥珀夹在施阿包和柯阿泽两人当中,皱着眉头顿着脚,眼巴巴地不住掠过那人群。

他在哪里呢?

她是七点钟就到那里的,现在已经过了九点了,却仍看不见贾爷或是他那班朋友们的影子。她焦急得胃里如同搅奶油一般,手上不住在淌汗,嘴里越来越发干。哦,倘使他来的话,现在一定该到了;他一定已经走了,他已经忘记了我而径自走了……

傻头傻脑的高个儿柯阿泽拿肘节子触了她一下。"你瞧,琥珀,这你喜欢吗?"

她别转头,看见一群人正围着一座活布丁在狂笑呼喊,那活布丁站在一个平台上,已给人家从头到脚扔满面糊了,她却只向那围着的人群搜索。

哦,他为什么不来呢?

"琥珀——这一条带子你喜欢吗——"

她给他们各人回了一个迅速的微笑,试着不去想他,可是哪里办得到,所有她醒觉的时间,他没有一个刹那不在她的思想里和情感里,如果她今天不能再见他的面,她知道她的失望是要使她无论如何活不下去的。她想自己平时失意的事情也见过不少,而这回的失意竟是不能比它再大了。

她今天来的时候装饰得非常仔细,的确知道自己从来没有像今天这般美。

她的裙子长到脚踝,是一种闪绿色的麻毛交织料所做的,背后高高地掀起,露出里面一件红白条子的紧身来。她把她那黑色马甲的花边抽得尽量紧,以便特别显出她的细腰身;又瞒着姗娜将她的白色宽衫领子解得非常低,一直低到胸口的坳里。她的头顶盘着个白色金钱菊的花圈儿,是将花枝纠结而成的,一只手里拿着一个阔檐的草凉帽。

当时那两个戆徒一直盘旋在她的左右,口袋里边叮叮当当地响着几个钱儿,不住问她要不要这样,要不要那样,终于使她觉得忿然了——难道就这样子跟他们一直混下去吗?

"我想我喜欢这个——"她心不在焉地指着柜台一大堆东西里边的一根红缎带子说,谁知在她说完这话皱着眉头掉转头去的一刹那,她就看见了他了。

"哦!"

她先呆了一刻儿,这才突然撩起裙子,向他那边奔去,撇下那两个人不胜骇异地向她身后瞠视着。其时贾爷、阿木笔和一个年轻人刚刚走进市场来,正站在那里,一个卖菜老太婆依照古代习惯跪着给他们擦靴子。琥珀跑到他们跟前,已经是喘不过气,却仍微笑着向他们行了个万福,他们也都脱下了帽子,很严肃地回她一鞠躬。

"啊呀,我的宝贝儿,"阿木笔不胜兴奋地说道,"你这娘们今天多美啊,我出娘胎还是头一次见识呢。"

"得啦,爷。"她说着,心里很感激他。但她的眼睛立即移到贾爷脸上去,见他正注视着自己,那一种眼光不觉使她的臂膀和脊背都震动起来。"我怕——我怕你已经走了呢。"

他微笑了笑。"铁匠也赶市去了,我们只得自己动手钉蹄铁。"说着他向四下看了看,"唔——你想我们先去看什么?"

他的眼睛和他的嘴角的表情都那么懒洋洋,仿佛只觉得她很好玩似的。这使她有些难为情起来,觉得舌头仿佛被钳住,不知怎么样才好,同时对于自己有些光火了。因为她倘使想不出一句话来说,倘使只让他看着自己脸上这样一阵白一阵红,倘使自己竟像一个呆子似的一直瞠视着他,那么她怎么能够使他感动呢?

现在那老太婆擦完靴子了,他们各人扔给她一块钱,她就撇开他们走自己的路去了,只是走了几步又回转头看看琥珀。这时琥珀渐渐成为众目之的了,因为那几个骑士跑到这里来,人人都要注意他们,至于一个乡下姑娘怎么也跟他们混在一起,当然也是大家都要诧异的。琥珀看见大家这么注意她,本应该觉得很高兴,但是她害怕自己家里人看见她,那就要不得了。她觉得他们必须赶快走开去,走到一个安全清静的地方去。

"我是知道我要先看什么的,"阿木笔说,"我要先去看看那边那个卖酒的摊儿。这里下去有一个十字路口，我们到那里去碰头罢，等到太阳到了这里的时候——"他向头顶的天空指了指，然后又鞠了一个躬，同那年轻人撇开他们走了。

她踌躇了一会儿，等着他给她一点暗示，可是他并不做声，她就旋转身子向做戏的栅栏儿和帐篷那边走去了，那时市上的人仍旧很拥挤，那帐篷的所在是比较偏僻的。他走在她的旁边，两个人一时都没有话说。琥珀喜得当时不是大声直嚷就是听不出话来，那么自己的无话可说就可希望他拿这个理由来谅解她了。

她这时深恨自己太没有能耐，惟恐自己的一言一行都要被他耻笑。昨天晚上她躺在床上想的时候，觉得自己的举动非常漂亮而自然，总以为对他施一点魔力，是可以跟对安汤姆、施阿包以及其他许许多多男人同样不费气力的。谁知现在她重新发觉他们之间还隔着很大一段距离，她竟想不出法儿来渡过。她的感觉和情绪都强烈到了几乎苦痛的程度，她所看到的一切东西都具有一种很不自然的光辉。

琥珀为要掩饰她的羞愧和惶惑起见，对于他们经过的每个摊头都以极大的兴味注视着。最后走到一个摊头，有个年轻女人摆着许多亮晶晶的首饰在那里卖，贾爷低着头看了她一眼。

"你瞧那边那些东西你有什么想要的吗？"

琥珀又惊又喜地掠了他一眼，那摊上的一切东西她都觉得非常好，可是她知道它们的价钱当然是很贵的。她虽则穿过耳朵，姗娜又曾告诉过她，说等她出嫁的时候，有她母亲留下的一对耳环要给她戴，却至今没有戴过那个摊上的那种首饰。现在她如果戴了这样的首饰回家去，马太姨爹看见了一定要大发雷霆，同时姗娜姨妈一定又要提起要她出嫁的话儿来了，可是那些首饰的诱惑力非常之大，何况是贾爷赠给她的东西，她就无论如何硬不起心肠来推辞了。

当时她就毫不迟疑地回答他。"我想要一对耳环，爷。"

那摊儿后边的青年女人看见他们停了脚，早就开起她的话匣子来，将项圈、梳子、镯子之类一样样地擎给他们看。现在听见琥珀说起要耳环，她就立即抓起一对着色刻花玻璃坠子的长耳环来,拿到她的眼前去。

"你瞧这个,好乖乖! 这是连伯爵夫人也戴得的,我可以赌咒! 你把头凑过来,好姑娘,我来给你戴起来试试看罢。再凑过来些——成了。喏! 你这位老爷请来看看,我可以赌咒,她戴起这个来简直换了一个人呢,简直是个官家奶奶了! 这儿,你自己拿这面镜子照照看——哦,我可以赌咒,我的确没有看见过谁戴起来能够像你这样全然改样的,好乖乖……"

她的说话直同连珠炮一般,一边拿着一面镜子去让琥珀照看。琥珀伸着颈脖子,将鬓边的头发往后掠了掠,以便耳朵可以显出来,一双眼睛喜孜孜地闪亮着。她觉得戴上了这对耳环,仿佛就显得非常伟大,同时却又觉得有些不大规矩的样儿。她带着微笑向贾爷斜了一眼,看看他的神色怎么样,心里急于想要它,却又不敢表现得过分迫切,生怕太迫切了他就要瞧不起她。贾爷咧了一咧嘴,便将脸朝着那摆摊的女人。

"多少钱?"

"二十个先令,爷。"

他从口袋里掏出两个金币来,往那摊儿上一扔。"便宜得很,便宜得很。"

他跟琥珀开步前进了,琥珀得了这赠品,心里快乐非凡,总以为它是真金和宝钻做的。"我要一直保存着它,爷,我可以赌咒,从此我不会再戴旁的首饰了!"

"你喜欢它我就高兴了,亲爱的。现在我们做什么? 你想要看戏吗?"

说着,他向他们快要走近的那个帐篷点了一点头,琥珀因为家里人向来禁止她看戏,当然是很想去看的,便向帐篷那边渴望地瞟了一眼。可是她马上又踌躇起来,一部分因为她怕在那里碰见熟人,但是多半儿却因她想跟他两个人在一起,不愿意任何人看见他们。

"哦……唔……不瞒你说,爷,我家马太姨爹是不肯让我去的……"

她站在他身边,心里正愿望着他替她决定行止,却在不到十码路之外,看见她家阿妮和茅莉蓓、沙嘉璐站在那儿。她们三个人都大张着嘴瞠视着她,脸上分明挂着惊惶、忿怒,以及嫉妒的神情。琥珀跟她的表妹眼睛接触了一下,不由吓得倒抽一口气,然后赶快把脸儿转开,装做没有看见她们似的,手指颤抖抖捏上了她的帽檐。

"唉呀,爷!"她用一种激动的低声说道,"我的表妹在那边呢! 她一定要跑回去告诉我的姨妈的! 我们打这条路走罢——"

她并没有看见贾爷脸上的笑容,因为她说刚才那句话时就拔起脚向人丛中钻进去了。他也没有回头看那三个女孩子,便跟在她后边走去。琥珀只回过一次头,看看阿妮并没有盯她的梢,这才给他勉强装出了一个微笑。可是她实在吓坏了。阿妮一定会跑回家去报告姨妈姨爹,随后一定就要差人来找她,把她抓回家里去严加看管的。他们得赶快跑开去,跑到没有人看见的地方去——因为她已决计要享受这一两个钟头,以后无论怎样她都不管了。

走了一会儿,她说道:"这里就是坟场,我们进去向井里祝愿去罢。"

他站住了。她也站住了,抬起头来朝他看了看,脸上露出一种害怕而又倔强的神气。"亲爱的,"他说,"我想你是在这里自找苦吃呢。你家姨爹分明是个很规矩的上等人,我知道他一定不肯让他的外甥女儿跟一个骑士去结伴,也许你年纪还小,还不懂得这一种事情,可是清教徒跟骑士特别对于有女性关系的事始终不信任的。"

他的话里仍旧含着那种懒洋洋的声音,脸上仍旧带着那种温和玩笑的神气,都是昨天晚上曾经使她发生过一种奇异感觉的。她能感觉到这种淡然不以为意的神情,实在只是一种脾气的稀薄的掩饰,而那脾气是同时凶狠无情而且也许有点残酷的。当时她虽不甚明白,却隐隐之中想要戳穿那种彬彬有礼的外观,经验一下那种暴风雨般的力量,因为她知道那种力量只隔着一层表皮,并不是潜伏在那里,实在是硬箍在那里的。

她不假思索地回答了他,因为她对于自己已经觉得较有把握了。"我不管我的姨爹——我的姨妈是向来相信我的——你不要管我罢,爷。我要进去祝愿一下。"

他耸了耸肩膀,他们就又开步前进了。跨过了那条道儿,走进那蒙着藤萝的坟场大门口,便是两口小小的井儿,彼此相隔着三英尺模样。琥珀在两井之间跪下去,向每口井里伸进一只手,到浸没了手腕为止,然后闭上了眼睛,默默地祝愿起来。

我愿他爱上我。

祝完她仍跪在那里暂时不起来,聚精会神地默念了一下,然后每只手里舀起一点水,将它喝下了。他伸出一只手去将她挽起来。

"我想你替整个世界都祝愿过了罢。"他说,"你这祝愿要到几时才能获得呢?"

"要一年的时光——如果我相信它的话——可是我若不相信,那就永远都不能获得。"

"可是你当然相信的啰?"

"我从前的祝愿都是应验的。你也要祝愿一下吗?"

"一年时光对于我大多数的祝愿都不能算长。"

"不算长吗?哦,天!我觉得一年时光对于任何事情都够长了呢!"

"你今年才十七岁,所以会有这样的感觉。"

她向四下里察看起来,一部分是因为她再也吃不住他那灰绿色眼睛的瞪视,但是同时也因为她要寻觅一个可以逃避的地方。她觉得坟场里还太公开。其他的人随时都可以散步到这儿来,而来的男女老少,似乎都是对于她的快乐的一种威胁。她觉得一切人都通统一气,想要把她拉开他,叫她回到她的姨爹姨妈那种无聊乏味的保护底下去。

教堂的旁边有一片园子,园子过去就是一片牧场,是隔在茅石镇和青钟林之间的。怎么,当然那个地方好呀!那个树林里又凉又阴,而且有许多小小的树窝子,谁都不会看见他们的——她在过去三四年里赶市的时候见过几处,现在还都记得。于是她向那边走去了,心里却希望他以为他们是偶然走到那里去的。

他们穿过了园子,爬下了墙阶,便走到牧场上去。

那草场上密密散布着毛茛花、野蒲公英和黄色的泽兰,脚下的地同海绵一般,都浸饱了水,每脚踏下去都要陷入的。前面靠近河边是一片橙黄,原来那里长着许多万寿菊,及至走近了,又可看见水里高高竖着许多苍绿的芦苇。河堤上面长着一片猫尾柳,隔河就是那树林,林边长着一丛凤尾松,它们的叶子在太阳里像金元一般闪亮着。

"我几乎是忘记了,"他说,"春天的英国是多么美丽的。"

"你离开英国多久了?"

"差不多十六年了,自从我的父亲战死在马斯登泽,我的母亲就同我逃到外国去了。"

"在外国十六年了!"她不信地嚷道,"天,你是多么奔波呀!"

他低下头将她看了看,带着一种温情微笑笑。"这当然是我们谁都不愿的,可是我也没有法儿。至于我,我是一点都没有怨恨。"

"你不见得会喜欢在外国罢!"她觉得这态度大逆不道,不由惊骇而几至于愤怒了。

现在他们从一条狭窄的木头桥上渡过那湍急的小河;桥下有许多鱼儿在那里钻来钻去,水面上和长在一个静水小潭中的一簇水百合上都簇拥着许多蜻蜓。过了桥,他们就进入树林,踏上一条依稀可辨的弯曲小径,走过许多树木和凤尾草,以及一些正在开花的野玉簪。那地方凉爽而幽静,空气里充满着花香以及树叶朽败的气味。

"我想一个英国人如果承认自己喜欢外国,固然显得有点不忠,不过有些国度我的确是喜欢的,如意大利、法兰西和西班牙,可是我顶喜欢的是美洲。"

"美洲! 怎么,那是要飘洋过去的呢!"事实上,她所晓得的美洲就只如此了。

"是的,得要飘多时的洋。"他承认道。

"万岁爷在那里吗?"

"不,我有一次跟万岁爷的亲戚吕贝亲王去搜捕敌船,还有一次是在一个商船的舰队上。"

她听见这话简直同着了魔一般。竟会跑到那么远的地方去,甚至于渡过那么大的海洋呢! 这简直同神话一般难以相信。在她,茅石镇是她足迹所常到的最远的地方了,而且一年之中只有春秋两市才得去。在她的熟人当中,曾经到过离梅绿村东南二十五英里的伦敦去的,也只有那皮匠一个人。

"能去看看这么大的世界,一定是极有趣的呢!"她深深抽了口气,"你也到过伦敦吗?"

"从我能够记忆的时候起,一共只去过两次。第一次是十年之前,第二次是克伦威尔死后两个月,可是每一次耽的时候都并不长。"

现在他们站住了,他从那些树缝里向天空瞥了一眼,仿佛是要看看还有多少时候可耽。琥珀在旁看见他这样,突然恐慌起来。现在他快要走了——又要进入那大世界的纷忙、喧嚷和激动里去了——她呢,仍旧得留在这里。她产生了一种可怕的、新鲜的寂寞感,仿佛她是一场大宴会里的一个客人,却只孤零零地占着一只角落。他曾见到的那些地方,她是永远不会见到的;他曾做过的那些好事,她是永远不能去做的。可是最糟糕的还在于她永远不能再见他。

"还没有到走的时候呢!"

"是的。我还可以再耽一会儿。"

她向草地上跪了下去,把腮帮子鼓起来,一双眼睛现出反叛的神气。一会儿之后,他也面朝着她坐下了。她继续向前怒视了一会,细味着自己黯淡的将来,然后把眼睛很快移到他脸上。他在专心致志地观察她。她也向他瞪回去,心里不住怦怦地捶着,同时有一种软弱和懈怠慢慢暗袭过她,使她连眼睛都觉得沉重。她身上的每部分都因渴望他而感痛楚。然而她是吓慌了,怀疑着,噤着口——她的恐惧意识几乎大过了她的情欲。

最后他伸出臂膀,一把搂住她的腰,将她慢慢拖到身边去;琥珀仰起了头凑他的嘴,也伸出臂膀去搂住他。

他那一直都装着的矜持态度现在迅速消失了,让步给一种野蛮、粗暴而且极端自私的情欲,琥珀虽无经验,却并不天真,很急切地回了他的吻。她的欲火因他口手两者的接触而被煽炽,跟他的情欲一起高腾起来,起先在她的心的隐僻处仿佛听见姗娜在呼唤她,警告她,后来那声音和影像逐渐稀薄,终至于融解而失其所在。

但是当他将她揪倒在地上的时候,她却做了一种迅速的抗拒和一声小小的惊呼——因为现在她的知识已经达到它的限度了。超过这个限度的事情一定是神秘而几乎是可怕的。她将双手抵住胸膛,发出一声惊骇的低泣,将脸拼命扯开。她现在感到的恐惧是模糊而强烈的,几近乎歇斯底里了。

"不,"她嚷道,"你放手罢!"

她看见他的脸扑在自己脸上,他的眼睛已经变成了纯粹的闪绿。她一面哭着,一面却被情欲和恐怖夹攻得快要发狂,突然让自己松下去了。

经过很久一段时间,她方才重新意识到周围的世界,意识到他们原是两个各别的身躯——这种意识是她所不愿有的。她深深叹了口气,眼睛仍旧紧紧地闭着,只觉得浑身瘫软,连一根手指都不能动弹了。

又经过好一会儿,他才从她身上抬起身子坐了起来,将两个肘膀支在膝踝上,嘴里衔着一片长长的草叶,眼睛直愣愣地向前瞪视着。他脸上热汗淋漓,拿他那黑天鹅绒紧身的袖子拭干。琥珀一丝不动地躺在他身边,眼睛闭着,一只臂膀覆在额头上。她觉得温暖而瞌睡,满足得异乎寻常,刚才这桩事儿使浑身每一根纤维都觉得欣幸。

似乎在这一刻儿之前,她一直都只一半生活着。

及至她觉到他的眼睛是在她身上,这才微微侧转她的头,懒洋洋地给了他一个微笑。她想要说她爱他,此刻还是不敢说出口。她巴望他会说他爱她,可是他只低下头将她吻了吻。

"我对不起你,"他很温柔地说,"我没有想到你还是一个处女。"

"我是喜得我还是处女呢。"

难道他就只这句话好说吗?她等着,看着他,又觉得有些没有把握起来,而且有些害怕了。他的神气又跟她初次看见他的时候一样——现在她已不能从他的表情上或是态度上看出他们曾经多么亲密了。于是她觉得吃惊而且难受,因为她以为刚才的事情应该使得他跟她自己一样完全改变,他们两个都不应该再跟以前一样的。

　　最后他站了起来,侧着头向太阳瞟了一眼。"他们怕要在那里等我了,我们要在天黑以前赶到伦敦。"说着他伸出一只手去搀扶她,她就迅速地一下子跳起来,摇散了她的头发,抒平了她的衣裳,又将两只耳环摸了摸,借以确知它并未失落。

　　"哦,天,我们一定要迟到了。"

　　他一面掸去帽子上的尘土,一面很觉惊异地向她瞟了一眼,然后将帽子重新戴上头。其时他满脸怒容,仿佛深恨自己对于这宗交易不该占这样多的便宜似的。

　　琥珀看见他这种神情,脸上的笑容和心里的兴奋突然都归消失。"难道你不要我去吗?"她几乎要哭出来了。

　　"亲爱的,你的姨妈姨爹不会赞成的。"

　　"我管它做什么呢! 我只要跟你去:这梅绿村我是恨透了! 我永远不要再见它了! 哦,爷,我求求你! 你带我去吧。"这时她觉得梅绿村和她在那里过的生活无论如何不能忍受了。当初她从皮匠那里听来的那种开阔繁华的生活,模模糊糊地萦回了这许多年,现在她觉得一切希冀一切渴望都在他身上结晶起来了。

　　"一个没有结婚的女子,既没有钱又没有熟人,在伦敦是住不下去的。"他用一种实事求是的语气说,就连琥珀也听出了他不愿带她去受累的意思了。这时他怕伤她的心,随即补充说道:"我在伦敦是不能久待的,那么我走了之后你怎么办呢? 你要回到这儿就不容易了——一个英国乡村对于私奔女子的态度我是知道得很清楚的。而且一个女人要想在伦敦谋生,并没有很多方法。亲爱的,我想你还不如留在这儿吧。"

　　于是她竟大哭起来了。"我不要待在这儿! 我不要待在这儿,现在我已经不能再待了! 我们在这儿已经有两个钟头,而且有许多人看见我们走出市场的,你想我见到马太姨爹跟他怎样说呢?"

　　他脸上掠过一阵烦恼的神色,可是她并没有看见它。"这我早就对你说过,"他说,"可是即使你的姨爹要光火,你也还不如回去的好,而且……"

她打断了他。"我不回去呀！我再也不要住在这儿了，你听见了吗？如果你不肯带我去——那我就独个儿去！"她突然停住了，满脸忿怒和倔强地看着他，可是同时仍旧带着哀求的神气。"哦，求求你，爷。你带我走吧。"

他们站在那里互相瞪视了一会，末了他脸上的怒容逐渐消失，换出一个微笑来。"好吧，你这小淫妇，我带你走就是了。可是到了伦敦我不会跟你结婚的——这话无论如何都不可忘记。"

他这番话她只听进前面一部分，最后一点似乎是暂时无足轻重的。"哦，爷！我能去吗？我是无论如何不会让你受累的，我可以赌咒！"

"这倒也难说，"他慢吞吞地说道，"我想你会过得不错的吧。"

他们骑马进伦敦，时间已经过午了，一路经过不少小村落，虽然逼近首都，外表上却跟茅石镇或梅绿村没有分别。田畈里放着牲口，一样懒洋洋地在啮草，乡下婆子一样在矮树下摊晒衣裳。他们从村庄那儿经过的时候，大家认做了保驾的军士回来，都发狂地欢呼。孩子们跟着他们的马跑，都想摸摸他们的靴儿，女人们从门口里扑出来，街上的男人都站住了脚，脱了帽子向他们大声叫嚷。

"欢迎御驾回都！"

"皇帝万岁！"

"万寿无疆！"

这个有城墙围着的都市是许多世纪以来的一只脏水桶儿，古旧而丑恶，充满着臭气和腐烂，同时也充满着色彩、繁华和一种腐败的美。一切方面都围绕着一圈垃圾堆，为远近运来的废物所积聚，上边长着一层臭气熏天的白醭儿，街道是狭窄的，有些为石子砌成，大多数却连石子也没有，道中或道侧开着朝天的排水沟。相距一段路栽着一根柱子，用以勒开当中的车道，只把一点窄窄的空间留给步行人。街道两旁夹峙着房屋，上层都突出街面来，以致有些紧迫的胡同里竟可以把光线和空气完全遮没。

天空是给教堂的尖塔占领去的，因为这样的尖塔在城圈子里多至一百余根，从那里边发出的钟声不断构成伦敦热情美丽的音乐。摇摇欲动的陈旧招牌挺出街面来，有的画着金色的羔羊，有的画着青色的野猪，有的画着红色的狮子，也有一些新制漂亮的、上面画着斯图亚特王朝的徽章，或是一个头上戴着王冠、黑发黑脸的人的图像。这时乡间正是春和日暖的季节，这里却浓雾弥蒙，又混入了肥皂厂里石灰炉里发出来的烟气，空气里面总觉冷飕飕有点刺人。

街上是一直都拥挤的：叫卖的人载着他们的货色来来往往，口里哼着那种陈年古代并不要人懂的歌儿，使得一个家主婆儿差不多一切日用品都可以在自己门前买到。脚夫们摇摇晃晃的背上扛着沉重的负载，有谁阻碍了他们的前进便要高声咒骂起来。学徒们站在店门口大声称赞自家店里的货色，遇上有顾客，立刻会抓住他们的袖子将他们拖进店堂。

此外还有唱小曲的，有乞讨的，有残废的，有全身穿绸着缎的花花公子，有戴有黑天鹅绒面罩的贵族妇人，也有一本正经的生意人，也有衣衫褴褛的流浪汉，偶尔还可看见一个穿制服的跟班儿，跑在什么侯爵夫人或是伯爵夫人的轿子前头替她们打道。来来往往的人是步行的居多，但是也有坐着马车的，也有坐轿子的，也有骑马的，可是碰到行人拥挤的时候，那些车马就要被轧牢几分钟之久。

伦敦人跟乡下的英国人是不同的族类，那是用不着怎样眼尖就一眼可以看出来的。每个伦敦人都很傲慢，因为他知道自己有权力，仿佛他就可以代表国王一般。他又多嘴而好争，为了一点极不相干的事儿就可以闹到头破血流。不久前他曾竭诚拥护国会党，现在他又欢欣鼓舞地准备着他的合法元首复辟了，甚至满街上拿起酒杯来庆祝万寿，赌咒说他一直都热爱斯图亚特王朝。他憎恨法国人，拿垃圾去掷他，会把一桶酒上的泡沫吹上他的脸，然后举起酒杯来诅咒他的诛灭。可是他也憎恨荷兰人，或是任何其他外国人，恨得差不多同样猛烈，因为在他心目中，伦敦便是全世界，谁要住在伦敦以外，身份就要减低了。

这个臭恶、污浊、吵闹、喧嚷而富于色彩的伦敦便是英国的心脏，它的市民统治了全国。

　　琥珀一看见伦敦，便仿佛回到自己家里一般，立刻对它钟爱了，正如当初对贾爷一见钟情一样，那种强烈的精力和活力在她那最强烈而深澈的情绪里引起一种反应了。这个都市便是一种挑战，一种引惹，惹得人对于一切事都敢去干，至于给与人的希望自然更多了。她同一个善良的伦敦人一样，本能地觉得自己现在是凡属眼睛可以看见的东西都已看见了。全地球上再没有一个地方比得上它的。

　　那一伙骑士到僧正门就散伙儿，各人走各的路去，贾爷和琥珀只带着两个勤务走了。他们骑过了慈慧街，见到皇家萨拉森旅馆的招牌，便勒转马头穿过一个大穹门，骑进那旅馆的院子里去。院子四周都是四层楼的建筑，每层楼上都有走廊围绕着。贾爷将琥珀扶下马，就同她走进去了。旅馆主人不知到哪里去了，过了一会贾爷叫她在那里等着，自己跑出去找他。

　　琥珀目送着他跑出去，眼里闪出骄傲和得意，心里激动得几乎喘不过气。她现在是在伦敦了，这事似乎是不真实的，然而人是真实的。我的确是在伦敦了。她的生活变得这样快，竟会在不足二十四小时以内变得这样无可挽回，似乎难以置信。现在她已决计无论如何不回梅绿村去了，这一辈子都不回去了。

　　当时她身上穿着伯鲁的披风，还觉得有点冷，便向火炉那边挪了挪，伸出手去烘着，而在这当儿，她意识到了有三四个人靠在水晶橱上喝酒，一面目不转睛地看着她。她突然感到一种惊喜，因为这些人是伦敦人呢。她于是将头略略转过来，让他们可以看见她的鼻子、稍稍有点翘起的嘴唇和丰满面颊圆圆的侧影。

　　这时伯鲁回来了，低着头对他身边的一个人咧着嘴，因为那人是个小个儿，高不到他的肩膀。分明他就是那旅馆的主人，似乎正处在一种非常激动的状态。

　　"天晓得的，爵爷！"他正在喊嚷，"我可以赌咒，我真当你死了呢！那天你走了之后，不到半个钟头他们就到这里来了，那些光头的流氓，找得你差一点儿把我这所房子都拆掉！结果没有找到你，他们就大光其火，竟把我抓到院子里,扔进煤洞里去呢!"他的喉咙粗起来,向地板上吐了一口唾沫。"呸,这班东西都要遭瘟的! 我巴望能够看见他们像一条条火腿似的到大辟山上去挂起来!"

伯鲁笑起来了。"我想你这愿望一定会实现。"这时他们已经走到琥珀站立的地方,那旅馆主人不觉一跳,因为他不晓得她在那里,然后对她倏地鞠了一个小躬。"孙太太,"伯鲁说,"我可以介绍我们的店主人耿伯尔先生吗?"她听见他叫她"孙太太",心里不觉一松,因为她知道只有极小的女孩子和职业妓女才叫"姑娘"的。

琥珀点点头,微笑了笑,她觉得自己现在的身份已经很高,犯不着对一个旅店主人行礼了。可是她迟疑了一刹那,因而心里觉得不舒服,不晓得那旅馆主人当时看她的那副神气,是不是表示他不赞成伯鲁跟别人家的太太一起走路的意思。然而伯鲁的态度非常随便,仿佛她是他的妹子一般,而耿伯尔先生也立刻把刚才被打断的谈话继续了下去。

"你真是大大的运气,要是迟到一天就糟了,我的爷。我可以赌咒,我的旅馆从来没有像这样拥挤过! ——整个英国都到伦敦来欢迎万岁爷来了! 到了这个星期的末了,从这儿到殿北坝再也不会有一个房间出租了!"

"你为什么不在你那萨拉森人的头上放一个王冠,就当他是万岁爷呢? 我们看见过的招牌有一半是画万岁爷的脑袋或是万岁爷的勋章的。"

"嗨! 你这话对啦! 你听见过现在大家在说什么吗? 万岁爷的脑袋虽然空,他的怀抱里却是满的!"①他说着大笑起来,伯鲁也咧开了嘴,连那边几个喝酒的人也哗然笑出声来了。可是琥珀还不大晓得万岁爷当时全国皆知的风流名誉,所以并不十分懂得这些嘲讽的意思。

那矮人儿掏出他的手帕,擦了擦热汗淋漓的额头。"喂,我们的确竭诚欢迎万岁爷回来的。唉,我的爷,你真想不到我们这儿的日子怎么过

---

① 原文 arms 兼有勋章和臂膀两个意思。臂膀里就是怀抱里,怀抱里满是说他有情人。这是双关的说法。

呢！没有纸牌,没有骰子,没有戏文。又没有酒好喝,没有舞好跳,我的天！他们甚至还把通奸定做死罪呢！"

伯鲁笑起来。"那么我幸亏待在外国。"

可是琥珀这里又觉脱榫了,因为她不知道"通奸"是什么意思。不过她仍旧微笑笑表示赏识,并且做出一副神气来,仿佛这种巧妙的辞令是她一向听惯的。

"好吧,咱们暂时不谈了。你老人家该饿了吧,或许也累了。我那间鸢尾房间现在还空着……"

"好！上次我在那里是交过好运的——大概这回也会交好运。"

他们上楼梯去了,而当他们走着的时候,他们就听见底下的人开始大声歌唱起来,唱的是一种全不入调的谐谣曲:

> 万岁爷他爱的是瓶儿,
>
> 万岁爷他爱的是碗儿!
>
> 他要装满粗粗的杯子
>
> 送给每个胖胖的娘子;
>
> 我们都要做王八羔子,
>
> 我们都要做王八羔子!

到楼梯顶上,耿伯尔先生拿钥匙开了门,退了几步让他们走进房里去。那房间相当大,在琥珀的心目中像走进宫殿一般了,因为她从来没有看见过像这样的房间。

墙上有橡木做的护壁,暗沉沉的甚是坚实。炉台也是用橡木装成,上面雕刻着精致的花果。地板上是光着的,所有器具都属那个世纪初那种繁雕细镂的格式;只是椅子和凳子上面都衬着苍绿或是玉红天鹅绒的厚垫子,那绒头略微塌陷,看上去正是一片温柔。

内间卧室里面放着一张四柱的大床,挂着一领红天鹅绒的帐子。夜间拉起帐门来,睡在里面的人可以保守极端的秘密,可是也要闷得喘不过气来。靠墙竖着两口大橱是放衣裳用的,此外是几张凳子、两张椅儿,一张小桌子上边挂着一面镜子,还有一张写字台。房子的一边开着几个窗子,并且门口可以通走廊,走廊上有一溜扶梯通到院子里去。

琥珀睁着眼四下看了一会,一时说不出话来,却听见伯鲁说道:"这是跟在家里一般了。我们就在这儿吃晚饭——你想吃什么,拣顶好的去叫吧。"

耿伯尔先生对他们连说了几遍,说他们无论要什么东西,他都可以尽量供给,说完他退下了——琥珀便突然像从迷阵里脱身出来,她甩下身上的披风,跑到起居室的窗口去看着,一直看到两层楼底下的街头。街上一群孩子生着一堆火,正拿一串肉片在那里烤着,算是讥诮当初的臀梢国会①;底下唱歌的人还在那里唱,声音从那结实的墙壁里隐约漏过来。

"哦,伦敦! 伦敦,"她热烈地喊道,"我爱你!"

伯鲁微笑笑,脱下了他的帽子,走到她背后,将一只臂膀搂住她的腰。"你的钟爱也太容易了!"她急忙回转头将他看看,他就又继续说道,"伦敦会吃掉美貌的女子,你得知道。"

"它吃不了我啊!"她胜利一般给他保证说,"我不怕!"

---

① 1653 年为克伦威尔所驱散的残余国会。

四

文学概论①

[美]韩 德

第一编

第一章　解释文学的几个向导原则

在我们这些讨论的顶顶开头，我们须要注重一点事实，就是，我们有一种"解释的科学"，可以应用到人类知识的各大部门，如哲学、历史、语言、经济学。我们有若干的法则或原则，排列成体系的顺序，且可作为一种体系，供学者作向导，以从事于各部门中的探讨，为要获得最好结果所必需，而且老实说，如没有这些原则，就不能作满意的进步的。所以当我们从事于文学的研究，而所谓研究，要又不外是文学的解释时，我们就立刻要感觉到科学方法的必要，而事实上也确有一种"文学的科学"的，并感觉到有一种"文学的解释"的必要，这就是一种基于已确立的文学原则上

---

①　选编自：韩德. 文学概论. 傅东华，译. 上海：上海社会科学院出版社，2017.——编者

的讨论顺序。批评家当中,如乃特(Knignt)①、社尔普(Shairp)②、斯宾塞(Spencer)③及巴斯康(Bascon)④,都宁愿称它为"文学的哲学"。留埃斯(Lewes)⑤称它为"文学的原理"。赫胥黎(Huxley)⑥和道登(Dowden)⑦采用"文学的科学"这名称。克洛勺(Crawshaw)⑧和马比(Mabie)⑨则宁取"文学的解释",以为最能达出所欲达的意义,至如叔本华(Schopenhauer)⑩之流的批评家,虽名其书为"文学的艺术",实际上却显出它是一种科学的性质。总之,各人所用的名称虽然各各特殊,大家却都承认文学研究是有科学的特质和宗旨这一主要事实,而学者们也不得不从这唯一合理的观点去探求和研究的。又因对抗的理论,在一般人当中,且甚至文学界本身当中,流行得更广,所以这个观点就尤其重要了。我们常常听见人毫不犹豫地说,文学就是它自己存在的最好理由;说它有它自己的地位,对有关系的一切领域都独立;说它有它自己的法则,且在它的最好表现时,超然生存于凡属科学的一切领土之上的。尤其在诗歌,一般人将它作为想像和情绪的产物,故主张它的作者的"文学的"的程度,正和它的"非科学的"或"不科学的"的程度为比例,以为"诗人特权"(poetic

---

① 乃特,英国批评家,作《哲学和文学的研究》(*Studies in Philosophy and Literature*,1879)。

② 社尔普,英国批评家,作《哲学和诗歌的研究》(*Studies in Philosophy and Poetry*,1878)。

③ 斯宾塞,英国哲学家,作《风格的哲学》(*Philosophy of Style*,1852)。

④ 巴斯康,美国批评家,作《英文学的哲学》(*Philosophy of English Literature*,1893)。

⑤ 留埃斯,美国批评家,作《文学成功的原理》(*Principles of Success in Literature*,1892)。

⑥ 赫胥黎,英国哲学家,作《文学和科学》(*Literature and Science*,见 *Nature*)。

⑦ 道登,英国批评家,作《文学的研究》(*Studies in Literature*,1889)及《文学中的科学的运动》(*The Scientific Movement in Literature* 论文集中的一篇)。

⑧ 克洛勺,美国批评家,作《文学的解释》(*Interpretation of Literature*,1896)。

⑨ 马比,美国批评家,作《文学解释论文集》(*Essays in Literary Interpretation*,1892)。

⑩ 叔本华,德国哲学家,作《文学的艺术》(*The Art of Literature*,英译本 1891)。

license)的原则已经使它脱出寻常心理程序的束缚之外,而给与它所愿有的活动余地和自由了。这种流行的见解,我们将会看出,是基于对"科学的"这名词的完全错误的概念上的,因为一般人都采取了这名词的最狭的狭义,以为止可应用于物质现象的研究,殊不知若作广义用时,那末所谓"科学的",就无非是那在任何范畴中基于正确的原则上的,由整齐的程序发展而成的,且唯其如此,所以它一方既远不是仅仅的漫臆,一方也远不是纯然的专门技术。若照这样去探求,那末文学就是一种科学的研究,而我们现在是准备着要去发见和讨论支配它的诸原则了。

(一)须要确定一个或几个正当观察点,期可最明白地看出文学究竟是什么,及和毗连它并且约制它的一切境界有怎样关系。凡是占空间的事物,要由观察者明白看见,明白写出,总必须由一正当的观点去考察,即由我们所谓居高眺广的地位去考察,如看察城市或风景一般,故文学,当作思想及生活世界中一件实质的东西看时,也必须加以类似这样的考察。我们的假定是,我们确有这么一个观察点,可称为要害地点,最能测出文学的全境界,并由此引出最好的结论来。而且,我们又不可忘记,当观察人结束他的全部探测之前,为求绝对详尽起见,又必须多取几个别的观点,虽所见的境界比那总观点较为狭窄,却实是不可缺少的。故如罗马,作为一个全城市探测时,可以从它的七座山上逐一去看察。这样,就可从一套变化的眼界看到一片风景,也许每一个眼界都会呈露一种新的自然美来。实际上,我们可以说,现象愈是复杂,愈是多变化,这种变换的观点便愈见其必要,故如文学这么一个包举世界的部门,是需要学者利用各种媒介去求得它的最充分的意义的。如果问得再明细些,这些为解释文学所必要的"观点"究竟是什么,那我们的回答是,它们必须是又"外在的"又"内在的",这总使学者可以也站在文学的外边,也站在文学的里边。他从每个地位做了他自己的观察,就可由两者的比较和组合,以达到他所欲得的结果。在目前,文学研究的倾向是强力地在主观方面的,这已成了一种主要的方法,且有时竟是绝对的方法了,而唯其如此,所以引到严重的而且有增无减的错误上去。因为我们原可以站在一个城市或一片风景的中心,而获得某种程度的我们所寻求的观察的结果,但是这样的结果,最多也不过是近似的,有限的,并且是局部的罢了。

没有那一种文学能够从它自己本身里边去概见全体,因如泰纳(Taine)①所提示,一种文学的环境,就是达到它的诸品性和影响的总和的一个重要的决定因素。"相对性"的学说,其可应用于文字,是同应用于哲学一样的。在文学中,如勃劳宁(Browning)的诗里,确乎也存在着一种所谓"书斋剧"(closet dramas),并不打算拿去公演,也不适于公演的。就是,我们确乎有一种"私的文学解释"(private literary interpretation),当这时候,批评家是进入了文学的最深的内部,而无视了一切外在的文学现象,以从事于理论或随意空论的。在这种地方,"文学的澈见"(literary insight)自属必要,但"文学的展望"(literary outlook)也同样的必要,因为我们如果仅仅是内观的时,所得的断案必是畸形的,错误的,此理万无可易。故批评家如哥尔利治(Coleridge)②,比喀莱尔(Carlyle)③为可靠,我们美国的罗威尔(Lowell)④,比爱伦坡(Allen Poe)⑤为可靠。

(二)"首要的"和"次要的"之间的真正关系必须维持,庶几不至使其一霸占其他的地位,以致损坏了所有的结论。于此,就需要一种高度的识别力,于可混淆优劣轻重的事物之间划出确实可靠的区别。在文学里,也同在生活本身一样,我们需要一种经济学家所谓的"价值的知识",就是文学的估价的知识,也就是依事物的真正价值去估定它的能力。这种选择去舍的机能,在不像明白可见的商业货品及商业利益那样而却要牵涉到

---

① 泰纳,法国批评家,主张人种、时代、环境为文学及艺术的三大因素。
② 哥尔利治,英国浪漫派诗人及批评家,著有 *Biographia Literaria*,论文学的构成元素,颇为详尽。
③ 喀莱尔,英国散文家及批评家,著有 *Sartor Resartus* 及批评的 Essays,主观的倾向较重。
④ 罗威尔,美国诗人及批评家,著有 *Among My Books* 及 *Latest Literary Essays*,学识极博。
⑤ 爱伦坡,美国浪漫派诗人、小说家,及批评家,其批评论文散见于全集中,主观的倾向极重。

原因和品质的处所，就特别难于运用。破坏这条原则的例子，可以引出几个来。向来人告诉我们，说英国文字中的克勒特（Celtic）语的元素是支配的元素；说依利萨白（Elizabeth）时代的英国戏剧主要是依存于古典的及大陆的模型上的；说莎士比亚得力于非英语的根源的形迹极为显著，以至损坏了他的戏剧家的创作性；说作家如卡鲁（Carew）、拉甫雷斯（Lovelace）、窝勒（Waller）、登安（Denham）之辈[①]，是在我们文学中的领袖诗人之列；说约翰孙博士（Dr. Johnson）是标准英国散文的最好例；说美国诗人惠特曼（Whitman）属于第一流的作家；说美国的文学太幼稚而局部，不能称为国民文学，等等。在这一切的例子中，解释都是缺憾的，误人的，理由就在研究者心中混淆了首要和次要的元素了。像这样颠倒了事物的自然顺序和合理顺序的研究方式，是会一无所得的。破坏了这种顺序的最显著的例子之一，就在时行的所谓"显微镜的方法"（microscopic method）里面给与了我们，这方法特别适用于诗歌，就是将结构上极细微的节目升之于原理的地位，而首要的和枝节的之间的一切区别都被无视了。由这样一种程序的看法看起来，一首诗的制作日期或最初出现日期，是被看成了极重要的研究点；字法、格律、词句的次序，全文的标点，以及类此的资料，都被看成了主要的研究题目，致将作品的意义和精神，以及隐于作品底下却使它获得生机的那一些属类的元素，倒看作无足重轻了。近代欧洲的批评，主要是在德国大学里，在这一点上都应严重地任其过咎，所以一个研究文学的学生要这样去抗辩一个预先排定的次序而过分着重在题外的研究，到底是否损失多于获得，就成了一个具有严重性的问题了。

（三）关于文学的开始，应该承认它的重要，这就是厄尔登（Elton）[②]将要称为"文学的起源"（origins of literature）的。这里所研讨的，就是文学何时及如何最先取得它的具体独立的形式，何时及如何才和它在成为各

---

① 四人都是十七世纪的英国抒情诗人，专讲雕琢，不为后世所重。

② 厄尔登，英国人种学者，著有《英国史的起源》（*Origins of English History*）。

别的民族类型和生活以前所取的各种未成熟和无组织的表现形式开始判别。

在胚胎形式中的文学,仍旧还是文学,不过是萌芽的,元始的,本质地存在的,然而已很显著而具有生机,足以决定将来的品性,因而为要解释文学发达条件的人所不可无视。在这里边,就可以看见一个民族的所谓"口头文学"(这是一个大家许可的矛盾名词)的重要,其中包括一个民族或一个种族的歌谣、谚语、故事、传说,未经记录的 saga①、俗乘、俗语;这一部未经搜集的材料,其丰富和价值,以一民族的原始生活的长短,它的古史的丰啬,它的人种的本质,以及它和其他文明教化上较前进的民族的关系的疏密,成为比例。不列颠岛上远在未被欧洲诸部落侵入以前的古克勒特文学,是富于这种史前资料的。斯干的那维亚诸国作为一属看时,都以富有这种基于民族生活上的文学材料著名于世,史诗如《贝奥武尔夫》(*Beowulf*)②,就是由那些富于暗示力的北方 saga 建造起来的。拜厄德·泰罗(Bayard Taylor)③所尝论的那些中古史诗,则得其起因和题材于原始歌德(Goths)诸民族的故事和传统,关于古条顿族神物的所谓"失去的歌"(lost lays),这些传说对于英国的学者颇富于兴味,因为它们曾经供给它们的浪漫司的仓库给如丁尼生(Tennyson)的《王之歌》(*Idylls of the King*),亚诺尔特(Arnold)的《特立斯特蓝和易苏尔特》(*Tristram and Iseult*),莫理斯(Morris)的《古德纶的爱人们》(*The Lovers of Gudrun*)及郎匪罗(Longfellow)的黄金传说(*Golden Legend*)等等作品。这种半历史的材料,法国、瑞士和东方,也有它们的份儿,至于罗马人征服以前的古英文学,及至绰塞(Chaucer,1340?—1400)时代,是一半神话的性质,一半历史的性质,读起来还像是一部罗曼司。曼兹柏立的威廉(William of

---

①　北欧的一种古史话。

②　《贝奥武尔夫》是 Anglo-Saxon 的史诗之一,叙贝奥武尔夫初为王子,后为国王,尝杀一食人之怪物。

③　美国诗人及散文家,尝漫游远东及非洲,作有游记及考古书多种。

Malmesbury)及蒙穆斯的赫弗理(Geoffrey of Monmouth)①的所谓历史，不过是名义上的历史而已。绰塞的《玫瑰罗曼司》(*Roman de la Rose*)和《好妇人传说》(*Legend of Good Women*)以及谟耳(More)的乌托邦(*Utopia*)，都将我们直接带回了罗曼司的境域，至于约翰·孟第维尔爵士(Sir John Mandeville)的游记(*The Travels*)，则是东方传说学的一个适切的例解。甚至斯宾塞(Spencer)的《仙后》(*Faerie Queene*)和锡德尼(Sidney)的《亚加狄亚》(*Arcadia*)，也继续这种罗曼谛克的记事体，一直到了十六世纪的中期及近代英文学开头的时候，其后通过发展中的文学，它仍一再出现，直到了穆尔(Moore)的时代，犹复见于拉拉鲁克(Lalla Rookh)的神秘的记载中，使东方仍复出头，而东西两方，又合而为一。所以如要见出历史顺序的法则，则必须追溯文学到它的最初根源，必须研究出写实主义对浪漫主义的真正关系，以及维多利亚(Victoria)时代的十九世纪对亚勒弗烈(Alfred)时代的十九世纪的真正关系。

(四)须利用文学中的真正的对照。这些对照之一，就是由"写实主义"及"浪漫主义"这两个名称表现出来的，而我们受着文学的法则的束缚，不得不承认它并且应用它。我们知道，文学所表现的，往往优势地是这些倾向及理想之一或其他。特别是各国的文学，无论何国，如英国的或法国的，都可这样去探求，去研究，因为现在已多少有点明显，英国文学是写实主义的，法国文学是浪漫主义的，如各国各自的来历和国民性所决定。这样，浪漫主义是东方的或亚洲的，写实主义是西方的；希腊文学是浪漫主义的，罗马文学是写实主义的；至于近代的俄国文学，则现在必须大体上目为浪漫型的一个表现。于是，我们必须把文学当作一种"思想"的体现或一种"组织"的表现去考察，而其间的对照，就是"题材"和"风格"的对照了。他如时代可依这原则研究，作家可依这原则分类。又依同此原则，德国风文学是实质的，在理智方面发展的，法国风文学是组织的，装饰的，在审美方面发展的；文学全部都可看作这两种态相之一或其他，已

---

① 均英国历史家，约为十二世纪中人。

是大家承认的了。

还有一个同样显明的对照,是德昆西(De Quincey)所爱护那种区别——"智的文学"(literature of knowledge)和"力的文学"(literature of power)。在这概念上,学者须得把文学当作一个事实的库藏,在它的历史的方面去考察,或当作一种原理的集合,在它的哲学方面去考察,这其间的界线是确然划开的。于是,在"代表的"和"普通的"作家之间,就又有一个显著的对照,而在我们的研究里,我们应该可以认识歌德、拉辛(Racine)及莎士比亚诸人的文学和赫特尔(Herder)、封特涅尔(Fontenelle)及哥德斯密(Goldsmith)诸人的文学之间的差别。一言以蔽之,我们须把文学的发展看作一个天才的表现或只是才能的表现。

这样的对照是确乎有的,我们必须要承认它,考察它,如今对于文学解释者只有一句警告,就是这样的对照毕竟不过以一个变相的形式和度量而存在,往往是为了便利及作为一种教育的方法而设,并不能看作文学本身的不可缺少的因素或特色的。我们并非斤斤然要去辨明写实主义或浪漫主义,内容或组织,智或力,却要逐一的去研究,协调的去研究,这才可以达到一种可以经得起真理试验的结果。研究文学的人并非要研究若干对立体,并非要以加强流派,类型,运动和作者之间的差别为主要目标,却要去研究其间的关系,似点,以及所以构成同列的种种元素,要能如此,才可使全世界的文学显出是一个统一的世界产物,在一切巨大民族,都由同一大路线发展,也都注视在同一大究竟上的。所以,在批评上就需要一种心理的均衡和不褊狭,必期一切的辐合线可以察出,一切集中力可以给与它的相当的地位,确定它的相当的影响,而培根(Bacon)所谓的"统一的直觉",也就可不但是哲学的究竟,并且成为人类文学的究竟了。

(五)还有一个向导的原则,就是要坦白承认文学中的"未知量"。在文学,如在数学,解释问题所需的因子,大部分是在手边的,或可达及的。然而在这两个部门,这些因子之中,也都有一些尚属未知,或不可知。这在文学尤为真确。文学,在大体上,是一片供人自由研究的公开的田野,或者换一个譬喻说,是一块供人自由开发的公开的矿山,而田野或矿山中的宝藏,是可用寻常的观察和勤勉去发见,去拾取的。当作一个研究的部门看时,文学并不能说是错杂的,纠缠的,它并不拒绝人去分析和综合,也并不有时要阻碍学者的前进,仿佛它是天文物理学或四元法(quaternions)或诸元素的化学分解一般。但这并不是说,在它的封疆之内就没有一个复杂的地域,诛求着研讨者的极度聪明,且有时拒绝他企图略为可满意地去领略它理会它的极强毅的努力。如果问得再确实一点,这些不决定的元素或因子到底是什么,那可以回答,第一、"复杂性"本身就是难以解释的了。当我们跟着波斯奈脱(Possnett)①那样一位学者去接近世界文学的考察时,我们就会发见怎么一片广漠和深渊——它的现象和元素是何等的纷歧,那些作用于其间的首要次要的力,直接间接的原因,又是何等的特异! 这里是怎么一个交互动作力结成的网呵! 暂时之间,我们的理性和想像都要怎样因这展望而被吓退! 其次,我们在文学里又发见了一种"秘密"或"神秘"的元素,往往不容人去解释。有些境界不容人进入里面,有些问题绝对不给我们解决的端绪,因而我们探测复探测,也终是徒然。究竟什么是文学,什么是它的特殊境界和品性;究竟它的起源是在何时何地;究竟它的某一部分发展是如何演成的;究竟它之作为一民族的民族性和民族生活的指标是能到怎样一个程度,而且它的基础的法则是什么——这一些,以及诸如此类的问题,立刻就要把我们带到暗昧的境界里去,就是最好的结果也还是有问题的。

还有,我们无论怎样去解释它,在文学犹在语言,总有一种"无定见"之存在,就是说,有些地方显然是暂时找不到类乎法则,方法,或原理一类东西存在的。"不规则性"是唯一可以见到的现象。我们所常依靠的一切前例都取消了;一切文学的历史都无视了;而我们就坐在一幅回转画的面前,只见它在我们前面移动,分明它背后并没有任何的原动力,——是自治的,独异的。于是我们又看见一黑暗而无希望的时代,却有了最高形式的天才,犹之当普遍卓越的期间却见文学的凡庸性之统治。例如七世纪

---

① 英国文学理论家,著有《比较文学》(*Comparative Literature*)。

何以有卡德梦(Caedmon)①及贝奥武尔夫,十七世纪那样的肉感时代何以会有失乐园(*Paradise Lost*),十六世纪何以会出莎士比亚,十八十九两世纪何以会显然缺乏史诗和戏剧的能力,克勒特人何以会有高等的文才,乃至勃劳宁和丁尼生死后何以英国诗坛就一蹶不可复振,这许多的问题,都是我们还不曾充分加以解释的。总之,例外的原则,其可适用于文学,也犹可适用于别处一样,而且是同样难以说明的。虽在类乎确定的结果已经达到的处所,学者也仍不如当它最多是近似的结果,当它不过准备着一条路,等文学更加发展,未知的事实更臻明了,这才引出更圆满的结果来。所以,文学上的武断主义,批评家的傲慢,大胆,乃至对着神秘现象面前除谦虚之外的其他一切精神,却是危险的。文学诚然是一种科学,但它的结果不必一定是终极的;这种科学也如其他一切科学一样,一部分是试验性质的,有时不得不抛弃一切已被承认的论据,而承认一向都被无视的论据。文学的解释,正因为它是科学的,所以自由承认未知量之存在,虽然竭力要求减少这个未知部分的面积。

(六)在文学的研讨里以一个无偏颇的心为必要条件,——就是说,应该不存"预断"。凡问题起来的时候,应该在它们的价值上去考察它。这样的办法,丝毫没有违反文学考察中的独立判断的原则。如没有这样的独立,文学批评就被剥夺了它的最基要的元素,而被打在没有那个思想正确的学者所应站的平面上了。现在的争论不过是这样——独立应该不至流于偏执;人中之最聪明的也要受着人类知识的必要的限制;而在文学的世界是有"舆论"这一种力量的。

这些"偏见"之中,有几种最有害的可以注意一下。其一是,过分估重一民族自己的文学的价值,以为其他民族皆得天不如己之厚。我们在开端的时候,业已叫人注意,须择定一个或数个正当的观察点,而这种观察点是也在文学之外,也在文学之内的。如今我们所见的这种预断,立刻破

---

① 七世纪中基督教诗人所作的史诗,作者卡德梦,称为"英国歌曲之祖",相传他在教寺中为仆役,梦神嘱其歌咏天地开辟之事,醒而作此。

坏了这个开端的程序原则，限制观察人于自己本国语的境界，因而防止他去作广泛而可信的概说了。他把自己的文学当作中心的，领导的，这一种主张，是根本错误的，并且自始就坚定了他的一种心境，以致在那影响之下，无论自己的文学及一般文学都不能加以无偏的考察。且我们这样拒绝用这偏颇的状态去开始讨论，也不能构成任何不忠的证据。我们所要求的乃是一种公平而正直的态度，就是文学应由它的全部和各别的因素去看它，作为是一种站在本身价值上的东西，因而撇开了一切先入之见去考察。在一个有心的学者看起来，他自己的文学也许是没有匹敌的，或没有近似的劲敌的。在爱国的和合理的根据上，他也可以相信本国文学的确定的优越性。然而这并不是说，当他从事文学解释这工作的时候，他就有无可置疑的权利可以从那里面将这种偏好，信念，和理由提出来当作一个辩论的出发点。反之，他必须把那题目当作一个新题目去探求，而心中须存着一种意念，即当有疑惑时，他就得将这疑惑的益处归之于别国的文学，不归之于自己的文学。这是礼貌、谦虚、和公道所同样需要的。

　　还有一种的预断，是也许作为"承传的或获得的意见"的形式而起的。我们有一种可以谓为"文学的传统见解"（traditional views of literature），或是关于一般文学，或是关于某一国的文学，一向都无问题地被接受，或又属教育和环境的产物。无论由何而获得，这一套见解都得着我们无条件的批准，而我们也不容许有对抗的意见去和它作严重的冲突的。犹之一个人的政治的和经济的见解或是跟世袭财产一样是他的赠与财产的一部分，或系由特殊训练和环境的结果而被他当作究竟的见解承受来的，所以一个人的文学见解，也许纯属世袭财产的性质，或仅是模仿的产物，而且十分固定在他的信念里，以致每一开始文学的讨论，他总先假定了这一套见解的有效。他并没有意思去学习新的事实，所以不愿意忘记了旧的事实，其对于所得的结论，就只依它适应从前别人教他信以为真的那些见解的程度而接受。这种，就是所谓"承传的意见"了。这种意见，当然无论在什么意义上都不能算是创新的，或甚至不是由亲身的观察和研究而获得的。这样，吉本（Gibbon）曾经做过他的《罗马帝国的衰落和覆亡》

（*Decline and Fall of the Roman Empire*），就是根据在基督教的无效一个先行假定上的。这样，巴克尔（Buckle）①曾经做过他的《文明史》（*History of Civilization*），是先承认了基督教不必为人类进步的一个切要因素的。这样，泰纳曾经着手去解释英国文学，以致产出了一部虽然漂亮而却往往误人的历史来。也就为此，所以休谟（Hume）②乃至夫鲁德（Froude）③也有几分，竟不能做一个英国的历史家；而前世纪初头的爱丁堡评论派（Edinburgh Reviewers），④也以对当代英国文学施恶意的批评而至于弄巧成拙。又为此而亚诺尔特作为一个批评家时就见得特别无力，⑤爱伦坡亦然。⑥ 又为此而福耳特耳（Voltaire）在他的莎士比亚研究里犯了错误；⑦马可梨（Macaulay）在他的清教徒的估价里犯了错误；⑧喀莱尔在他对于美国制度的责难里犯了错误。凡是一个解释者，就这名词词意所指，就应该是一种仲裁人。他必须看到所有的方面，听到所有的申请，而达到事实和情境所要求的结论。

（七）文学的解释必须是"建设的"，"积极的"，始终寻求着确实的结果，藉使对于后来的学者可以助成最大的文学兴味，而且始终维持更高的观点。因为我们确有可谓破坏的和消极的说明那样一种东西，这种说明，

---

① 巴克尔，十八世纪的英国思想家，主张国民性成于物质的环境。所著《文明史》，批评家讥为"象棋戏者"，即谓其先有成见在胸。

② 休谟，十八世纪的英国哲学家及历史家。他的哲学是极端的怀疑主义，因而以人类历史为毫无目的。著有《英国史》，批评家认为对于他的题目冷酷无同情。

③ 夫鲁德，十八世纪末的英国史家及文人，著有《英国史》十二巨册，但不如他的文学作品著名。

④ 《爱丁堡评论》创刊于一八〇二年，拥护"民党"（whig）的利益，以锋利的文学批评著名。

⑤ 森次巴立（Saintsbury）在他的《批评史》中分批评家为二种：其一先发自己的宣言或供状，而其后的批评著作就无非为这宣言的应用或发挥。以为亚诺尔特就是属于这一种的。（见 *History of Criticism*，vol. Ⅲ，p.516）

⑥ 森次巴立以为坡的批评所以混乱，是因为他未受系统的教育之故。（见同书 p.634）

⑦ 福耳特耳为古典派，以古典的法律去批评莎士比亚，故犯错误。

⑧ 马可梨的批评重风格，所作《密尔顿论》对于风格及清教徒的思想多数批评。

除开要推翻已存的信念并以勉强的辩论证明这个那个之不应该如此外，分明没有其他的目的。这是一种以发现错误为乐事的研究；它要把文学的生活和工作的最恶劣方面显著地暴露出来；要放大不利于文学的各种势力，而永远预言着文学的没落不久就要到。这样的人就是文学上的悲观主义者，而作为悲观主义者，在文学界是没有可辩护的地位的。文学的解释是文学中的最好事物的寻求，是一种特别有组织力的而且建造性的任务，目标在于讨论和申说在事物的一般体系中文学所以为文学之故；因而是一种积极的，健康的，有报酬的学问，在他的最高的资格和理想时，便是"一种人生的批评"。

（八）作为文学解释的最后一个法则，我们就要注意去达到并且表现"文学的内在精神"这个目标，因为这种内在的精神是和任何外在的和因袭的东西都划然有别的。我们说，文学是一种用书面表现出来的东西；或说就只图书馆里一堆书便是文学；或说这就是供给读者作教训和娱乐的这个那个——像这样的说法，都并没有表出全部的真相。文学并不止是印刷品，更不止是包含它的书本。这是，像喀莱尔说的，"会思想的灵魂的思想"；这是思想、感情、意志、良心和趣味的表现；一个人之所以为人的总和的表现；世界的生活之体现于语言；是志望也是感兴；是若干世纪的最后产物；是最高的人类理想的几近的实现。最要者，它是一件活的东西，充满着知识和力的存在；是一种具有生机并且给与生机的产物；是人类经验的全部显现；是人们的爱和憎，快乐和愁苦，志向和行动等等的恰如原形的画像。我们称这为"文学的精神"，就是指它的旨趣，它的个性，它的感人的质素，它的精髓——凡是给与它的外形以效力和价值的一切。这样，希腊、罗马、德国、英国的文学都各各有它的个性，而文学的全部则可说是具有支配的本能和理想的。如今所谓的"世界最好的文学"①，最能表出这种最内在的文学精神，而这是自从文学的黎明以来，经过若干世纪的进步，逐渐集合起它的力量和魔力的。把这精神发见并且披露给人们，使

———————————

① 这是一部选刊世界第一流文学作品的丛书的名字。

他们可以充分看见,充分接受,这就是文学解释者的首要的和终极的任务。不知道这种任务,其余一切都要见得是徒然,而知道了这种任务,其余一切便实际都存在了。只有在这种地方,解释文学的一切派别和学说才可以受真正的试验,因为只要看它们对于那作为文学艺术的基础而使它值得人们享受的那种生活精神的寻求是成功或是失败,就可试验出来了。近来有一个批评家写道,"这个世纪的一切影响,都已传入诗人的体内去了"。我们可以补充说,这一切的影响都已用着这种或那种的形式传入了文字的境界,而这些纷歧的影响是应该加以研究的。

所以这一种学问,一方有许多的困难,一方却也有许多的报酬;它永远要挫折勤勉的研求者,却又永远激励他去重新努力。这是"圣杯探求"(Quest of the Holy Grail)①之施用于文字,其中充满着高度的引诱和希望,使得探求人永无停止他的探求的可能,因为真理的新发见是永无穷尽的。

这些,就是文学解释的一部分的向导法则和原则;是一种澈头澈尾基于巩固的科学方法上的程序,而供给公正和忍耐的学者以自由人类精神所得愿有的全领域的。

罗威尔先生说:"我欲将一种影响归给它,那是比人类天才所得表现的任何其他形式的影响都更如人愿而且作用也更广。"——就是指文学说的。

---

① 圣杯,就是耶稣在最后晚餐所用的杯。后来此杯失踪,基督教国到处探求,成为中古骑士罗曼司的重要题材。

傅东华译事年表^①

1893 年

出生于浙江金华曹宅镇大黄村。

1914—1915 年

与瓶庵、枕亚等人编译一系列短篇小说(作者不详),散见于 1914—1915 年《中华小说界》各期,署名"冻蘼""冻华"。

1922 年

所译美国勃利司·潘莱的文章《诗人与非诗人之区别》,载 11 月 11 日《文学旬刊》第 55 期。

1923 年

所译比利时梅特林克的诗歌《青鸟》,由商务印书馆出版。

与金兆梓合译美国勃利司·潘莱的文章《韵节及自由诗——久不决的战争》,载 12 月 10 日《文学》第 100 期。

与金兆梓合译的美国勃利司·潘莱的《诗之研究》,由商务印书馆出版。所译美国爱伦坡的短篇小说《奇事的天使》,载《小说月报》第 17 卷第 8 号。

---

① 本年表参考了来自全国报刊索引、古籍网、浙江大学民国文献阅览室的资料,以及华东师范大学 2014 年陆颖的博士论文《社会文化语境下的文学重译——傅东华重译〈珍妮姑娘〉研究》附录二中的部分内容。

1924 年

所译美国奥亨利(即欧·亨利)的短篇小说《桃源过客》,载 3 月 10 日《小说月报》第 15 卷第 3 号。

所译英国拜伦的诗剧《曼弗雷特》和诗歌《致某妇》,载 4 月 10 日《小说月报》第 15 卷第 4 号。

所译英国哈第(即哈代)等人的文章,取名《非战文学碎锦》,载 8 月 10 日《小说月报》第 15 卷第 8 号。

1925 年

所译古希腊亚里士多德的《诗学》(上、下),分别载于《小说月报》第 16 卷第 1 号和第 2 号。

所译美国蒲克的《社会的文学批评论》,分四次载于《小说月报》第 16 卷第 6、7、10、11 号。

所译英国劳伦斯·霍普的《印度抒情小诗》,分两次载于《文学周报》第 179 期和第 182 期,署名"东华"。

所译丹麦安徒生的童话《幸运的套鞋》,载 8 月 10 日《小说月报》第 16 卷第 8 号。

所译英国诗歌《鸟林侯的女儿》(坎贝尔)、《参情梦》(陶孙)、《与夜莺》(密尔顿,即弥尔顿)、《阿龙索与伊木真》(路易丝)、《多啦》(丁尼生),载于《小说月报》第 16 卷第 6、10、11、12 号。

所译英国哈第的小说《两个青年的悲剧》,连载于《东方杂志》第 22 卷第 5—6 期。

所译英国高尔斯华绥的小说《迁士录》,载《东方杂志》第 22 卷第 18 期。

1926 年

《社会的文学批评论》由商务印书馆出版。

所译古希腊荷马的《奥德赛》,分四次载于《小说月报》第 17 卷第 1、2、

5、12 号。

所译美国理查·格林·莫尔顿的《文学之近代研究》，分五次载于《小说月报》第 17 卷第 1、2、3、5、8 号。

《诗学》由商务印书馆出版。

1927 年

所译美国理查·格林·莫尔顿的《文学进化论》，分四次载于《小说月报》第 18 卷第 2、4、6、8 号。

所译英国丁尼生的诗歌《以诺阿登》，载 3 月 10 日《小说月报》第 18 卷第 3 号。

所译英国诗歌《布衫行》(胡德)和《初雪》(罗伟尔)，分别载于《文学周报》第 289 期和第 291 期。

翻译一系列欧美文学批评文章，包括《〈文学之近代研究〉原序》(理查·格林·莫尔顿)、《戏剧庸言》(高尔斯华绥)、《批评家的职务》(门肯)、《"诚"与文学》(乔治)、《文学的新精神》(肖伯纳，即萧伯纳)、《保护的秘密》(法郎士)、《形式与实质》(古尔芒)、《理想主义之根源》(肖伯纳)、《弄笛者之争讼》(法郎士)等，载于《文学周报》第 264—285 期。

1928 年

翻译一系列苏俄短篇小说，包括皮涅克的《皮短褐》、希希考夫的《村戏》、卡萨脱金的《飞腿儿奥西普》，分别载于《东方杂志》第 313—317 期。

所译俄国塞米诺夫的日记《饿》，分四次连载于《东方杂志》第 25 卷第 1—4 期。

所译诗歌合集《参情梦及其他》由开明书店出版。

所译美国琉威松的《近世文学批评》，由商务印书馆出版。

1929 年

所译法国安丢贝蒲萨的小说《南风》，连载于《东方杂志》第 26 卷第

1—2 期。

所译美国甘培的文章《美国的书评事业》，载 1 月 27 日《文学周报》第 355 期。

所译美国约翰·李特的小说《资本家》，载 2 月 10 日《小说月报》第 20 卷第 2 号。

所译西班牙皮康的小说《恫吓》，载 3 月 10 日《小说月报》第 20 卷第 3 号。

所译苏俄左祝梨的小说《不过一点儿小事》，载 4 月 28 日《文学周报》第 364—368 期。

所译荷兰博兰第斯的《自然主义的开始》，载 5 月 20 日《青海》第 2 卷第 3—4 期，署名"东华"。

所译美国辛克莱的散文《人生鉴》，由世界书局出版。

所译古希腊荷马的《奥德赛》，由商务印书馆出版。

所译美国约翰·李特的小说《革命的女儿》，载《新生命》第 2 卷第 1 期。

所译杰克·伦敦的小说《珍异的片屑》，载《新生命》第 2 卷第 6 期。

所译小说合集《两个青年的悲剧》包括《两个青年的悲剧》(哈第)、《迁士录》(高尔斯华绥)、《南风》(安丢贝蒲萨)、《革命的女儿》(约翰·李特)、《资本家》(约翰·李特)、《恫吓》(皮康)、桃源过客(奥亨利)、《奇事的天使》(爱伦坡)、《争议的片屑》(杰克·伦敦)等作品，由大江书铺出版。

1930 年

所译美国卡尔佛登的《古代艺术之社会的意义》，载 7 月 10 日《小说月报》第 21 卷第 7 号。

所译美国卡尔佛登的论文集《文学之社会学的批评》，由华通书局出版。

所译英国欧斯根格拉斯哥的《富有近代精神的诗人魏琪尔》、古罗马魏琪尔(即维吉尔)的诗歌《第四牧歌》和《伊泥易德》卷一，载 11 月 10 日

《小说月报》第 21 卷第 11 号。

所译英国弥尔顿的《失乐园》,由商务印书馆出版。

所译美国德莱塞的小说《蚁梦》,载《新生命》第 3 卷第 8 期。

所译法国洛里哀的《比较文学史》,由商务印书馆出版。

1931 年

所译俄国若曼诺夫(即罗曼诺夫)的小说《黑饼》和布加利亚倍林的小说《施笃益基科的柳树》,分别载于《当代文艺》第 1 卷第 1 期和第 2 期。

所译意大利克罗斯(即克罗齐)的《美学原论》,由商务印书馆出版。

所译小说《一个兵士的回家》(高兰德)、《生火》(杰克·伦敦)、《返老还童》和《美女、黄金、威权》(霍桑)、《活尸》(屠格涅夫),由北新书局分册出版。

1932 年

所译文学批评论文集《诗歌与批评》,由新中国书局出版。

1933 年

所译美国休士的小说《没有鞋子的人们》,载 8 月 1 日《文学》第 1 卷第 2 期,署名“伍实”。

所译《文学心理学》,连载于《青年界》第 4 卷第 1—5 期。

所译美国房龙的《我们的世界》,由新生命书局出版。

1934 年

翻译了一系列欧美短篇小说,包括《梦的实现》(露西·胡法刻)、《复本》(乔伊斯)、《琉卡狄思》(瓦塞曼)、《速》(刘易士)、《逾越节的客人》(阿赖根)、《化外人》(哀禾)等,载《文学》第 2 卷第 2 期、第 3 期、第 5 期和第 3 卷第 1 期。

所译美国罗特的《怎样训练自己》,由长城书局出版,署名“黄彝”。

所译小说《空中足球新游戏》(肖伯纳)和《邪气好记性》(M.高尔尧)，分别载于《译文》第 1 卷第 2 期和第 3 期。

所译美国珂姆诺夫的小说《自由了感到怎样》，载 10 月《世界文学》创刊号。

所译美国季纳莫夫的文章《人文主义是什么》、波斯费尔杜西的童话《真犀德和曹亚克:译自吵娜嘛》和英国戈斯的小说《窝脱·惠特曼》，分别载于《文学》第 3 卷第 4、5、6 期，署名"伍实"。

与樊仲云、陈宝骅合译意大利但丁的《神曲》(故事体)，由新生命书局出版。

1935 年

所译诗歌《夜莺歌》(济慈)，载《文学》第 4 卷第 1 期(新年号)。

所译诗歌《普罗米修士》(哥德)、《被囚的骑士》(莱蒙托夫)、《感谢》(莱蒙托夫)和《一帆》(莱蒙托夫)，载《译文》第 1 卷第 6 期。

所译美国德莱塞的小说《真妮姑娘》(后改名为《珍妮姑娘》)，由中华书局出版。

所译美国德莱塞的小说《失恋复恋》和《老夫老妻》，由中华书局结集为《失恋复恋》出版。

所译美国德莱塞的小说《一个大城市的色彩》，载 7 月 16 日《译文》第 2 卷第 5 期。

所译西班牙塞万提斯的小说《吉诃德先生传》(后改名为《堂吉诃德》)，散见于生活书店出版的《世界文库》丛书 12 卷中。

所译德国海涅读《吉诃德先生传》的文章，载 5 月 16 日《译文》第 2 卷第 3 期。

所译印度昆德卡的小说《耍蛇人的女儿》，载《世界知识》第 2 卷第 2 期，署名"伍实"。

所译美国温索尔(即温莎)的小说《虎魄》(后改名为《琥珀》)，由光明书局出版。

所译保加利亚埃林彼林的小说《赌》,载神州国光社《当代小说集》。

所译美国韩德(即亨特)的《文学概论》,由商务印书馆出版。

1936 年

所译苏联卡索尔的童话《筑堤》,载《文学》第 7 卷第 1 期。

所译苏联富尔曼诺夫的小说《夏伯阳》出版,出版地、出版者不详,署名"郭定一"。

1937 年

所译美国霍桑的小说《猩红文》(即《红字》),由商务印书馆出版。

《美国短篇小说集》由商务印书馆出版,包括《李伯·凡·温克》(欧文)、《胖先生》(霍桑)、《腊巴西尼的女儿》(霍桑)、《告密的心》(爱伦坡)、《一只天才的跳蛙》(马克·吐温)、《米格斯》(布雷哈德)、《桥上绞犯》(皮尔斯)、《四次的会遇》(詹姆士)、《圣诞的礼物》(奥亨利)、《失去的菲比》(德莱塞)、《保罗的罪状》(卡脱)、《柳径》(刘易士)等短篇小说,与于熙俭共同选译。

所译英国吉布斯的小说《土耳其糖:凯末尔反攻君士坦丁堡时的一段故事》,由新闲书社出版,署名"郭定一"。

1938 年

所译英国吉布斯的小说五部,分别为《柏林一丐:一个说明战争原因的故事》、《新默示录:一个说明和平何以难能的故事》、《以牙还牙:一个慈善女人碰壁的故事》、《好差使:一个军事占领区域的间谍故事》、《真理窟:一个报馆主笔征服老板的趣剧》,由新闲书社依次出版,署名"郭定一"。

美国斯诺的《西行漫记》由复社出版,与胡仲持等人合译。

1939 年

《吉诃德先生传》(上下卷,即原作的第一部)由商务印书馆出版。

1940 年

所译美国马格丽泰·密西尔(即玛格丽特·米切尔)的《飘》的上部于12 月由上海国华编译社出版,下部于 1941 年 4 月出版。

所译德国罗志宁和劳施宁的《希特勒语录》,分六次连载于《国际间》第 3 卷和第 4 卷,并于 1941 年 10 月由上海国际间社出版。

1944 年

所译美国麦克弗森的《神曲的故事》,由中国联合出版公司出版。

1946 年

所译美国马歇尔的《欧洲与太平洋战争之胜利》,由龙门出版公司出版。

所译英国史普林的小说《业障》,由龙门出版公司出版,后更名为《浪荡逆子》,1992 年由上海书店出版。

1948 年

所译美国嘉理色的小说《慈母泪》,由龙门联合书局出版。

1949 年

所译英国达尔的小说《天下太平》,由龙门联合书局出版。

所译苏联盖达尔的小说《难兄难弟》,由龙门联合书局出版,署名"郭定一",内收《难兄难弟》《盖杯子》及《帖木儿和他的小部队》三篇小说。

1958 年

所译古希腊荷马的《伊利亚特》,由人民文学出版社出版。

修订版《失乐园》由人民文学出版社出版。

1959 年

重译版《珍妮姑娘》由上海文艺出版社出版。

补译《堂吉诃德》,第一部和第二部分别于 1959 年 3 月和 1962 年 8 月由人民文学出版社出版。

1971 年

逝世,享年 78 岁。

中華譯學館·中华翻译家代表性译文库

许　钧　郭国良／总主编

第一辑	第二辑
鸠摩罗什卷	徐光启卷
玄　奘卷	李之藻卷
林　纾卷	王　韬卷
严　复卷	伍光建卷
鲁　迅卷	梁启超卷
胡　适卷	王国维卷
林语堂卷	马君武卷
梁宗岱卷	冯承钧卷
冯　至卷	刘半农卷
傅　雷卷	傅东华卷
卞之琳卷	郑振铎卷
朱生豪卷	瞿秋白卷
叶君健卷	董秋斯卷
杨宪益　戴乃迭卷	

图书在版编目(CIP)数据

中华翻译家代表性译文库. 傅东华卷 / 杜兰兰,郭
国良编. —杭州:浙江大学出版社,2022.1
ISBN 978-7-308-21829-0

Ⅰ.①中… Ⅱ.①杜…②郭… Ⅲ.①社会科学一文
集②世界文学一作品集③傅东华一译文一文集 Ⅳ.
①C53②I11

中国版本图书馆 CIP 数据核字(2021)第 204691 号

中华译学馆 真言题

中华翻译家代表性译文库·傅东华卷

杜兰兰 郭国良 编

出 品 人	褚超孚
丛书策划	张 琛 包灵灵
责任编辑	董 唯
责任校对	张培洁
封面设计	闰江文化
出版发行	浙江大学出版社
	(杭州市天目山路 148 号 邮政编码 310007)
	(网址:http://www.zjupress.com)
排 版	浙江时代出版服务有限公司
印 刷	浙江省邮电印刷股份有限公司
开 本	710mm×1000mm 1/16
印 张	25.75
字 数	358 千
版 印 次	2022 年 1 月第 1 版 2022 年 1 月第 1 次印刷
书 号	ISBN 978-7-308-21829-0
定 价	88.00 元

版权所有 翻印必究 印装差错 负责调换

浙江大学出版社市场运营中心联系方式 (0571)88925591;http://zjdxcbs.tmall.com